新編諸子集成

白虎通疏證

下

〔清〕陳立 撰
吴則虞 點校

中華書局

白虎通疏證卷九

姓名（共四章）

人所以有姓者何？所以崇恩愛，厚親親，遠禽獸，別婚姻也。故紀世別類，使生相愛，死相哀，同姓不得相娶者，皆爲重人倫也。「紀世別類」，舊作「故禮別類」，依小字本改。「者」字舊闕，通解有。姓者，生也。人稟天氣所以生者也。詩曰：「天生蒸民。」尚書曰：「平章百姓。」曲禮「納女于天子，曰備百姓」，注：「姓之言生也。」説文女部：「姓，人所生也。古之神聖母感天而生子，故稱天子。从女，从生，生亦聲。春秋傳曰：『天子因生以賜姓。』」是稟天氣以生爲姓也。詩，大雅蒸民文。「蒸」，詩作「烝」，毛傳：「烝，衆也。」此與孟子告子所引同也。書者，堯典文。史記注引鄭注云：「百姓，羣臣之父子兄弟。」周語：「富辰曰：『百姓兆民。』」注：「百姓，百官也。官有世功，受氏姓也。」舊「姓生也」無「者」字，又「人」下有「所」字，據御覽删補。姓所以有百者何？以爲古者聖人吹律定姓，以紀其族。人含五常而生，正聲有五，宮、商、角、徵、羽，轉而相雜，五五二十五，轉生四時異氣，殊音悉備，故姓有百也。繹史引是類謀云：「聖人興起，不知其姓，當吹律定聲，以別其姓。」路史注引演孔圖云：「孔子曰：『丘援律而吹陰，〔一〕得羽之宮。』」潛夫論卜列篇云：「古有陰陽

〔一〕演孔圖「援律」作「授律」，「吹」下原衍「命」字，據演孔圖删。

然後有五行，五行各據行氣以生，世遠乃有姓名。是故凡姓之有音也，必隨其本生祖。大昊木精，承歲而王，夫其子孫咸當爲角。神農火精，承熒惑而王，夫其子孫咸當爲徵。黄帝土精，承填星而王，夫其子孫咸當爲宫。少昊金精，承太白而王，夫其子孫咸當爲商。顓頊水精，承辰而王，夫其子孫咸當爲羽。雖號百變，音行不易。」故前漢京房傳云：「房本姓李，推律自定爲京氏。」考京氏所説律法，與鄭氏諸家説異。蓋古有此法，今不可考矣。周禮瞽矇云「世奠繫，鼓琴瑟」，注：「故書『奠』或爲『帝』。〔一〕杜子春云：『帝讀爲定。』」惠氏士奇禮説云：「周語司商協名姓，説者謂司商掌賜族受命之官，非也。司商，樂官也。人始生，吹律合之，定其姓名，故繫世必鼓琴瑟以定焉。」又云：「太史掌同律以合陰陽之聲，陰爲柔，陽爲剛，陰陽合，剛柔分，鼓瑟鼓琴，以播其音。」易林曰：「剛柔相呼，二姓爲家。」此之謂也。殷之德陽，以子爲姓，周之德陰，以姬爲姓。姓有陰陽，出于律吕，不鼓琴瑟，焉能定之？「正聲有五」，舊作「聲有五音」，「轉生四時」下舊作「故百而異也，氣殊音悉備，皆殊百也」，訛，盧據御覽删改。

右論姓

所以有氏者何？所以貴功德，賤伎力。或氏其官，或氏其事，聞其氏即可知其德，所以勉人爲善也。史記注引鄭駁異義云：「氏者，所以別子孫之所出也。」曲禮疏引干寶周禮注云：「凡言氏者，世其官也。」御覽引風俗通云：「春秋左氏傳『官有世功，則有官族』」。〔二〕蓋姓有九，或氏于號，或氏于謚，或氏于爵，或氏于國，或

〔一〕「奠」下原脱「或」字，「爲」下「帝」原作「定」，據周禮瞽矇注補改。

〔二〕「功」下「則」字原作「即」，據左傳隱公八年改。

氏于官，或氏于字，或氏于居，或氏于事，或氏于職。以號，則唐、虞、夏、殷也。以謚，則戴、武、宣、穆也。以爵，王、公、侯、伯也。以國，曹、魯、宋、衞也。以官，司徒、司寇、司空、司城也。以字，伯、仲、叔、季也。以居，城、郭、園、池也。以事，巫、卜、陶、匠也。以職，三烏、五鹿、青牛、白馬也。案古人氏姓别，後世氏姓通。左傳隱八年傳曰：「天子建德，因生以賜姓，胙之土而命之氏。諸侯以字爲氏，因以爲族。」〔一〕然則天子賜姓，若舜賜姓嬀，禹賜姓姒，伯夷賜姓姜之類也。諸侯不得賜姓，但賜氏者，隱公賜無駭展氏是也。無駭之後，氏雖爲展，其姓則仍姬。故史記注引世本謂「言姓則在下也」。故氏同而姓異者可以爲昏，若齊之欒氏姓姜，晉之欒氏姓姬，衞之孫氏姓姬，齊之孫氏則出自長孫修之後是也。其姓同而氏異者則不可，故齊之崔與東郭，其氏不同，崔杼欲娶于東郭偃，而偃以君出自丁，臣出自桓爲妨也。及後子孫微弱，如欒郤、胥原降在皁隸，則即以祖父之氏爲姓，則姓與氏通。故楚語觀射父曰：「民之徹官百，王公之子弟之質，能言能聽，徹其官者，而特賜之姓，以監其官，是爲百姓。」是以氏通爲姓也。「賤」，御覽作「下其德」。「德」字據通解補。或氏王父字者何？所以别諸侯之後，爲興滅國，繼絶世也。王者之子稱王子，王者之孫稱王孫，諸侯之子稱公子，公子之子稱公孫，公孫之子，各以其王父字爲氏。公羊成十五年「仲嬰齊卒」，傳：「爲人後者爲之子，則其稱仲何？孫以王父字爲氏也。」注：「謂諸侯子也。顧興滅繼絶，故紀族明所自出。」首「者」字，「王者之子」二句，並盧據御覽補。故春秋有王子瑕。論語有王孫賈，又有衞公子荆、公孫朝，魯有仲孫、叔孫、季孫，楚有昭、屈、景，齊有高、國、崔。以知其爲子孫也。「春秋」以下二十二

〔一〕「因」下「以」字原作「之」，據左傳隱公八年改。

字，盧據御覽補。「魯有」句，舊作「魯有仲孫季」，盧據通解改。「崔」下舊有「立氏三」三字，依盧删。公羊襄三十年「王子瑕奔晉」，注：「稱王子者，惡天子重失親親。」王子瑕爲景王之親，知王之子稱王子也。廣韻引世本云：「衞有王孫賈，出自周頃王之後，王孫賈之子自以去王室久，改爲賈孫氏。」是王孫賈周頃王之孫，仕于衞者，知王者之孫稱王孫也。論語子路篇「子謂衞公子荆」，又子張篇「衞公孫朝問于子貢曰」，其所出無攷，然稱公子公孫，知爲衞之公族也。魯之仲、叔、季，楚之昭、屈、景，齊之高、國、崔，蓋皆以王父字爲氏者。禮疏引世本云：「桓公生慶父，慶父生穆伯敖，敖生文伯穀，穀生獻子蔑。」又云：「桓公生僖叔牙，牙生戴叔兹，兹生莊叔得臣，得臣生叔孫豹。」又云：「公子友生齊仲，齊仲生無逸，無逸生行父，行父生武子夙。」案慶父字共仲，牙字僖叔，友字成季，故後世稱仲氏、敖氏、季氏也。昭之所出不可考，國策有昭衍、昭陽、昭奚恤，皆是大臣。又漢高祖遷山東望族，昭亦與屈、景並徙，知昭亦楚之公族也。屈者，左疏引世本云：「穆王生王子揚，揚生尹，尹生令尹匄。」王子揚之字無考，屈匄爲其孫，卽以屈爲氏，當卽揚之字也。景之所出亦無考，戰國時有景翠、景鯉、景舍，漢高紀「東陽人立景駒爲楚王」，文穎曰「楚族」。知景亦楚之公族矣。左疏引世本又云：「高氏本敬仲生莊子，莊子生傾子，傾子生宣子。」敬仲卽高傒。又禮疏引世本云：「國氏本懿伯生貞孟，貞孟生成伯高父。」高、國所出雖無考，然左傳僖十二年「管仲曰：『有天子之二守國、高在。』」知宜爲齊之公族也。崔者，襄二十五年左傳「東郭偃曰『今君出自丁』」。又公羊宣十年「崔氏出奔衞」，以爲譏世卿，知崔亦齊之公族明矣。班氏時，先秦氏繫諸書尚存，必有實據，今並佚而無考矣。

王者之後，亦稱王子，兄弟立而皆封也。或曰：王者之孫，亦稱王孫也。此語不了，似與上複，意其斥二王後歟？刑德放曰：「堯知命，表稷、契，賜姓子、姬。皋陶典刑，不表姓，言天任德遠刑。」詩疏引中候握河紀云：「堯曰：『嗟，朕無德，欽奉丕圖，賜示二三子。』斯封稷、契、皋陶，皆賜姓號。」注：「封三臣賜姓號者，契爲子姓，稷爲姬姓，皋陶未聞。」則與刑德放文異。案鄭氏秦詩譜云：「堯時有伯翳者，實皋陶之子，佐禹治水，水土既平，舜命作虞官，掌上下草木鳥獸賜姓曰嬴。」列女傳：「皋子生五歲而佐禹。」詩疏引曹昭注云：「皋子，皋陶之子伯益也。」然則皋陶本未賜姓，至子伯益作虞官，舜始賜之嬴姓。故國語鄭語云「嬴，伯益之後」，不云「皋陶之後」也。史記秦本紀云：「顓頊之孫女修，吞玄鳥卵，生子大業，大業生太費，太費與禹平水土，又佐舜調鳥獸，是謂伯翳，舜賜姓嬴氏。」是皋陶一名大費。若大費已先賜姓，舜無容復賜益矣。故禮疏引鄭駮異義云：〔一〕「炎帝姓姜，太昊之所賜也。黄帝姓姬，炎帝之所賜也。故堯賜伯夷姓曰姜，賜禹姓曰姒，賜契姓曰子，賜稷姓曰姬，著在書傳。」亦不言皋陶賜姓也。中候蓋連及之耳。

禹姓姒氏，祖昌意以薏苡生。大戴帝系篇云：「黄帝産昌意，昌意産顓頊。」又云：「顓頊産鯀，鯀産文命，是爲禹。」山海經注引世本文同，皆以禹祖昌意。案此昌意不當增。御覽引含文嘉云：「夏，姒姓，以薏苡生。」吴越春秋：「鯀娶有莘之女，年壯未孳，嬉于砥山，得薏苡而吞，意若爲人所感，因而妊孕，剖腹而生禹。」史記注引斗威儀云：「禹母修已吞薏苡而生禹，因生姒氏。」是則禹以母吞薏苡而生也。薏苡者，本草云：「薏苡仁，開紅白花，結實青白色，形似珠而稍長。」後漢馬援傳「南方薏苡實大」，是也。小字本無「昌意」二字。案班氏用感生之説則不信大戴記，其不以禹祖昌意明矣。

殷姓子氏，祖以玄鳥子生也。周姓姬氏，祖以履大人跡生也。此用今春秋、今詩三家説也。詩疏引異義：「詩齊、魯、韓，春秋公羊説，聖人皆無父，感天而生。左氏説，聖人皆有父。謹案堯

〔一〕「駮」上原脱「鄭」字，據禮疏補。

典「以親九族」，即堯母慶都感赤龍而生堯，堯安得九族而親之？禮讖云「唐五廟」，〔一〕知不感天而生。」鄭駁之云：「諸言感生得無父，有父則不感生，此皆偏見之說也。商頌曰『天命玄鳥，降而生商。』」謂娀簡吞鳦子生契，〔二〕是聖人感生，見于經之明文。劉媼是漢太上皇之妻，感赤龍而生高祖，是非有父感神而生者歟？」是則許用古文，鄭用今文也。繁露三代改制篇：「天將授湯主天法質而王祖，賜姓爲子氏，謂契母吞玄鳥卵生契。」「天將授文王主地法文而王祖，賜姓爲姬氏，謂后稷母姜嫄履大人之迹而生后稷」。「故帝使禹、皋論姓，知殷之德陽德也，故以子爲姓。知周之德陰德也，故以姬爲姓」也。說文女部「姓」字下亦有「聖人感天而生」之語，蓋異義從古文，說文則又從今文也。此條舊多譌脫，盧據御覽補正。

右論氏

人必有名何？所以吐情自紀，尊事人者也。論語曰：「名不正則言不順。」管子心術篇云：「名者，聖人之所以紀萬物也。」荀子正名篇云：「名者，所以期累實也。」說文口部：「名，自命也，〔三〕从口，从夕。夕者，冥也。冥不相見，故以自名。」國語周語「有不貢則修名」。注：「名，謂尊卑職貢之名。」凡人自稱皆名，故士相見禮、投壺皆云「某」，是自紀以尊人之義也。論語，見子路篇。三月名之何？天道一時，物有其變，人生三月，目煦亦能咳笑，與人相更答，故因其始有知而名之。故禮服傳曰：「子生三月，則父名之于祖廟。」

〔一〕「安」上原脱「堯」字，「唐」下原衍「虞」字，據詩疏引異義補删。　〔二〕「之」下「說」字原作「謂」字，「娀簡」下原脱「吞」字，據詩疏引鄭駁改補。　〔三〕「命」下原脱「也」字，據說文補。

大戴本命注：「三月萬物一成，以萬物閱時而小變，故人亦隨之而變化也。」「目煦」，盧氏疑當作「眴」。玉篇：「眴，左右視也。」又本命篇云「三月而徹眴」。注：「眴，精也。轉視貌。」案眴爲煦之省，玉篇謂與眲同。說文眲部：「眲，左右視也。」人生三月，初轉睛左右視，故爲眲也。禮記內則云：「三月之末，擇日剪髮爲鬌。是日也，妻以子見于父，姆先相曰『母某敢用時日祇見孺子』。父執子之右手，咳而名之。」說文口部：「咳，小兒笑聲。」謂三月之末，子能咳笑，故父以手承其咳而名之也。所引禮服傳，今無此文，蓋逸禮也。「咳」字，盧據御覽補。於祖廟者，謂子之親廟也。明當爲宗廟主也。禮記曾子問云：「如已葬而世子生，則如之何？孔子曰：『太宰太宗从太祝而告於禰。』」注：「告主也。」又云：「三月乃名于禰，以名徧告及社稷宗廟山川。」但曾子問所記是變禮，謂君薨而葬，時已祔廟，故得有禰廟可告也。此「子」字疑當「已」之譌，謂父之親廟也。御覽重「名之」二字。一說名之于燕寢。名者，幼小卑賤之稱也。質略，故于燕寢。即下所引內則文是也。卿大夫之禮同。「小」舊作「少」，又「質」作「寡」，俱據御覽改正。禮內則曰：「子生，君沐浴朝服，夫人亦如之，立于阼階西南，世婦抱子升自西階，君命之，嫡子執其右手，庶子撫其首。君曰『欽有帥』。夫人曰『記有成』。告于四境。」所引與今本大同小異。內則云：「世子生，則君沐浴朝服，夫人亦如之，皆立于阼階，西鄉，世婦抱子升自西階，君名之乃降。適子庶子見于外寢，撫其首，咳而名之。禮帥初，無詞。」注：「無詞，詞謂『欽有帥』，『記有成』也。」然則君見世子有詞矣，故此約卿大夫見子之詞言之也。「告于四境」，內則無文。四境者，所以遏絶萌芽，禁備未然。故曾子問曰：「世子生三月，以名告于祖禰。」內則記曰：「以名告于山川社稷四境。天子太子，使士負子於南郊。」內則亦無此文。曾子問記君薨而世子生之禮云：「三日，太宰命祝史以名徧告于五祀山川。」注：「因負子名之喪，于禮畧也。」是告于山川社稷，自是變禮，故不待三月卽名之，異尋常世子生者異也。若然，天子崩而太子生，應告天地矣。故使士負于南郊告之也。以桑弧蓬矢六射者，何也？此男子之事也。故先表其事，然後食其禄。必桑弧何？桑者，相逢接之道也。內則云：「國君世子生三日，卜士負之，射人以桑弧蓬矢六，射天地四方。」注：「桑弧蓬矢，本太古也。天地四方，男子所有事也。」又射義云：「故男子生，桑弧蓬矢六以射天地四方。天地四方者，男子之所有事也。故必先志于有所事，然後敢用穀也，〔一〕飯食之謂也。」月令：「帶以弓韣，授以弓矢，于高禖之前。」御覽引蔡邕章句云：「帶以弓韣，當使得男也。弓矢，男子之事也。」保傅曰：「太子生，舉之以禮，使士負之有司齊肅端綏，之郊見于天。」韓詩內傳曰：「太子生，以桑弧蓬矢六，射上下四方。明當有事天地四方也。小字本作「端絶」，乃「端絻」之誤。絻與冕通，故大戴保傅篇云：「古之王者，太子及生固舉之禮，使士負之，有司齋夙，興，端冕見之南郊，見之天也。」注：「齋夙，謂三月朝也。」然則天子太子既生，既有告天地之禮，則諸侯世子生，雖非君薨之後，亦宜有告山川社稷之禮，或今內則文不備耳。但不得告禰廟，以無禰廟可告故也。殷以生日名子何？殷家質，故直以生日名子也。以尚書道殷家太甲、帝乙、武丁也。易乾鑿度云：「孔子曰：『自成湯至于帝乙。』帝乙，湯之玄孫之孫也。此帝乙卽湯也。殷録質，以生日爲名，順天性也。玄孫之孫，外絶恩矣，同以乙日生，疏可同名。」注：「王者之初，一質一文，以變易从初，殷録相次質也。殷家質，質者法天，甲乙丙丁爲名。」是殷尚質，直以生

〔一〕「敢」下「用」字原作「有」字，「穀」下「也」字原作「者」字，據禮記射義改。

日爲名也。故禮記檀弓「舍故而諱新」，注云：「天之錫命，疏可同名也。」書君奭篇云：「在太甲時，則有若保衡。」又云：「在祖乙時，則有若巫賢，在武丁時，則有若甘盤。」祖乙卽酒誥之帝乙。故乾鑿度云：「易之帝乙爲成湯，書之帝乙六世王。」是也。舊脱「乙」字，盧據御覽補。**于民臣亦得以甲乙生日名子何？不使亦不止也。以尚書道殷臣有巫咸，有祖己也。**盧云：「引巫咸無謂，御覽作『巫敢』，亦訛。」尚書有祖己，見高宗肜日篇。殷質，君臣不嫌同名。若周，則曲禮云：「大夫士之子，不敢與世子同名。」明臣不得同君也。王氏引之經義述聞云：「巫咸，今文蓋作巫戊。」「白虎通用今文尚書，故與古文不同。後人但知古文之作咸，而不知今文之作戊，故改戊爲咸耳。不然，則咸非十日之名，何白虎通引以爲生日名子之證乎？古今人表巫咸亦當作戊，漢書多用今文尚書也。〔一〕今本作咸，亦後人所改」。

何以知諸侯不象王者以生日名子也？以太王名亶甫，王季名歷，此殷之諸侯也。「此」字盧據御覽補。此，謂圻外諸侯也。蓋臣子以甲乙生日命名，不使亦不止，故周家不以生日名子與？**易曰「帝乙」，謂成湯。書曰「帝乙」，謂六代孫也。**此卽本易説也。易泰與歸妹之六五皆云「帝乙歸妹」。集解引虞翻注，以爲紂父，蓋本哀十一年左傳云「微子啟，帝乙之元子也」之説。案後漢荀爽傳云：「婦人謂嫁曰歸，言湯以娶禮歸其妹于諸侯也。」困學紀聞引京氏章句云：「湯嫁妹之詞曰：『無以天子之尊而乘諸侯，無以天子之富而驕諸侯。』」以易説專以釋易，各有師承，較左氏爲可據。故京、荀等並依以爲説也。書酒誥云：「自成湯咸至于帝乙。」檀弓疏云：「先儒注皆以爲紂父。」案鄭注檀弓，引易説之文是鄭不以帝乙爲紂父，則「先儒」蓋賈、馬等説也。考殷本紀云：「湯至帝乙十六世，帝乙

〔一〕「亦」上原脱「巫咸」二字，「今文」下原脱「尚書」二字，據經義述聞補。

無道，爲偶人，謂之天神，與之博，令人爲行，天神不勝，乃僇辱之，爲革囊盛血，仰而射之，命曰射天。後獵于河、渭之間，爲雷震死。」然則武乙本非令主，書不宜言其「成王畏相」，易不應繫之爻詞，諸儒但見紂父名帝乙，即以易、書之帝乙當之，不知湯名天乙，六世孫名祖乙，紂父名武乙，同以乙日生，即以乙爲名。又同爲帝，故並稱爲帝乙也。舊脫「書曰」二字，盧訂補。

湯生於夏時，何以用甲乙爲名？曰：湯王後乃更變名，子孫法耳。本名履，故論語曰「予小子履」。履，湯名也。書釋文引王侯世本云：「湯名天乙，湯王後，定尚質，故以生日名，爲子孫法。」所引論語，堯曰文。彼云：「敢用玄牡，敢昭告于皇皇后帝。」集解引孔安國云：「此伐桀告天之文。」墨子引湯誓，其詞若此。上三軍篇云「王者受命，質家先伐」。然則湯伐桀時，尚未稱王易制，而稱予小子履，明本名履可知。若然，殷本紀云「微卒，子報丁立，卒，子報乙立，卒，子報丙立，卒，子主壬立，卒，子主癸立」，則湯以前已有以甲乙爲名者。蓋湯以前雖間以甲乙爲名，未爲定制，子孫或未盡然，故湯又名履，即位後乃定爲一代之法也。盧云「子孫」上脫一「爲」字。

不以子丑爲名何？曰：甲乙者，榦也。子丑者，枝也。榦者本，本質，〔一〕故以甲乙爲名也。「爲名」二字，盧據御覽補，「榦者」二字，「者」舊作「爲」，〔二〕亦據御覽改。

名或兼或單何？示非一也。或聽其聲，以律定其名。或依其事，旁其形。故名或兼或單也。御覽「示非一也」作「名字非一」。此即禮疏引公羊說所謂「二字作名」者是也。易是類謀云「吹律卜名」，是以律定名也。左氏桓六年傳云：「以名生爲信，以德命爲義，以類命爲象，取于物爲假，取于父爲類。」依其事者，若后稷是也。棄之，因名爲棄也。史記周本紀云「棄之隘巷」

〔一〕「質」上「本」字原作「之」，據盧校改。

〔二〕「舊」上原脫「者」字，據文義補。

寒冰，後收養之，初欲棄之，因名曰棄。詩生民云：「誕寘之隘巷，牛羊腓字之。誕寘之平林，會伐平林。誕寘之寒冰，鳥覆翼之。」是其事也。後以后稷利民，故但稱其官，而不名焉。旁其形者，孔子首類丘山，故名爲丘。史記孔子世家，顏氏女「禱于尼邱，得孔子」，「生而首上圩頂，故因名曰邱，字仲尼」。索隱：「圩頂，言頂上窳也。」路史注引世本云：「反首張面，言頂上窳也。」爾雅釋丘：「四方而高曰丘。」是孔子首四方高，中央下，有似于丘，故取名焉。又按說文丘部：「㞛，反頂受水丘，从丘，泥省聲。」古而名字相配，孔子名丘，字仲尼，則「尼」當作「㞛」矣。或旁其名爲之字者，聞其名即知其字，聞字即知其名，若名賜字子貢，名鯉字伯魚。禮疏引盧氏禮注云「古者名字相配」，是旁其名爲之字也。「子貢」當作「子贛」。錢氏大昕養新録云：「說文貝部：贛，賜也。貢，獻也。兩字音同義別。子貢名賜，字當作『贛』，論語作『貢』，唯樂記一篇稱『子贛』，餘與論語同。左傳定十五年，哀七年、十二年作『子貢』，哀十五年、十六年、二十六年、二十七年作『子贛』。」其說本于臧氏琳經義雜記。家語本姓解篇：「十九歲取宋开官氏，一歲而生伯魚。魚之生也，魯昭公以鯉魚賜孔子，榮君之賜，故因以名曰鯉而字伯魚。」是鯉字伯魚也。春秋譏二名何？所以譏者，乃謂其無常者也。若乍爲名，禄甫元言武庚。此文有訛脱，當云「春秋譏二名何？爲其難諱也。或曰所以譏者，乃謂其無常者也。若乍爲名，禄甫元名武庚」。公羊定六年傳云：「此仲孫何忌也，曷爲謂之仲孫忌？譏二名，二名非禮也。」注：「爲其難諱也。一字爲名，令難言而易諱，所以長臣子之敬，不逼下也。」白虎通說春秋，盡本公羊，此必亦先以公羊說爲主。「或曰」以下，乃左氏古文說也。禮疏引異義：「公羊說，譏二名，謂二字作名，若魏曼多是也。左氏說，二名者，楚公子棄疾弑其君，即位之後改爲熊居，是爲二名。謹案：文武賢臣有散宜生、蘇忿生，則公羊之說非也。」然則左氏先師亦有譏二名之說，但不以二字作名爲二名，故有無常之譏也。案公羊隱元年注：「于所見之世，著治太平，夷狄進至于爵，天下遠近小大若一，用心尤深而詳，故崇仁義，譏二名。晉魏曼多、仲孫何忌是也。」又定六年注云：「春秋定、哀之間，文致太平，欲見王者治定，無所復爲譏，唯有二名，故譏之。」然則春秋撥亂世反之正，于所見微其詞，于所聞痛其禍，于所傳聞殺其恩，魯愈微而春秋之化益廣，世愈亂而春秋爲之文益治，假新王之法以治天下，以致獲麟，若果能行春秋之法，則有獲麟之應，若堯時之鳳凰來儀，文王之鸑鷟鳴于岐山。故何氏哀十四年注云：「麟于周爲異，于春秋爲記瑞也。」二名之譏，亦猶是也。不然，文王時有散宜生、蘇忿生，公羊豈不知之，徒以二名者過之微，至定、哀之間，無他惡可貶，故但譏二名而已。故注以爲春秋之制，此公羊先師微言大義也。繁露俞序云：「天下之人，〔一〕人有士君子之行而少過矣。」亦譏二名之意也是也。許氏著說文，多取古文家說，宜其不識七十子相傳之義矣。不以日月山川爲名者，少賤卑己之稱也。臣子當諱，爲物示通，故避之也。曲禮云：「名子者不以國，不以日月，〔二〕不以隱疾，不以山川。」左氏桓六年傳云：「不以國，不以官，不以山川，不以畜牲，不以器幣。」大戴保傅云：「然后卜名，上無取于天，下無取于地，中無取于名山通谷，無拂于鄉俗，是故君子名難知而易諱也。」少賤卑己之稱，謂有少賤而卑乎己者，不能無賤稱也。禮曰：「二名不偏諱。逮事父母則諱王父母，不逮事父母則不諱王父母也。君前不諱，〔三〕詩書不諱，臨文不諱，郊廟中不諱。」今曲禮有此文。鄭注引檀弓「言在不稱徵，

〔一〕「之」上原脫「下」字，「之」下原衍「大」字，據春秋繁露俞序補删。　〔二〕「國」下原衍「不以官」三字，據禮記曲禮删。　〔三〕「不逮」下原脫「事」字，據禮記曲禮補。「君前不諱」，曲禮作「君無所私諱」。

言徵不稱在」釋之。「逮事父母則諱王父母」，此當是士禮。禮記檀弓云：「舍故而諱新。」然則天子諸侯須親盡廟毀之後始不諱，則卿大夫三廟，無論逮事不逮事，皆宜諱王父母矣。今本「不逮」下有「事」字，無「郊」字。又曰：「君前臣名，父前子名。」謂大夫名卿，弟名兄也。明不諱于尊者之前也。鄭彼注云：「對至尊，無大小皆相名。」太古之世所不諱者何？尚質也。故臣子不言其君父之名。故禮記曰：「朝日上質不諱正天名也。」盧云：「禮記疑是禮說。」按大戴禮虞戴德云：「是故上古不諱正天名也。」所引禮記疑出此。盧又云：「『不言』疑是『得言』。」小字本、元本「不」字作「牙」，惠云「乃『斥』字之譌」。人所以十月而生者何？人，天子之也。任天地之數五，故十月而備，乃成人也。詩疏引元命苞云：「人十月而生。」繁露陽尊陰卑篇云：「天之大數畢于十旬，旬天地之間十而畢舉，旬生長之功十而畢成。〔一〕十者，天數之所止也。」「是故陽氣以正月始出于地，生育養長于上，至其功必成也，而積十月。人亦十月而生，合于天數也」。大戴本命篇云：「天一地二人三，三三而九，九九八十一，一主日，日數十，故人十月而生。」淮南精神訓云：「一月而膏，二月而胅，三月而胎，四月而肌，五月而筋，六月而骨，七月而成，八月而動，九月而躁，十月而生。」易繫辭云：「天數五，地數五。」左疏引鄭注：「天地之氣各有五，二五陰陽各有合，然後氣相得施流行也。」是天地之數合爲十，故人亦十月生也。人生所以泣何？本一幹而分，得氣異息，故泣重離母之義。尚書曰「啓呱呱而泣」也。大戴保傅云：「太子生而泣，太師吹銅，曰『聲中某律』。」是人生而泣也。所引書，臯陶謨文。人拜所以自名何？所以立號自紀。禮，拜自後，不自名何？備

〔一〕「天地」、「生長」上兩「旬」字原脱，據春秋繁露陽尊陰卑篇補。

陰陽也。盧云：「未詳。」又云：「『立號』舊本作『泣號』，一本作『號泣』，皆譌。」人所以相拜者何？所以表情見意，屈節卑體，尊事人者也。拜之言服也。禮記郊特牲注：「拜，服也。」所以必再拜何？法陰陽也。尚書曰「再拜稽首」也。周禮九拜，「七曰奇拜」。鄭大夫云：「奇拜，謂一拜也。頓首、空首皆有之。」鄉飲酒、鄉射所謂一拜，卽頓首之奇拜。燕禮大射云答一拜，卽空首之奇拜。以頓首平敵相拜之禮，空首君答臣拜之禮，唯稽首皆再拜，無一拜，所以法陰陽。故周禮九拜，「八曰褒拜」。鄭大夫云：「褒拜，再拜是也。」頓首、空首亦有褒拜，凡鄉飲酒、鄉射、燕禮、大射所云「再拜」者是也。必稽首何？敬之至也，頭至地。何以言首？謂頭也。禮曰：「首有瘍則沐。」周禮太祝「辨九𢷎，一曰稽首」，注：「稽首，拜頭至地也。」又云「二曰頓首」，注：「頓首，拜頭叩地也。」釋文作「䭫首」。說文首部：「䭫，下首也。」然則稽首者，拱手至地，頭亦至地，而顙不必觸地，與頓首之以顙叩地者異，故吉禮以稽首爲至敬也。諸侯于天子稽首，故哀十七年左傳云：「非天子寡君無所稽首。」是也。大夫士于諸侯及鄰國之君皆稽首。郊特牲云：「大夫之臣不稽首，非尊家臣，以避君也。」是則諸侯之臣稽首明矣。君之于臣，惟拜手而已。稽从禾。說文禾部：「禾，木之曲頭止不能上也。」故書之「稽古」謂同天，卽此意。禮見曲禮，彼云：「頭有創則沐，身有瘍則浴。」此有譌。所以先拜手，後稽首何？名順其文質也。尚書曰：「周公拜手稽首。」「名」當是「各」字之誤。此所云，周制也。禮記檀弓「拜而後稽顙，頹乎其順也」。注：「此殷之喪拜也。」又云「稽顙而後拜，頎乎其至也」。注：「此周之喪拜也。」然則殷之凶拜，先拜手後稽顙，則吉拜先稽顙後拜手。周之喪拜，先稽顙後拜手，則吉拜先拜手後稽顙。周禮九拜所謂「吉拜」、「凶拜」是也。推之禮拜，則殷人宜先稽首，後拜手。周人宜先拜手，後稽首矣。故周禮九拜，「一曰稽首」也。所引書者，洛誥文。凡臣見于君皆然。書洛誥云「成王拜手稽首」者，此自成王特尊異周公，非常禮，亦如平敵相拜，始用頓首，而左傳文七年，晉穆嬴乃頓首于趙宣子也。

右論名

人所以有字何？所以冠德明功，敬成人也。公羊僖九年傳「字而笄之」，〔一〕注：「字者，尊而不泄，所以遠别也。」顏氏家訓風操篇云：「字以表德。」次「所以」二字舊缺，盧據御覽補。故禮士冠經曰：「賓北面，字之曰伯某甫。」又曰：「冠而字之，敬其名也。」禮無北面語，此蓋約以成文。禮經曰「伯某甫，仲叔季唯其所當」，注：「伯仲叔季，長幼之稱，甫是丈夫之美稱。」所以知北面者，以上云「冠者立於西階東，南面，賓字之」，則賓宜北面矣。「西階東」，謂西階下之東也。「冠而字之」係記語，注云：「名者質，所受於父母，冠成人益文，故敬之也。」張氏爾岐儀禮句讀云：「敬其名，敬其所受於父母之名，非君父之前不以呼也。」所以五十乃稱伯仲者，五十知天命，思慮定也。能順四時長幼之序，故以伯仲號之。禮檀弓曰：「幼名冠字，五十乃稱伯仲。」論語曰：「五十而知天命。」冠禮疏云：「殷質，二十爲字之時，兼伯仲叔季呼之。周文，爲字之時，未呼伯仲，至五十乃加而呼之。」故檀弓曰：「幼名冠字，五十以伯仲，周道也。」檀弓疏云：「年二十，有爲人父之道，朋友等類，不可復呼其名，故冠而加字耳。至五十，耆艾轉尊，又捨其二十字，直以伯仲呼之。」淩先生曙羣書問答云：「誠如孔說，則徒以伯仲，將何以區别人耶？孔子生三日，名之曰丘，至二十，則稱尼甫，至五十，去甫配仲，呼仲尼，豈有捨尼而稱仲者哉！然則孔子

〔一〕「而」上「字」原作「冠」，據公羊傳僖公九年改。

生周時，故從周制，故五十乃稱伯仲也。」若然，冠禮于二十而冠之時，即云「伯仲叔季，唯其所當」者，蓋兼二十後至五十時言之，不必冠時即呼伯仲也。稱號所以有四何？法四時用事先後，長幼兄弟之象也。故以時長幼號曰伯仲叔季也。上五行篇云：「長幼何法？法四時有孟仲季也。」伯者，長也。伯者，子最長迫近父也。爾雅釋詁：「伯，長也。」疏引舍人注：「伯，位之長也。」詩載芟云「侯主侯伯」，傳：「伯，長子也。」淮南人間訓「陽虎將舉劍而伯之」，注：「伯，迫也。」則伯亦有迫訓。說文亦云：「伯，長也。从人，白聲。」仲者，中也。孝經開宗明義云「仲尼居」，疏引張禹云：「仲，中也。」一切經音義引韓詩說云：「仲，中也。言位在中也。」叔者，少也。廣雅釋詁云：「叔，少也。」又釋親屬同。公羊隱元年注：「叔者，長幼稱也。」季者，幼也。詩采蘋「有齊季女」，傳：「季，少也。」詩陟岵云「予季行役」，傳：「季，少子也。」侯人云「季女斯飢」，傳：「季，人之少子也。」故稺材謂之季材。山虞云：「凡服耜斬季材。」小指亦爲季指，特牲饋食「挂于季指」是也。適長稱伯，伯禽是也。庶長稱孟，魯大夫孟氏是也。此禮說也。禮疏引含文嘉云：「嫡長稱伯，庶長稱孟。」是也。男女異長，各自有伯仲，法陰陽各自有終始也。禮記曲禮云「男女異長」，注：「各自爲伯仲也。」春秋傳曰：「伯姬者何？內女也。」〔一〕公羊隱二年傳文也。注：「以無所繫也。」隱七年「叔姬卒」，〔二〕即伯姬之娣，知婦人各自爲伯仲也。叔姬不稱仲者，文家積于叔也。婦人十五稱伯仲何？婦人質少變，陰道促蚤成，十五通乎織紝紡績之事，思慮定，故許嫁，笄而字。故

〔一〕「女」下原衍「稱」字，據公羊傳隱公二年刪。

〔二〕公羊傳隱公七年作「叔姬歸於紀」，「叔姬卒」在公羊傳莊公二十九年。

禮經曰：「女子十五許嫁，笄。禮之稱字。」禮記內則云「十有五年而笄」，注：「謂應年許嫁者。女子許嫁，笄而字之。」又曲禮云「女子許嫁，笄而字」，注：「以許嫁爲成人也。」列女傳仁智篇：「魏曲沃負母云：『是故十五而笄，二十而嫁，早成其諡號，所以就之。』」公羊僖九年傳：「此未適人，何以卒？許嫁矣。婦人許嫁，字笄而之。」〔一〕大戴本命篇：「女七月生齒，七歲而毀齒，二七十四，然後其化成。」內則：「女子十年不出，姆教婉娩聽從，執麻枲，治絲繭，織紝組紃，學女事以共衣服。」故至十五通織紝紡績也。陽舒，故男十六精通，二十而冠。陰促，故女十四而精通，十五而許嫁也。所引禮者，婚禮記文。若十五未許嫁，則至二十笄而字。內則注：「其未許嫁，二十則笄。」喪服齊衰三月章傳注：「成人謂年二十已笄醴者。」是也。喪服小記云：「男子冠而不爲殤，女子笄而不爲殤。」女子雖未二十，若十五許嫁，即不爲殤，宜喪之如成人，從出降之例也。其女子爲本親之服，亦不得降一等，所謂逆降，故大功章「女子嫁者未嫁者爲世父母、叔父母、姑姊妹」，傳：「未嫁者，成人而未嫁者。」是也。婦人姓以配字何？明不娶同姓也。故春秋曰：「伯姬歸于宋。」姬者，姓也。公羊隱元年傳云：「仲子者何？桓之母也。」注：「仲字，子姓，婦人以姓配字，不忘本也。因示不適同姓。」又二年「夫人子氏薨」，注：「子者，姓也。夫人以姓配號。」義與仲子同。所引春秋傳，成九年公羊傳文。質家所以積于仲何？質者親親，故積于仲。文家尊尊，故積于叔。廣川書跋引含文嘉云：「文家稱叔，質家稱仲。」公羊成十五年注「叔仲惠伯」者，「文家字積于叔，叔仲有長幼，故連氏之。〔二〕經云仲者，明春秋質家當

〔一〕「字」、「笄」二字原倒，據公羊傳僖公九年乙。〔二〕「文」下「家」字原作「質」字，「連」下「氏」字原作「謚」字，據公羊傳成公十五年注改。

積于仲」。舊本此下多訛脱，今悉依盧校本。即如是，論語曰：「周有八士，伯達、伯适，仲突、仲忽，叔夜、叔夏，季隨、季騧。」不積于叔何？蓋以兩兩俱生故也。不積于伯、季，明其無二也。

論語，微子篇文。集解引包曰：「周時四乳生八子。」疏引鄭注，以爲成王時人。又引馬融、劉向，以爲宣王時人。繁露郊語篇云：〔一〕「傳曰：『周國子多賢，蕃至于駢孕男者四，四產而得八男，皆君子俊雄。』」則所謂兩兩俱生者，蓋本此。末句有譌。文王十子，詩傳曰：「伯邑考，武王發，周公旦，管叔鮮，蔡叔度，曹叔振鐸，成叔處，霍叔武，康叔封，南季載。」此與列女傳母儀篇引同。蓋魯詩思齊詩「則百斯男」傳文也。後漢襄楷傳：「疏曰：『昔文王一妻誕致十子。』」〔二〕史記管蔡世家：「武王同母兄弟十人。其長子曰伯邑考，次曰武王發，次曰周公旦，次曰蔡叔度，次曰曹叔振鐸，次曰郕叔武，次曰霍叔處，次曰康叔封，次曰冄季載。」以管叔爲周公之兄，與此異。王氏鳴盛尚書後案云：「予所據大德九年刻，雖舊本，但訛脱甚多，恐不足信，究當以史記爲正。」案誅伐篇云：「尚書曰：『肆朕誕以爾東征。』誅弟也。」此語出大誥，爲周公誅管、蔡而作，是則白虎通自以管叔爲周公弟也。孟子公孫丑云：「周公，弟也。管叔，兄也。」注：「周公惟管、蔡弟也，故愛之。管叔念周公兄也，故望之。」然則趙氏亦以管叔爲周公弟。〔三〕列女傳母儀篇：「太姒生十男：長伯邑考，次武王發，次周公旦，次管叔鮮，次蔡叔度，次曹叔振鐸，次霍叔武，次成叔處，次康叔封，次冄季載。」後漢書樊儵傳「周公誅弟」，注：「周公之弟管、蔡二叔，流言于國。」又張衡傳思玄賦云：「旦獲讟于羣

〔一〕「郊語篇」原作「五行變救篇」，據春秋繁露凌曙本改。〔二〕「誕」下「致」原作「數」，「十」下「子」原作「男」，據後漢書襄楷傳改。〔三〕「以」下「管」原作「爲」，據文義改。

弟兮，啟金縢而乃信。」注：「成王立，周公攝政，其弟管叔等謗言。」魏志毋丘儉傳討司馬師表云：「春秋之義，大義滅親。故周公誅弟。」毛氏奇齡四書賸言云：「余嘗以次質之仲兄及張南士，亦云此事有可疑者三，周公稱公，而管叔以下稱叔，一。周公先封周，又封魯，而管、蔡並無圻内之封，二。周制立宗法，以嫡弟之長者爲大宗，周公、管、蔡皆嫡弟，而周公爲大宗，稱魯宗國，三。趙氏所注，非無據也。」周氏柄中辨正云：「鄧析子無厚篇：『周公誅管、蔡，此于弟無厚也。』」傅子通志篇：「管叔、蔡叔，弟也，爲惡，周公誅之。」又舉賢云：「周公誅弟而典型立。」古人固有以管叔爲弟者，不待邠卿作注也。案當時蓋有二説，以管叔爲周公兄，左傳序十六國如此，史公從之，此古文説也。兩漢諸儒徒習今文，並以管叔爲周公弟，則此今文説也。故高誘注淮南氾論訓則與史記同，注呂氏春秋開春篇、察微篇則與白虎通同。王氏執彼以廢此，毛氏、周氏執此以廢彼，皆非通論也。成叔、霍叔，諸書皆以成叔名武，霍叔名處，唯列女傳與此同。南季載即聃季載，定四年左傳「聃季爲司空」，史記作「冉季載」。春秋隱九年「天王使南季來聘」，〔一〕穀梁傳：「南氏，姓也。」顧氏炎武日知録，以「南非姓，姓字衍」。案冉、聃、南皆同音，得通用。杜預定四年注以曹叔爲武王異母弟，于五叔無官，去曹叔而易毛叔聃，案毛叔無可考，蓋即春秋毛伯之先。然史記、列女傳及此皆不及毛叔，知杜説非也。

所以或上其叔、季何也？管、蔡、曹、霍、成、康、南皆采也，故置叔、季上。伯邑考何以獨無乎？蓋以爲大夫者不是采地也。

「皆采也」，盧云：「疑當作『皆采地』。」按「不是采地」四字疑衍，「上其叔季」，意謂叔季在名上，如叔鮮、叔度、季載之類。管、蔡等皆采地，非名，伯邑考爲大夫，無采地，故伯上無文也。知伯邑考爲大夫者，文王舍伯邑

〔一〕「九年」原作「八年」，據穀梁傳隱公九年改。

考而立武王，儲位早定，明應封之大夫矣。

右論字

天地（共五章）

天者，何也？天之爲言鎮也。居高理下，爲人鎮也。禮釋文引説題詞云：「天之爲言鎮也，神也，陳也。居高理下，爲人經緯，故其字『一』『大』以鎮之。此天之名義也。」〔一〕爾雅釋文引禮統云：「天之爲言鎮也，神也，陳也，珍也。」説文一部：「天，顛也。」顛爲人首，故臣以君爲天，子以父爲天，妻以夫爲天。詩疏引元命苞云：「天之言瑱。」案瑱義無所取，當或填字之訛。天與鎮、顛、神、陳、珍、填皆疊韻爲詞，填亦或借作鎮字。類聚引作「天者，身也」。盧云：「天與身，聲相近，故天竺又爲身毒也。」〔二〕地者，元氣之所生，萬物之祖也。御覽引禮統云：「天地者，元氣之所生，萬物之所自也。」案此「地者」十二字，當脱一「天」字，宜移置「天者何也」之上。地者，易也。萬物懷任，交易變化。舊本如此。類聚引元命苞云：「地者，易也。言萬物懷任，交易變化，含吐應節，故其立字『土』『力』于『乙』者爲地。」又引説題詞云：「地之爲言媿也。承天行其義也。居下爲位，道之經也。山陵之大，非地不制，含功以牧生。〔三〕」爾雅釋文引禮統云：「地者，施也，諦也。應施變化，審諦不設。」盧氏據以改此，又以「萬物懷任」二句合下節，以御覽五

〔一〕「義」上原脱「名」字，據禮釋文引説題詞補。

〔二〕盧校「天竺」作「天篤」。

〔三〕「居下爲位」，説題辭作「居以下山爲位」。「以」下「牧」原作「收」，據説題辭改。

行類所引爲據。案御覽支離踳駁，恐不足以定此。

右釋天地之名

始起先有太初，然後有太始，形兆既成，名曰太素。劉仲達鴻書引鉤命決云：「天地未分之前，有太易，有太初，有太始，有太素，有太極，是爲五運。形象未分，謂之太易。元氣始萌，謂之太初。氣形之端，謂之太始。形變有質，謂之太素。質形已具，謂之太極。」廣雅釋天：「太初者，氣之始也，生于酉中，清濁未分。太始者，形之始也，生于戌中，清者爲精，濁者爲形。太素，質之始也，生于亥中，已有素樸，而未散也」。此三者皆在天地未分之前也。混沌相連，視之不見，聽之不聞，然後判清濁，既分，精曜出布，庶物施生，精者爲三光，號者爲五行。五行生情性，情性生汁中，汁中生神明，神明生道德，道德生文章。列子天瑞篇云：「氣形質具而未離，故曰渾淪。」〔一〕詩緯引推度災云：「三氣未分別，號曰渾淪。」即謂太初、太素、太始三氣未分，混沌相連也。推度災又云：「上清下濁，號曰天地。」廣雅釋天云：「三氣相接，至于子仲，剖判分離，輕清者上爲天，重濁者下爲地，中和爲萬物。」列子天瑞篇：「一者，形變之始也。清輕者爲天，重濁者爲地，沖和氣者爲人。故天地合精，萬物化生。」此是清濁既分，精曜出布，庶物皆施生也。「號者」二字疑衍。珠林引虞喜天文論云：「精者爲三光，爲五行，五行生情性，情性生斗中，爲神明，神明生道德，道德生文章。」此作「汁中」，未知何解。舊本自「始起」至此多譌脱，盧據御覽補正。故乾鑿度云：「太初者，氣之始也。太始者，形之始也。太素者，質之始也。陽唱陰和，男行

〔一〕「曰」下「渾」原作「淪」，據列子天瑞篇改。

女隨也。」列子天瑞篇云：「太初者，氣之始也。太始者，形之始也。太素者，質之始也。」詩疏引推度災云：「陽本爲雄，陰本爲雌，物本爲魂。雄生八月仲節，號曰太初，行三節。雄雌俱行三節，而雄合物魂，〔一〕號曰太素。」案詩緯之「雄生八月節」，即氣之始也。「雄合物魂」，即質始也。當脱「雌生九月節，號曰太始」。「行三節」之文，即形之始也。舊本「形」下衍「兆」字。

右論天地之始

天道所以左旋，地道右周何？以爲天地動而不別，行而不離，所以左旋。右周者，猶君臣陰陽，相對之義也。文選注引元命苞云：「天左旋，地右動。」占經引元命苞云：「地所以右轉者，氣濁清少，含陰而起遲，故右轉迎天。」御覽引宋注云：「地生于離，既不敢當陽動，退日少陽，則亦宜右行，而迎陽者，受其施育而成陽也。」

右論左右旋之象

男女總名爲人，天地所以無總名何？曰：天圓地方不相類，故無總名也。左傳昭十七年傳「猶能馮依于人」，注：「人謂匹夫匹婦。」説文人部：「人，天地之性最貴者也。此籀文，象臂脛之形。」列子黄帝篇云：「有七尺之骸，手足之異，戴髮含齒，倚而食者謂之人。」是男女總名人也。周禮注引書考靈燿云：「天以圓覆，地以方載。」是不相類也。

〔一〕「八月」下原脱「仲」字，「雄」下「合」原作「含」，據推度災補改。

右論天地無總名

君舒臣疾，卑者宜勞，天所以反常行何？以爲陽不動無以行其教，陰不静無以成其化。雖終日乾乾，亦不離其處也。故易曰「終日乾乾」，反覆道也。易乾九三象詞文。占經引靈憲曰：「天體於陽，故圓以動。地體於陰，故方以静。動以行施，静以合化，乃道之實也。」

右論天行反勞於地

日月（共六章）

天左旋，日月五星右行何？日月五星，比天爲陰，故右行。右行者，猶臣對君也。含文嘉曰：「計日月右行也。」刑德放曰：「日月東行。」書洪範云：「日月之行，則有冬有夏。」占經引黄帝占曰，「兩角之間，三光之道也。南三度太陽道，北三度太陰道，日月五星出入中道，天下太平。出陽多旱，出陰多雨。」是日月五星同行也。凡二十八宿及諸星，皆循天左行，一日一夜一周天，一周天之外，更行一度，計一年三百六十五周天四分度之一。故漢書律曆志：「冬至之時，日在牽牛初度，春分日在婁四度，夏至日在東井三十一度，秋分日在角十度。」是也。日月五星則右行，日一日一度，月一日十三度十九分度之七，其五星遲速之數，具見律曆志。天左旋，日月五星右旋，是相對爲行，故如臣對君。緯書言東行，猶言右行也。

右論日月右行

日行遲，月行疾何？君舒臣勞也。日日行一度，月日行十三度十九分度之七。感精符曰：「三綱之義，日爲君，月爲臣也。」書疏引考靈耀云：「周天三百六十五度四分度之一，而日日行一度，則一朞三百六十五日四分日之一。」又云：「日日行一度，月日行十三度十九分度之七。」周髀算經云：「日月俱起建星，月度疾，日度遲，日月相逐于二十九日三十日間，而日行天二十九度，餘未有定分，于是三百六十五日南極景長，明日反短，以歲終日影反長，故知之也。」古微書載考靈耀云：「日行遲，月行疾何？君舒臣勞也。日日行一度，月日行十三度十九分度之七，故日一月行二十九度半餘。月一月行天一帀，三百六十五度四分度之一，過而更行二十九度半餘，而與日會。所會之處，謂之爲辰也。」左疏引感精符云：「日者陽之精，月者陰之精，日陽月陰，故日君月臣也。」故詩柏舟篇「日居月諸」，傳云：「日君象，月臣象也。」日月所以懸晝夜者何？助天行化，照明下地。故易曰：「懸象著明，莫大于日月。」周髀云：「日猶火，月猶水，火則月光，水則含景，故月光生于日所照，魄光生于日所蔽。故就其明之所生，則月生于日，就其明之所指，則日照晝，月照夜也。」

右論日月行遲速分晝夜之象

日之爲言實也，常滿有節。說文日部：「日，實也。太陽之精不虧。」廣雅釋天云：「日，實也。」釋名釋天：「日，實也。光明盛實也。」大義引汁光紀云：「日爲陽精，故日實也。」占經引元命苞云：「日之爲言實也，節也。含一開度立節，使物咸別，故謂之日。言陽布散合如一。」御覽引禮統云：「日者，實也。形體光實，人君之象。」月之爲言闕也。有滿有闕也。所以有闕何？歸功于日也。三日成魄，八日成光，二八十六日轉而歸功晦，至朔旦受符復行。故援神契曰：「月三日而成魄，三月而成時。」説文月部：「月，闕也。太陰之精。」釋名釋天：「月，闕也。滿則闕也。」大義引元命苞云：「月者陰精，爲言闕也。」月初未正對日，故無光缺。月半而與日相對，故光滿。十六日已後漸闕，亦漸不對日也。故文選注引保乾圖云「日以圓照，月以虧全」，宋注：「全，十五日時是也。」御覽引推度災云：「月三日成魄，八日成光，蟾蜍體就穴，鼻始萌。」體運「是以三五而盈，三五而闕」，注：「一盈一闕，屈伸之義也。」繫詞：「縣象著明，莫大乎日月。」李氏易傳載虞説云：「三日震象出庚，八日兑象見丁，十五日乾象盈甲，十六日巽象退辛，二十三日艮象消丙，三十日坤象滅乙。」卽一盈一闕之義焉。故謝靈運怨曉月賦：「昨三五兮既滿，今二八兮時缺。」禮記鄉飲酒義：「月者，三日則成魄。」書康誥云「哉生魄」，釋文引馬注：「魄，朏也。謂月三日始生兆朏，名曰魄。」説文月部作「霸」，云：「月始生，魄然也。承大月二日，承小月三日。」案白虎通據緯書及諸家，皆以月初生明爲魄。漢書律曆志則引三統術曰：「死霸，朔也。生霸，望也。」孟康曰：「月二日以往，明生魄死，故言死魄。魄，月質也。」與此異。盧據御覽四補「三日成魄」四字，删去「十六」下一「日」字。此六句出援神契，皆有韻，而此下所引，則見今鄉飲酒義。所以名之爲星何？星者，精也。據日節言也。類聚引説題詞云：「星之爲言精也，陽之榮也。陽精爲日，日分爲星，故其字『日』『生』爲星。」淮南天文訓：「日月之淫爲精者爲星辰。」説文晶部：「曐，萬物之精，上爲列星。从晶，生聲。」史記天官書云：「星，金之散精也。」一日一夜，適行一度，一日夜爲一日，剩復分天爲三十六度，周天三百六十五度四分度之一，日月徑皆千里也。大義引此下有「日徑千里，圍三千里，下于天七千里」，似當補入。書鈔引元命苞云：「日月徑千里，徑一者，其圍三，故圍三千里也。」御覽引徐整長曆云：「日月徑千里，周圍三千里，下于天七千里。」占經一引陳卓等渾天論曰「日月之體，形如圓丸，各徑千里」也。

右釋日月星之名

所以必有晝夜何？備陰陽也。日照晝，月照夜。太玄經云：「日以昱乎晝，月以昱乎夜。」説文日部：「昱，日明也。」日所以有長短何？陰陽更相用事也。故夏節晝長，冬節夜長，夏日宿在東井，出寅入戌。冬日宿在牽牛，出辰入申。尚書堯典有「日中」、「日永」、「日短」。詩疏引馬注云：「古制漏刻，晝夜百刻，晝長六十刻，夜短四十刻　夜長六十刻，晝短四十刻，晝中五十刻，夜亦五十刻。」鄭注：「日見之漏，與不見者齊。」又書疏引鄭注又云：「日長者日見之漏五十五刻，日不見之漏四十五刻。」則鄭以晝長六十五刻，夜短三十五刻，晝短四十五刻，夜長五十五刻，晝中五十五刻，夜中四十五刻。」高注呂氏春秋大同。漢書律曆志：「冬至之時，日在牽牛初度，春分之時，日在婁四度，夏至之時，日在東井三十一度，秋分之時，日在角十度。若日在東井，則極長，八尺之表，尺五寸之影。冬至日在斗，則晝極短，八尺之表，一丈三尺之影，一丈三尺之中，去其一尺五寸餘，有一丈一尺五寸之景。」是冬夏往來之景也。占經引張衡渾儀注云：「春分秋分，日在黃赤二道之交，中去極俱九十一度少强，出卯入酉，晝行地上，夜行地下，俱一百八十二度少强。」周髀引考靈燿云：「分周天爲三十六頃，頃有十度九十六分度之十四。長日分于寅，行二十四頃，入于戌，行十二頃。短日分于辰，行十二頃，入于申，行二十四頃。」御覽引考靈燿云：「仲春仲秋，日出于卯，入于酉。仲夏日出于寅，入于戌。仲冬日出于辰，入于申。」其言四時短長之數，與此同也。又引物理論曰「夏則陽盛陰衰，故晝長夜短。冬則陰盛陽衰，故晝短夜長。行陽之道長，故出入卯酉之北。行陰之道短，故出入卯酉之南。

春秋陰陽等，故日行中平晝夜等」也。

右論晝夜長短

月有小大何？天左旋，日月右行。日日行一度，月日行十三度。月及日爲一月，至二十九日，未及七度，即三十日者，過行七度，日不可分，故月乍大乍小，明有陰陽也。首句舊作「自大小何，天道左旋，日月東行」，盧從御覽改正。古微書考靈燿云：「凡九百四十分爲一日，二十九日與四百九十九分爲一月。」御覽引范子計然曰：「月行疾，疾二十九日三十日間。一與日合，取日之度以爲月節，以日日行一度，月日行十三度十九分度之七，日一月行二十九度餘，月一月行天一帀三百六十五度四分度之一，過而更行二十九度半餘。是日月行不齊，第取日所行以爲節，故有大有小也。」故春秋曰：「九月庚戌朔，日有食之。」「十月庚辰朔，日有食之。」此三十日也。又曰：「七月甲子朔，日有食之。」「八月癸巳朔，日有食之。」此二十九日也。襄二十一年及二十四年文也。羅氏士琳朔閏異同表云：「九月庚戌，顓頊、殷、魯術得一日，黃帝、夏、周三統得二日。十月庚辰，殷、魯術得一日，餘五術得二日。」又云：「七月甲子朔，殷、魯術一日，黃帝、顓頊、夏、周三統得二日。八月癸巳朔，顓頊、殷、魯得一日，黃帝、夏、周三統得二日。」案此以二十一年兩日食皆月大，二十四年兩日食皆月小。考羅氏所推顓頊曆，得八月大，九月庚戌朔，殷、魯曆得九月大，十月庚辰朔，七月小，八月癸巳朔。其六月小，七月甲子朔，與七曆皆不合。

右論月有大小

月有閏餘何？周天三百六十五度四分度之一，歲十二月，日過十二度，故三年一閏，五年再閏，明陰不足，陽有餘也。故讖曰：「閏者陽之餘。」淮南天文訓云：「日行十三度七十六分度之二十六，二十九日，九百四十分日之四百九十九而爲月，而以十二月爲歲，歲有餘十日，九百四十分日之八百二十七，故十九歲而七閏。」堯典：「朞三百有六旬有六日，以閏月定四時成歲。」續漢律曆志引杜氏長曆云：「書稱六日，舉全數而言，其實五日四分日之一日。日行一度，而月行十三度十九分度之有畸，日官常會集此之遲疾，以考成晦朔，錯綜以設閏月。閏月無中氣，而斗指兩辰之間，所以異于他月也。」御覽無「餘」字。「日過十二度」，御覽四及十七兩引皆作「不匝十二度」。

右論閏月

四時（共四章）

所以名爲歲何？歲者，遂也。三百六十六日一周天，萬物畢成，故爲一歲也。尚書曰：「朞三百有六旬有六日，以閏月定四時成歲。」御覽引元命苞云「歲之言遂也」，宋注：「遂，出也。出行事于所直辰也。」廣雅釋言云：「遂，畢也。」爾雅釋天云：「載，歲也。夏曰歲。」注：「取歲星行一次。」左疏引孫炎云：「四時一終曰歲，取歲星行一次。」説文步部云：「歲，木星也。越歷二十八宿，宣徧陰陽，十二月一次。」是孫、郭並取説文爲説，與此不同。書鈔引元命苞云：「冬至百八十日春夏成，夏至百八十日秋冬成，合三百六十日歲數舉。」注：「舉猶備也。」舉全數，故言三百六十日也。

右論歲

歲時何謂？春夏秋冬也。時者，期也，陰陽消息之期也。舊止「春夏秋冬」，盧據爾雅疏補。禮記祭法「埋少牢于泰昭，祭時也」。注：「時，四時也。」管子山權篇云：「數時者所以記歲也。」釋名釋天云：「時，期也。物之生死各應節期而止也。」春夏爲陽，秋冬爲陰，陽息于冬，陰消于夏，是爲陰陽消息之期也。論衡難歲篇云：「積分爲日，累日爲月，連月爲時，紀時爲歲。」古無一日分十二時之說也。四時天異名何？天尊，各據其盛者爲名也。春秋物變盛，冬夏氣變盛。春曰蒼天，夏曰昊天，秋曰旻天，冬曰上天。爾雅曰「一說春爲蒼天」等是也。此文有訛，盧疑當作「爾雅曰春爲蒼天，夏爲昊文，秋爲旻天，冬爲上天。一說春曰昊天，夏曰蒼天」。周禮疏引異義：「今尚書歐陽說，春曰昊天，夏曰蒼天，秋曰旻天，冬曰上天，總曰皇天。爾雅亦然。故尚書說『天有五號，各用所宜稱之。尊而君之，則曰皇天。元氣廣大，則稱昊天。仁覆閔下，則稱旻天。自上監下，則稱上天。據遠視之蒼蒼然，則曰蒼天。』謹案尚書堯『命羲和，欽若昊天，〔一〕總勑四時』，知昊天不獨春。春秋左氏曰『夏四月己丑，孔子卒』，稱『旻天不弔』，時非秋天。」詩疏引鄭駁異義云：「玄之聞也，爾雅者，孔子門人所作，以釋六藝之文，言蓋不誤也。春氣博施，故以廣大言之。夏氣高明，故以遠大言之。秋氣或生或殺，故以閔下言之。冬氣閉藏而清察，故以監下言之。昊天者，至尊之號也。六藝之中諸稱天者，以己情所求言之耳，非必于其時稱之。浩浩昊天，求天之博施，蒼天蒼天，求天

〔一〕「各」下「用」原作「有」字，「蒼天」上原脫「曰」字，「欽若」下原衍「曰」字，據周禮疏引異義改補刪。

之高明，旻天不弔，求天之生殺當得其宜，上天同雲，求天之所爲當順其時也。此之求天，〔一〕猶人之說事，各從其主耳。若察于是，則堯命羲和欽若昊天，孔子卒稱旻天不弔，無可怪耳。」案今爾雅作「春爲蒼天，夏爲昊天」。詩疏引李注：「春萬物始生，其色蒼蒼然，故曰蒼天。夏萬物盛壯，其氣昊大，故曰昊天。秋萬物成熟，皆有文章，故曰旻天。冬陰盛在上，故曰上天。」然則李、郭本作春蒼、夏昊，即白虎通前一說所據之本也。「一說春爲蒼天」，「蒼」是「昊」字之誤，即許、鄭所見之本也。說文日部：「旻，秋天也。從日，文聲。虞書曰『仁覆閔下，則稱旻天』。」又云：「昦，春爲昦天，元氣昦昦，從日夰，夰亦聲。」與異義所據之本同也。**四時不隨正朔變何？以爲四時據物爲名，春當生，冬當終，皆以正爲時也。**禮記鄉飲酒義：「東方者春，春之爲言蠢也，産萬物者也。南方者夏，夏之爲言假也。養之長之，假之仁也。西方者秋，秋之爲言愁也。愁之以時察，守義者也。北方者冬，冬之爲言中也。中者，藏也。」〔二〕是四方皆取物以爲名，故不隨正朔變。周禮有「正月」、「正歲」。正月者，周正建子之月，正歲，即夏正建寅之月，以正爲時，蓋據正歲言也。〔三〕

右論四時

或言歲，或言載，或言年何？言歲者以紀氣物，帝王共之，據日爲歲。隱元年公羊傳注：「歲

〔一〕「六藝」上原脫「釋」，「之」下原脫「文」字，「廣」下「大」字原作「視」字，「以」下「遠」字原作「廣」字，「之」下「昊」字原作「皇」字，「之」下「號」字原作「氣」字，「此」下「之」字原作「言」字，據詩疏引鄭駮異義補改。〔二〕「東方」、「南方」、「西方」、「北方」下「者」字原皆作「曰」字，「愁」下原脫「之」字，「時」下「察」字原作「殺」字，兩「中」字原作「終」字，據禮記鄉飲酒義改補。〔三〕「歲」字原作「藏」字，據文義改。

者，總號其成功之稱。」釋名釋天：「歲，越也。越故限也。」年者，仍也。年以紀事，據月言年。春秋曰「元年正月」，「十有二月朔。」有朔有晦，故據月斷爲年。首十二字舊脱，盧據御覽補。春秋曰以下亦誤，盧云：「春秋書朔者多矣，書晦唯僖十五年九月己卯晦，成十六年六月甲午晦。此引元年正月，與本意不合。」爾雅釋天注：「年取禾一熟。」説文禾部：「年，穀熟也。春秋傳曰『大有年』。」仍與稔通，穀一年一稔，故稱仍也。載之言成也。載成萬物終始言之也。獨斷三代年歲之別名云：「載，歲也。言一歲莫不覆載。」爾雅釋天注：「載取物終更始。」書疏引孫注：「年載取萬物終而復始。」小爾雅廣詁云：「載，成也。」二帝言載，三王言年，皆謂闕閤。故尚書曰「三載，四海遏密八音」，謂二帝也。又曰「諒闇三年」，謂三王也。春秋傳曰「三年之喪，其實二十五月」。〔一〕知闕閤。「闕閤」二字疑誤。爾雅釋天及獨斷三代年歲之別名並云「夏曰歲，商曰祀，周曰年，唐虞曰載」。與此三王爲年，通謂之歲意異，其實年、載、歲，對文異，散則通。故堯典言「成歲」，則唐虞亦稱歲。商頌言「歲事來辟」，則商亦稱歲。周禮太史「正歲年以叙事」，則周亦稱歲。周書言「惟十有三祀」，知周亦或稱祀。漢書律曆志引伊訓篇曰「惟太甲元年十有二月朔」，知殷亦稱年也。所引書者，一堯典文，一見論語憲問篇、檀弓、喪服四制所引也。春秋傳，公羊閔二年傳。〔二〕又盧据御覽改首句「二帝」作「五帝」，然此下明之「謂二帝也」，則改「五」不必矣。

右論三代歲異名

日言夜，月言晦，月言朔，日言朝何？朔之言蘇也。明消更生故曰朔。日晝見夜藏，有

〔一〕公羊傳閔公二年「其實」作「實以」。

〔二〕「閔」字原作「文」，據公羊傳改。

朝夕，故言朝也。朔蘇義詳三正篇。洪範五行傳云「日之朝」，注：「平旦至食時，謂之朝也。」

右論朝夕晦朔

衣裳（共四章）

聖人所以制衣服何？以爲絺綌蔽形，表德勸善，別尊卑也。淮南主術訓「人主好黼黻文章，絺綌綺繡」，注：「白與黑爲黼，青與赤爲黻。絺綌，葛也。精曰絺，粗曰綌。五采具曰繡。」是絺繡卽絺綌之有文繡者，則此之絺綌，卽書之絺繡也。案此以絺繡爲衣服皆有，蓋用今文書說。御覽引書大傳：「天子衣服，其文華蟲、作繪、宗彝、藻火、山龍，諸侯作繢、宗彝、藻火、山龍，子男宗彝、藻火、山龍，大夫藻火、山龍，士山龍。」故書曰：「天命有德，五服五章哉。」又曰：「山龍，青也。華蟲，黄也。作繢，黑也。宗彝，白也。藻火，赤也。天子服五，諸侯服四，次國服三，大夫服二，士服一。」是伏生所說五服升降之次，不言粉米黼黻絺繡，意以粉米黼黻，衣裳並刺，故五帝紀言「堯賜舜絺衣」，卽此也。史公說有日月星辰，自山龍至藻火謂之文，自粉米以下謂之繡，與今文說同。惟書疏引鄭注，讀絺爲黹，讀會爲繪，謂「自日月至黼黻凡十二章，此繡與繪各有六，衣用繪，裳用繡」。案大戴五帝德篇：「黄帝黼黻衣，大帶，黼裳。」御覽引尸子云：「君天下者，黼衣九種，而堯大布。」是黼黻亦爲衣，不必如鄭氏專以黼黻爲裳也。孟子盡心篇云「舜被袗衣」，注：「袗，畫也，被畫衣黼黻絺繡也。」孟子之袗衣，卽史記之絺衣，以絺爲之，故或亦以袗衣爲單衣也。以上古始制衣服，以絺綌蔽形，後人雖極文，猶以爲飾，亦始冠用布之義也。別尊卑，卽山龍等五章也。故漢書董仲舒傳：「臣聞制度文采玄黄之飾，所以明尊卑，異貴賤，而勸有德也。」所以名爲裳何？衣者，隱也。裳者，彰也。所以隱形自障閉也。易曰：「黄帝、堯、舜垂衣裳而天下治。」「裳」上應脱「衣」字。廣雅釋器云：「衣，隱也。」衣、隱一音之轉，故中庸「壹戎衣」注：〔一〕「衣讀如殷，聲之誤也。齊人言殷聲如衣。虞、夏、商、周氏多矣，今姓有衣者，殷之胄與？」殷、隱同聲，釋名釋衣服云：「衣，依也。人所依以芘寒暑也。」説文衣部：「衣，依也。」皆望文生義。釋名又云：「裳，鄣也。所以自障蔽也。」所引「易曰」者，易繫詞傳文。何以知上爲衣，下爲裳？以其先言衣也。詩曰「褰裳涉溱」，所以合爲下也。李氏易傳引九家易注：「衣取象乾，居上覆物，裳取象坤，在下含物。」又虞注：「乾爲治在上爲衣，坤在下爲裳，乾坤萬物之蘊，故以象衣裳。」續漢輿服志：「乾巛有文，故上衣玄，下裳黄。」是上爲衣，下爲裳也。所引詩，鄭風褰裳文，以言涉，知裳在下也。弟子職言「摳衣而降」也。名爲衣何？上兼下也。管子弟子職云：「已食者作，摳衣而降。」又禮記曲禮云：「兩手摳衣。」又云：「摳衣趨隅。」「摳衣」卽論語鄉黨之「攝齊」，是皆謂裳也。得名之衣者，以衣、裳對則别，〔二〕散則通，故鄶風素冠云「庶見素衣兮」，箋：「素衣者，謂素裳也。」上得兼下故也。

右總論衣裳

裘，所以佐女功助温也。舊本脱，〔三〕盧据初學記補。詩七月「取彼狐狸，爲公子裘」，箋云：「言此者，時寒，宜助女功也。」古者緇衣羔裘，黄衣狐裘。禽獸衆多，獨以狐羔何？取其輕煖，因狐死首邱，

〔一〕「戎」下「衣」原作「殷」，據禮記中庸改。〔二〕「對」下疑脱「則」字，據文義補。〔三〕「本」下疑脱「脱」字，據文義補。

明君子不忘本也。羔者，取其跪乳遜順也。舊本自「禽獸衆多」上亦脱，盧据初學記補。論語鄉黨篇云：「緇衣羔裘，素衣麑裘，黄衣狐裘。」詩疏引鄭注：「羔裘，諸侯視朝之服，狐裘温裕而已。」案五冕之服，同用羔裘。周禮司服云「王祀昊天上帝，則服大裘而冕」，注：「六裘，黑羔裘也。」天子以下，田獵亦用黑羔裘。司服云「凡田，冠弁服」，注：「冠弁，委貌，與諸侯朝服同。」知亦用諸侯視朝之服也。其天子視朝，諸侯朝天子，卿大夫聘問，並服狐白裘，士則麛青裘。禮記玉藻云：「君衣狐白裘，錦衣以裼之。」又云：「士不衣狐白。」是也。卿大夫但不得用錦衣耳。其兵事則服黄狐裘，定九年左傳「晳幘而衣貍製」，是也。兵事服韎韋之衣，裘象衣色，知服黄也。「狐死首邱」，檀弓文。羔跪乳，義具上瑞贄篇。但此下言「天子狐白」，則諸侯而下皆不得服狐白裘矣。與禮經異制。故天子狐白，諸侯狐黄，大夫狐蒼，士羔裘，亦因別尊卑也。淮南説山訓云：「夫狐白之裘，天子被之而坐廟堂。」又云：「天下無粹白狐，〔一〕而有粹白之裘，掇之衆白也。」似唯天子得服狐白矣。此亦宜爲成語。晏子春秋：「景公時，雨雪三日，公衣狐白之裘。」又云：「景公賜晏子狐白裘，晏子不受。」知當時諸侯亦僭服之矣。考論語述孔子之服云「黄衣狐裘」。定九年左傳「晳幘而衣貍製」。襄四年左傳「臧之狐裘」。兵事用韎韋，衣裘之色必相稱，則黄衣明矣。則黄狐不必諸侯也。玉藻「君子狐青裘豹褎」，注：「君子，大夫士也。」則狐裘不必大夫也。皆與禮文不同，各有所授，無庸强同。皇侃引此文説玉藻，宜爲正義所非。「大夫」下「狐」字舊脱，盧据玉藻疏補。

右論裘

〔一〕「天下」原作「天子」，「白」下原衍「之」字，據淮南子説山訓改删。

所以必有紳帶者，示敬謹自約整也。繢繒爲結于前，下垂三分，身半，紳居二焉。說文巾部：「帶，紳也。男子鞶帶，婦人鞶絲。象繫佩之形，佩必有巾，從重巾。」〔一〕釋名釋衣服：「帶，蔕也。著于衣，如物之繫蔕也。」禮記少儀「葛絰而麻帶」，注：「帶所以自約束也。」喪服小記「齊衰帶」，注：「帶所以持身也。」禮記玉藻云：「并組約用組。」又云：「三寸，長齊于帶，紳長制，士三尺，有司二尺有五寸。子游曰：『參分帶下，紳居二焉，紳韠結三齊。』」注：「三分帶下而三尺，則帶高于中也。以帶齊身中，故此以爲三分身半也。」盧云：「身半疑誤，當從玉藻作帶下。」男子所以有鞶帶者，示有金革之事也。禮記內則「男鞶革」，注：「鞶，小囊，盛帨巾者，男用韋，女用繒，有飾緣之，則是鞶裂與？詩云：『垂帶如厲。』」左傳桓二年云「鞶厲游纓」，注：「鞶，大帶。厲，大帶之垂者。」禮疏引服注同。此以鞶帶爲一物，當與服、杜義同也。太玄格云「裳格鞶鉤渝」。注：「革帶曰鞶。」又廣雅釋器：「靬謂之鞶。」然則革帶以革爲之。又法言寡見篇曰：「今之學也，非獨爲之華藻也，〔二〕又從而繡其鞶帨。」知古正用革以示有金革之事，後人則但存鞶之名而失其意矣。

右論帶

所以必有佩者，表德見所能也。續漢輿服志：「佩所以章德，服之衷也。」前漢五行志「佩，衷之旗也」，注：「佩所以表中心。」初學記引三禮圖云：「凡玉佩，上有雙衡，衡長五寸，博一寸。下有雙璜，璜徑三寸，衝牙蠙珠，以納其

〔一〕「必」上原脫「佩」字，「從」下原脫「重」字，據說文補。

〔二〕「學」下「也」字原作「者」字，「獨」上「非」字、「爲」下「之」字原脫，「華」字原作「革」字，據法言寡見篇改補。

間。上下爲衡，半璧爲璜，中横以衝牙，以蒼珠爲蠙。」周禮注引詩傳云：「佩玉上有葱衡，下有雙璜，衝牙蠙珠，以納其間。」禮記玉藻「古之君子必佩玉，右徵角，左宫羽」，〔一〕注：「比德也。」又云：「故君子行則鳴佩玉，是以非辟之心無自入也。」是佩所以表德。佩有二，有德佩，玉佩是也。有事佩，木燧、大觿之屬是也。故玉藻云：「君在不佩玉，左結佩，右設佩。」謂世子君在不敢以德自表，故結左玉佩而設右事佩也。即此所云「見所能也」。御覽六百九十二作「表意見所能」。

故循道無窮則佩環。 禮記玉藻「孔子佩象環五寸」，注：「環取可循而無窮。」莊子齊物論「樞始得其環中，以應無窮」，注「是非反覆相尋無窮謂之環」。以環取義于還故也。御覽六百九十二「循」作「修」。**能本道德則佩琨。** 說文玉部：「琨，石之美者。從玉，昆聲。虞書曰：『揚州貢瑶琨。』琨或從貫作瓘。」〔二〕文選思玄賦「獻環琨與琛縭兮」，舊注：「琨，璧也。」與環並稱，知亦美玉可比德者也。御覽「本」作「大」，與初學記同。後漢書注「琨」作「璜」，當從之。**能決嫌疑則佩玦。是以見其所佩卽知其所能。論語曰：「去喪無所不佩。」** 左氏閔二年傳「玦離」注：「玦示當決斷。」御覽引王隱晉書曰：「禮，能使決疑者珮玦。」蓋皆古禮説也。莊子故、說苑修文亦云：「能治煩亂者佩觿，能射御者佩韘，能正三軍者搢笏。衣必荷規而成矩，負繩而準下，故君子衣服中而容貌得，接其服而象其德。故望容貌而行能得所定矣。」與此詳畧互見。儒者受佩玦者，事至而斷。說文玉部：「玦，玉佩也。」九歌注：「先王所以命臣之瑞，故與環則還，與玦則去。」亦取其決斷也。詩芄蘭「童子佩韘」，傳：〔三〕「韘，玦也。」音義本又作「決」。案此三句，當有成語。又

〔一〕「右」、「左」兩字原倒，據禮記玉藻乙。　〔二〕「或」上原脱「琨」字，據說文補。　〔三〕「傳」字原作「箋」字，據詩芄蘭注改。

舊本「知其所能」上三十三字脱，盧据御覽補。所引論語，鄉黨文也。天子佩白玉，諸侯佩玄玉，大夫佩水蒼玉，士佩瓀文石。禮玉藻有其文。小字本、元本俱作「諸侯佩山玄玉」，與玉藻文合。玉藻又有「世子佩瑜玉」句，在「士珮」句上，此亦脱去，當補入。佩即象其事。若農夫佩其耒耜，工匠佩其斧斤，婦人佩其鍼縷，亦佩玉也。末四字舊脱，盧据初學記補。此即事佩也。農夫以耒耜爲事，工匠以斧斤爲事，婦人以鍼縷爲事，故即以之爲佩也。禮記内則：「婦人右佩箴管綫纊，施縏袠，大觿木燧。」是也。又云「男女未冠笄者皆佩容臭」，注：「爲近尊者給小使也。」又云「子事父母，左右佩用」，注：「必佩者，備尊者使令也。」皆此以事佩，禮記玉藻所云「右設佩」是也。何以知婦人亦佩玉詩云：「將翺將翔，佩玉將將。彼美孟姜，〔一〕德音不忘。」鄭風同車文也。詩人述孟姜之事，故知婦人佩玉也。列女傳賢明篇：「禮，樂師擊鼓以告旦，后夫人鳴佩而去。」史記孔子世家：「孔子見南子，在絺帷中，孔子入門，北面稽首，夫人自帷中再拜，環佩玉聲璆璆然。」通典引劉向説曰：「古者天子至于士，王后至于命婦，必佩玉，尊卑各有其制。」是則自庶人而下，始無佩玉，以無德可象也。

右論佩

五刑（共二章）

聖人治天下，必有刑罰何？所以佐德助治，順天之度也。故懸爵賞者，示有所勸也。

〔一〕「孟姜」原作「孟美」字，據詩有女同車改。

設刑罰者，明有所懼也。周禮目録云：「刑者，所以驅恥惡，納人于善道也。」繁露天辨在人篇云：「刑，德之輔也。」後漢郎顗傳：「罰者白虎，其宿主兵。」又豫彖傳：「則刑罰清。」集解引虞注：「坎爲罰，兑爲刑。」是順天之度，故刑以秋冬也。莊子天道篇云：「是非已明而賞罰次之。」注：「賞罰者，即失德之報也。」御覽六百二十六，又六百四十五兩引此文，皆無「佐德」二字。書鈔引「刑罰」作「刑法」。**傳曰：「三皇無文，五帝畫象。三王明刑，應世以五。」**周禮保氏疏引鈎命決之文也。易繫詞傳：「上古結繩而治，後世聖人易之以書契，百官以治，萬民以察。」是三皇無文也。初學記引書傳：「唐虞象刑，而民不犯。」漢武紀：「元光元年，詔曰：『昔在唐虞，畫象而民不犯。』」墨子云：「畫衣冠而民不犯。」是五帝畫象也。三王明刑，司圜疏引作「肉刑」。荀子正論篇：「治古無肉刑，〔一〕而有象刑。」漢書刑法志：「禹，堯舜之後，自以德衰而制肉刑，湯武順而行之者，以俗薄于唐虞也。」是三王肉刑也。**五刑者，五常之鞭策也。**書堯典「象以典刑」，史記注引馬注云：「言咎繇制五常之刑。」周禮大司徒：〔二〕「以鄉八刑糾萬民。一曰不孝之刑，二曰不睦之刑，三曰不婣之刑，四曰不弟之刑，五曰不任之刑。」鄭司農云：「任謂朋友。」是五刑者，因五常而設也。後漢虞詡傳「刑罰者，人之御轡」，注：「刑罰者，人之鞭策也。」**刑所以五何？法五行也。大辟法水之滅火，宮者法土之壅水，臏者法金之刻木，劓者法木之穿土，墨者法火之勝金。**大義引周書曰：「五行相剋而作五刑，墨、劓、剕、宮、大辟也。火能變金色，故墨以變其肉，金能刻木，故剕以去其骨節，木能剋土，故劓以去鼻，土能塞水，故宮以斷其淫，水能滅火，故大辟以絶其生命。」御覽引禮統云：「劓刑法木勝土，決其皮革也。臏刑法金勝木，去其節目也。臏即

〔一〕「古」上原脱「治」字，據荀子正論篇補。　〔二〕「大司徒」原作「大司寇」，據周禮改。

剕也。」以上盧據書鈔補，唯少「墨者法火之勝金」一句。御覽六百四十八「墨取法火之勝金也，金得火亦變而墨也」。今約其文，從上例以足之。御覽又引「劓法木之穿土也，去鼻亦孔見」。可知此處闕文甚多。五帝畫象者，其衣服象五刑也。犯墨者蒙巾，犯劓者以赭著其衣，犯髕者以墨蒙其髕處而畫之，犯宮者履雜扉，犯大辟者布衣無領。此節舊脱，盧據初學記、後漢書注諸書補，此今文書説也。書鈔引書大傳云：「唐虞象刑，犯墨者蒙皂巾，犯劓者赭其衣，犯髕者以墨蒙其髕處而畫之，犯大辟者衣無領。」白帖引書傳又云：「唐虞之象刑，上刑赭衣不純，中刑雜屨，下刑墨幪，以居州里而人恥。」是也。周禮疏引孝經緯云：「上罪墨蒙，赭衣雜屨，中罪赭衣雜屨，下罪雜屨而已。」其説畫象所用微異。御覽引慎子云：「有虞氏之誅，以幪巾當墨，以草纓當劓，以菲屨當刖，以艾韠當宮，布衣無領當大辟。」鄭注周禮司圜云：「弗使冠飾者，著墨幪，若古之象刑歟！」知鄭氏亦信象刑之説也。科條三千者，應天地人情也。五刑之屬三千，大辟之屬二百，宮辟之屬三百，腓辟之屬五百，劓、墨辟之屬各千，張布羅衆，非五刑不見。孝經五刑篇：「孔子曰：『五刑之屬三千。』」大義引刑德放云：「大辟刑罰之屬五百，宮罰之屬三百，大辟之罰，其屬二百，五刑之屬三千。」是此用尚書家説也。若周禮説則不然。司刑職云：「掌五刑之罰，以麗萬民之罪，墨罪五百，劓罪五百，宮罪五百，刖罪五百，殺罪五百。」五五二千五百科。蓋穆王去周初已百餘年，故又有增損也。江氏聲集注音疏云：「墨劓倍于其初，宮與大辟皆減焉。」以是差之，輕于周禮矣。此穆王詳刑之意也。其春秋説亦同呂刑。公羊疏引元命苞云：「墨、劓辟之屬各千，剕辟之屬五百，宮辟之屬三百，大辟之屬二百。」是也。又鄭注司刑云：「夏刑大辟二百，臏辟三百，宮辟五百，劓、墨各千。周則變焉。」然則鄭以呂刑序訓夏贖刑，故以彼所據者爲夏刑，周公承殷衰亂之季，故變夏刑從重，穆王承平既久，又改就夏刑從輕焉。小字本「腓」作「臏」，下「腓者」亦作「臏者」，與書鈔所引同。又「劓、墨辟之屬各千」，小字本無「辟」字。**劓、墨何其下刑者也。**盧云：「此下有脱文，當以刵宮爲中刑，大辟爲上刑。」又引鄭注大傳云：「上刑易三，中刑易二，下刑易一，輕重之差。」又引鉤命決注：「上罪墨象赭衣雜屨，〔一〕中罪赭衣雜屨，下罪雜屨。此所謂易一易二易三之差。」理或然也。此「割宮」當爲「宮割」，本宮刑也，列女傳貞順篇：「士庶人外淫者宮割。」鄭注文王世子曰：「宮割、臏、墨、劓、刖，皆以刀鋸刺人體也。」又曰：「宮割，淫刑也。」又注孝經曰：「科條三千，謂劓、墨、宮割、臏、大辟。男女不以禮交者宮割，皆甫刑也。」又云：「小字本作『割宮在其中刑者也』。」王氏引之經義述聞曰：「堯典正義引夏侯等書，作『臏宮劓割頭庶剠』，宮劓割當作宮割、劓，此甫刑正文也。」**墨者，墨其額也。**司刑注引書大傳云：「非事而事之，出入不以道義而誦不詳之辭者，〔二〕其刑墨。」史記周本紀「墨」作「黥」。説文黑部：「黥，墨刑，在面也。重文作剠。」鄭注周禮司刑云：「墨，黥也。先刻其面，以墨窒之。」刑德放曰：「涿鹿者，竿人頭也。〔三〕黥者，馬羈笮人面也。」見御覽。又引鄭注：「涿鹿、黥皆先以刀笮傷人，墨布其中。」然則墨刑在面爲黥，在額爲涿鹿也。**劓者，劓其鼻也。**書傳云：「觸易君命，革輿服制度，奸宄盜攘傷人者，其刑劓。」説文刀部：「劓，刑鼻。」重文作劓，鄭注司刑云：「劓，截鼻也。」**腓者，脱其臏也。**書傳：「決關梁、踰城郭而略盜者，其刑臏。」爾雅釋詁：「刵，刖也。」説文作跀，〔四〕云：「跀，斷足也。」史記周本紀、漢書刑法志與書傳同作「臏」，蓋本今文也。説文骨部：「髕，厀

〔一〕「注」原作「國」，「墨象」原作「是蒙」，據盧校改。

〔二〕「之」下「辭」字原作「言」，據周禮司刑注改。

〔三〕「竿」原作「笮」，「頭」原作「類」，據太平御覽引刑德放改。

〔四〕「作」下「跀」原作「跸」，據説文改。

耑也。」然則脫其髕，謂鑽傷其厀耑之骨也。公羊疏引鄭駁異義云：「皐陶改臏爲剕，呂刑有剕，周改剕爲刖。」又司刑注：「刖，斷足也。」剕、刖並輕于髕矣。案鄭氏從古文作「剕」，故以剕髕爲二，此兼用今古文，故文從古文，而訓從今文。孟康注漢志，以爲「刖左右趾」，則又以髕爲剕也。宮者，女子淫，執置宮中，不得出也。丈夫淫，割去其勢也。大傳說：「男女不義交者，〔一〕其刑宮。」司刑注：「丈夫則割其勢，女子閉于宮中。」漢書晁錯傳「除其陰刑」，注：「張晏曰：『宮刑也。』」宮卽詩召旻之椓。箋云：「椓，椓毀陰也。」又呂刑述苗民之刑有椓，書疏引夏侯等書作「宮」，是也。詩疏引鄭呂刑注云：「椓謂椓破陰。」椓卽斀之假借。說文攴部：「斀，去陰之刑也。」引周書刖、劓、斀黥此古文也。御覽刑法部引刑德放曰：「宮者，女子淫亂，執置宮中不出。割者，丈夫淫，割其勢也。」故王氏引之經義述聞云：「『出也』下亦當有『割者』二字。此釋『宮割』二字之義，皆用書緯文也。後人以今本尚書有宮無割，〔二〕故刪『割者』二字也。」若然，婦人有刑矣。襄十九年左傳言婦人無刑者，彼疏引服注云：「婦人從人者也，故不爲制刑，及犯惡，從男子之刑也。」意謂女子自犯淫外，皆從男子刑也。大辟者，謂死也。大傳云：「降畔賊，刼畧奪攘矯虔者，其刑死。」禮記文王世子云：「某之罪在大辟。」是大辟死罪也。

右論刑法科條

刑不上大夫何？尊大夫。此今禮說也。禮疏引異義云：「禮戴說，刑不上大夫。古周禮說，士尸肆市，大夫尸肆諸朝。是大夫有刑。謹案：易曰『鼎折足，覆公餗，其刑渥，凶』，無刑不上大夫之事。」駁曰：「凡有爵者與王同族，大

〔一〕「義」下「交」原作「處」，據尚書大傳改。〔二〕「皆」下「用」字原作「同」，「尚書」原作「出書」，據經義述聞改。

夫以上適甸師氏，〔一〕令人不見，是以云刑不上大夫。」則許氏從周禮説，鄭氏合今禮古禮爲説也。故易鼎「其刑渥」，集解引九家、鄭、虞並作「刑剭」。詩疏引鄭注云：「屋中刑之。」又司烜氏「邦若屋誅」，鄭讀如「其刑剭」之剭也。鄭意以刑不上大夫，不過令人不見其刑，所以尊有爵，周人貴貴故也。公羊宣元年注：「古者刑不上大夫，蓋以爲摘巢毀卵，則鳳皇不翔，刳胎焚夭，則麒麟不至，刑之則恐悞刑賢者，死者不可復生，刑者不可復屬，故有罪放之而已，所以尊賢者之類。」則今文春秋家直以大夫無刑，與鄭氏説異。此引今禮爲主，而以刑爲撻笞之刑，爲或説，知亦與何休説同也。禮不下庶人，欲勉民使至於士。御覽引異義：「謹案周禮説，五玉贄，自公卿以下執禽，尊卑有差也。禮不下庶人，工商又無朝儀，五經無説庶人工商有贄。」〔二〕此許氏用戴禮難周禮，蓋古禮以禮可及庶人，但不必責其趨走之儀耳。故曲禮注云：「爲其遽于事，且不能備物。」是也。故禮爲有知制，刑爲無知設也。庶人雖有千金之幣，不得服。

刑不上大夫者，據禮無大夫刑。曲禮疏引云：「禮爲有知制，刑爲無知設，禮謂酬酢之禮不及庶人，〔三〕勉民使至於士也。」故士相見禮云：「庶人見于君，〔四〕不爲容，進退走。」是也。盧云：「此段容有正義所增改。」〔五〕案「不得服」下有脱文，當是「不得弗服刑」也。或曰：撻笞之刑也。此古説也。漢書賈誼傳云：「故古者禮不下庶人，刑不上大夫，所以厲寵臣之節也。古者大臣有坐不廉而廢者，不謂不廉，曰『簠簋不飾』。坐汙穢淫亂男女無別者，不謂汙穢，曰

〔一〕「駁曰」，禮記曲禮疏作「鄭康成駁之云」。「大夫以上」四字原脱，據禮記曲禮疏補。　〔二〕兩「贄」字原皆作「摯」，「無説」下原脱「庶人」二字，據五經異義改補。「工商又無朝儀」，五經異義作「工商之朝儀」。　〔三〕「謂」上原脱「禮」字，據禮記曲禮疏補。　〔四〕「見」原作「思」，據儀禮士相見禮改。　〔五〕「所」原作「取」，據盧校改。

「帷薄不修」。坐罷軟不勝任者，不謂罷軟，曰「下官不職」。故貴大臣定有其罪矣，猶未斥然正以呼之也，尚遷就而爲之諱也。故其在大譴大何之域者，聞譴何則白冠氂纓，盤水加劍，造請室而請罪耳，上不執縛係引而行也。其有中罪者，聞命而自弛，上弗使人頸盭而加也。其有大罪者，聞命則北面再拜，跪而自裁，上不使捽抑而刑之也。〔一〕是大夫有罪得加刑，但不得撻笞以辱之。又階級篇云：「廉恥禮節，以治君子，故有賜死而無僇辱，是以係縛、榜笞、髡刖黥劓之罪不及士大夫，〔二〕以其離主上不遠也。」故儒行云：「士可殺而不可辱。」魯語：「薄刑用鞭朴，以威民也。」是也。曲禮疏引鄭答張逸云：「謂所犯之罪不在夏三千、周二千五百之科，不使賢者犯法也。蓋輕者則在八議之科，大司寇所云議賢、議能、議功、議貴諸辟也。重者則在甸師氏、掌囚所謂凡有爵者，與王之同族，奉而適之甸師氏。」是也。**禮不下庶人者，謂酬酢之禮也。**周禮大宗伯「六摯」有「庶人執鶩，工商執雞」。又禮記曲禮云：「庶人之摯匹，童子委摯而退。」然則禮亦及庶人矣。儀禮士相見禮云：「庶人見于君，不爲容，進退走。」禮疏引鄭答張逸云：「非是都不行禮，但以其遽務不能備之，故不著于經文三百三千耳。其有事則假士禮以行之也。」是禮不下庶人，止指酬酢之禮明矣。蓋周禮止時王之制，戴禮雜先代之制，故說者各異焉。

右論刑不上大夫

〔一〕「不」下「飾」原作「飭」，「汙」、「穢」原倒，「淫亂」原作「姑婦姊姨母」，「定」下「有」、「其」二字原倒，「然」下「正」字原作「至」，兩「何」字原作「訶」字，「造」下「請」字原作「寢」，「罪」上原衍「其」字，「罪」下「耳」字原作「爾」，「上」字下「不」字原作「弗使」，「不使」下原衍「人」字，據漢書賈誼傳改乙删。〔二〕「刖」原作「則」，據賈誼集階級篇改。

夏曰夏台，殷曰牖里，周曰囹圄。據北堂書鈔引補。意林引風俗通曰「夏曰夏台，殷曰羑里，周曰囹圄」，與此名同。初學記引博物志云「夏曰念室，殷曰動止，周曰稽留」，則異。又公羊疏引博物志以「齊刑人之地曰因諸」。鄭志：「崇精問云：『獄，周曰圜土，殷曰羑里，夏曰均臺。囹圄何代之獄。』焦氏答曰：『月令秦書，則秦獄名也。漢曰若盧，魏曰司空。』是也。」則說又不同。古者刑殘之人，公家不出，大夫不養，士與遇路不與語，放諸境埆不毛之地，與禽獸爲伍。禮記曲禮云「刑人不在君側」，注：「爲怨恨爲害也。」襄二十九年：「閽弒吴子餘祭。」公羊傳：「閽者何？門人也，刑人也。刑人則曷爲謂之閽？〔一〕刑人非其人也。君子不近刑人，近刑人則輕死之道也。」何注：「不言其君者，公家不畜，士庶不友，放之遠地，欲去聽所之，故不繫國。不繫國，故不言其君。」然則公羊春秋變周之文，從殷之質。故何氏卽據殷禮以譏吴子爾。若周制，則周禮掌戮云：「墨者使守門，劓者使守關，〔二〕宫者使守内，刖者使守囿，髡者使守積。」是周家之畜刑人，與夏殷異也。鹽鐵論周秦篇：「古者君子不近刑人，刑人非人也。身放殛而辱後世，故無賢不肖莫不恥也。」禮記王制云：「刑人于市，與衆棄之。是故公家不畜刑人，大夫不養，士遇之塗，弗與言也。屏之四方，唯其所之，不及以政，示弗故生也。」亦今禮說也。此舊脫，盧據曲禮疏補。

五經（共七章）

孔子所以定五經者何？以爲孔子居周之末世，王道陵遲，禮樂廢壞，强陵弱，衆暴寡，

〔一〕「曷」下原脫「爲」字，據公羊傳襄公二十九年補。

〔二〕「守」下原脫「門劓者使守」五字，據周禮掌戮補。

天子不敢誅，方伯不敢伐，閔道德之不行，故周流應聘，冀行其道德。自衛反魯，自知不用，故追定五經，以行其道。史記孔子世家：「魯終不能用孔子，孔子亦不求仕，追迹三代之禮，序書傳禮記，語魯太師樂。」禮樂自此可得而述。又云：「孔子晚而喜易，序彖、繫、象、説卦、文言。」〔一〕又曰：「乃因史記作春秋十二公，據魯親周，約其文辭而指博。」漢書劉歆傳，歆移書太常博士曰：「周室既微而禮樂不正」，「孔子憂道之不行，歷國應聘。自衛反魯，然後樂正，雅頌乃得其所，修易序書，制作春秋，以紀帝王之道。」論語子罕篇云：「孔子曰：『吾自衛反魯，然後樂正，雅頌各得其所。』」是反魯後追定五經也。故孔子曰「書曰『孝乎惟孝，友於兄弟，施於有政，是亦爲政』」也。論語爲政文，漢石經「乎」作「于」，蓋魯論舊皆以「惟孝」絶句。集解引包注：「孝乎惟孝，美大孝之詞。」初學記、御覽俱述論語「孝乎惟孝」，晉夏侯湛兄弟誥，潘岳閒居賦，梁元帝劉孝綽墓誌銘，文選注獨孤及李府君墓誌銘，王利貞石浮圖頌皆同。又華嶠劉平江革傳序曰：「此殆所謂孝乎惟孝，友于兄弟，施于有政，是亦爲政也。」是古本「政」下有「也」字者。小字本、元本「亦」作「以」。孔子未定五經如何？周衰道失，綱散紀亂，五教廢壞，故五常之經咸失其所，〔二〕象易失理，則陰陽萬物失其性而乖，設法謗之言，並作書三千篇，作詩三百篇，而歌謡怨誹也。盧云：「『設法謗』以下，文有訛脱。」意謂孔子未定之前，書則設誹謗之言，詩則歌謡怨誹之詞，當更有禮樂失所之語。

右論孔子定五經

〔一〕「追」下「迹」原作「述」，「説卦」原脱「説」字，據史記孔子世家改補。

〔二〕「五」下「常」原作「帝」，據盧校本改。

已作春秋，復作孝經何？欲專制正。公羊序云「吾志在春秋，行在孝經」。疏引鉤命决云：「孔子在庶，德無所施，功無所就，志在春秋，行在孝經。」哀十四年疏引曰：「某以匹夫徒步以制正法，以春秋屬商，以孝經屬參。」御覽引鉤命决又云：「子曰：『吾作孝經，以素王無爵禄之賞，斧鉞之誅，故稱明王之道。』」石臺孝經序疏引孝經緯云：「欲觀我褒貶諸侯之志在春秋，崇人倫之行在孝經。」盧云：「『正』下當有『法』字。」於孝經何？夫孝者，自天子下至庶人，上下通孝經者。「孝經者」以下，文有訛。孝經疏引援神契云：「天子孝曰就，就者，成也。諸侯孝曰度，度者，法也。卿大夫孝曰譽，譽之爲言名也。士孝曰究，究者以明審爲義。庶人孝曰畜，畜者，含畜爲義。」又孝經開宗明義章並載自天子至庶人之孝。是其上下通也。夫制作禮樂，仁之本，聖人道德已備，弟子所以復記論語何？見夫子遭事異變，出之號令足法。此處文亦多訛脱，不可曉。論語疏引鄭氏序云：「論語者，仲弓、子游、子夏等所撰定，書以八寸策。」漢書藝文志：「論語者，孔子應答弟子時人，〔一〕及弟子相與言而接聞于夫子之語也。當時弟子各有所記。夫子既卒，門人相與輯而論纂，故謂之論語。」「足」舊譌作「失」，小字本作「之法」。案下條「失爲人法矣」，小字本「失」作「足」，與此互譌，故定作「足法」。

右論孝經論語

文王所以演易何？商王受不率仁義之道，失爲人法矣。己之調和陰陽尚微，故演易，使我得卒至于太平日月之光明，則如易矣。易繫辭傳：「易之興也，其于中古乎，作易者，其有憂患乎。」易

〔一〕「答」下原脱「弟子」二字，據漢書藝文志補。

疏引鄭注云：「文王囚而演周易。」又云：「易之興也，其當殷之末世，周之盛德耶，當文王與紂之事耶？」集解引虞注：「文王三分天下有其二，以服事殷，周之德其可謂至德矣。故周之盛德，紂窮否在上，知存而不知亡，知得而不知喪，終以焚死。故殷之末世也。」又九家注云：「西伯勞謙，殷紂驕暴，臣子之禮有常，故創易道，以輔濟君父者也。」漢書藝文志：「至于殷周之際，紂在上位，逆天暴物，文王以諸侯順命而行道，天人之占可得而効，于是重易六爻，作上下篇。」

右論文王演易

伏羲作八卦何？伏羲始王天下，未有前聖法度，故仰則觀象於天，俯則觀法於地，觀鳥獸之文，與地之宜，近取諸身，遠取諸物，於是始作八卦，以通神明之德，以象萬物之情也。易繫詞傳文。今本「象」作「類」。據此知重卦不始於伏羲，故御覽引帝王世紀曰「庖羲氏作八卦，神農重之爲六十四卦」也。

右論伏羲作八卦

經所以有五何？經，常也。有五常之道，故曰五經。孔叢子執節篇：「經者，取其可常也。百常則爲經矣。」詩小旻「匪大猷是經」，傳：「經，常也。」韓詩外傳引孟子云：「常之爲經，經有五，常亦有五。」故爲有五常之道也。樂仁，書義，禮禮，易智，詩信也。人情有五性，懷五常不能自成，是以聖人象天五常之道而明之，以教人成其德也。禮記樂記：「樂，樂其所自生。」又郊特牲云：「樂，陽氣也。」東方陽屬仁，故樂爲仁也。荀子勸學篇云：「書者，政事之紀。」書中所載是非邪正，讀之可決斷事，故書爲義也。荀子勸學篇云：「禮者，法之大分，羣類之綱紀也。」書鈔引六藝論：「禮序尊卑之制，崇敬讓之節。」故爲禮也。管子山權數篇：「易者，所以守吉凶成敗也。」禮疏引六藝論：「易者，陰陽之象，天地之所變化，政教之所生，讀之則可知吉凶消長，進退存亡之道。」故易爲智也。管子山權數篇：「詩者，所以紀物也。」荀子儒效篇云：「詩者，言是其志也。」詩疏引説題詞云：「在事爲詩，言志在心不可知，發諸言則信而可知。」故詩爲信也。

右論五經象五常

五經何謂？易、尚書、詩、禮、春秋也。禮經解曰：「温柔寬厚，詩教也。疏通知遠，書教也。廣博易良，樂教也。絜静精微，易教也。恭儉莊敬，禮教也。屬詞比事，春秋教也。」以易、尚書、詩、禮、春秋爲五經，與上異。蓋兼存兩説也。文選郭有道碑「遂考覽六經」，注：「五經及樂經也。」又劇秦美新云「制成六經」，注：「經有五，而又有樂，故云六經也。」是皆以易、書、詩、禮、春秋爲五經，并樂經爲六。御覽引説題詞，則以詩、書、易、禮、孝經爲五經。案古無六經之名，自莊子有「六經者聖人之糟粕」之論，後人言五經六經者紛紛焉。蓋謂易、書、詩、禮、樂爲五經者，此先秦之説，以時春秋有二，孔子未修之春秋，則臧于祕府，人莫能習；孔子已修之春秋，傳諸弟子，亦未著于竹帛也。自秦焚書，樂經散亡，因并春秋爲五經，故漢世五經博士，止易、詩、書、禮、春秋也。御覽引云：「五經，何謂也？易，尚書，詩，禮，樂也。古者以易、詩、書、禮、樂、春秋爲六經，至秦焚書，樂經亡，今以易、書、詩、禮、春秋爲五經。又禮有周禮、儀禮、禮記，曰三禮。春秋有左氏、公羊、穀梁，曰三傳，與易、詩、書通數，亦謂之九經。」案「古者」以下，不類白虎通語，恐誤衍他書語也。又淮南泰族訓云：「温惠柔良者，詩之風也。純龐敦厚者，書之教也。

清明條達者，易之義也。恭儉尊讓者，〔一〕禮之爲也。寬和簡易者，樂之化也。刺譏辨議者，春秋之靡也。」與經解異。周氏廣校云：「初學記引云：『五經，易、尚書、詩、禮、樂也。』無春秋字，有樂字。其注云：『古以易、書、詩、禮、樂、春秋爲六經。至秦焚書，樂經亡，今以易、書、詩、禮、春秋爲五經。』據此，則白虎通之五經，不當有春秋字。禮經解云云，疑後人竄入，書鈔所引，與初學記同。」案初學記注，即御覽所誤引者，此下明言「春秋何常也」云云，則白虎通自有春秋入五經也。小字本「寬」作「敦」，不避宋光宗諱也。

右論五經之教

春秋何常也？則黄帝以來。何以言之？易曰：「上古結繩而治，後世聖人易之以書契，百官以理，萬民以察。」後世聖人，謂五帝也。盧云：「此明黄帝以來已有史記事，〔二〕故春秋爲常道。」何休曰：「古者謂史記爲春秋。」案墨子明鬼篇云：「吾見百國春秋。」又云：「著在周之春秋，燕之春秋，齊之春秋，宋之春秋。」又國語晉語：「司馬侯云：『羊舌肸習于春秋。』」又楚語：「申叔時論傅太子之法曰：『教之春秋。』」禮坊記云：「魯春秋記晉喪曰。」莊七年公羊傳：「不修春秋曰。」昭二年左傳：「韓宣子適魯，見易象與春秋。」是皆孔子以前未修之春秋也。古者左史記言，右史記事。左史所記，則尚書家是也。右史記事，則春秋家是也。所引易者，繫辭下傳文。集解引虞注：「後世聖人，謂黄帝、堯、舜。」知後世聖人謂五帝也。傳曰：「三皇百世計神玄書，五帝之世受録圖，史記從政録

〔一〕「惠」下「柔」原作「淳」，「純」下「龐」原作「元」，「清」下「明」原作「淫」，「儉」下「尊」原作「揖」，據淮南子泰族訓改。

〔二〕「來」下「已」原作「也」，據盧校改。

帝魁已來，除禮樂之書三千二百四十篇也。」書璇璣鈐文也。文選注引璇璣鈐云：「孔子曰：「五帝出，受籙圖。」又書疏引璇璣鈐云：「孔子求書，得黄帝玄孫帝魁之書，迄于秦穆，凡三千二百四十篇，斷遠取近，定以爲世法者百二十篇。以百二篇爲尚書，十八篇爲中候。」史記注引作「三千三百三十篇」。盧云：「豈未除禮樂之書故與？」

右論書契所始

白虎通疏證卷十

嫁娶（共三十章）

人道所以有嫁娶何？以爲情性之大，莫若男女，男女之交，人倫之始，莫若夫婦。

易曰：「天地氤氳，萬物化淳，男女構精，萬物化生。」禮記禮運：「飲食男女，人之大欲存焉。」易序卦傳：「有男女然後有夫婦，有夫婦然後有父子。」集解引虞注：「泰已有否，三之上反而成咸，艮爲男，兑爲女，故有男女。咸反成恒，震爲夫，巽爲婦，故有夫婦。咸上復乾成遯，乾爲父，艮爲子，故有父子。」是人倫之始，莫若夫婦也。故漢書匡衡傳「臣又聞之師曰：『妃匹之際，生民之始，萬福之原。』婚姻之禮正，然後品物遂而天命全。孔子論詩，以關雎爲首」也。所引易，繫詞傳文。説文無「氤氳」字，王本作「絪緼」，説文作「壹壺」，蓋孟氏易也。虞氏易本亦作「壹壺」，云「謂泰上也」。先説否，否反成泰，故不説泰。天地交，萬物通，故化淳。泰初之上成損，艮爲男，兑爲女，故男女構精。乾爲精損反成益，萬物出震，故萬物化生也。或作「烟熅」，蔡邕注典引云：「烟烟熅熅，陰陽和一相扶皃也。」張載注魯靈光殿賦云：「烟熅，天地之蒸氣也。」思玄賦舊注「烟熅，和貌」，是也。鄭本「構」作「覯」，詩疏引鄭注云：「覯，合也。男女以陰陽合其精氣，故能化生。」是也。「倫」舊作「情」，從御覽改。

人承天地施陰陽，故設嫁娶之禮者，重人倫，廣繼嗣也。

禮保傅記曰：「謹爲子嫁娶，必擇世有仁義者。」後漢曹世叔妻傳：「夫婦之道，參配陰陽，通達神明，信天地之宏義，人倫之大節也。」禮記昏義云：「昏禮者，將合二姓之好，上以事宗廟，而下以繼後世也。」大戴保傅云：「謹爲子孫娶妻嫁女，必擇孝悌世世有行仁義者。如是則其子孫慈孝，不敢淫暴，黨無不善，三族輔之。」即此所據文也。

禮男娶女嫁何？陰卑，不得自專，就陽而成之。故傳曰：「陽倡陰和，男行女隨。」

所引傳，易緯乾鑿度文也。鄭風丰序云：「丰，刺亂也。昏姻之道缺，陽倡而陰不和，男行而女不隨。」後漢荀爽傳：「降者，下也。嬪者，婦也。言雖帝堯之女，下嫁於虞，猶屈體降下，勤修婦道也。」

右總論嫁娶

男不自專娶，女不自專嫁，必由父母，須媒妁何？遠恥防淫泆也。詩云：「娶妻如之何？必告父母。」又曰：「娶妻如之何？匪媒不得。」

孟子滕文公云：「丈夫生而願爲之有室，女子生而願爲之有家，父母之心，人皆有之，不待父母之命，媒妁之言，鑽穴隙相窺，踰牆相從，則父母國人皆賤之。」禮記曲禮「男女非有行媒，不相知名」，注：「見媒往來傳婚姻之言，乃相知姓名。」詩召南序：「野有死麕，惡無禮也。」箋云：「無禮者，謂不由媒妁也。」僖十四年公羊傳「季姬及鄫子遇於防，使鄫子來朝」，注：「禮，男不親求，女不親許。魯不防正其女，〔一〕乃使要遮鄫子淫泆，使來請己，與禽獸無異。」士昏禮云「昏禮下達」，注：「達，通也。將欲與彼合昏姻，必先使媒氏下通其言，女氏許之，乃後使人納其采擇之禮。昏必由媒交接，設紹介，皆所以養廉恥也。」即防淫遠恥之義也。所引詩，齊風南山文。傳「必告父母廟」，箋云：「議於生者，卜於死者，則父母在時告於父母，父母沒則告於廟，無廟則于寢矣。」孔叢嘉言云：

〔一〕「正」下原脱「其」字，據公羊傳僖公十四年注補。

「父母在則宜圖婚，若已歿，則己之娶必告其廟。」詩：「取妻如之何？必告父母。」禮坊記云：「夫禮，坊民所淫，章民之別，使民無嫌，以爲民紀者也。故男女無媒不交，無幣不相見，恐男女之無別也。以此坊民，民猶有自獻其身。」注：「重男女之會，所以遠別之于禽獸也。有幣者必有媒，有媒者不必有幣。仲春之月，會男女之時，不必待幣。」〔一〕注又云：「言取妻之法必有媒，如伐柯之必須斧也。取妻之道必告父母，如樹麻當先易治其田。」故詩以「蓺麻如之何」喻娶妻也。

右論嫁娶不自專

男三十而娶，女二十而嫁何？陽數奇，陰數偶也。男長女幼者何？陽道舒，陰道促。此戴禮、今文書說也。詩疏引異義：「今大戴禮說，男子三十而娶，女子二十而嫁，天子以下及庶人同禮。又左氏說，人君十五生子，禮也。〔二〕三十而娶，庶人禮也。謹案：舜生三十不娶謂之鰥。禮文王世子云文王十五生武王。武王有兄伯邑考在。故知人君早娶，所以重繼嗣。」鄭玄不駁。周禮疏引書大傳云：「男子三十而娶，女子二十而嫁。」此未明天子諸侯之異，知與戴禮說同也。「陽數奇，陰數偶」，易繫詞傳下文。集解引虞注：「陽卦一陽故奇，陰卦二陽故偶也。」兩「何」字，兩「道」字，一「也」字，盧據通典注及御覽補。男三十筋骨堅强，任爲人父，女二十肌膚充盈，任爲人母，合爲五十，應大衍之數，生萬物也。故禮內則曰：「男三十壯有室，女二十壯而嫁。」周禮媒氏云「令男三十而娶，女二十而嫁」，鄭注：「二三者，天地相承覆之數也。易曰：『參天兩地而倚數。』」案易疏引鄭氏說卦傳注云：「天地之數備于十，乃三之以天，兩之以地，而倚託大衍之數五十也。」大戴本命云：「中古男三十而娶，女

〔一〕「必」下「待」原作「有」，據禮記坊記注改。

〔二〕「禮」下原脫「也」字，當屬上句，據五經異議補。

二十而嫁，合于五也。」注：「合于五十。易繫詞傳，大衍之數五十。」是也。周禮疏引聖證論云：「王肅曰：『周官云「令男三十而娶，女二十而嫁」，謂男女之限嫁娶不得過此也。三十之男，二十之女，不待禮而行之，所奔者不禁。前賢有言：「丈夫三十不敢不有室，女子二十不敢不有其家。」家語：「魯哀公問於孔子：『男子十六精通，女子十四血化，是則可以生民矣。聞禮男三十而有室，女二十而有夫，豈不晚哉？』孔子曰：『夫禮言其極，亦不是過。男子二十而冠，有爲人父之端，〔一〕女子十五而許嫁，有適人之道，于此以往，則自昏矣。』」然則三十之男，二十之女，言其極法耳。馬昭難曰：「禮記本命篇：『中古男三十而娶，女二十而嫁，合於中節。太古男五十而有室，女三十而嫁。』尚書大傳曰：『男三十而娶，女二十而嫁，通乎織紝紡績之事，黼黻文章之美。』不如是，則上無以孝於舅姑，而下無以事夫養子。穀梁傳曰：『男子二十而冠，冠而列丈夫，三十而娶。』尹更始曰：『男三十而娶，女十五許嫁，笄，二十而嫁。』『有故，二十三而嫁』。經有『夫姊之長殤』。舊説三十而娶，而有夫姊之長殤，何關盛衰。〔二〕一説關畏、厭、溺而殤之。盧氏以爲衰世之禮也。」案如馬説，則中古上古各有升降。國語越語以男二十而娶，女十七而嫁爲極數，則衰世人情澆漓，故又早于中古也。范寧穀梁文十二年傳注，謂禮爲夫之姊妹服長殤，年十九至十六，此又士大夫之禮。通典五十九男女婚嫁年紀議云：「三十、二十而嫁娶者，周官云『掌萬民之判』，卽衆庶之禮也。服經『爲夫姊之長殤』，士大夫之禮也。左傳『十五而生子』，〔三〕國君之禮

〔一〕「所」下原衍「以」字，「家語」下原脱「魯哀公問於」五字，「孔子」下原衍「曰」字，「之」下「端」原作「道」，據周禮媒氏疏删補改。　〔二〕「二十三」下原衍「年」字，「關」上「何」原作「者」，據周禮媒氏疏删改。　〔三〕「左傳」下原衍「國君」二字，據通典删。

也。」義或然也。說文包部：「包，象人裹妊。巳在中，象子未成形也。元氣起于子，子，人所生也。男左行三十，女右行二十，俱立于巳，爲夫婦，裹妊于巳。巳爲子，〔一〕十月而生，男起巳至寅，女起巳至申，故男年始寅，女年始申也。」又淮南汜論訓「禮三十而娶」，注：「三十而娶者，陰陽未分，時俱生于子，男從子數左行，三十年立于巳。女從子數右行，二十年亦立于巳，合夫婦。故聖人因是制禮，使男三十而娶，女二十而嫁，〔二〕男子自巳數左行十得寅，故人十月而生于寅，女自巳數右行得申，亦十月而生于申。」是則兩漢經師皆以三十二十爲嫁娶正年，家語乃王肅私造以難康成，不足據也。

七，歲之陽也。八，歲之陰也。七八十五，陰陽之數備，有相偶之志。故禮記曰：「女子十五許嫁，笄而字。」禮之稱字，陰繫于陽，所以專一之節也。陽尊，無所繫。說文七部：「七，陽之正也，從一，微陰從中衺出也。」管子五行注：「七，少陰之數。」易家以九七爲陽，六八爲陰，故七爲陽，八爲陰也。禮記內則：「十有五年而笄。」公羊僖九年「伯姬卒」，傳：「此未適人，何以卒？許嫁矣。婦人許嫁，笄而字之。」注：「笄者，簪也。所以繫持髮，象男子飾也。服此者，明繫屬於人，所以養貞一也。」又曲禮「女子許嫁，纓」，注：「女子許嫁繫纓，有從人之端。」儀禮昏禮「主人入，親脫婦纓」，注：「婦人十五許嫁，笄而醴之，因著纓，明有繫也。蓋五采爲之。」又禮記內則云「婦事舅姑衿纓」，注：「婦人有纓，示繫屬也。」亦取陰繫于陽之義也。

陽舒而陰促，三十三數終奇，陽節也。二十再終

〔一〕「說文」下「包部」原作「巳部」，「人」上原脫「子」字，「十」上原衍「也」字，據說文改補刪。〔二〕「時」上原衍「分」，「數」、「左」原倒，「子」下原脫「數」字，「男三十」下原脫「而娶」二字，「女二十」下原脫「而嫁」二字，今據淮南子汜論訓注刪補。

偶，陰節也。陽小成於陰，大成於陽，故二十而冠，三十而娶。陰小成於陽，大成於陰，故十五而笄，二十而嫁也。政和禮引石渠禮議云：「偶數起于二，終於二十。陰，數之偶也。故二十而冠，謂小成也。」則又通典引禮議云：「戴聖云：『男子陽也，成於陰。』」公羊疏引異義：「禮戴說亦云：『男子陽也，成於陰，故二十而冠。』」則此亦禮戴說，惜石渠全文無考耳。一說二十五繫者，就陰節也。春秋穀梁傳曰：「男二十五繫心，女十五許嫁，感陰陽也。」「二十五繫者」九字，舊衍在「陽舒而陰促」上，案宜在此，乃與上文說異。所引穀梁傳，今無其文，蓋穀梁說也。陽數七，陰數八，男八歲毀齒，女七歲毀齒。陽數奇，故三，三八二十四，加一爲二十五，繫心也。陰數偶，故再成十四，加一爲十五，故十五許嫁也。各加一者，明其專一繫心。所以繫心者何？防其淫泆也。韓詩外傳：「男八月生齒，八歲而齠，十六而精通。女七月生齒，七歲而齔齒，十四而精化。是故陽以陰變，陰以陽變。」大戴本命亦云：「故陰以陽化，陽以陰變。故男以八月而生齒，八歲而毀齒，女七月生齒，七歲而毀齒。陽數三，陰數二，更加一，爲繫心于一，故男二十五繫心，女十五繫心也。」此亦宜穀梁家說。列女傳魏曲沃負篇：「聘則爲妻，奔則爲妾，所以開善遏淫也。」男子幼娶必冠，女子幼嫁必笄。禮曰：「女子許嫁，笄而字。」此文脱，據御覽七百十八補。此蓋別一說，不拘男三十、女二十者也。如國君十五而生子，冠而生子，故人君十二而冠是也。禮曰文，見禮記雜記。儀禮昏禮記：「女子許嫁，笄而醴之，稱字。」先儒論笄禮有二。賀瑒謂許嫁者，主婦爲之著笄，女賓以醴禮之。未許嫁而笄，婦人禮之，無女賓。賈疏謂未許嫁而笄，無主婦女賓，使婦人而已。又謂許嫁者用醴禮之，未許嫁者當用酒醴之。蓋謂許嫁而笄，主婦當戒外姻爲女賓，使著笄，而遂禮之。

未許嫁者，則不戒女賓，而自以家之諸婦行笄禮。故鄭注昏禮記云：「使主婦女賓執其禮，謂許嫁者也。」雜記所言「執其禮」，明未許嫁者也。

右論嫁娶之期

禮曰：女子十五許嫁，納采，問名，納吉，請期，親迎，以雁爲贄。納徵用玄纁，不用雁也。此約昏禮文。昏禮經曰：「納采用雁。」又云：「賓執雁請問名。」又云：「納吉用雁，如納采禮。」又云：「請期用雁。」又云：「賓執雁，從至於廟門，揖入，北面奠雁，再拜稽首降出。婦從降自西階。」是自納徵外，皆用雁也。又云：「納徵用玄纁束帛儷皮，如納吉禮。」是納徵不用雁也。儀禮疏引鉤命決云：「五禮用雁。」是也。贄用雁者，取其隨時而南北，不失其節，明不奪女子之時也。公羊莊二十二年注：「凡婚禮皆用雁，取其知時候也。」昏禮注：「用雁爲贄者，取其順陰陽往來也。」古微書説題辭云：「雁之爲言雁雁，起聖以招期，知晚早，故雁南北以陽動也。」〔一〕又是隨陽之鳥，妻從夫之義也。書禹貢：「陽鳥攸居。」史記注引鄭注云：「陽鳥，鴻雁之屬，隨陽氣南北。」淮南時則訓云「仲秋二月，候雁來」，注：「時候雁從北漠中來，過周雒，南至彭蠡也。」夫陽妻陰，妻隨夫，亦從陽之義也。又取飛成行，止成列也。明嫁娶之禮，長幼有序，不相踰越也。穀梁莊廿四年傳「羔雁雉腒」，注：「取其知時飛翔，有行列也。」士相見禮注同。又昏禮贄不用死雉，故用雁也。昏禮云：「贄不用死，皮帛必可制。」書舜典云：「二生一死摯。」公羊疏引鄭注云：「羔、雁，生也。卿大夫所執。雉死，士所執也。」是雉爲死，故昏禮不用也。納徵玄纁束帛

〔一〕「雁之」下原脱「爲」字，「故」下原脱「雁」字，據古微書説題辭補。

離皮。玄三法天，纁二法地也。陽奇陰偶，明陽道之大也。離皮者，兩皮也。以爲庭實偶也。禮昏經曰：「納采、問名、納吉、請期、親迎皆用雁，納徵用玄纁、束帛、離皮。」昏禮注「用玄纁者，象陰陽也，束帛十端也」。周禮曰：「凡嫁子娶妻，入幣純帛，無過五兩。儷，兩也。執束帛以致命，兩皮爲庭實。皮，鹿皮。」公羊莊二十二年注：「唯納徵用玄纁、束帛、儷皮。玄纁取其順天地也。儷皮者，鹿皮，所以重古也。士大夫以玄纁束帛，天子加以穀圭，諸侯加以大璋。」雜記「納幣一束，束五兩，兩五尋」，是也。庶人止用緇，故周禮言「紂帛」，注：「婦人陰，故用紂。」是也。隱元年公羊注亦云：「束帛，謂玄三纁二。玄三法天，纁二法地也。」離、儷通。曲禮「離坐離立」，注：「離，兩也。」是也。禮言「納徵」，春秋言「納幣」者，公羊莊二十二年注：「春秋質也。」路史注引：「離皮，雙皮也。」婚禮：「薦皮爲可裘服，不忘本也。」納徵詞曰：「吾子有嘉命，貺室某也。某有先人之禮，離皮束帛，使某也請納徵。」上某者，壻名也。下某者，壻父名也。下次某者，使人名也。女之父曰：「吾子順先典，貺某重禮，某不敢辭，敢不承命。」納采詞曰：「吾子有惠，貺室某也。某有先人之禮，使某也請納采。」對曰：「某之子蠢愚，又不能教，吾子命之，某不敢辭。」皆約昏禮記文。記云：「昏辭曰：吾子有惠，貺室某也。」注：「某，壻名。」又云：「某有先人之禮，使某也請納采。」注：「某，壻名也。某也，使名也。」又云：「對曰：某之子蠢愚，又弗能教，吾子命之，某不敢辭。」注：「對曰者，擯出納賓之詞。某，女父名也。此納采之詞。」又云：「納徵曰：〔一〕吾子有嘉命，貺室某也。某有先人之禮，儷皮束帛，使某也請納徵，致命曰某敢納徵。對

〔一〕「弗能」下「教」字原作「敬」，「對曰」下原脫「者」字，「納徵」下「曰」字原作「也」，據儀禮昏禮改補。

曰：「吾子順先典，貺某重禮，某不敢辭，敢不承命。」盛氏世佐曰：「致命之詞，宜在『敢不承命』之後。」按白虎通引無致命詞，或班氏所見本在「敢不承命」後也。禮記曲禮：「非受幣不交不親。」昏禮「女子許嫁」，注：「許嫁，已受納幣禮也。」是六禮皆以納徵爲斷也。

右論贄幣

天子下至士，必親迎授綏者何？以陽下陰也。欲得其歡心，示親之心也。此今禮、今春秋說也。禮疏引異義：「禮戴說，天子親迎。春秋公羊說，自天子至庶人皆親迎。左氏說，天子至尊無敵，故無親迎之禮。諸侯有故若疾病，則使上大夫迎，上卿臨之。謹案高祖時，皇太子納妃，叔孫通制禮，以爲天子無親迎，從左氏說。」詩疏引鄭駁之云：「太姒之家，在洽之陽，在渭之涘，文王親迎於渭，即天子親迎之明矣。天子雖至尊，其于后則猶夫婦也。夫婦判合，禮同一體，所謂無敵，豈施于此哉。〔一〕禮記哀公問曰：『冕而親迎，不已重乎？』孔子曰：『合二姓之好，以繼先聖之後，以爲天地宗廟社稷主，君何謂已重乎？』此言親迎繼先聖之後，爲天地宗廟社稷主，非天子則誰乎？」是鄭駁與此同用今經師說也。公羊隱二年「紀履緰來逆女」，傳：「譏始不親迎也。」注：「禮所以必親迎者，示男先女也。」禮記郊特牲云：「男子親迎，男先於女也。」荀子大略篇云：「易之咸見夫婦，夫婦之道不可不正也，〔二〕君臣父子之本也。咸，感也。以

〔一〕「明」下「矣」原作「文」，「天子」上原衍「蓋」字，「雖」下原脱「至」字，「后」下「則猶」二字原作「妃」字，「夫婦」下原脱「也」字，「施」下原脱「于」字。今據詩大明疏引鄭駁改删補。

〔二〕「之道」上原脱「夫婦」二字，據荀子大略篇補。

高下下，以男下女，柔上而剛下，聘士之義，親迎之道，重始也。」是陽下陰之義也。易咸卦詞云「取女吉」。集解引鄭注：「其於人也，嘉會禮通，和順於義，幹事能正，三十之男有此三德，以下二十之女，正而相親説，娶之則吉。」是得歡心之義也。下「心」字衍文。授綏者，儀禮昏禮云「壻御、婦車授綏」，注：「壻御者，親而下之，綏所以引升車者。」禮記郊特牲曰：「壻親御授綏，親之也。親之也者，親之也。」昏禮注引曲禮：「僕人之禮，必授人綏。」壻如僕人，故爲陽下陰也。**必親迎，御輪三周，下車曲顧者，防淫泆也。**禮記昏義云：「御輪三周，先俟於門外。」詩有女同車云「有女同車」，鄭云：「女始乘車，壻御輪三周，御者代壻。」又韓奕云「韓侯顧之」，毛傳：「顧之，〔一〕曲顧道義也。」盧云：「防淫泆句疑。」案毛公云「道義」，謂道之以義，即此防淫泆之意也。故禮記坊記云：「壻親迎，見於舅姑，舅姑承子以授壻，恐事之違也。以此坊民，婦猶有不至者。」注：「舅姑，妻之父母也。妻之父爲外舅，妻之母爲外姑。父戒女曰：『夙夜無違。』母戒女曰：〔二〕『毋違宫事。』」詩東門之楊序言「親迎女不至」，又丰序云「男行而女不隨」，皆淫泆之事也。昏禮不言曲顧，文未具也。列女傳：「齊孝公迎華氏之長女孟姬於其父母，三顧而出，親授之綏，自御輪三周，曲顧姬。」是也。説苑修文篇云：「女拜，乃親引其手授夫于户，夫引手出户，夫行女從，拜辭父于堂，拜諸母于大門。夫先升輿執轡，女乃升輿，轂三轉，然後夫下先行。」較爲詳備。**詩云：「文定厥祥，親迎於渭，造舟爲梁，不顯其光。」**詩，大明文也。傳：「天子造舟。」彼疏引王基説云：「自殷以前質畧，未有造維方特之制。周公制禮，因文王敬太姒，重初昏，行造舟，遂即制之以爲天子之禮，著尊卑之差。」然則文王前未有造舟之制，因文王用造舟，遂定爲天子之制，亦猶皋門、應門，太王第用爲諸侯

〔一〕「之」字原脱，據詩韓奕注補。

〔二〕「母戒」下原脱「女」字，據禮記坊記注補。

之門，後世遂即制爲天子之禮也。**禮昏經曰：「賓升北面奠雁，再拜稽首降出，婦從房中降自西階，壻御婦車，授綏。」**今昏禮無「房中」二字，注云：「賓升奠雁拜，主人不拜答，明主爲授女耳。」案隱二年公羊注：「夏人逆于庭，殷人逆于堂，周人逆于户。」此時北面奠雁，當在房户之外，當楣北面，則此所據昏禮或有房中文也。詩著云「俟我於著乎而」，傳：「門屏之間謂之著。」箋云：「待我於著，謂從君子而出至於著，君子揖之時也。」又下「俟我於庭乎而」，箋云：「待我於庭，謂揖我於庭時。」下「俟我於堂」，不言揖，則堂上無揖矣。蓋奠雁再拜後，婦從壻降自西階，故於時無揖，主人不降送，其升輿當在於著時也。詩葛屨傳云：「婦至門，夫揖而入，不敢當尊，宛然而左辟也。」士昏禮：「婦至，主人揖婦以入，及寢門，揖入。」是婦至門，亦有夫揖禮也。按說苑修文篇又云：「親迎，其禮云何？諸侯以屨三兩，加琮。大夫庶人以屨二兩，加束脩二。曰：『某國寡小君使寡人奉不腆之琮，不珍之屨，禮夫人貞女。』夫人受琮，取一兩屨以履女。」然則親迎時，不僅奠雁矣。又案此宜專謂士禮，若天子，則宜無北面再拜諸禮矣。

右論親迎

遣女於禰廟者，重先人之遺體，不敢自專，故告禰也。公羊隱二年注：「于廟何？告本也。」下引書傳又云：「夏后氏逆于庭，殷人逆于堂，周人逆于户。」昏禮：「主人揖入，賓執雁從，至于廟門，揖入。」下即云「壻御婦車」，是遣女于廟也。穀梁桓三年傳：〔一〕「禮，送女，父不下堂，母不下祭門，諸母兄弟不出闕門。」注：「祭門，廟門也。闕，兩觀也。在祭門之外。」禮記曲禮：「齊戒以告鬼神。」婚禮言納采之禮云「主人筵于户」，注：「筵，爲神布席也。將以先祖之

〔一〕「桓三」原作「隱二」，據穀梁傳改。

遺體許人，故受其禮于廟也。」「遺體」舊作「遺支體也」，盧從御覽節。

父母親戒女何？親親之至也。父曰：「誠之敬之，夙夜無違命。」母施衿結帨曰：「勉之敬之，夙夜無違宮事。」父誡於阼階，母誡於西階，庶母及門內施鞶，申之以父母之命，命之曰：「敬恭聽爾父母之言，夙夜無愆，視諸衿鞶。」

並約昏禮記文，彼云：「在阼階上西面，戒女，母戒諸西階上，不降。」又云：「父送女，命之曰：『戒之敬之，夙夜無違命。』母命施衿結帨曰：『勉之敬之，夙夜無違宮事。』庶母及門內施鞶，申之以父母之命，命之曰：『敬恭聽宗爾父母之言，夙夜無愆，視諸衿鞶。』」昏禮經又云「賓再拜稽首降，主不降送」，注：「主人，女父。」桓三年公羊注：「禮，女父母不下堂，姑姊妹不出門。」是父母止誡于東西階上也。若然，孟子滕文公止言母命之者，父尊母親，孟子止舉其至親言之，不詳述細目也。舊「無違命」下有「女必有黹繡衣若笄之」九字，文義不屬，盧據御覽删。又小字本「夙」作「宿」，下並曰「古通用」。又「施鞶」下舊有「祭」字，下文「視諸衿鞶」作「視衿鞶祭」。盧按穀梁桓三年傳云：「禮，送女，父不下堂，母不出祭門。」何休云：「祭門，廟門也。」然則此處「祭」字亦當在「門」字上。惠云：「門內施衿鞶祭，故云祭門。」此說未安。又「爾」字小字本作「宗」。案昏禮，「宗爾」二字皆當有。

去不辭，誠不諾者，蓋恥之重去也。

右論遣女戒女

禮曰：「嫁女之家，三日不絕火，〔一〕思相離也。娶婦之家，三日不舉樂，思嗣親也。」感親年衰老代至也。禮曰：「昏禮不賀，人之序也。」禮記曾子問文也。公羊隱二年注：「禮，男之將取，三日

〔一〕禮記曾子問「三日不絕火」作「三夜不息燭」。

不舉樂，思嗣親也。女之將嫁，三夜不息燭，思相離也。」韓詩外傳亦云：「嫁女之家，三夜不息燭，思相離也。取婦之家，三日不舉樂，思嗣親也。」郊特牲云：「昏禮不用樂，幽陰之義也。樂，陽義也。」注：「幽，深也。欲使婦深思其義，不以陽散之也。」則昏禮不舉樂有二義：一則以樂爲陽氣，一則爲思嗣親也。故通典禮十九：「晉升平元年，八月，符問：『迎皇后大駕應作樂不？』博士胡納議：『臨軒儀注無施安鼓吹處所，又無舉麾鳴鐘之條。』太常王彪之以爲昏禮不樂，〔一〕鼓吹亦樂之總名，儀注所以無者，爲婚禮也。」下引郊特牲、曾子問文爲據，是也。下所引禮，郊特牲文也。曲禮：「賀娶妻者曰：『某子使某，聞子有客，使某羞。』」注：「不斥主人，昏禮不賀，皆以主人有嗣代之序，故不云賀主人昏也。」故通典禮十九「晉成帝納杜后，羣臣畢賀，議者以爲非禮」也。又載：「晉穆帝永和三年納后，議賀不。」注：「王述案：春秋『娶者大吉，非常吉。』又傳曰：『鄭子罕如晉賀夫人。』鄭國猶相賀，況臣下耶！」「王彪之案：婚禮不賀不樂。〔二〕傳稱『子罕如晉賀夫人』，既無明文，又傳不云禮也。」庾蔚之議：「案禮文及鄭注，是親友聞主人有吉事，故遣人送酒肉以賀之。但婚有嗣親之感，故不斥主人以賀婚，〔三〕唯云有客而已。于時竟不賀。」是昏禮不賀，魏晉猶行斯制，即成帝納后，亦第羣臣上禮，而時人已以爲失禮矣。是以冠禮亦無樂，大戴公冠注云：「成人代父，始，有宜盡孝子之感，不可以歡樂取之。」政和禮引異義云：「士冠記無樂，〔四〕春秋傳說君冠必以金石之樂節之。謹案：人君飯有舉樂，而云冠無樂，非禮義也。」案周

〔一〕「施」下原脫「安」字，「鼓吹」下原脫「處」字，「樂」上原衍「舉」字，據通典禮十九補刪。〔二〕「十九」下原衍「年」字，「王述案」上原脫「注」字，「又」下原脫「傳曰」二字，「不賀」、「不樂」原倒，據通典禮十九刪補改。〔三〕「主人」下原脫「有」字，「賀」下原脫「婚」字，據通典禮十九補。〔四〕「士冠記」原作「公冠記」，據五經異義改。

禮備詳樂事，不及冠昏之樂，左傳所述乃衰世之禮，許氏之説非也。

右論昏禮不賀

授綏，姆辭曰：「未教，不足與爲禮也。」始親迎，擯者請詞曰：「吾子命某以茲初昏，使某將請承命。」主人曰：「某故敬具以須。」父醮子遣之迎，命曰：「往迎爾相，承我宗事，勖率以敬先妣之嗣，若則有常。」子曰：「諾，惟恐不堪，不敢忘命。」並昏禮記文。今本昏禮記脱「壻授綏，姆辭曰未教，不足與爲禮也。注姆教人者」十九字，嘉靖本有之。荀子大略篇云：「親迎之禮，父南向而立。子北面而跪，醮而命之：『往迎爾相，成我宗事，隆率以敬先妣之嗣，〔一〕若則有常。』子曰：『諾，惟恐不能，不敢忘命矣。』」俱與記文同。「唯恐不堪」，小字本「堪」作「欽」。

右論授綏親迎醮子詞

娶妻不先告廟者，示不必安也。昏禮請期，不敢必也。婦入三月然後祭行，舅姑既殁，亦婦入三月奠采于廟。三月一時，物有成者，人之善惡可得知也。然後可得事宗廟之禮。曾子曰：「女未廟見而死，歸葬于女氏之黨，示未成婦也。」公羊成九年「季孫行父如宋致女」，注：「古者婦入三月而後廟見，稱婦，擇日而祭於禰，成婦之義，父母使大夫操禮而致之。必三月者，取一時足以別貞信，貞信著然

〔一〕「之」下「嗣」原作「事」，據荀子大略篇改。

後成婦禮，書者，與上納幣同義，所以彰其潔，且爲父母安榮之。言女者，謙不敢自成禮。」〔一〕士昏禮云「若舅姑既殁，婦入三月乃奠菜」，〔二〕注：「三月一時，婦道可成。然則舅姑存則厥明見，若舅殁姑存，則厥明見姑，三月後廟見舅。若舅存姑殁，婦人無廟可見，或更有繼姑，自如常禮也。即三月後亦宜告于祖廟，示成婦也。」萬氏斯大禮記偶箋云：「昏禮記所謂三月然後祭行者，歲有四時之祭，率三月一舉，婦之廟見，依於時祭，時祭必有主婦薦豆，且亞獻爲諸婦助祭，所娶爲冢婦也。舅存則從姑，舅没則姑老而婦即爲主婦，所娶而爲衆婦也。亦必從姑，若宗婦，故必於時祭之先，擇日行之，而後可以與於祭。」左氏隱八年傳云「鄭公子忽先配而後祖」，疏引「賈逵以配爲成夫婦也。〔三〕禮齊而未配，三月廟見然後配。」禮疏引服虔説云：「大夫以上，無問舅姑在否，皆三月見祖廟之後，乃始成昏。」又引成九年「如宋致女」，服注云：「謂成昏也。」是則賈、服等皆以大夫以上當夕不成昏。鄭氏之義，則詩疏引駁異義云：「昏禮之暮，枕席相連。」蓋以爲當夕成昏。考昏禮于婦入三月止言祭行，親迎之夕，即言御衽于奥諸儀，似不必三月後乃成昏也。蓋士禮與？故昏義云「同牢而食，合巹而酳，所以合體同尊卑以親之」，即此士昏禮之義也。昏禮記又云「若不親迎，則婦入三月然後壻見」，亦取三月一時，天氣變，人之賢否可得知也。江氏永禮記訓義釋言云：「疏謂必待三月一時，天氣改，乃可以事神，亦不然。古人之意，蓋欲遲之一時，觀其婦之性行，和於夫，宜於室人，克成婦道，然後可廟見。而祭稱大夫則有反馬之禮，前

〔一〕「取」下原衍「其」字，「敢」下原脱「自」字，「成禮」下原衍「也」字，據公羊傳成公九年注删補。〔二〕「云」下原脱「若」字，「奠」下「菜」原作「采」，據儀禮士昏禮補改。〔三〕「賈逵」下「以」原作「云」，「爲」原作「謂」，「成」下原脱「夫」字，據左傳隱公八年疏改補。

此猶留其送焉，有出道焉，未廟見而死，則有殺禮歸葬，如下章之云，豈止俟天時改哉！」案此言娶妻不先告廟，自謂親迎之夕，非謂六禮皆不告廟也。齊風南山云「娶妻如之何？必告父母」。傳：「必告父母廟。」箋：「議于生者，卜于死者，此之謂告。」昭元年左傳「楚公子圍聘于鄭」，〔一〕云「圍布几筵，告于莊、共之廟而來」。文王世子云：「五廟之孫，祖廟未毀，雖爲庶人，冠、娶妻必告。」士昏禮記納采納徵之詞，兩言某有先人之禮，則六禮皆告廟可知，但爲婦者必三月乃謁告廟耳。韓詩外傳：「三月而廟見，稱來婦。故未廟見而死，則歸葬于女氏之黨也。」詩葛屨云「摻摻女手」，傳：「婦人三月廟見，然後執婦功。」箋：「言女手者，未三月，未成爲婦。」是也。

右論不先告廟

嫁娶必以春何？春者，天地交通，萬物始生，陰陽交接之時也。詩云：「士如歸妻，迨冰未泮。」周官曰：「仲春之月，令會男女，令男三十娶，女二十嫁。」夏小正曰「二月，冠子娶婦之時」也。此古周禮說及禮戴說也。周禮媒氏云「仲春之月，令會男女」，鄭注：「中春陰陽交，以成昏禮，順天時也。」疏引聖證論：「王肅云：『吾幼爲鄭學之時，爲謬言，尋其義，乃知古人可以于冬。自馬氏以來，乃因周官而有二月，詩東門之楊「其葉牂牂」，毛傳曰：「男女失時，不逮秋冬。」〔二〕三星，參也。十月而見東方，時可以嫁娶。又云：「時尚暇，務須合昏因。」萬物閉藏于冬，而用生育之時娶妻入室，長養之母亦不失也。孫卿曰：「霜降逆女，冰泮殺止。」詩曰：「將子無怒，秋以爲期。」韓詩傳亦曰：「古者霜降逆女，冰泮殺止。士如歸妻，迨冰未泮。」爲此驗也。而玄云：「歸，使之來歸于

〔一〕「公子圍」下「聘」原作「將娶」，據左傳昭公元年改。

〔二〕「不」下「逮」原作「待」，據周禮媒氏疏改。

己，謂請期時。」來歸之言，非請期之名也。或曰：「親迎用昏，而曰旭日始旦何用哉？」詩以鳴雁之時納采，以昏時而親迎。而周官中春令會男女之無夫家者，于是時奔者不禁，則昏姻之期非此日也。孔子家語本命解曰：「霜降而婦功成，嫁娶者行焉。冰泮而農業起，昏禮殺于此。」又曰「冬合男女，秋班爵位」也。」詩曰：「有女懷春，吉士誘之。春日遲遲，女心傷悲。綢繆束芻，三星在隅。我行其野，蔽芾其樗。倉庚于飛，熠燿其羽。」詩殷頌曰：「天命玄鳥，降而生商。」月令：「仲春玄鳥至之日，以太牢祠于高禖，天子親往。」玄鳥生乳之月，以爲嫁娶之候，天子重之而祀焉。凡此皆與仲春嫁娶爲候者焉。夏小正曰：「二月，冠子嫁女娶婦之時。」〔一〕「秋以爲期」，此淫奔之詩。夏小正曰：「二月，綏多士女。」交昏于仲春。易泰卦六五：「帝乙歸妹。」舊說「六五爻辰在卯，春爲陽中，萬物以生。生育者嫁娶之貴仲春之月，嫁娶男女之禮，福禄大吉。」易之咸卦，柔上剛下，二氣感應以相與，皆說男下女。召南草蟲之詩，夫人待禮，隨從在塗，見采鼈者，以詩自興。又云：「士如歸妻，迨冰未泮。」舊說云：「士如歸妻，我尚及冰未泮納定。」〔二〕其篇義云嫁娶以春，陽氣始生，萬物嫁娶亦爲生類。故管子時令篇云：「春以會男女。」案自「詩曰『有女懷春』」下，當屬爲鄭學者如馬昭等之語，禮疏本誤並爲王肅說耳。白虎通義與鄭同。

右論嫁娶以春

夫有惡行，妻不得去者，地無去天之義也。夫雖有惡，不得去也。故禮郊特牲曰：「一與之齊，終身不改。」「不得去也」，御覽作「猶不可去也」。列女傳賢明篇：「女宗者，宋鮑蘇之妻也。養姑甚謹。鮑蘇

〔一〕大戴禮夏小正無「嫁女」二字。　〔二〕「納」、「定」原倒，據聖證論改。

仕衞三年而取外妻，女宗因往來者請問其夫，賂遺外妻甚厚。〔一〕女宗姒謂曰：『可以去矣。』女宗曰：『婦人一醮不改，夫死不嫁。且婦人有七去，夫無一去義。』是夫惡行不得去也。故夫有惡疾，亦不得去。列女傳貞順篇：「蔡人之妻，宋人之女也。既嫁于蔡，而夫有惡疾，其母將改嫁之，女曰：『夫不幸，乃妾之不幸也，奈何去之？適人之道，一與之醮，終身不改。』不幸遇惡疾，不改其意，乃作芣苢之詩。」是也。又黎莊夫人傳：「其傅母謂夫人曰：『夫婦之道，有義則合，無義則去。今不得意，胡不去乎？』乃作詩曰：『式微式微，胡不歸？』夫人曰：『婦人之道，壹而已矣。彼雖不吾以，吾可以離于婦道乎？』〔二〕乃作詩曰：『微君之故，胡爲乎中露？』」禮喪服斬衰章「妻爲夫」，傳：「夫至尊也。」〔三〕通典引馬注云：「婦人天夫，故曰至尊。」列女傳十三：「夫禮，婦人未嫁，則以父爲天，既嫁則以夫爲天，其喪父母，則降服一等，無二天之義也。」妻天夫，故不得去天也。後漢曹世叔妻傳：「禮，夫有再娶之義，婦無二適之文。故曰夫者天也。天固不可逃，夫固不可離也。」御覽引郊特牲記，「齊」作「醮」。案列女傳兩引皆作「醮」。又鄭彼注云：「齊一作醮。」是古本多作「醮」，班氏所據之本必同，後人誤依鄭本改此處作「齊」耳。悖逆人倫，殺妻父母，廢絶綱紀，亂之大者也。義絶，乃得去也。「去也」，御覽作「去耳」。

右論妻不得去夫

〔一〕「因」上原脱「女宗」二字，「賂」下「遺」原作「資」，據列女傳賢明篇補改。〔二〕「則」下「去」字原作「離」，「今」上原衍「女」字，「道」上原脱「婦」字，據列女傳黎莊夫人傳改刪補。〔三〕「喪服」之「喪」字原脱，「傳」下原衍「妻」字，據儀禮喪服補刪。

天子諸侯一娶九女者何？重國廣繼嗣也。後漢書郎顗傳，顗條便宜七事，其四曰：「臣竊見皇子未立，儲宮無主。禮，天子一娶九女，嫡媵畢至。」又劉瑜傳：「古者天子一娶九女，娣姪有序，河圖授嗣，〔一〕正在九房。」注：「公羊傳：『諸侯一聘三女，天子一娶九女，此夏殷制也。』」「國」下一有「家」字。適九者何？法地有九州，承天之施，無所不生也。一娶九女，亦足以承君之施也。九而無子，百亦無益也。王度記曰：「天子諸侯一娶九女。」「適」字衍。御覽引異義云：「地有九州，足以承天，故天子娶九女，法之也。」春秋公羊傳曰：「諸侯娶一國，則二國往媵之，以姪娣從。謂之姪者何？兄之子也。娣者何？女弟也。」公羊莊十九年傳文也。今本傳文無「女」字，召南鵲巢、江有汜，齊南山，大雅韓奕，正義引皆有「女」字。說文及士昏禮注並云：「娣，女弟也。」或曰：天子娶十二女，法天有十二月，萬物必生也。今文春秋說也。成十年「齊人來媵」，公羊傳注：「唯天子娶十二女。」疏以爲保乾圖文。後漢荀爽傳：「衆禮之中，昏禮爲首，故天子娶十二女，地之數也。諸侯以下，各有等差，事之降也。陽性純而能施，陰體順而能化，以禮濟樂，節宣其氣，故能豐子孫之祥，致老壽之福。」獨斷：「帝嚳有四妃，以象后妃四星。其一明者爲正妃，三者爲次妃也。九嬪，夏后氏增以三，三而九，合爲十二。春秋天子娶十二，夏制也。」列女傳賢明篇：「宋鮑女宗云：『夫禮，天子十二，諸侯九，大夫三，士二。』」皆用公羊說也。周制則一后、三夫人、九嬪、二十七世婦、八十一御妻，昏義所載是也。春秋改周之文，從殷之質，故以一娶十二爲正法也。「必」與「畢」同，諫諍篇「必力賞罰」，大傳作「畢力」，崩薨篇「同軌必至」，左傳作「畢至」也。必一娶何？防淫泆也。爲

〔一〕「河圖」下「授」原作「有」，據後漢書劉瑜傳改。

其棄德嗜色，故一娶而已。人君無再娶之義也。公羊莊十九年傳云「諸侯一聘九女，諸侯不再娶」，注：「不再娶者，所以節人情，開媵路。」又文十四年「晉人納捷菑于邾婁，弗克納」，注：「時邾婁再娶二，子母尊同體敵，故經以爲訓也。」備姪娣從者，爲其必不相嫉妬也。一人有子，三人共之，若己生之也。公羊莊十九年注：「必以姪娣從之者，欲使一人有子，二人喜也。所以防嫉妬，令重繼嗣也。因以備尊尊親親也。」穀梁文十八年傳「一人有子，〔一〕三人緩帶」，注：「共望其禄。」〔二〕亦此意也。不娶兩娣何？博異氣也。娶三國女何？廣異類也。恐一國血脉相似，俱無子也。左傳：「凡諸侯嫁女，同姓媵之，異姓則否。」疏引膏肓以爲「媵不必同姓，所以博異氣。今左傳『異姓則否』，十年『齊人來媵』，何以無貶刺之文」？鄭箴云：「禮稱納女于天子曰備百姓，于國君曰備酒漿，不得云百姓，是不博異氣也。齊是大國，今來媵，我得之爲榮，〔三〕不得貶也。」然則何氏以娶三國爲博異氣，鄭所不取，然當以何氏説爲正。姪娣年雖少，猶從適人者，明人君無再娶之義也。還待年於父母之國者，未任答君子也。詩云：「姪娣從之，祁祁如雲，韓侯顧之，爛其盈門。」公羊傳曰「叔姬歸於紀」，明待年也。公羊隱七年「叔姬歸於紀」，注：「叔姬者，伯姬之媵也。至是乃歸者，待年父母之國也。婦人八歲備數，十五從嫡，二十承事君子。」疏以爲書傳文。穀梁注引異義云：「謹案：姪娣年十五以上，能共事君子，〔四〕可

〔一〕「文十八年」，原作「莊十九年」，據穀梁傳改。　〔二〕「共」上原衍「欲」字，「望」字原作「享」，據穀梁傳文十八年注删改。　〔三〕「左傳」下原有「疏引膏肓」四字，「以爲」上原衍「何休」二字，「箴」下原衍「之」字，「禮」下原脱「稱」字，「得之」下原衍「以」字，據左傳成公八年疏改正。　〔四〕「能」下「共」字原作「承」，據穀梁傳隱公七年注改。

以往，二十而御。易曰：「歸妹愆期，遲歸有時。」詩曰：「韓侯取妻，諸娣從之，祁祁如雲。」娣必少于嫡，知未二十而往也。」所引詩，韓奕文也。二國來媵，誰爲尊者？大國爲尊。國同以德，德同以色。公羊莊十九年傳：「媵者何？諸侯娶一國，則二國往媵之。」若然，成十年伯姬歸宋，而得衛、晉、齊三國媵之者，公羊以爲録伯姬之賢也。故彼傳云：「三國來媵，非禮也。曷爲皆以録伯姬之詞言之？婦人以衆多爲侈也。」質家爲天尊左，文家法地尊右。「左右」二字宜互易。公羊隱元年傳「立嫡以長不以賢，立子以貴不以長」，注：「禮，嫡夫人無子，立右媵，右媵無子，立左媵，左媵無子，立嫡姪娣。嫡姪娣無子，立右媵姪娣，右媵姪娣無子，立左媵姪娣。質家親親，先立娣。文家尊尊，先立姪。」是質家尊右，文家尊左。故文家左宗廟，右社稷。質家右宗廟，左社稷也。春秋變文從質，故何氏所據者，質家之禮也。所以不聘妾何？人有子孫，欲尊之，義不可求人爲賤也。春秋傳曰「二國來媵」，可求人爲士，不可求人爲妾何？士卽尊之漸，賢不止于士，妾雖賢，不得爲嫡。公羊莊十九年注：「言往媵之者，〔一〕禮，君不求媵，二國自往媵夫人，所以一夫人之尊也。」公羊成八年「衛人來媵」，注：「言來媵者，禮，君不求媵，諸侯自媵夫人。」又九年「晉人來媵」，又十年「齊人來媵」。是三國皆書「來媵」也。此二國當爲三國，即成十年傳文也。禮內則云：「聘則爲妻，奔則爲妾。」奔者，六禮不備之謂。故春秋媵皆書「來」，君不求媵，卽不可求人爲賤之義也。

右論天子嫡媵

〔一〕「媵」下原脫「之」字，據公羊傳莊公十九年注補。

娶妻卜之何？卜女之德，知相宜否。昏禮經曰「將加諸卜，敢問女爲誰氏」也。昏禮記文，「經」字誤。彼云：「問名曰『某既受命，將加諸卜，敢請女爲誰氏』」。下又云：「納吉曰『吾子有貺，命某加諸卜，占曰吉』」。皆娶妻卜之事也。

右論卜娶妻

人君及宗子無父母，自定娶者，卑不主尊，賤不主貴，故自定之也。昏禮經曰：「親皆歿，己躬命之。」今文春秋説也。隱二年「紀裂繻來逆女」，〔一〕傳曰：「昏禮不稱主人，然則曷稱？稱諸父兄師友。宋公使公孫壽來納幣，則其稱主人何？詞窮也。詞窮者何？無母也。」注：「爲養廉遠恥也。禮，有母，母當命諸父兄師友，稱諸父兄師友以行。宋公無母，莫使命之，詞窮，故自命之，自命之則不得不稱使。」繁露玉英篇云：「春秋有經禮，有變禮，爲如安性平心者，經禮也。至有于性雖不安，於心雖不平，於道無以易之，此變禮也。是故昏禮不稱主人，〔二〕經禮也。詞窮無稱，稱主人，變禮也。」是無父母有自娶之禮也。通典引鄭志：「劉德問曰：『失君父終身不除者，〔三〕其臣子當得昏否？』田瓊答曰：『昔許叔重作五經異義，已設此疑，鄭君駁云：「若終身不除，是絕祖嗣也。除而成昏，違禮適權也。」則亦宜自定娶矣。若支子爲大夫，自當以宗子爲主昏也。其宗子無父有母，自稱諸父兄師友。』」故隱二年傳又云：「然則紀有母乎？曰：有。有則何以不稱母？母不通也。」注：「婦人無外事，但得命諸父兄師友，稱諸父兄師友以行耳。」

〔一〕「紀」下「裂」原作「履」，據春秋左傳隱公二年改。

〔二〕「爲」下「如」字原作「加」，「是故」原脱「是」字，據春秋繁露玉英篇改補。

〔三〕「不」下「除」字原作「得」，據通典改。

母命不得達，〔一〕故不得稱母通使，又所以遠別也。」故通典禮十八：「晉穆帝永和十年，台符問：『六禮版文，舊稱皇帝，今太后臨朝，當何稱？』太常王彪之云：『三傳異義，不可全據。今太后臨朝稱制，文告所達，國之大典，皆仰稟成命，非無外事，豈婚聘獨不通乎？六禮版文，應稱皇太后詔。』又問：『今太后還政，不復臨朝，當何稱？』彪之曰：『當稱皇帝詔。王者之于四海，無不臣妾，雖復父兄師友，皆純臣也。夫崇三綱之始，定乾坤之儀，安有天父之尊而稱臣下之命以納伉儷？〔二〕安有臣下之卑而稱天父之名以行大禮？』」又引咸寧納愼后之例爲據。案儀禮疏引服虔注左氏云：「不稱主人，母命不通，故不稱使，婦人無外事。」然則公羊、左氏本無異説。又昏禮記明云「宗子無父母命之，親皆歿，己躬命之。」鄭注謂「命之，命使者，母命之。在春秋，〔三〕『紀裂繻來逆女』是也」。又説苑修文篇云：「親迎禮奈何？諸侯以屨二兩加琮，大夫庶人以屨二兩加束脩二，曰『某國寡小君使寡人奉不腆之琮，不珍之屨，禮夫人貞女』。」似有母命之禮。子政通穀梁，其卽穀梁家經師語歟？案女主臨朝，本後世之事，然既文告所達皆仰稟成命，自宜用皇太后之稱，若太后還政，則宜稱母命使者。彪之有曹躭之説不能用，而以爲卽稱皇帝，是直等父母並歿之制矣。所引「昏禮經」，宜改爲「昏禮記」。詩云：「文定厥祥，親迎于渭。」詩大明文也。毛傳以爲「太姒有文德」，鄭箋則以「問名之後卜而得吉，則文王以禮定其吉祥，謂使納幣」也。則鄭氏自以此爲文王自定娶。疏引孫毓異同評：「昏禮不稱主人，母在則命之。此

〔一〕「紀」下「有」字原作「無」，「得達」二字原作「通」，據公羊傳隱公二年注改。〔二〕「朝」下「當」原作「宜」，「婚」下「聘」原作「禮」，「太后」下原脱「詔」字，「稱」下原脱「皇帝」二字，「天父」原作「君父」，據通典禮十八改補。

〔三〕「春秋」上原脱「在」字，據儀禮士昏禮注補。

時文王纔十三四孺子耳，王季尚在，豈得制定求婚之事？」案鄭氏釋詩，于毛意有不安，皆本三家說正之。白虎通多用魯說，則此蓋魯詩也。

右論人君宗子自娶

大夫功成受封，得備八妾者，重國廣繼嗣也。此謂天子大夫也。不更聘大國者，不忘本嫡也。故禮曰「納女於大夫」，曰「備洒埽」。列女傳賢明篇：「晉趙衰妻云：『夫得寵而忘舊，舍義好新而嫚，故無恩于人，勤于隘厄，富貴而不顧無禮，君棄此三者，雖妾亦無以侍巾櫛。詩曰：「采葑采菲，無以下體，德音莫違，與爾同死。」〔一〕與人同寒苦，雖有小過，猶同死而不去，況于安新忘舊乎！』」又曰：「讌爾新婚，不我屑以。」蓋傷之也。天子之太子，諸侯之世子，皆以諸侯禮娶，與君同，示無再娶之義也。次「諸侯」上當有「天子」二字。御覽一百四十七亦脫。

右論大夫受封不更聘及世子與君同禮

王者之娶，必先選於大國之女，禮儀備，所見多。詩云：「大邦有子，俔天之妹，文定厥祥，親迎於渭。」明王者必娶大國也。詩，大明文。後漢順烈梁皇后紀云：「春秋之義，娶先大國。」蓋今文家說也。春秋傳曰：「紀侯來朝。」紀子以嫁女於天子，故增爵稱侯。至數十年之間，紀侯無他功，但以子爲天王后，故爵稱侯。知雖小國者，必封以大國，明其尊所不臣也。王者娶及庶邦

〔一〕「妾」下原脫「亦」字，「爾」上「與」字原作「及」，據列女傳補改。

何？開天下之賢士，不遺善也。故春秋曰「紀侯來朝」，文加爲侯，明封之也。先封之，明不與庶邦交禮也。亦今文春秋説也。公羊桓二年「紀侯來朝」，注：「稱侯者，天子將娶于紀，與之奉宗廟，傳之無窮，重莫大焉。故封之百里。月者，明當尊而不臣，所以廣孝敬。」〔一〕漢書王莽傳：「信鄉侯佟上言：『春秋，天子將娶于紀，則褒紀子稱侯。安漢公國未稱古制。』事下有司，〔二〕皆曰：『古者天子封后父百里，尊而不臣，以重宗廟，孝之至也。佟言應禮，可許。』」是皆今文説也。是則春秋之義，子尊不加于父母，若禮服傳齊衰期章之義，則女君有以尊降其父母。案天子諸侯絕旁期，其于本親正服，亦無降禮，王后夫人與君敵體，亦不得一日之尊而降本親之服，唯降其旁親而已。故通典引田瓊云「大夫女嫁於諸侯，降其旁親一等」，亦不言降其父母之服，故鄭氏以禮服傳文爲誤也。然則士女嫁於大夫，與大夫女嫁于諸侯，諸侯女嫁于天子，皆不降其父母之服。而通典引射慈云：「傳曰：『尊同則得服其親服。』尊同者，爲俱爲卿大夫，則不降也。諸侯女爲諸侯夫人，不降父母昆弟之服，及爲父後者。」然則射氏以大夫之女嫁于諸侯，則父母亦在可降中矣，其言非禮意也。然王后雖不降本親之服，而天子絕旁期，則於白后父母無服。故通典：「東晉王朔之問范寧曰：『至尊爲后之父母服否？』意謂雖居尊位，亦當不以己尊而便降也。寧答曰：『王者之于天下，與諸侯之于一國無異，可依準孝武泰元元年后父王鎮平薨，尅日舉哀，而不成制服三日。』」〔三〕則大夫士之女嫁于諸侯大夫，亦無服

〔一〕「大」下「焉」字原作「也」，「廣孝」二字原作「崇」，據公羊傳桓公二年注改。〔二〕兩「佟」字原作「終」，「言」上原衍「書」字，「褒」下原脱「紀子」二字，「有司」上原脱「事下」二字，據漢書王莽傳改刪補。〔三〕「王鎮平」，通典作「王鎮軍」。「不成」下通典有「出」字。

明矣。而二王之後嫁于天子，與諸侯大夫之女嫁與諸侯大夫，似宜仍服其本服，以尊同則不降也。故天子之姊妹嫁于二王後仍服常服如邦人是也。天子爲外祖父母，其應服與否，與此同。通典引譙周説云：「外祖父母，母族之正統，妻之父母，妻族之正統，母妻與己尊同，母妻則不降，己亦不降。」直臆見耳。女行虧缺而去其國，如之何？以封爲諸侯比例矣。易鼎六四爻「利出否」，儀禮疏引鄭注云：「嫁于天子，雖失禮，無出道，遠之而已。」則此所云「去」，直去而遠之耳。天子無出，安得出道「以封爲諸侯比例」，語不明，盧云：「殆謂無貶黜之義也。」

右論天子必娶大國

諸侯所以不得自娶國中何？諸侯不得專封，義不可臣其父母。春秋傳曰：「宋三世無大夫，惡其内娶也。」今春秋説也。桓二年公羊注：「蓋以爲天子得娶庶人女，以其得專封也。」明諸侯不得專封，故不與其内娶也。所引春秋傳，即僖二十五年公羊文。彼作「三世内娶也」。注：「三世，謂慈父、王臣、處臼也。内娶，大夫女也。言無大夫者，禮不臣妻之父母，國内皆臣，無娶道，故絶去大夫名，正其義也」。又「宋以内娶，故公族以弱，妃黨益强，〔一〕威權下流，政分三門，卒生篡弑，親親出奔，疾其末，故正其本也」。是以春秋雖外娶大夫女亦譏。文四年「夏，逆婦姜于齊。」公羊傳：「畧之也。」注：「賤非所以奉宗廟，故畧之。」亦以大夫之義不得外娶，亦不得外嫁，以諸侯之尊而與外臣交禮，是失禮之中又失禮焉。

右論諸侯不娶國中

〔一〕「黨」下「益」原作「並」，據公羊傳僖公二十五年注改。

不娶同姓者，重人倫，防淫泆，恥與禽獸同也。論語曰：「君娶於吳，爲同姓，謂之吳孟子。」曲禮曰：「買妾不知其姓則卜之。」

今文春秋說也。通典引異義：「公羊說，魯昭公娶於吳，爲同姓也，謂之吳孟子。左氏說，孟子，非小君也，不成其喪，不當譏。謹案：易曰『同人于宗，吝』，言同姓相娶，吝道也。即犯誅絶之罪，言五屬之内，禽獸行，乃當絶。」公羊哀十二年傳：「孟子者何？昭公之夫人也。其稱孟子何？諱娶同姓也。」注：「禮不娶同姓，買妾不知其姓則卜之，爲同宗共祖，亂人倫，與禽獸無別。昭公既娶，諱而謂之吳孟子。春秋不稱夫人，不言薨，不書葬者，深諱之。」〔一〕則今文家以妻妾皆不可娶同姓，左氏則以非小君則不譏，許氏則以同姓指五屬之内。案禮記大傳：「六世親屬竭矣，其庶姓別于上，而戚單于下，昏姻可以通乎？」又云：「繫之以姓而弗別，綴之以食而弗殊，雖百世而昏姻不通者，周道然也。」又坊記云：「魯，春秋猶去夫人之姓曰吳，其死曰孟子卒。」注：「吳，太伯之後，魯同姓也。昭公娶焉，去姬曰吳而已，〔二〕至其死，亦畧云『孟子卒』，不書夫人某氏薨。」是鄭說與公羊同也。國語鄭語：「史伯曰：『夫和實生物，同則不繼。以它平它謂之和，若以同裨同，盡乃棄矣。故先王聘后于異姓。』」又晉語：「胥臣曰：『同德則同姓，同姓雖遠，男女不相及，異姓雖近，男女相及焉。』」禮記郊特牲云：「夫昏禮，萬世之始也。取于異姓，所以附遠厚別也。」注云：「同姓或則多相褻也。」又曲禮「娶妻不娶同姓」，注：「爲近禽獸也。故春秋于婦人，繫姓不繫國，亦所以防娶同姓。」隱元年公羊注：「婦人以姓配字，不忘本。因示不適同姓，」是也。所引論語，述而文也。曲禮注云：「妾賤，或時

〔一〕「無」下「別」字原作「異」，「諱」上原脫「深」字，據公羊傳哀公十二年注改補。〔二〕「去」下「姬」原作「姓」，據禮記坊記注改。

非媵，取之于賤者，世無本繫。」引以見妾媵亦不娶同姓也。案禮言「雖百世而婚姻不通者，周道然也」，則夏殷以上有異，故御覽引禮外傳曰：「夏殷五世之後則通婚姻，周公制禮，百世不通，所以別于禽獸也。」

外屬小功已上，亦不得娶也。以春秋傳曰「譏娶母黨」也。

通典引袁準正論云：「今之人外內相婚，禮歟？曰：中外之親，近于同姓，同姓且猶不可，而況中外之親。古人以爲無疑，故不制也。今以古之不言，因謂之可婚，此不知禮者也。」是外屬不得爲昏也。所引春秋傳，今三傳皆無此語，蓋公羊家嚴顔二氏莊公二十三年「公至自齊」説也。孔氏廣森公羊通義云：「內逆女，例「月」，莊二十三年公如齊逆女，成十四年僑如逆女，皆不「月」，容卽以娶母黨失正，故略之與？律禁姑之子、舅之子相爲昏姻，實春秋之義也。」又宣元年「公子遂如齊逆女」，孔氏説云：「娶聖姜之黨，知不譏者，禮，妾子爲君母之黨，君母在，則不敢不從服，君母不在，則不服，此於服術本徒從也。聖姜既薨，故不以娶功緦外屬爲譏矣。」又僖二十五年「宋蕩伯姬來逆婦」，孔氏説云「主書者，譏娶母黨」，則三十一年之「杞伯姬來求婦」亦爲譏文可知。按喪服，外親之服皆緦，唯外祖父母以尊加，從母以名加，至小功耳。其不得娶，自不待言，則此語似爲贅設，疑「上」或「下」之誤。緦麻三月章有「從母昆弟，舅之子」，注云「內兄弟」，又有「姑之子」，注云「外兄弟」，均不及姊妹。敖氏繼公説「從母昆弟」云：「此服從母姊妹亦在焉。」然則姑與舅之子亦容或包有姊妹在內。今律不禁姑之子、舅之子爲婚，孔氏所見，其當時律與？梁處素云：「春秋傳疑當作春秋説。」

右論同姓外屬不娶

王者嫁女，必使同姓主之何？昏禮貴和，不可相答，爲傷君臣之義，亦欲使女不以天子尊乘諸侯也。春秋傳曰：「天子嫁女於諸侯，心使諸侯同姓者主之。諸侯嫁女於大夫，使大夫同姓者主之。」公羊莊元年文也。注：「不自爲主者，尊卑不敵，其行婚姻之禮則傷君臣之義，行君臣之禮則廢昏姻之好。〔一〕禮，尊者嫁女于卑者必持風旨，爲卑者不敢先求，亦不敢斥與之者，申陽倡陰和之道。天子嫁女于諸侯，備姪娣如諸侯之禮，義不可以天子之尊絶人繼嗣之路。」故易泰六五「帝乙歸妹」，集解引九家注：「五者帝位，震象稱乙，是爲帝乙。六五以陰居尊位，帝者之姊妹，五在震後，明其爲二也。五應于二，當下嫁二，婦人謂嫁曰歸，故言帝乙歸妹。謂下居二，以中和之道相承，故元吉。」又困學紀聞引京氏傳載湯嫁妹之詞曰：「無以天子之尊而乘諸侯，無以天子之富而驕諸侯，陰之從陽，女之順夫，本天地之義也。往事爾夫，必以禮義。」卽使女不以天子尊乘諸侯。故詩何彼襛矣序：〔二〕「美王姬能執婦道也。」故後漢荀爽傳亦云：「春秋之義，王姬嫁齊，使魯主之，不以天子之尊加于諸侯也。」案此命諸侯主昏，謂天子嫁女于侯伯下也。若嫁于二王之後，則不必同姓主昏。知者，莊四年公羊注：「禮，天子諸侯絶期，天子唯女之適二王者，恩得申。」又禮記檀弓：「齊穀王姬之喪，魯莊公爲之大功。或曰由魯嫁故爲之服姊妹之服。」然則由諸侯嫁者，則諸侯爲所主之女服姊妹之服，天子不服可知。今天子爲嫁于二王後者服，知其不必就諸侯主之，亦若諸侯嫁女于諸侯之例矣。其諸侯嫁女于大夫，謂內大夫也。故亦使同姓大夫主之。知者，莊二十七年「莒慶來逆叔姬」，公羊傳：「大夫越竟逆女，非禮也。」是外大夫無娶道也。必使同姓者，以其同宗共祖，可以主親也。故使攝父事。不使同姓卿主之何？尊加諸侯，爲威厭不得舒也。莊元年公羊注：「故必使同姓有血脉之屬，

〔一〕「則」下「廢」原作「失」，據公羊傳莊公元年注改。　〔二〕「何彼襛矣」原作「襛衣」，據詩經改。

宜爲父道，與所適敵體者主之。」又「王姬歸于齊」，傳：「我主之也。」注：「爲父母道，故恩録。」又二年「齊王姬卒」，傳：「外夫人卒，我主之也。」注：「爲父母道，明當有恩禮。」主其嫁，則有兄弟之恩，死則爲之服，故書卒也。是則天子之女由同姓諸侯嫁，則主昏之諸侯有父子兄弟之恩，宜爲之服大功之服。故春秋書之，比内女也。「攝父事」，即何氏宜爲父道之義也。「不使同姓卿」，謂天子不使内大夫爲主也。

不使同姓諸侯就京師主之何？諸侯親迎入京師，當朝天子，爲禮不兼。春秋傳曰「築王姬觀於外」，明不往京師也。

公羊莊元年傳：「逆之者何？我主之也。」注：「逆者，魯自往之文，方使魯爲父母主嫁之，故與魯使自逆之。」穀梁傳亦云：「其不言齊侯之來逆何也？不使齊侯得與吾爲禮也。」是則齊侯親迎于魯，故不就京師主之也。「觀」，三傳皆作「館」，「爲禮不兼」句有譌脱。

所以必更築觀者何？尊之也。不於路寢，路寢本所以行政處，非婦人之居也。小寢則嫌羣公子之舍，則已卑矣。故必改築於城郭之内。傳曰：「築之，禮也，於外，非禮也。」

公羊莊元年傳：「主王姬者，則曷爲必爲之改築？于路寢則不可，小寢則嫌羣公子之舍，〔一〕則已卑矣。」穀梁亦云：「築之爲禮何也？主王姬者必自公門出，於廟則已尊，于寢則已卑，爲之築，節矣。」所引傳，公羊文。注：「必闕地，於夫人之下，羣公子之上也。時魯以將嫁女於仇國，故築於外。」是築館當於内，但齊仇國，故穀梁又以于外爲變之正也。

右論同姓諸侯主婚

卿大夫一妻二妾者何？尊賢重繼嗣也。不備姪娣何？北面之臣賤，勢不足盡人骨肉

〔一〕「必」上原脱「則曷爲」三字，「于路」上原衍「何」字，「小寢」上原衍「于」字，據公羊傳莊公元年補删。

之親。禮服經曰「貴臣貴妾」，明有卑賤妾也。喪服緦麻章文也。注：「此謂公士大夫之君也。殊其臣妾貴賤而爲之服。貴妾，姪娣也。」禮記曲禮云：「大夫不名世臣姪娣。」案此謂或姪或娣耳，非兼備姪娣也。姪娣爲貴妾，其餘爲賤妾，則無服緦之制矣。天子諸侯于貴妾無服，禮記檀弓：「悼公之母死，哀公爲之齊衰。有若曰：『爲妾齊衰，禮與？』」明其非禮也。士一妻一妾何？下卿大夫，禮也。喪服小記曰：「士妾有子，則爲之緦。」禮記曲禮云：「士不名家相長妾。」自謂妾之有子者，非對賤妾爲長妾也。儀禮士昏禮云「雖無娣，媵先」，注：「娣尊姪卑，若或無娣，猶先媵，客之也。」天子諸侯以姪娣之外別有二媵，卿大夫士卽以姪娣爲媵，故有娣者則以娣媵先於御，卽無娣，亦以姪媵先於御，所以客之也。禮文恐人以娣尊姪卑，疑姪媵不得先御餕食，故明之也。有娣則無姪，有姪則無娣，禮疏引熊氏疏，以爲「士一妻二妾」，非也。列女傳賢明篇：「鮑女宗曰：『大夫三，士二。』」是大夫一妻二妾，士一妻一妾也。

右論卿大夫士妻妾之制

聘嫡未往而死，媵當往否乎？人君不再娶之義也。天命不可保，故一娶九女，以春秋伯姬卒，時娣季姬更嫁鄫，春秋譏之。盧云：「『不』疑當作『無』。」案此節文義不可曉，「媵當往否乎」疑爲「媵當往何」之誤。蓋天子諸侯與大夫士異。大夫士可以再娶，故雖納幣有吉日，而或遭親喪，得更娶更嫁，天子諸侯不再娶，則嫡媵姪娣皆以納幣爲斷，故禮家以納幣爲納徵。徵，成也。言昏禮于是成焉。故雖則嫡死，媵亦當往也。蓋卽以媵爲嫡，正以云「無再娶之義」也。伯姬卒在僖九年，公羊傳云：「此未適人，何以卒？許嫁矣。」又十四年「季姬及鄫子遇於防，〔一〕使鄫子來朝」，傳：「非使來朝，使來請己也。」注：「使來請娶己以爲夫人。」十九年「鄫子會於邾婁」，傳：「後會也。」注：「魯本許嫁季姬于邾婁，季姬淫泆，使鄫子請己而許之。二國交忿，襄公爲此盟，欲和解之。」又云「邾婁人執鄫子用之」，注：「日者，魯不能防其女，以至於此，明當痛其女禍。」然則傳文雖無季姬爲伯姬娣更嫁之事，以此及何休説參之，蓋公羊經師以伯姬本許嫁于邾，季姬爲其娣，伯姬未嫁而卒，季姬自仍適邾，後季姬淫泆，魯不能防正，更嫁于鄫，故一譏于鄫子之來朝，一譏于執鄫子用之也。但春秋舉重畧輕，故但責其淫泆，而不及譏其更嫁耳。

適夫人死，更立夫人者，不敢以卑賤承宗廟。今文春秋説也。公羊隱二年「伯姬歸于紀」，又隱七年「叔姬歸于紀」，注：「叔姬者，伯姬之媵也。媵賤，書者，後爲嫡，終有賢行。」莊四年「紀伯姬卒」，十有二年「紀叔姬歸於酅」，二十九年「紀叔姬卒」，注：「國滅，卒者，從夫人行，待之以初也。」〔二〕然則叔姬從嫁于紀，伯姬以莊四年卒，時紀尚未滅，故立叔姬爲夫人。及紀侯大去，紀季請立五廟，故又復歸于酅，以其能執婦道，故備志卒、葬，同于正嫡也。又宣十六年「郯伯姬來歸」，注：「嫁不書者，爲媵也。來歸書者，後爲嫡也。」〔三〕亦不以嫡死立媵爲譏也。〔四〕故莊十九年注：「不再娶者，所以節人情，開媵路，以妾有爲嫡之望焉。」是也。

自立其娣者，尊大國也。春秋傳曰：「叔姬歸於紀。」叔姬者，伯姬之娣也。伯姬卒，叔姬升於嫡，經不譏也。公羊隱元年注論立子法云：「嫡夫人無子，立右

〔一〕「十四」原作「十三」，據公羊傳僖公十四年改。　〔二〕「之」下「以」原作「如」，「初」下原脱「也」字，據公羊傳莊公二十九年注改補。　〔三〕「者」上原脱「書」字，「爲」上原脱「後」字，「嫡」原作「媵」，據公羊傳宣公十六年注補改。　〔四〕「立」下「媵」原作「嫡」，據文義改。

媵，右媵無子，立左媵，左媵無子，立嫡姪娣。嫡姪娣無子，立右媵姪娣，右媵姪娣無子，立左媵姪娣。質家先立娣文家先立姪」立子既然，則立嫡之例，何氏有宜以二媵先於娣姪，與此所據之公羊說不同也。包氏世臣云：「紀伯姬之媵，經無文，或皆附庸小國，故立叔姬，以魯爲大國而尊之。其時周禮不盡行，或班氏所自昉也。」若然，如何氏之說，而叔姬得以娣先立者，蓋何氏以伯姬卒時，二媵先没，故其娣得升爲夫人。故宣十六年「郯伯姬來歸」，注謂「伯姬以媵升爲嫡」。是何氏自以媵先于娣姪也。**或曰：嫡死不復更立，明嫡無二，防篡煞也。祭宗廟，攝而已。以禮不聘爲妾，明不升。**此古文春秋及禮家說也。通典引鄭駁異義云：「禮喪服，父爲長子三年，以將傳重故也。衆子則爲之期，明無二嫡也。女君卒，貴妾繼室，攝其事耳，不得復立爲夫人，魯立妾母爲夫人者，乃緣莊公哀姜有殺子般、閔公之罪，應貶故也。近漢呂后殺戚夫人及庶子趙王，〔一〕不仁，不得配食，文帝更尊其母薄后，非其比耶？」又云：「喪服緦麻章『庶子爲後，爲其母』。此義自天子下至大夫士同，不得三年。魯宣公所以得尊其母敬嬴爲夫人者，以夫人姜氏大歸齊不反故也。」則子立母，與君立夫人雖不同，然律以無二嫡義，則子既不能於嫡母後更事嫡母，君亦不得於嫡妻而外更立嫡夫人矣。禮記雜記：「主妾之喪，則自祔至于練祥，皆使其子主之，其殯祭不於正室。」疏引崔氏云：「謂女君死，攝女君也。雖攝女君，猶下正室，故殯之不于正室。」雜記又云：「女君死，則妾爲女君之黨服，攝女君，則不爲先女君之黨服。」然則女君在時，妾本從女君服其黨。喪服期章「公妾以及士妾爲其父母」，注：「禮，妾從女君而服其黨服。」是嫌不自服其父母，故以明之，是妾兼服女君之黨也。女君死，妾子不服君母之黨，而妾未攝女君，自仍如女君在時服

〔一〕「爲」下「之期」二字原作「子周」，「庶子」下原脱「趙王」二字，據通典改補。

其黨，所以深抑妾也。攝女君，則較妾差尊，于女君爲近，若仍服其黨，則是與女君自服其黨無異。故又使之不爲服，亦猶三公近于天子，屈之北面以避嫌，亦所以抑妾使終不得並于嫡也。聖人嚴嫡庶之辨，防覬覦之萌，後世不明斯義，宜漢有許霍之禍矣。左傳隱元年「孟子卒，繼室以聲子」，注：「諸侯始娶，則同姓之國以姪娣媵，元妃死，則次妃攝治內事，猶不得稱夫人。」杜氏說經，雖無家法，然必劉、賈、鄭、服相傳之精義。又昭三年「齊侯使晏嬰請繼室于晉」，此繼室謂繼少姜也。然昭二年，晉少姜時，士文伯已云「非伉儷也」，是繼室不得同之正室矣。若大夫士，嫡死則更立嫡，喪服齊衰三年章云「繼母如母」是也。以天子諸侯位高，恐其專恣奪嫡，故先防于未然也。雜記疏引虞喜說，以攝女君爲後母君，直臆說也。所以必攝者，以凡祭必夫婦親之，故王后不得祭天，而亞獻必以宗伯攝之也。

右論人君嫡死媵攝

曾子問曰：「昏禮，既納幣，有吉日，女之父母死，何如？孔子曰：『壻使人弔之。如壻之父母死，女亦使人弔之。父喪稱父，母喪稱母，父母不在，則稱伯父世母。壻已葬，壻之伯父叔父使人致命女氏曰：某子有父母之喪，不得嗣爲兄弟，使某致命。女氏許諾，不敢嫁，禮也。壻免喪，女父使人請，壻不娶而後嫁之，禮也。女之父母死，壻亦如之。』」此與本經大同。毛氏奇齡經問云：「既有吉日，則昏義所云『請期』，穀梁所云『告期』者，皆已行訖，而一旦遭喪，則不得已而有壻家致命，女氏有請，壻家致命在既葬後，蓋以解夫前此之告期者也。然而女氏弗敢嫁，謂不嫁此壻也。至女氏之請，在除喪後，除喪可娶矣，而哀尚未忘，故又請，壻弗卽娶，謂前期已愆，儘可緩迎也。蓋謙之也。夫然後遲遲而嫁此壻焉。其曰「使人請，壻弗取」者，本是一句。」案鄭、孔本無女氏別嫁之説，而毛氏之解，可詳所未備。盧氏亦云：「壻不娶者，哀未忘，不即圖娶也。而後嫁之，即嫁於壻之既已納幣者。」

右論變禮

婦人所以有師何？學事人之道也。詩云：「言告師氏，言告言歸。」昏禮經曰：「教於公宮三月。」婦人學一時，足以成矣。禮記內則云：「女子十年不出，姆教婉娩聽從。」又昏禮「姆纚笄宵衣在其右」，注：「姆，能以婦道教人者。」是婦人有師也。所引詩，周南葛覃文，毛傳：「師，女師也。古者爲師，教以婦德、婦言、婦容、婦功。」鄭箋：「我告師氏者，我見教告于女師也。教告我以適人之道。重言我者，尊重師教也。」昏義注云：「婦德貞順，婦言詞令，婦容婉娩，婦功絲枲。」天官九嬪注亦然，是學事人之道也。女子自少至長，皆有師傅，故內則云：「大夫以上，立師、慈、保三母。」子之初生已然，至嫁前三月，特就尊者之宮教成之耳。昏禮經，「經」字誤，當作「記」也。與君有緦麻之親者，教於公宮三月，與君無親者，各教於宗廟宗婦之室。國君取大夫之妾、士之妻老無子而明於婦道者禄之，使教宗室五屬之女。大夫士皆有宗族，自於宗子之室學事人也。儀禮昏禮記云：「祖廟未毁，教于公宮三月，祖廟已毁，則教于宗室。」祖廟，女高祖爲君者之廟。以有緦麻之親，就尊者之宮，教之以婦德、婦容、婦言、婦功。宗室，大宗子之家。然則與君有五屬之親者，皆就天子諸侯女宮中教之。莊元年公羊傳所云「羣公子之舍」是也。若與君絶屬，則當就繼別之大宗家教之，以宗子收族者也。昏義疏云：「大宗小宗之家，悉得教之，與大宗近者於大宗，與大宗遠者於小宗。」然鄭氏無小宗之説，故賈氏疏昏禮云：「不於小宗者，小宗卑故也。」

褚氏寅亮云：「異姓亦有宗子之室，於彼教之，其教成之祭則在廟。」故昏義「祖廟既毀」注云：「祖廟，女所出之祖。」是也。若在宗室，與宗子屬遠者，無所出之祖廟，則立爲壇而祭。故昏義注：「若其宗廟已毀，則爲壇而告。」是也。昏禮注云：「姆，婦人五十無子，出而不復嫁，能以婦道教人者，若今時乳母矣。」知是無子而明于婦道者也。故列女傳母儀篇：「傅母者，齊女之傅母也。女爲衞莊公夫人，號曰莊姜，始往操行衰惰，傅母見其婦道不正，諭之曰：『子之家世世尊榮，當爲民法。子之質聰達於事，當爲民表式。儀貌莊麗，不可不自修整。』乃作詩砥礪女之心以高節，以爲人君之子弟，爲國君之夫人，尤不可有邪僻之行。女遂感而自修。君子善傅母之防未然也。」「三月」以上十四字，盧從莊補。女必有傅姆何？尊之也。春秋傳曰：「傅至矣，姆未至。」襄三十年公羊傳文也。彼云：「伯姬曰：『吾聞之也，婦人夜出，不見傅母不下堂。傅至矣，姆未至也。』逮火而死。」注：「禮，后夫人必有傅母，所以輔正其行，衞其身也。選老大夫爲傅，選大夫妻爲母。」〔一〕漢書張敞傳：「禮，君母出門則乘輜軿，〔二〕下堂則從傅母。」後漢荀爽傳：「聖人制禮以隔陰陽，七歲之男，王母不抱，七歲之女，王父不持，親非父母，不與同車，親非兄弟，不與同筵，非禮不動，非義不行。是以宋伯姬遭火不下堂，知必爲災，傅母不來，遂成于灰。春秋書之以爲高也。」〔三〕是其事也。

右論婦人有師傅

婦人學事舅姑，不學事夫者，示婦與夫一體也。「事夫」舊作「事己父母」，譌。宣元年「逆婦姜于齊」，

〔一〕「大夫」上原脱「選」字，據公羊傳襄公三十年注補。　〔二〕「則」下「乘」原作「稱」，據漢書張敞傳改。　〔三〕後漢書荀爽傳無此段語。

公羊傳：「曷爲貶夫人？夫人與公一體也。」小字本作「不學事必父母者」，亦譌。國語魯語云：「古之嫁者，不及舅姑，謂之不幸，夫婦學於舅姑者也。」正與此合。禮內則曰：「妾事夫人，如事舅姑，尊嫡絶妬嫉之原。」禮服傳曰「妾事女君與事舅姑同」也。儀禮喪服不杖期文。所引內則，蓋佚禮文也。以婦爲舅姑期，妾爲女君亦期，是與事舅姑同也。舅姑爲適婦大功，爲庶婦小功，而女君爲妾無服者，鄭彼注云：「報之則重，降之則嫌。」通典引雷次宗云：「今抑妾使同婦，尊女君使同姑，女君于妾，不得同姑之降婦，不降則應報，所以不報者，欲伸聖人抑妾之旨。若復報之，則並后之誡，意無所徵。」是卽尊嫡抑妾之意也。婦事夫，有四禮焉。雞初鳴，咸盥漱，櫛縰笄總而朝，君臣之道也。惻隱之恩，父子之道也。會計有無，兄弟之道焉。閨閫之內，衽席之上，朋友之道焉。聞見異詞，故設此焉。此似明學事夫之義，與上別一說也。莊二十四年公羊注：「妻事夫，有四義：雞鳴縰笄而朝，君臣之禮焉。三年惻隱，父子之恩也。圖安危可否，兄弟之義也。樞機之內，寢席之上，〔一〕朋友之道，不可純以君臣之義責之也。」詩雞鳴云「雞既明矣」，傳：「東方明，則夫人纚笄而朝。」疏引列女傳「魯師氏之母齊姜，戒其女云：『平旦纚笄而朝，則有君臣之嚴。』」又云：「莊二十四年公羊注，其言與列女傳同。」知本列女傳文也。御覽引列女傳：「春姜召其女而笞之，曰：『夫婦人以順從爲務，貞慤爲尊，故婦事夫有五義：平旦纚笄而朝，則有君臣之嚴。沃盥饋食，則有父子之敬。報反而行，則有兄弟之道。必期必誠，則有朋友之信。寢席之交，然後有夫婦之際。』」與此微異。

右論事舅姑與夫之義

〔一〕「席」上「寢」原作「衽」，據公羊傳莊公二十四年注改。

有五不娶。亂家之子不娶，逆家之子不娶，世有刑人、惡疾，喪婦長子，此不娶也。大戴本命篇云：「女有五不取：逆家子不取，亂家子不取，世有刑人不取，世有惡疾不取，喪婦長子不娶。逆家子者，爲其逆德也。亂家子者，爲其亂人倫也。世有刑人，爲其棄于人也。世有惡疾，爲其棄於天也。喪婦長子，爲其無所受命也。」公羊莊二十七年注：「喪婦長女不取，無教戒也。世有惡疾不取，棄於天也。世有刑人不取，棄於人也。亂家女不取，類不正也。逆家女不取，廢人倫也。」「喪婦」當爲「喪父」。故閻氏若璩潛邱劄記云：「長子，蓋女子長成者，而當嫁，而適遭父喪，故曰喪父長子，故曰無所受命。此卽曾子問昏禮既納幣有吉日而女之父母死，壻弗娶事耳。」說甚允洽。然則何氏謂「無教戒」者，亦謂昏禮父送女，命之曰「戒之敬之」，又庶母等申以父母之命，今新遭親喪，故無教戒也。

右論不娶有五

出婦之義必送之，接以賓客之禮，君子絶愈于小人之交。詩云：「薄送我畿。」左傳莊二十七年：「凡諸侯之女，嫁曰歸，出曰來歸。」大戴本命篇云：「婦有七去：不順父母去，爲其逆德也。無子去，爲其絶世也。淫去，爲其亂族也。妬去，爲其亂家也。有疾去，爲其不可與共粢盛也。口多言去，爲其離親也。盜竊去，爲其反義也。」何休莊二十七年注同。是婦有出義也。禮記雜記云：「妻出，夫使人致之曰：『某不敏，不能從而共粢盛，使某也敢告于侍者。』主人對曰：『某之子不肖，不敢辟誅，敢不敬須以俟命。』使者退，主人拜送之。如舅在，則稱舅，舅殁，則稱兄，無兄，則稱夫。主人之詞曰：『某之子不肖。』如姑姊妹，亦皆稱之。」此凡人出妻之禮，是接以賓客之禮也。禮記內則：「子婦未孝未敬，勿庸疾怨，姑教之，若不可教，而后怒之，不可怒，子放婦出，而不表禮焉。」注：「表猶明也，猶爲之隱，不明其犯禮之過。」所引詩，邶風谷風文。毛詩序：「谷風，刺夫婦失道也。衛人化其上，淫于新昏，而棄其舊室，夫婦離絶，國俗傷敗焉。」是此爲出婦之詩，故范寧穀梁傳注云「夫婦之道絶，則谷風之篇奏」也。毛傳以「畿爲門内」。鄭云：「言君子與己訣別，不能遠，唯近耳，送我纔于門内，無恩之甚。」是詩意謂出婦之意，當有送去之禮，今乃止于門内之畿，故譏之也。惠氏棟詩古義云：「呂覽『招蹷之機』注：『機，門内之位也。』詩云：『不遠伊邇，薄送我畿』，此不過蹷之謂。」畿、機古字通也。」七出之義，惟自大夫而下，喪服傳所云「婦人必有歸宗，曰小宗」是也。若天子諸侯后夫人無子，不出。故儀禮引鄭注：「天子諸侯后夫人無子不出。」雜記下云：「諸侯出夫人，夫人比至于其國，以夫人之禮行，使者將命曰：『寡君不敏，不能從而事社稷宗廟，使臣某敢告于執事。』」謂犯餘六出者也。天子后雖犯餘六出，亦不出，但廢之耳。昏禮疏引鄭易注云：「嫁于天子，雖失禮，無出道，遠之而已。」是也。

右論出婦之禮

天子之妃謂之后何？后者，君也。天子妃至尊，故謂后也。明配至尊，爲海内小君，天下尊之，故繫王言之，曰王后也。

春秋傳曰：「迎王后于紀。」禮記曲禮云：「天子之妃謂之后。」又云「天子有后」，注：「后之言後也。言以陰從陽，後于天子也。」爾雅釋詁云：「后，君也。」莊二十二年穀梁傳云：「小君非君也。其曰君何也？以其爲公配，可以言小君也。」廣雅釋親云：「君妻謂之小君。」公羊注：「言小君者，比於君爲小，俱臣子詞也。」言其配至尊，故亦稱君，于君爲小，故稱小君。諸侯夫人爲一國之小君，天子后，故爲海内小君也。舊多譌脱，盧據初學記、類聚、曲禮疏、御覽補。

國君之妻，稱之曰夫人何？明當扶進八人，謂八妾也。國人尊之，故稱君夫人也。曲禮云：「諸侯曰夫人。」釋名釋親屬云：「諸侯之妃曰夫人。夫，扶也，扶助其君也。」獨斷云：「諸侯之妃曰夫人，夫之言扶也。」八妾，謂二媵嫡姪娣，二媵姪娣也。此據元本，舊作「明當扶進夫人，謂非妾也」，譌。小字本作「明當扶進八人，謂八妾也」，當依改正。今論語作「邦君」，此作「國」，蓋魯論也，後同。自稱小童者，謙也。言己智能寡少，如童蒙也。曲禮「夫人自稱于其君曰小童」，注：「小童，若云未成人也。」僖九年左傳「凡在喪，〔一〕王曰小童」，注：「小童者，童蒙幼末之稱。」亦謂智能寡少也。論語曰：「國君之妻，君稱之曰夫人，夫人自稱曰小童，國人稱之曰君夫人。〔二〕稱諸異邦曰寡小君。」謂聘問於兄弟之國，及臣於他國稱之。謙之詞也。論語季氏文也。曲禮下「自稱于諸侯曰寡小君」，注：「謂享來朝諸侯之時。」

右論王后夫人

妻妾者，何謂也？妻者，齊也，與夫齊體。自天子下至庶人，其義一也。通典引雷次宗喪服注云：「妻，明其齊所以稱夫也。」又云：「不直云至親，而言妻者，明其爲齊判合之親，以明至極之稱而言。」禮記內則「聘則爲妻」，注：「妻之言齊也。」詩十月之交「豔妻」，傳：「敵夫曰妻。」是自天子至庶人同名妻也。釋名釋親屬云：「士庶人曰妻。妻，齊也。夫賤不足以尊稱，故齊等言也。」是則對文則庶人曰妻，曲禮所言是。散文則通名爲妻也。妾者，接也，以時接見也。通典引雷次宗喪服「妾爲君」注云：「言妾以見其接。」禮記內則云「奔則爲妾」，注：「妾之言接也。」釋名釋親屬云：「妾，接也，以見接幸也。」廣雅釋親：「妾，接也。」

〔一〕「九年」原作「十年」，據左傳僖公九年改。

〔二〕「國君」、「國人」，論語季氏篇皆作「邦君」、「邦人」。

右論妻妾

嫁娶者，何謂也。嫁者，家也。婦人外成，以出適人爲家。方言一：「嫁，往也。自家而出謂之嫁，由女而出爲嫁也。」公羊隱二年「伯姬歸于紀」，傳：「婦人謂嫁曰歸。」易序卦傳：「故受之以歸妹。」集解引虞注：「嫁，歸也。」是皆以夫家爲歸。故孟子滕文公述女子之嫁云「往之女家」也。娶者，取也。說文女部：「娶，取婦也。」古多假「取」爲「娶」，詩南山「取妻如之何」，孟子作「娶妻」。易姤「勿用娶女」，釋文：「一本作『取』。」是也。娶本從取得聲，故音義兼通。男女者，何謂也？男者，任也，任功業也。大戴本命篇云：「男者，任也，言任天地之道。」廣雅釋親云：「男者，任也。」女者，如也，從如人也。在家從父母，既嫁從夫，夫殁從子也。傳曰「婦人有三從之義」焉。大戴本命篇云：「女者，如也。言如男子之教，而長其義禮者也。」廣雅釋親云：「女者，如也。」禮喪服齊衰期章傳曰：「婦人有三從之義，無專用之道。故未嫁從父，既嫁從夫，夫死從子。」穀梁隱二年傳：「婦在家制于父，既嫁制于夫，夫死從長子。婦人不專行，必有從也。」爾雅疏引作「言如人也」。御覽卷三百六十作「如從人也」。夫婦者，何謂也？夫者，扶也，扶以人道者也。婦者，服也，服於家事，事人者也。義詳綱紀篇。妃者，匹也。妃匹者何謂？相與爲偶也。爾雅釋詁云：「妃，媲也。」又云：「妃，合也。」又云：「妃，匹。」說文女部：「妃，匹也。從女，已聲。」妃、配通。詩疏引某氏爾雅注引詩曰「天立厥妃」，今詩作「配」。是妃、配、匹、媲並輾轉皆通也。「爲偶」舊作「偶焉」，誤。婚姻者，何謂也？婚者昏時行禮，故曰婚。釋名釋親屬云：「婦之父曰婚。言壻親迎用昏，又恒以昏夜行禮也。」說文女部：「婚，婦家也。禮，娶婦皆以昏時，婦人陰也，故曰婚。〔一〕從女，從昏，昏亦聲。」姻者，婦人因夫而成，故曰姻。詩云「不惟舊因」，謂夫也。又曰「燕爾新婚」，謂婦也。說文女部：「姻，壻家也。女之所因，故曰姻。從女，從因，因亦聲。」釋名釋親屬：「壻之父曰姻。姻，因也，女往因媒也。」所引詩，小雅我行其野，邶風谷風文也。今詩作「不思舊姻」。所以昏時行禮何？示陽下陰也。昏亦陰陽交時也。鄭氏士昏禮目録云：「必以昏者，取其陽往而陰來。」又記云「凡行事必用昏昕」，〔二〕注：「用昏，壻也。」謂親迎用昏也。

右論嫁娶諸名義

男子六十閉房何？所以輔衰也，故重性命也。公羊隱元年傳「其爲尊卑也微」，注：「男子年六十閉房，無世子則命貴公子，將薨，亦如之。」家語好生篇解，毛詩傳皆云：「男女年六十不同居，〔三〕故六十無妻者則不娶。」故孝經「不敢侮於鰥寡」，〔四〕鄭注云：「丈夫六十無妻曰鰥。以陽道絶，不復取故也。」惟宗子則不限常制，以宗子收族，昭穆事重，凡祭，必夫婦親之。故曾子問「宗子雖七十無無主婦」也。又曰：父子不同椸。爲亂長幼之序也。「又曰」有譌脱。禮曲禮、内則皆作「男女不同椸枷」。「父子不同椸」未詳所出。禮内則曰：「妾雖老，未滿五十，必與五日之御」，滿五十不御，俱爲助衰也。内則注云：「五十始衰，不能孕也。妾閉房不復出御矣。」素問上古天真論云：「女子七七任脈虚，太衝脈衰少，壬癸竭，地道不通，故形壞而無子也。」蓋此御謂侍夜勸息也。五日一

〔一〕「曰」下「婚」原作「昏」，據說文改。　〔二〕「必」下「用」字原作「以」，據儀禮士昏禮改。　〔三〕「男女」下「年」字原作「不」，據孔子家語、毛詩傳改。　〔四〕「於」字原脱，據孝經孝治章補。

御，諸侯制也。諸侯取九女，姪娣兩兩相御，則三日也。次兩媵，則四日也。次夫人專夜，則五夜也。天子十五日一御。小雅采綠云：「五日爲期」，毛云：「婦人五日一御」，但五日一御，鄭氏專指諸侯，采綠爲庶人行役，則毛公以五日之制同于下也。但庶人無妾，何得備有姪娣？王肅申毛，以爲大夫以下之制，蓋大夫有功得備八妾者也。妾至五十則不御，故婦人五十無子即在七出之科也。至七十大衰，食非肉不飽，寢非人不暖，故七十復開房也。禮記內則云「夫婦之禮，唯及七十，同藏無間」，注：「衰老無嫌。」

右論閉房開房之義

紼冕（共六章）

紼者，何謂也？紼者，蔽也，行以蔽前者爾。有事因以別尊卑，彰有德也。「者爾」舊作「紼蔽者小」，盧據御覽刪正。爾雅釋器「衣蔽前謂之襜」，注云：「蔽膝也。」釋名釋衣服云：「韍韠所以蔽前也。」禮記玉藻注：「韠之言蔽也。」又云：「韍之言蔽也。」韍、韠、紱、紼、市並通用。說文韋部：「韠，所以蔽前者。」鄭禮注云：「古者佃漁而食之，衣其皮，先知蔽前，後知蔽後，後王易之以布帛，而獨存其蔽前也。」書鈔引要義云：「太古之時，未有布帛，人食禽獸肉而衣其皮，知蔽前，未知蔽後，至舜，冕服始備，故復制之。」說文市部「市」字下云：「上古衣蔽前而已，市以象之。」是也。紼、蔽疊韻爲訓。案紼，說文糸部云：「亂系也。」故采菽傳云：「紼，繂也。」義異。紼冕之紼當作韍，即市之重文也。叚借作紼耳。易乾鑿度云：「紱者，所以別尊卑，彰有德也。」天子朱紼，諸侯赤紼。詩曰：「朱紼斯皇，室家君王。」又云：「赤紼金舄，會同有繹。」又云：「赤紼在股。」皆謂諸侯也。書曰：「黼黻衣黃朱紼。」亦謂諸侯也。並見衣服之制，故遠別之謂黃朱亦赤矣。御覽引要義云：「天子朱紱，諸侯赤紱。」赤，盛色也。所引詩者，小雅斯干、車攻、采菽文。所引書者，不知所出。案顧命云：「皆布乘黃朱。」蓋今文「布乘」作「黼黻」，解之者以謂黼黻衣黃朱紼也。布、黼聲近，乘、市形近，因市轉韍，即轉韍成黻。祭衣稱韍，故黼黻之衣用朱紼也。天子諸侯同用朱韍，但天子純朱，諸侯不純朱。故斯干箋云：「天子純朱，諸侯黃朱也。」又采芑傳：「朱芾，黃朱芾也。」黃朱次于朱，則稱赤。故斯干、采菽並言赤芾。乾鑿度云：「困九五，〔一〕文王爲紂三公，故言困于赤紱也。至于九二，周將王，故言朱紱方來，不易之法也。」是也。乾鑿度又云：「天子三公九卿朱紱，諸侯赤紱。」「朱紱者，賜大夫之服也。文王方困而有九二大人之行，將賜之赤紱，其位在二，故以大人言之」。蓋天子與其臣純朱，諸侯與其臣黃朱爲異與？祭服之外則稱韠。采菽箋：「冕服謂之韍，其他服謂之韠。」故禮記玉藻「一命緼紱，再命赤韍」，謂祭服也。鄭注：「尊祭服，故變韠言韍。」是也。說文韋部于「韠」字下則云：「一命緼韠，再命赤韠。」謂大夫常服也。其實韠韍同制，殊其名耳。故說文于「韠」下云「韍也」，于「韍」下又云「韠也」。用轉注之例也。盧云「此段似有譌脱」，小字本無兩「云」字。大夫葱衡，別於君矣。天子大夫赤紱葱衡，士韎韐。禮記玉藻：「一命緼紱幽衡，再命赤紱幽衡，三命赤紱葱衡。」是再命三命之大夫皆用赤紱，但幽衡、葱衡爲異耳。說文「市」字下云：〔二〕「天子朱芾，諸侯赤芾，大夫葱衡。」謂三命之大夫也。周制，公侯伯之卿三命，其大夫再命，子男之卿再命，此指天子大夫者，蓋天子大夫未出封，其制與外大夫同。

〔一〕「九五」原作「六五」，據乾鑿度改。

〔二〕「說文」下「市」字原作「芾」，據說文改。

或所據禮說微異于古禮也。周制，公侯伯之士一命，故用緼韍。鄭注：「緼，赤黄之閒色。所謂韎也。」詩瞻彼洛矣云「韎韐有奭」，傳：「韐所以代韠也。」又說文巿部「韐」字下云：「士無巿有韐，制如榼，缺四角。」士冠禮注：「韐之制似韠。」〔一〕則詩之「韎韐」，即玉藻之「緼韍」。大夫以上祭服用玄冕爵弁服，其韠曰韍，士與君祭用爵弁服，其韠曰韐，其制同，故玉藻卽通名韍也。朱赤者，盛色也。是以聖人法之用爲紼服，爲百王不易也。乾鑿度云：「赤者，盛色也。是聖人法以爲韍服，欲百世不易也。」鄭注：「朱赤雖同，而有淺深之差。」以赤朱同盛色，但有深淺，爲王侯異耳。

紼以韋爲之者，反古不忘本也。上廣一尺，下廣二尺，法天一地二也。長三尺，法天地人也。鄭禮注云：「王者易之以布帛，而獨存其蔽前，示不忘古也。」禮記玉藻注：「凡韠以韋爲之，必象裳也。」案說文韋部云：「韋者，獸皮之韋。」〔二〕以上古之世食肉衣皮，故用韋，以示不忘古也。玉藻又云：「韠，天子直。〔三〕又云「下廣二尺，上廣一尺，長三尺，其頸五寸。」說文亦云：「下廣二尺，上廣一尺，長三尺。」〔四〕隋書禮志：「虞世基奏：『今依白虎通，紼以蔽前，上濶一尺，象天數也。下濶二尺，象地數也。長三尺，象三才也。』」

右論紼

所以有冠者何？冠者，𢄐也，所以𢄐持其髮者也。釋名釋衣服云：「冠，貫也。所以貫韜髮也。」說文冂部：「冠，絭也，所以絭髮，弁冕之總名也」。汪氏繩祖云：「𢄐疑卽帣字，帣從卷省聲，此不省。」集韻：「帣，古轉反，斂

〔一〕「制」下「似」字原作「如」，據儀禮士冠禮注改。〔二〕「之」下「韋」字原作「革」，據說文改。〔三〕「直」下原衍「四角」二字，禮記玉藻注作「四角直，無圜殺」，今刪。〔四〕說文無「長三尺」三字。

衣袖也。」案汪說是也。說文：「帣，囊也。」絭、帣或通用。說文系部：「絭，纕臂繩也。」史記淳于髡傳：「帣韝鞠䩭。」帣謂以韝約袖。是絭或叚作帣矣。今說文以爲絭髮，與此同，則此宜作「帣」明矣。帣、貫音義通。

人懷五常，莫不貴德，示成禮有修飾文章，故制冠以飾首，別成人也。士冠經曰：「冠而字之，敬其名也。」論語曰：「冠者五六人，童子六七人。」「飾文章」七字舊脱，盧據御覽六百八十四補。說苑修文篇云：「冠者，所以別成人也。修德束躬，以自申飭，所以檢其邪心，守其正意也。」御覽引「飾」皆作「飭」，士冠經當作「士冠記」，論語見先進。

禮所以十九見正而冠者何？漸三十之人耳。男子陽也，成于陰，故二十而冠。曲禮曰「二十弱冠」，言見正。何以知不謂正月也？以禮士冠經曰夏葛屨，「冬皮屨」，明非歲之正月也。公羊隱元年注：「禮，年二十，見正而冠。」說苑建本篇：「周召公十九而冠，冠則可以爲方伯諸侯矣。」又冠禮：「十九見正而冠，古之通禮也。」蓋見正而冠，古禮有此語。「漸三十」當作「漸二十」。公羊疏以爲「見正者欲道庶子不冠於阼階」。然周召非嫡子也。士冠禮「三加曰以歲之正，以月之令，咸加爾服」，注：「正猶善也。」亦不以爲正月之正，則見正而冠或十九歲時遇歲月之善則亦可冠，不必定俟二十與？御覽引禮論曰：「王彪之以爲禮，冠日卜日，不必以三元也。」又禮，夏冠用葛屨，冬冠用皮屨，明無定時也。

右總論冠禮

皮弁者，何謂也？所以法古至質，冠之名也。御覽引三禮圖：「皮弁，以鹿皮淺毛黃白色者爲之。」儀禮士冠禮「皮弁」注：「以白鹿皮爲冠，象上古也。」呂覽上農云「庶人不冠弁」，注：「弁，鹿皮冠。」左氏僖二十八年傳「楚子玉自爲瓊弁玉纓」，注：「弁以鹿子皮爲之。」是皆取其質也。李善秋興賦注引云：「皮弁，冠名。」蓋即節此文也。弁之爲言攀也，所以攀持其髮也。釋名釋衣服云：「弁如兩手相合抃持也。」士冠禮注：「弁名出于槃。槃，大也。」攀、抃、槃皆疊韻爲訓。攀舊作「樊」，〔一〕非。上古之時質，先加服皮以鹿皮者，取其文章也。書顧命「四人綦弁」，某氏傳：「綦，文鹿子皮。」疏引鄭注：「青黑曰綦。」又引王注：「綦，赤黑色。」詩鳲鳩「其弁伊騏」，傳：「騏，騏文也。」所謂取其文章者此也。禮曰：「三王共皮弁素積。」素積者，積素以爲裳也。言腰中辟積，至質不易之服，反古不忘本也。「素積者」七字，及下「言」字，據續漢志注補。士冠禮注：「積猶辟也。以素爲裳，辟蹙其要中。皮弁之衣用布，亦十五升，其色象焉」。釋名釋衣服云：「素積，素裳也。辟積其要中，使蹙，因以名之也。」則經文「素積」專謂裳，不兼衣矣。又喪服注：「祭服朝服，辟積無數。」蓋惟喪服裳幅三袧，爲有數耳。爾雅釋器「裳削幅謂之纀」，注：「削殺其幅。」深衣之裳，自冕弁服至玄端，皆爲帷裳，前三後四，不削幅也。故非辟積則一丈四尺之要矣，安能服之於身乎？此云積素爲裳，則衣不用素絲，當用布也。周禮司服注：「皮弁之服，十五升白布衣。」是也。史記禮書謂皮弁有裳者，非也。戰伐田獵，此皆服之。御覽引三禮圖云：「皮弁高尺二寸，秋八月習大射，冠之行事。」公羊宣元年「已練，可以弁冕」，注：「弁，所謂皮弁、爵弁也。皮弁武冠。」又成二年傳「衣服與頃公相似」，注：「禮，皮弁以征。」又昭二十五年傳「寡人有不腆先君之服，〔二〕未之敢服」，注：「皮弁以征不義，取禽獸，行射。」公羊疏引韓詩傳，亦有此語，則此本今文春秋、詩韓説也。若古周禮則司服云「凡甸冠弁服，兵事韋弁服」，與此不同也。故御覽引禮圖又云：「韋

〔一〕「舊」上原脱「攀」字，據盧校補。

〔二〕「又」下原脱「昭」字，據公羊傳昭公二十五年補。

皮，王及諸侯兵服也。」

右論皮弁

麻冕者何？周宗廟之冠也。禮曰：「周冕而祭。」禮記王制云：「周人冕而祭。」周禮司服：「王祀昊天上帝，則服大裘而冕，祀五帝亦如之。享先王則袞冕。享先公，饗射則鷩冕。〔一〕祀四望山川則毳冕。祭社稷五祀則希冕。祭羣小祀則玄冕。」其諸侯非二王後，皆玄冕祭于己。又玉藻云「諸侯玄端以祭」，注：「端亦當爲冕。」是也。其諸侯朝聘天子及助祭之服，則侯伯鷩冕而下，子男毳冕而下，曾子問所云「諸侯裨冕出視朝」，注：「爲將廟受，謂朝天子時也。」其大夫，則雜記云：「大夫冕而祭于公，弁而祭于己。」是也。是周人以冕祭宗廟也。又曰：「殷冔、夏收而祭。」此三代宗廟之冠也。王制云：「夏后氏收而祭，殷人冔而祭。」故詩文王述殷士助祭云「厥作祼將，常服黼冔」，亦謂殷後諸侯自服其祭服來助祭也。故毛傳云：「冔，殷冠也。夏后氏曰收，周曰冕。」又王制注云：「皇，冕屬畫羽飾也。凡冕屬其服皆玄上纁下，有虞氏十二章，〔二〕周九章，夏殷未聞。」是毛、鄭並以冔、收當周之冕。故史記注引太古冠冕圖亦曰「夏名冕曰收」也。若然，郊特牲及士冠禮皆云「周弁，殷冔，夏收」者，周代文，大夫以上皆用冕，士以下用爵弁，弁即冕之次，但飾不飾異耳。夏殷質，上下同。冔、收不備文飾，即類周之弁，其在夏殷即爲冕。故詩以黼冔並稱，黼即冕章也。然則王制以冕與冔、收列，冠禮以弁與冔、收列，名異實同也。冠禮止就士禮言之，故但據弁而推言二代之制也。

十一月之時，陽氣俛仰黄泉之下，萬物被施如冕，前俯而後仰，故謂之冕也。後漢書注引三禮圖

〔一〕「公」下「饗」原作「鄉」，據周禮司服改。

〔二〕「冕」下原脱「屬其」二字，「虞」下原脱「氏」字，據禮記王制注補。

云：「冕以三十升布爲之，廣八寸，長尺六寸，前圜後方，前下後高，有俛仰之形，故謂之冕。欲人之位彌高而志彌下，故以名焉。」釋名釋衣服：「祭服曰冕。冕猶俛，俛，平直皃也。」兩「俛」字，及「如冕」字，「也」字，俱盧據御覽補正。**謂之冔者，十二月之時，陽氣受化詡張，而後得牙，故謂之冔。**儀禮士冠禮注：「冔名出于幠，幠，覆也。言所以自覆飾也。」此以殷以十二月爲正，氣始詡張，故取名于冔，無正文，故各以意解也。**謂之收者，十三月之時，陽氣收本，舉生萬物而達出之，故謂之收。**士冠禮注：「收，言所以收斂髮也。」釋名釋首飾：「收，夏后氏冠名，言收斂髮也。」此以夏以十三月爲正，陽氣收，故取名于收，亦異。**俛仰不同，故前後乖也。詡張故萌大，時物亦牙萌大也。收而達，故前葱，大者在後，時物亦前葱也。**語有譌脱。**冕所以用麻爲之者，女功之始，示不忘本也。**古微書説題詞云：「麻之爲言微也。陰精寖密，女作纖微也。」**即不忘本，不用皮何？皮乃太古未有禮文之服。故論語曰：「麻冕，禮也。」尚書曰：「王麻冕。」**禮記禮運「衣其羽皮」，序于未有宫室火化之時，知是未有禮文也。又冠義云「大古冠布」，當在後矣。**冕所以前後邃延者何？示進賢退不能也。**禮記玉藻注：「前後邃延者，言皆出冕前後而垂也，天子齊肩。延，冕上覆也。」御覽引通義云：「冕制奈何？禮器曰『冕冠長六寸，廣八寸，員前』，是其制也。」**垂旒者，示不視邪，纊塞耳，示不聽讒也。故水清無魚，人察無徒，明不尚極知下。**用禮説也。大戴禮云：「古者冕而前旒，所以蔽明，黈纊塞耳，所以揜聽也。」注引含文嘉云：「懸紘垂旒，〔一〕爲閑奸聲，弇惡色，令不惑視聽。」隋志引含文嘉云：「冕而加旒，以蔽明也。加以黈

〔一〕「懸紘垂旒」原作「垂紘坐旒」，據含文嘉改。

纊，不聽讒也。」續漢志引含文嘉云：「旒垂目，纊塞耳，王者示不聽讒，不視非也。」淮南主術訓：「冕而前旒，所以蔽明也。黈纊塞耳，所以蔽聰也。」家語入官篇云：「古者聖王冕而前旒，所以蔽明也。紘紞充耳，所以掩聰。」又云：「水至清則無魚，人至察則無徒。」是也。文選東京賦「夫君人者，黈纊塞耳」，薛注：「黈纊，言以黄綿大如丸，懸冠兩邊當耳，不欲妄聞不急之言也。」故禮云：「天子玉藻十有二旒，前後邃延。」禮器云：「天子麻冕朱緑藻，垂十有二旒者，法四時十二月也。諸侯九旒，大夫七旒，士爵弁無旒。」此引禮器文，與原文不合。彼云：「天子之冕朱緑藻，十有二旒，諸侯九，上大夫七，下大夫五，士三。」考上大夫，卿也，下大夫，大夫也。周制則弁師云「諸侯及孤卿大夫之冕弁，各以其等爲之」，則諸侯有九七五之不同，内外卿大夫有八六四三二之不同。故禮器注以爲「夏殷制」。又周制，士爵弁無旒。故弁師注：「一命之大夫冕而無旒，士變冕爲爵弁也。」是也。其唐虞之制，則書大傳云：「天子服五，諸侯服四，次國服三，大夫服二，士服一。」此所言天子諸侯之禮，與禮器合，所謂夏殷禮也。士禮與周制合，其大夫之制，則皆不合耳。獨斷云：「漢明帝採尚書皐陶及周官、禮記，以定冕制，皆廣七寸，長尺二寸，係白珠於其端，十二旒。三公及諸侯九旒，卿七旒。」則此所引，其當時之制與？隋志引阮諶禮圖：「鷩冕，天子九旒，侯伯服以助祭七旒，毳冕，天子七旒，子男服以助祭四旒。絺冕，天子五旒，孤卿服以助祭四旒，玄冕，天子四旒，諸侯服以祭其宗廟三旒。」然則十二旒者，其衮冕與？子男助祭，當五旒四旒，與上下差降之制不合。又御覽引阮圖云「爵弁，士助君祭之服，以祭其廟，無旒」，與此同也。

右論冕制

委貌者，何謂也？周朝廷理政事、行道德之冠名。

士冠經曰：「委貌周道，章甫殷道，毋追夏后氏之道。」御覽引三禮圖云：「玄冠亦曰委貌，今之進賢，則其遺象也。」儀禮士冠禮「玄端」，注：「玄端即朝服之衣，易其裳耳。」又云「主人玄冠朝服，緇帶素鞸」，注：「玄冠，委貌也。朝服者，十五升布衣而素裳也。天子與其臣，玄冕以視朔，皮弁以日視朝。諸侯與其臣，皮弁以視朔，朝服以日視朝。」又周禮司服：「凡出，冠弁服。」然則天子以玄冠田獵，故鄭周禮注：「冠弁，委貌也。諸侯以下以爲視朝之服。」故爲朝廷理政之冠也。士冠禮注云：「三冠所常服以行道也。」周禮巾車：「象路以朝。」朝所以行道，因謂象路爲道車。司常「道車載旞」是也。鄭止云「行道」，此云「行道德」者，周禮道右注云「王行道德之車」，道僕注「王朝朝莫夕主御，王以與諸臣行先王之道」，皆可相證也。

所以謂之委貌何？周統十一月爲正，萬物始萌小，故爲冠飾最小，故曰委貌。委貌者，言委曲有貌也。殷統十二月爲正，其飾微大，故曰章甫。章甫者，尚未與極其本相當也。夏統十三月爲正，其飾最大，故曰毋追。毋追者，言其追大也。

荀子仲尼篇云「委然成文，以示天下」，注：「委然，俯就之皃。」蓋委貌最小，似委然卑下，故曰委貌。故後漢志「委貌高四寸」也。禮記檀弓「古者冠縮縫，今也衡縫」，注：「今冠橫縫，以其辟積多。」然則殷質，辟積少，故一一前後直縫之。周文，故多作襵，而並橫縫之。即此所謂「委曲有貌」也。其服朝服緇帶素鞸。左傳昭元年：「劉定公曰：『吾與子弁冕端委以治民，臨諸侯。』」昭十年：「晏子端委立于虎門外。」哀七年：「大伯端委以治周禮。」國語周語：「晉侯端委以入。」皆此。端謂衣，以其俱正服也。委即委貌。又獨斷珠冕謂緇布冠，即委貌者，蓋太古冠布，齊則緇之。以布爲之，則爲緇布冠。以繒爲之，則爲委貌，一名玄冠。士冠禮注：「或名委貌爲玄冠。」是也。又名冠弁。周禮司服「凡甸冠弁服」，先鄭注：「冠弁，委貌。」是也。朝服、玄端服皆委貌，惟異其裳耳。三代之冠，殷章甫差大，夏毋追爲最大云。又莊子盜跖篇云：「使子路去其危冠，解其長劍。」李云：「危，高也。」知當時武冠高大，與儒冠委下者異。續漢禮儀志「武吏布幘大冠」，猶存古也。又釋名釋衣服云：「章甫，殷冠名。甫，大也。殷以之表章大夫也。牟追，牟，冒也。言其形冒髮追追然也。」取義微異。其説委貌云「其形委曲之貌，上小下大」，則合。故御覽引阮諶禮圖云：「玄冠一曰委貌，今之進賢，則其遺義也。夏曰毋追，殷曰章甫，周曰委貌。後世轉以巧意改易其名耳。」

右論委貌毋追章甫

爵弁者，何謂也？其色如爵頭，周人宗廟士之冠也。禮郊特牲曰「周弁」。士冠經曰「周弁，殷冔，夏收」。

御覽引三禮圖云：「爵弁士助君祭之服。」又引輿服志云：「爵弁一名冕，廣八寸，長尺二寸，如爵形，前小後大，其上似爵頭色，有收持笄，所謂夏收、殷冔者也。」儀禮士冠禮「爵弁服」，注：「此助君祭之服。」禮記雜記曰：「士弁而祭于公。」是爲士之祭冠也。其士之自祭，則用玄冠也。然則夏殷質，上下通用冔、收，周文，尊者用冕，卑者用弁，以其所用同，故此于爵弁麻冕皆引冠記之文也。又儀禮士冠禮注云：「爵弁者，冕之次，其色赤而微黑，如爵頭然，或謂之緅。」蓋赤多黑少，故周禮巾車云「雀飾」，鄭注亦謂「雀，黑多赤少之色」也。又鍾氏「五人爲緅」，注：「染纁者，三入而成，又再染以黑則爲緅。今禮俗文作爵，言如爵頭色也。」士冠經亦當作「士冠記」。

爵何以知指謂其色，又乍言爵弁，乍但言弁，周之冠色所以爵何？爲周尚赤。所以不純赤，但如爵頭何？以本制冠者法天，天色玄者不失其質，故周加赤，殷加白，夏之冠色純玄。何以知殷加白也？周加赤，知殷加白也。夏殷士冠不異何？古質也。以士冠禮知之。

續漢志引獨斷：「冕冠，周曰爵弁，殷曰冔，夏曰收。殷黑而微白，前大而後小。夏純黑而赤，前小而後大。皆以三十升漆布爲殼。」又云：「古者以布，中古以絲。」是三代制同，但殊其色耳。又聶圖引舊圖云：「周曰弁，殷曰冔，夏曰收。三冠之制相似而微異，俱以三十升布漆爲之，皆廣八寸，長尺六寸，前員後方，無旒。色赤而微黑，如爵頭然，前大後小。殷冔黑而微白，前小後大。收純黑，亦前小後大。」當是阮、鄭舊圖原文也。其以爵韋爲之者，謂雀弁，書顧命：「二人雀弁執惠。」釋名釋衣服云：「以爵韋爲之，謂之爵弁。」是也。以兵事韋弁服，此爲執兵者，故知宜用韋也。爵弁爲士助祭服，又爲天子卿大夫及公之孤自祭之服。禮記雜記：「大夫冕而祭於公，弁而祭於己。」是也。又爲王侯先祖爲士者之尸服。曾子問「尸弁冕而出，卿大夫士皆下之」，注：「弁冕者，君之先祖或有爲大夫士者。」然則爲大夫則尸服冕，爲士則服爵弁也。知爵弁者，周禮守祧注云「尸當服卒者之上服」故也。又諸侯始命亦服之。詩瞻彼洛矣「韎韐有奭」，箋云：「此諸侯世子也，除三年之喪，服士服而來。」又云：「韎韐，祭服之韠，合韋爲之，其服爵弁服也。」是也。又爲天子之變服。書金縢「王與大夫盡弁」，疏引鄭注以爲「爵弁」。又禮記檀弓：「天子之哭諸侯也爵弁。」是也。以爵弁爲士之上服，故專言爵弁爲士之冠也。「夏殷士冠不異」，恐有譌。士冠記「太古冠布，齊則緇之」，注：「太古，唐虞以上。」蓋謂夏殷以前皆著白布冠，將祭而齊則緇之，吉凶同服，是士冠不異也。士冠禮，亦當作「士冠記」。

右論爵弁

白虎通疏證卷十一

喪服（共十六章）

諸侯爲天子斬衰三年何？普天之下，莫非王土，率土之賓，莫非王臣。臣之於君，猶子之於父，明至尊臣子之義也。喪服經曰：「諸侯爲天子斬衰三年。」儀禮喪服傳曰：「天子，至尊也。」通典引馬注：「天下所尊，故曰至尊。」荀子禮論篇：「天子之喪，動四海，屬諸侯。」僖元年公羊傳：「此非子也，其稱子何？臣子一例也。」注：「僖公者，閔公庶兄。據閔公繼子般，傳不言子。僖公繼成君，閔公繼未踰年君，禮，諸侯臣諸父兄弟，以臣之繼君猶子之繼父也。其服皆斬衰。」後漢李固傳：「昔堯殂之後，舜仰慕三年，坐則見堯于牆，食則覩堯于羹。」〔一〕是即舜居堯喪三年之事也。通典引戴德變除云：「臣爲君不笄纚，不徒跣。始死，深衣素冠，餘與子爲父同。」又鄭氏變除云：「臣爲君，不笄纚，不徒跣。」則臣子之異唯纚笄、徒跣也。又「臣爲君不禫」，故喪服小記列當禫之喪有四：曰爲父，爲母，爲妻，爲長子。孔疏復補二條，曰妻爲夫，爲慈母。無臣爲君也。天子爲諸侯。盧云：「周禮司服曰『王爲諸侯緦衰』。禮記檀弓曰『天子之哭諸侯也，爵弁經紂衣』。疑此處文有脫。」案天子于諸侯無服，故但服弔服，既葬除之而已。鄭司農云：「緦十五升去其半，有事其縷，無事其布。」故漢孔霸薨，元帝素服臨弔，鄧宏薨，安帝服緦，是也。說者以鄧宏

〔一〕「則」下「覩」原作「見」，據後漢書李固傳改。

于安帝爲舅，爲舅服緦，案禮，天子諸侯絶旁期，况緦麻乎。則安帝之服緦，謂服緦衰耳。天子諸侯絶期者何？示同愛百姓，明不獨親其親也。故禮中庸曰：「期之喪達乎大夫，三年之喪達乎天子。」〔一〕卿大夫降緦，重公正也。此據周制也。莊四年「紀伯姬卒」，公羊注：「禮，天子諸侯絶期，大夫絶緦，天子唯女之適二王者，諸侯唯女之爲諸侯夫人者，恩得申，故卒之。」是也。禮記檀弓「古者不降，上下各以其親」，注：「古，謂殷時也。上不降遠，下不降卑。」又云：「滕伯文爲孟虎齊衰，其叔父也。爲孟皮齊衰，其叔父也。」注：「伯文，殷時滕君也。」是則殷之諸侯爲世叔父及昆弟之子皆服期矣。周制降服凡有四。鄭注喪服云：「君大夫以尊降，公子大夫之子以厭降，公之昆弟以旁尊降，爲人後者女子子嫁者以出降。」案天子諸侯爲正統之親，后、夫人、長子、適婦、適孫、諸侯之昆弟爲諸侯，雖期不降，天子女、諸侯女嫁于二王後若諸侯，及諸侯爲所主之王姬，止依出降，降本服一等，餘親則絶。大夫唯正統之親，嫡妻、長子、嫡婦、嫡孫、昆弟爲大夫姑姊妹，女子子嫁于大大宗子，宗子之母妻，從父昆弟族昆弟之尊同者，皆不降，其出適者，止依出嫁降一等。其天子諸侯大夫始受命、受封、受爵者，皆不降諸父昆弟，至其子不降諸父。若士女嫁於大夫，亦降其家旁親一等，與出降爲二等。大夫女嫁于諸侯，與諸侯女嫁天子，則絶其家旁親之服，唯正統之親不降不絶。大夫士女嫁于諸侯大夫，還爲其族之尊同者，亦不以尊降。唯昆弟之爲父後者並出降亦不敢降，姑姊妹女子子適人無主者亦不以出降。大夫之妻爲大夫家之親，亦隨大夫降一等。傳所謂「夫貴于朝，妻榮于室」，是也。天子諸侯絶旁親之期，其旁親爲天子諸侯，則不敢服期。故喪服小記云「與諸侯爲兄弟者服斬」。注：「此謂卿大夫以下與尊者爲親，不敢

〔一〕「三年」下原脱「之喪」二字，據禮記中庸補。

以輕服服之。」又禮記大傳云「君有合族之道，族人不得以戚戚君」，是也。又雜記「外宗爲君大夫，猶内宗也」，注：「爲君斬，夫人齊衰，不敢以其親服服至尊也。」是内外宗爲后夫人亦不敢服以親服也。此非聖王以貴凌下，薄親親之仁，以喪者不祭，唯越紼而祭天地社稷，吉凶不相干，屈于私親而闕祭祀賓享之制，顧私恩而忘大義，非所以重國體。又凡祭必夫婦親之。故天子諸侯尊統國家，則絶旁期，大夫致身事君，故但降旁期而絶緦，其后夫人命婦亦隨夫而行，所謂仁之至，義之盡也。舊本脱「天子諸侯」四字，盧訂補。「逮乎大夫」，舊作「達乎諸侯」，亦誤。

右論諸侯爲天子

禮，庶人爲國君服齊衰三月。王者崩，京師之民喪三月何？民賤而王貴，故恩淺，故三月而已。儀禮喪服齊衰三月章云「庶人爲國君」，注：「不言民而言庶人，庶人或有在官者，謂工匠之屬，天子圻内之民，服天子亦如之。」是天子圻内，諸侯封内，皆服齊衰三月也。其諸侯之臣服天子，則緦衰。喪服傳：「何以緦衰也？諸侯之大夫以時接見於天子。」則大夫之臣不爲諸侯服矣。故通典引石渠禮論：「戴聖曰：『諸侯之大夫爲天子當緦衰，既葬除之。大夫之臣無接見之義，不當爲國君也。』聞人通漢曰：『大夫之臣，陪臣也。未聞其爲國君也。』又問：『庶人尚有服，大夫臣食禄，反無服何也？』通漢對曰：『記云：「仕于家者，出鄉不與仕齒。」是庶人在官也，當從庶人爲國君三月，服制曰「從庶人服」是也。』然則王圻内食采之陪臣爲天子，亦宜從庶人爲國君之服矣。又襍記「外宗爲君夫人，猶内宗也」，注曰：「其無服而嫁於庶人，從爲國君。」則内外宗女嫁於庶人，亦如爲國君服齊衰三月矣。小字本、元本俱無「而」字。天子七月而葬，諸侯五月而葬者，則民始哭素服，先葬三月成齊衰，期月以成禮葬君也。左傳隱元年：「天子七月而葬，同軌畢至。諸侯五月，同盟至。」案此語不明，意謂諸侯五月而葬，初薨時，民始哭素服爲之齊衰三月，服除後，期月而葬，以死與往日，諸侯五月并死者之月數，是三月後僅期月也。天子七月而葬，則不止期月以成禮矣。

禮不下庶人，何以爲民制服何？禮不下庶人者，尊卑制度也。服者，恩從內發，故爲之制也。

喪服四制云：「其恩厚者其服重。」恩有淺深，則服有差降。喪服者所以飾哀，卽恩從內發之意也。上「何」字疑「所」之誤。

右論庶人爲君

王者崩，臣下服之有先後何？恩有淺深遠近，故制有日月。檀弓記曰：「天子崩，三日祝先服，五日官長服，七日國中男女服，三月天下服。」

鄭彼注云：「祝佐含斂，先服。官長，大夫士，國中男女，庶人。天下，諸侯之大夫。」案禮記喪大記：「君之喪，三日子夫人杖，五日既殯，授大夫世婦杖。」又喪服四制云：「三日授子杖，五日授大夫杖，七日授士杖。」然則三日五日服、杖兼，七日三月則唯服而已。而大記與四制所云士杖之期不同者，孔疏引崔靈恩云：「喪大記據朝廷之士，四制則邑宰之士也。」

右論臣下服有先後

三年之喪何二十五月？以爲古民質，痛於死者，不封不樹，喪期無數，亡之則除。

易繫辭傳：「古之葬者，厚衣之以薪，葬之中野，不封不樹，喪期無數。」集解引虞注：「坤爲喪期，謂從斬衰至緦麻，日用之期數无坎離日月坤象，故喪期無數。」虞翻以後世聖人爲黃帝、堯、舜，〔一〕則此伏羲神農世也。「亡」疑當爲「忘」。孔疏謂「哀

〔一〕「聖人」下「爲」原作「以」，據文義改。

除則止，死日月限數」，正卽本此。其三年問疏則謂「無葬練祥之數」，與易疏不合。後代聖人，因天地萬物有終始，而爲之制，以期斷之。禮記三年問云：「故先王焉爲之立中制節，壹使足以成文理，則釋之矣。然則何以至期也？曰：至親以期斷。是何也？曰：天地則已易矣，四時則已變矣，〔一〕其在天地之中者，莫不更始也，以是象之也。」案禮記郊特牲云：「太古冠布。」則太古喪服與吉服同，皆以白布爲之，至黄帝始有冠冕之制。又禮運云：「後聖有作，治其麻緦，以爲布帛，以養生送死。」則葬練祥之期數蓋始于黄帝也。故舜典「如喪考妣三載」，則知唐虞時已三年矣。又曾子問云：「父母之喪，弗除可乎？孔子曰：『先王制禮，過時弗舉，禮也，非弗能勿除也，患其過于制也。故君子過時不祭，禮也。』」父至尊，母至親，故爲加隆，以盡孝子之恩。恩愛至深，加之則倍。故再期二十五月也。禮記三年問云：「然則何以三年也？曰：加隆焉爾也。焉使倍之，故再期也。」注：「言于父母加隆其恩，使倍期也。」儀禮喪服傳曰：「父，至尊也。」然則至親本以期斷，以父母恩至，故加隆至再期。故鄭注三年問云：「期者，爲人後者，父在爲母。」明子爲父母，雖已出降厭降，但宜去其加隆之服，而其本服則不降也。三年問云：「三年之喪，二十五月而畢，哀痛未盡，思慕未忘，〔二〕然而服以是斷之者，豈不送死有已，復生有節也哉！」故後漢書陳忠傳云「先聖緣人情而著其節，制服二十五月」也。禮有取於三，故謂之三年。緣其漸三年之氣也。故春秋傳曰「三年之喪，其實二十五月」也。閔二年公羊傳文。〔三〕注云：「所以必二十五月者，取期再期恩倍，〔四〕漸三年也。」御覽引援

〔一〕「天地」下原脱「則已易矣四時」六字，據禮記三年問補。

〔二〕「未」下「忘」原作「亡」，據禮記三年問改。

〔三〕「閔」原作「文」，據公羊傳改。

〔四〕「取」下原脱「期」字，據公羊傳閔公二年注補。

神契云：「喪不過三年，以期增倍，五五二十五月，義斷，示民有終。〔一〕緣喪絕情。」注：「期，十二月也。再期，二十五月也。再期，萬物再終，〔二〕喪者彌遠，故因殺以絕之。」巴郡太守樊敏碑云「遭離母喪，五五斷仁」，又堂邑令費鳳碑云「菲五五衰杖其未除」，亦謂二十五月也。

三年之喪不以閏月數何？以言其期也。期者，復其時也。大功已下月數，故以閏月除。

禮士虞經曰：「期而小祥。」「又期而大祥。」今文春秋說也。公羊哀五年傳云：「閏不書，此何以書？喪以閏數也。喪曷爲以閏數？喪數畧也。」穀梁傳：「閏月者，附月之餘日也。積分而成月者也。天子不以告朔，而喪事不數也。」趙商疑而不定，公羊疏引鄭志答趙商云：「居喪之禮，以月數者數閏，以年數者雖有閏無與于數也。」然則公羊所云「以閏數」者，大功以下。穀梁所云不以閏數者，謂三年及期。故何休注亦云：「謂喪服大功以下諸喪當以閏月爲數。」又云：「以月數恩殺，故并閏數也。」是以通典引射慈云：「三年期喪，歲數，歿閏，九月以下，數閏月也。」若死在閏月，二傳之説微異。襄二十八年「楚子昭卒」，公羊注：「葬以閏數，卒不書閏者，正取期月。」明期三年之喪，始死得以閏數，非死月不得數閏，則公羊以死月在閏得以閏數也。通典引鄭襲難范寧云：「以閏三月死者，當以來年何月祥？何月忌日？答曰：『謂之閏月者，以餘分之日爲閏益月耳，非正月也。則吉凶大事皆不可以用閏月死既不數之禮，十三月小祥，二十五月大祥，自然當以來年四月小祥，明年四月大祥也。』然則穀梁家以死月在閏，仍以後月爲斷也。白虎通但言以「不以閏數」，又多從公羊説，蓋與何説同也。

右論三年喪義

〔一〕「義斷」下原衍「仁」字，據孝經援神契删。

〔二〕「萬物」上原脱「再期」二字，據御覽注補。

喪禮必制衰麻何？以副意也。服以飾情，情貌相配，中外相應。故吉凶不同服，歌哭不同聲，所以表中誠也。釋名釋喪制云：「三日不生，生者成服，曰衰。衰，摧也，言傷摧也。」喪服斬衰釋文云：「衰之言摧也。所以表其忠實摧痛。」禮記雜記：「縣子曰：『三年之喪如斬，期之喪如剡。』」謂衰有淺深。又閒傳云：「斬衰何以服苴？苴，惡貌也。所以首其內而見諸外也。〔一〕斬衰貌若苴，齊衰貌若枲。」是皆所以表誠。是以在胸前者謂之衰。左傳襄十七年「晏嬰粗衰斬」，注：「衰在胸前也。」又通典引雷次宗說云：「衰者，當心六寸布也。在衣則衣爲衰，在裳則裳爲衰。男子離其衣裳，故衰獨在衣上。婦人同爲一服，故上下共稱也。」故荀子哀公篇「斬衰菅屨，杖而啜粥者，志不在于酒肉」，注：「此言服彼于外，亦所以制其內也。」**布衰裳，麻絰，箭笄，繩纓，苴杖，爲畧及本經者，亦示也，故總而載之，示有喪也。**盧云：「布衰裳以下，文有舛誤。」案此兼舉男女齊衰之服明之也。儀禮喪服云「凡衰外削幅，裳内削幅」，注：「削猶殺也。太古冠布衣布，後世聖人易之，以此爲喪服。」然則唐虞以上，吉凶通用布，後世專以爲喪服也。斬衰先斬布，後作之，疏齊先作之，後齊之，五服皆用布爲降殺也。衰，裳對舉，謂上衰下裳也。麻絰者，喪服經云「苴絰」，注：「麻在首在腰皆曰絰。」又傳曰：「苴絰者，麻之有蕡者也。」又云「牡麻絰」，傳曰：「牡麻者，枲麻也。」又云「小功澡麻帶絰」。是則喪服之絰皆用麻，但苴絰左本在下，牡麻絰右本在上，澡麻去其本，爲異也。箭笄者，喪服注云：「箭，篠竹也。」此妻妾女子子之服，異于男子也。繩纓者，喪服云「冠繩纓」，傳曰：「冠繩纓，條屬，右縫，冠六升外畢。」注：「雜記曰『喪冠條屬，以別吉凶，三年之練冠亦條屬，右縫，小功以下左縫。外畢者，冠前後屈而出縫于

〔一〕「所以」下「首」字原作「發」，據禮記閒傳改。

武也。」苴杖者，喪服傳曰：「苴杖，竹也。削杖，桐也。」「爲畧」疑衍文，「及本經」者，謂不去本之經也。「亦示也」，疑爲「亦示誠也」。腰絰者，以代紳帶也。所以結之何？思慕腸若結也。必再結云何？明思慕無已。喪服注：「麻在首在要皆曰絰。絰之言實也。明孝子有忠實之心，故爲制此服也。首絰象緇布冠之缺項，要絰象大帶，又有絞帶，象革帶，齊衰以下用布。」又雜記「麻者不紳」，〔一〕注：「麻謂絰也。紳，大帶也。喪以要絰代大帶也。」

右論衰

所以必杖者，孝子失親，悲哀哭泣，三日不食，身體羸病，故杖以扶身，明不以死傷生也。喪服斬衰傳曰：「杖各齊其心，皆下本。杖者何？爵也。無爵而杖者，擔主也。非主而杖者何？輔病也。」禮記問喪云：「杖者以何爲也？曰：孝子喪親，哭泣無數，服勤三年，身病體羸，以杖扶病也。」又檀弓云：「君子之執親之喪也，水漿不入口者三日，杖而後能起。」又曲禮云：「不勝喪，乃比於不慈不孝。」故不以死傷生也。又喪服四制云：「杖者何？爵也。三日授子杖，五日授大夫杖，七日授士杖。或曰擔主，或曰輔病。」賈疏：「有爵之人必有德，有德則能爲父母致病深，故許其以杖輔病，雖無爵，故假取有爵之杖爲之喪主。衆子雖非爲主，子爲父母致病，是爲輔病也。」敖氏繼公儀禮集説云：「傳意蓋謂此杖初爲有爵者居重喪而設，所以優貴者也。其後乃生擔主、輔病之義焉。」禮，童子婦人不杖者，以其不能病也。喪服四制云：「婦人童子不杖，不能病也。」又儀禮喪服傳云：「童子何以不杖？不能病也。婦人何以不杖？亦不能病也。」蓋「杖各齊其心」，賈疏：「病從心起，故杖之高下以心爲斷也。」案禮記問喪云：「禮曰『童子不

〔一〕「雜記」原作「喪服小記」，據禮記改。

緦，唯當室緦」。緦者其免也。當室則免而杖矣。」注：「童子不杖，不杖者不免，當室則杖而免。」然則當室之嫡子雖童子亦杖，此不杖，指童子而庶子者也。故禮記雜記云「童子哭，不偯不踊，不杖不菲不廬」，注：「未成人者不能備禮也。」亦指餘子言也。又喪大記：「三日，子夫人杖。五日，授大夫世婦杖。」又云：「士之喪，二日而殯，三日而朝，主人婦人皆杖。」則婦人成人者皆有杖，而此云婦人者，賈公彥以爲童子婦人也。童子得稱婦人者，小功章云：「爲姪庶孫丈夫婦人之長殤。」是未成人稱婦人也。禮疏引賀循等以爲婦人不杖謂出嫁之婦人不爲主則不杖。其爲不主而杖者，唯姑在爲夫。儀禮疏引雷次宗以爲此喪服妻爲夫，妾爲君，女子子在室爲父，女子子嫁者反在父室爲父，三年。如傳所云婦人者皆不杖，小記「婦人不爲主而杖者，姑在爲夫」。唯著此一條，明其餘不爲主者皆不杖。案小記明云「婦人不爲主而杖者，姑在爲夫」。姑在猶不厭婦，而雷氏何云妻爲夫不杖乎？小記疏引難鄭者又云：「鄭以婦人不杖，謂童子婦人，然童子未嫁，何以得稱婦人？」又喪服傳：「童子何以不杖？不能病。」又云：「婦人何以不杖？亦不能病。」明婦人非童子也。案鄭氏于喪服注雖未明指童子婦人，然於小記「女子子在室爲父母，其主喪者不杖」，注云：「女子子在室爲父母，亦童子也。無男昆弟，使同姓爲攝主不杖，則子一人杖，謂長女也。許嫁及二十而笄，笄爲成人，成人正杖也。」不明爲主不爲主之分，則女子在室、許嫁者皆得杖。故喪大記「君之喪，三日，子夫人杖。」熊氏云：「經云子杖，通女子在室者。」是也。又喪大記「士之喪，婦人皆杖」，注：「謂主婦家妾爲君，女子子在室者。」然則妻爲夫，妾爲君，女子子在室與反在室爲父，雖不爲主，皆得杖矣。小記又恐人疑姑在或厭婦不杖，與母爲長子不杖，故又云「姑在爲夫杖，母爲長子削杖」也。小記又特明童女而杖之一條，則其餘童女不杖可知。童女既不杖，則不童女者皆杖可知矣。

禮曰：「斬衰三日不食，齊衰二日不

食，大功一日不食，小功緦麻，一日不再食可也。」小字本「一日不再食可也」作「一不食、再不食可也」。禮記閒傳云：「斬衰三日不食，齊衰二日不食，大功三不食，小功緦麻再不食，士與斂焉，則壹不食。」按三不食，卽一日不食也。喪大記云：「期之喪，三不食。九月之喪，食飲猶期之喪也。五月三月之喪，壹不食，再不食可也。」與此殊者，皇氏云：「齊衰二日不食，謂正服齊衰。喪大記三不食，當是義服齊衰。閒傳小功緦麻再不食，喪大記分別壹不食，再不食，則是壹不食謂緦麻，再不食謂小功也。」所以杖竹、桐何？取其名也。竹者，蹙也。桐者，痛也。舊作「以竹杖何」，盧據御覽五百四十八補正。既夕記「杖下本，竹、桐一也」，注：「順其性也。」竹、蹙，桐、痛，皆疊韻爲訓也。父以竹，母以桐何？竹者，陽也。桐者，陰也。問喪：「或問曰：杖者，何也？曰：竹、桐一也。故爲父苴杖，苴杖竹也。爲母削杖，削杖桐也。」竹何以爲陽？竹斷而用之，質，故爲陽。桐削而用之，加人功，文，故爲陰也。故禮曰：「苴杖竹也。削杖桐也。」儀禮喪服傳、禮記喪服小記文也。孔疏：「必用竹者，以其體圓性貞，履四時不改，明子爲父，禮中痛極，〔一〕自然圓足，有終身之痛故也。故斬而用之，無所厭殺。削，殺也。削奪其貌，不使苴也。必用桐者，明其外雖被削，而心本同也。且桐隨時彫落，示外被削殺，服從時除，而終身之心，當與父同也。」賈疏云：「父者子之天，竹圓亦象天，竹能貫四時而不變，子之爲父哀痛亦經寒溫而不改，故用竹也。爲母杖桐者，欲取桐之言同，內心同之於父。」又引喪服變除云：「削之使八方者，取母象於地故也。」徐氏乾學讀禮通考云：「敖引杜元凱說，證削杖爲方，〔二〕愚謂小記言「杖大如絰」，絰之形既圓，則杖形亦圓可知。況桐之言同，謂其制同之於父也。何必

〔一〕「禮」下「中」字原作「申」，據禮記喪服小記疏改。

〔二〕「爲」下「方」字原作「圓」，據讀禮通考改。

毁天圓地方之説乎？」按王肅亦有「削杖，削爲四方」之説。又禮記喪服小記云「杖大如絰」。記云：「如要絰也。」褚氏寅亮云：「小記兩『絰』字俱指要絰。敖氏謂杖如首絰，非也。」

右論杖

孝子必居倚廬何？孝子哀，不欲聞人之聲，又不欲居故處，居中門之外。儀禮喪服傳曰：「居倚廬。」又既夕記云「居倚廬」，注云：「哀戚不在于安，蓋在中門外者，哀親之在外，不忍安居内也。」此中門卽殯宫門，蓋寢門也。士止二門，大門在外，寢門在内，故爲中門也。倚木爲廬，質反古也。不在門外何？戒不虞故也。鄭注既夕記云：「倚木爲廬，在中門東方北户。」三禮圖載唐大曆中楊垂撰喪服圖云：「凡起廬，先以一木横於牆下，去牆五尺，卧於地爲楣，卽立五椽于上，斜倚東墉上，以草苫蓋之，其南北面亦以草屏之，向北開門，簾以縗布。廬形如偏屋，其間容半席，廬間施凷。」楊氏所圖廬舍之制，最爲明晰。喪服四制云：「書曰『高宗諒闇』。」鄭注：「諒古作梁，楣謂之梁。闇讀如鶉鵪之鵪，闇謂廬也。廬有梁者，所謂柱楣也。」喪服傳云「既虞，翦屏柱楣」，注：「楣謂之梁，柱楣所謂梁闇。」禮記間傳云：「父母之喪，既虞卒哭，柱楣翦屏，芐翦不納。」然則初喪之時，以草爲屏，不翦，向北户，卒哭後乃開西户，以殯哭之位在阼階下，西面鄉殯，故廬亦西面鄉殯。楣不納明，北户向陰，故未柱楣之時，北向户也。故喪大記「凡非嫡子者，自未葬以於隱者爲廬」，注：「不欲人屬目，故廬於東南角。」〔一〕則嫡子當廬於其北近顯處，以嫡子當應接弔賓，故不於隱者也。又以見適子衆子皆居廬也。程氏瑤田喪服足徵記云：「爾雅『楣謂之梁』。又云『杗廇謂之梁』。蓋

〔一〕「目」下「故」字原作「蓋」，據禮記喪服大記注改。

言屋之上覆者。倚廬者，廬倚東壁，但一片陂陀垂之，西至于地，不納明，北户而已。楣即梁也，〔一〕非如後世以持楹之横木爲梁也。」案爾雅釋宫：「楣謂之梁。」而檐亦爲之楣。釋宫云「檐謂之樀」，郭注：「屋梠也。」衆經音義引舊注云：「亦楣也。」説文木部云：「楣，秦名屋檐聯也。齊謂之檐，楚謂之梠。」釋名釋宫室云：「楣，眉也。近前若面之有眉也。」是楣在前端，與門上之楣名同而實異。此柱楣當指檐端之楣，謂初喪廬時户向北，以楣去牆五尺，卧於地，卒哭以後，則柱其卧地之楣，而西向開户，不得如程氏之説，以楣爲屋之上覆也。「不在門外」，此謂外門之外也。

故禮間傳曰：「父母之喪，居倚廬。」於中門外東牆下，户北向。間傳云：「父母之喪，居倚廬，寢苫枕塊，不脱絰帶。」此「於中門外」以下，則白虎通釋倚廬形制文也。喪大記「父母之喪居倚廬，不塗，寢苫枕凷。」與間傳文同。記又云「君爲廬宫之，大夫士襢之。既葬，君大夫士皆宫之。」鄭注：「宫謂圍障之也。襢，袒也。謂不障。」是父母之喪無貴賤皆居廬也。

練而居堊室，無飾之室。禮記間傳云：「期而小祥，居堊室。」又喪大記「既練，居堊室」，孔疏：「堊，白也。」楊垂喪服圖又云：「倚廬南爲堊室，以墼壘三面，上至屋，如於牆下，則亦如偏屋，以瓦覆之，西向户，室施薦木枕。」喪服傳云「既練，舍外寢」，注：「舍外寢，于中門之外屋下，壘墼爲之，不塗塈，所謂堊室。」以堊室在倚廬之南，故對言爲外寢也。大祥之後，居黝堊之室。喪大記「既祥黝堊」注云：「黝堊，堊室之飾也。地謂之黝，牆謂之堊。」大祥所居之室既有飾，明堊室爲無飾之室也。案父母之喪居倚廬，既練，居堊室，是其正耳。亦有齊衰居堊室者。間傳云：「齊衰之喪居堊室。」亦有斬衰居堊室。天官宫正云「大喪授廬舍」，注：「廬，倚廬也。舍，堊室也。」雜記云：「大夫居廬，〔二〕士居堊室。」臣爲君並斬

〔一〕「楣」下原衍「也」字，據喪服足徵記删。

〔二〕「大夫」上原衍「朝庭卿」三字，據禮記雜記删。

衰，是士服斬衰而居堊室也。又曰：「婦人不居倚廬。」禮記喪大記云：「婦人不居廬，不寢苫。喪父母，既練而歸，期九月者，既葬而歸。」是「婦人不居倚廬」，喪大記文也。楊氏圖云：「婦人次於西廂下。」是也。雜記曰「童子不廬」，則並亦不居堊室矣。又曰：「天子七日，公諸侯五日，卿大夫三日而成服。」蓋逸禮文也。儀禮記喪禮：「既殯，三日成服。」〔一〕禮記喪服小記云「主人未喪服」，注：「未喪服，未成服也。既殯成服。」是殯之後乃成服。案禮記王制云：「天子七日而殯，諸侯五日而殯，大夫三日而殯。」故知天子七日成服，諸侯五日成服，大夫三日成服也。以士喪禮考之，則士亦三日成服，此不言者，文不具耳。居外門内東壁下爲廬。御覽五百四十八引作「居門外東壁爲廬」。喪服疏：「居倚廬者，孝子所居，在東壁，倚木爲廬。」是也。孟子滕文公云「五月居廬」，注：「居倚廬，於中門之内。」即外門内也。寢苫枕塊，哭無時，不脫經帶。儀禮喪服傳：「斬衰寢苫枕塊，哭晝夜無時，歠粥，寢不脫經帶。」又既夕記云「寢苫枕塊」，注：「苫，編稾。塊，堛也。」又云「不脫經帶」，注云：「哀戚不在於安。」又云「哭晝夜無時」，又注云：「哀至則哭，必非朝夕。」問喪：「居於倚廬，哀親之在外也。寢苫枕塊，哀親之在土也。故哭泣無時，服勤三年，思慕之心，孝子之志也。」按編稾者，稾即草也。謂編草爲苫。故左傳釋文云：「苫，編草也。」爾雅釋言「塊，堛也」，郭注：「土塊也。」說文土部云：「凷，墣也。或作塊。」則凷爲正字，塊爲或體。左傳釋文引王檢云：「夏枕凷，冬枕草。」既虞，寢有席，疏食水飲，朝一哭，夕一哭而已。鄭氏三禮目録云：「虞，安也。士既葬其父母，迎精而反，日中而祭之於殯宮以安之。」檀弓云：「葬日虞，不忍一日離也。」士虞禮：「既葬，日中而虞。」王制云：「天子七月而葬，諸侯五月而葬，大夫三月而葬。」

〔一〕儀禮士喪禮有「賓出，主人拜送，三日成服」句，與此引文有出入。

又公羊傳云：「天子九虞，諸侯七虞，大夫五虞，士三虞。」既虞，當謂九虞、七虞、五虞、三虞後也。〔一〕「寢有席」，對初居喪時寢苫枕塊言也。喪服傳云：「既虞，〔二〕寢有席。」間傳謂既練之後始寢有席，微異。徐氏乾學讀禮通攷：「間傳此條『寢有席』句，原在『芐翦不納』之下，而記者脱誤歟。」「疏食水飲」，對未虞時朝一溢米、夕一溢米言也。喪服傳：「既虞，食疏食水飲。」喪大記云：「既葬，疏食水飲，不食菜果。」熊氏云：「既葬哀殺，可以疏食，不復用溢米也。」程瑶田喪服足徵記謂「疏食，稷食也，不食稻粱黍也」。案疏，粗也。論語：「飯疏食飲水。」孟子「舜之飯糗茹草」，注：「草，粗也。」不必專指稷食。「朝一哭，夕一哭」，對虞時之哭無時也。喪服傳：「朝一哭，夕一哭而已。」是也。**既練，舍外寢，居堊室，始食菜果，反素食，哭無時。**喪大記云：「練而食菜食。」喪服傳：「既練，舍外寢。」按舍亦居也。古者宫室之制，正寢亦曰外寢。禮記玉藻「將適公所，宿齊戒，居外寢」是也。謂中門外之寢爾。記又云「始食菜果」，以喪大記「既葬，主人疏食水飲，不食菜果」故也。記又云「飯素食，哭無時」，鄭注：「素猶故也，謂復平生故食也。」顏師古匡謬正俗説：「素食，謂但食菜果糗餌之屬，無酒肉也。」據禮家「變節漸爲降殺，安得練時便復平生之食」，以難鄭注。案注指就飯而言，並未包有酒肉，何得據以難鄭也？此亦云「反素食」，卽鄭氏所謂復故食也。「哭無時」者，與未虞之哭不同，彼之「哭無時」，謂晝夜無時哭，此則或十日，或五日，思憶則哭也。**二十五月而大祥，飲醴酒，食乾肉。**喪大記：「祥而食肉。始食肉者，先食乾肉。始飲酒者，先飲醴酒。」間傳：「父母之喪，又期而大祥，有醯醬，中月而禫，禫而飲醴酒。」微有不同。喪大記疏引庾蔚之云：「蓋記者所聞之異。」於練既可食菜果，則可以食醯醬矣。大祥既可鼓琴，則亦可以飲酒食肉

〔一〕「三虞」原重，據文義删。　〔二〕「既」原作「卽」，據儀禮喪服傳改。

矣。」二十七月而禫，通祭宗廟，去喪之殺也。喪大記云：「禫而從御，吉祭而復寢。」士虞記云「中月而禫。是月也，吉祭猶未配」，注：「是月，是禫月也。當四時之祭月則祭。」亦不待踰月。〔一〕喪大記疏引熊安生曰：「不當四時祭月，則待踰月也。」是通諸祭宗廟之義也。案祥禫之月，先儒不同。鄭氏以二十五月爲大祥，禫與大祥間一月，自喪至終凡二十七月，二十八月而作樂如平素。檀弓疏載王肅注禮以「二十五月大祥，其月爲禫，二十六月作樂」。又引王肅聖證論難鄭云：「若以二十七月禫，其歲末遭喪，則出入四年，小記何以云『再期之喪三年』。」案春秋文二年「公子遂如齊納幣」，距僖公之卒已二十六月。公羊何以猶譏其喪娶？又襍記云「父在爲母爲妻」，「十三月祥，十五月禫」。尚祥禫異月，豈有三年之喪而祥禫同月乎？且禮云「中月而禫」，與學記之「中年」同耳，不得遽如「月中而禫」説也。檀弓疏引喪服變除云：「二十五月大祥，二十七月禫。」白虎通用戴德禮之義，鄭云大儒，又依戴氏、班氏之説者也。「禫」又作「導」，導、禫雙聲也。

右論倚廬

喪禮不言者何？思慕盡情也。言不文者，指謂士民。不言而事成者，國君卿大夫，杖而謝賓。財少恃力，面垢作身，不言而事具者，故號哭盡情。禮記間傳云：「斬衰唯而不對，齊衰對而不言，大功言而不議，小功緦麻議而不及樂。此哀之發於言語者也。」喪服四制同。通典引陳鏗問：「喪服四制曰『言不文者，謂臣下也』」。注引孝經説曰：『言不文者，指士民也。』案坊記『高宗三年不言，其維不言，言乃讙』者，此則有言也。

〔一〕「亦」上原衍「也」字，據儀禮士虞禮删。

又喪大記云「既葬，與人立，君言王事，不言國事，大夫士言公事，不言家事」者，天子諸侯俱有言矣。而獨謂「臣下」者，上句云「言而後事行者，杖而起」。注云：「謂大夫士也。」孝經説「言不文，指士民也」，義似不同，引之何明？」趙商答曰：「三年之喪，天子諸侯不言而事成者，冢宰存也，〔一〕雖亦有所言，但希耳。至于臣下，須言而辨，爲可謂言，但不文耳。各有所施，不相妨也。言臣下，所包者廣，孝經云『士民』，注引之者，欲微見其小異，其大趣亦同也。」案喪大記云：「父母之喪，非喪事不言。」又云：「既葬，與人立，君言王事，不言國事，大夫士言公事，不言家事。」然則未葬與既葬有别。夫葬之前，雖王事國事，亦不言也。若然，既言「君言王事，不言國事」，則但指諸侯言之耳，不包天子矣。孔氏喪大記疏云：「志在悲哀，若非喪事，口不敢言。」是喪禮不言者，爲思慕盡情之意也。雜記下曰「三年之喪言而不語，對而不問，廬堊室之中，不與人坐焉」者，疏云：「謂大夫士言而後事行者，故得言己事，不得爲人語説也。」〔二〕然則大夫士不能不言而事具，故必言，但不語耳。則間傳云：「斬衰唯而不對，齊衰對而不言。」是也。喪服四制云：「百官備，百物具，不言而事行者，扶而起。言而後事行者，杖而起。身自執事而後行者，面垢而已。」與此大同。鄭注云：「扶而起，謂天子諸侯也。杖而起，謂大夫士也。面垢而已，謂庶民也。」是也。

右論喪禮不言

喪有病，得飲酒食肉何？所以輔人生己，重先祖遺支體也。禮記檀弓云：「曾子曰：『喪有疾，食

〔一〕「句」上「上」字原作「土」，「宰」下「存」字原作「有」，據通典改。〔二〕「不得」下「爲人」二字原脱，據禮記雜記疏補。

肉飲酒，必有草木之滋焉。』以爲薑桂之謂也。」〔一〕又曲禮「居喪之禮，毁瘠不形，視聽不衰」，注：「爲其廢喪事。」又曰：「不勝喪，乃比於不慈不孝。」亦謂不可毁而滅性。故檀弓下云「毁不危身，爲無後也」，注：「謂憔悴將滅性。」是也。又喪服四制云：「老病不止酒肉。」又雜記下云：「喪食雖惡，必充飢，飢而廢事，非禮也。飽而忘哀，亦非禮也。視不明，聽不聰，行不正，不知哀，君子病之。故有疾飲酒食肉。」又云「毁而死，君子謂之無子」，注：「毁而死，是不重親。」是以斬衰亦止三日不食，亦爲其滅性也。襄三十一年左傳云：「子野卒，毁也。」即此。故曲禮曰：「居喪之禮，頭有瘡則沐，身有瘍則浴，有疾則飲酒食肉。」禮記雜記又云：「孔子曰：『身有瘍則浴，頭有瘡則沐，病則飲酒食肉。』毁瘠爲病，君子弗爲也。」五十不致毁，六十不毁，七十唯衰麻在身，飲酒食肉。雜記亦云：「五十不致毁，六十不毁，七十飲酒食肉。」又荀子大畧篇云：「五十不成喪，七十唯衰存。」「六十不毁」，舊脱，依盧補。又曰：「父母有疾，食肉不至變味，飲酒不至變貌。笑不至矧，怒不至詈，琴瑟不御。」鄭彼注云：「憂不在樂，憂不在味，憂在心，難變也。」曲禮「琴瑟不御」句在「食肉」上。此因居喪，并及侍疾，飲酒食肉，亦所以輔病，〔二〕但不得變味變貌耳。故曲禮又云「疾止復故」，明亦所以守身也。曾子問曰：「三年之喪，練不羣立，不旅行。禮以飾情，三年之喪而弔哭，不亦虚乎！」彼注云：「爲彼哀則不專於親也。爲親哀則是妄弔。」此謂弔與服皆虚，故不弔也。禮檀弓曰：曾子有母之喪，〔三〕弔子張。子張者朋友，有服，雖重服，弔之可也。

〔一〕「之」下「謂」原作「味」，據禮記檀弓改。　〔二〕「所」下疑脱「以」字，據文義補。　〔三〕「有」下「母」字原作「民」，據禮記檀弓改。

禮記檀弓：「子張死，曾子有母之喪，齊衰而往哭之。或曰：『齊衰不以弔。』曾子曰：『我弔也與哉。』」注：「于朋友哀痛甚而往哭之，非若凡弔。」又雜記：「三年之喪，雖功衰不弔，自諸侯達諸士。〔一〕如有服而將往哭之，則服其服而往。」注：「功衰，既練之服也。諸侯服新死者之服而往哭，謂所不臣也。」又云「練則弔」，注：「父在爲母功衰，可以弔人者，以父在故，輕於出也。」然則五屬之親有服者雖居重喪，皆得服其服而往。朋友雖不在正服中，然弔服加麻，則亦有微服，故得以重服弔之也。鄭、孔以此節爲記曾子失禮之事，説與此異。**曾子問曰：「小功可以與祭乎？」孔子曰：「斬衰已下與祭，禮也。」此謂君喪然也。**彼文又云：「曾子曰：『不以輕喪而重祭乎？』孔子曰：『天子諸侯之喪，祭也，不斬衰者不與祭，大夫齊衰者與祭，士祭不足，則取于兄弟大功以下者。』」〔二〕然則天子諸侯之喪祭，嗣君不奠。以士喪禮云「主人不親奠也」。天子諸侯，則命其臣下奠之。禮，臣爲君斬。故曾子問云「天子諸侯之喪祭，嗣君不奠」也。若大夫辟正君，不敢用臣下奠，故取昆弟齊衰之服者奠。曾子問云「大夫齊衰者奠」是也。若親屬之喪，則不得與祭。故曾子問又云：「孔子曰：『緦不祭，又何助于人？』」雜記又云「小功緦執事不與于禮」，注：「禮，饋奠也。」是也。**子夏問：「三年之喪，既卒哭，金革之事無避者，禮與。」孔子曰：「吾聞諸老聃曰：『周公、伯禽則有爲爲之也。』今以三年之喪從其利者，吾不知也。」**亦曾子問文也。公羊宣元年傳：「已練，可以服金革之事。君使之，非也。臣行之，禮也。」注：「此説時衰正失，非禮所當然。」又云：「禮，父母之喪，三年不從政。齊衰大功之喪，三月不從政。」故孔子曰：「夏后氏三年之喪，既殯而致事，殷人既葬而致事，周人卒哭而致事。君子不奪人之親，亦不可奪

〔一〕「達」下「諸」字原作「于」，據禮記雜記改。〔二〕「于」下「兄」字原作「昆」，據禮記曾子問改。

親也。」〔一〕案檀弓云：「父母之喪哭無時，使必知其反也。」注：「謂既練，或時有爲君服金革之事，反必有祭。」又禮運：「三年之喪期不使。」然則三年之内不服王事，經禮也。期練之後，時有兵革，爲人臣者不顧私恩，權禮也。檀弓、禮運、公羊所云是也。若卒哭後，時有急難，則當以國體爲重，故亦得服金革之事。曾子問所記伯禽事，及喪大記云：「君既葬，王政入于國，既卒哭而服王事。大夫士既葬，公政入于家，既卒哭，弁絰帶金革之事無辟也。」是也。是以桓十二年「三月，葬衛宣公」，公羊注：「背殯用兵，而月，不危之者，衛弱於齊、宋，不從亦有危，故量力不責。」是人君居喪得從服金革也。若僖三十三年公羊傳：「或曰：襄公親之，則其稱人何？貶。曷爲貶？君在乎殯而用師，危不得葬也。」是晉襄强大之國，與衛迫於齊、宋者異，而墨絰從戎，故春秋責其不子，卽孔子所云「從其利者，吾不知也」者是也。曾子問注：「伯禽，周公子，封魯，有徐戎作難，喪卒哭而征之，急王事也。征之作費誓。」史記魯世家云：「伯禽卽位之後，有管、蔡等反也，淮夷、徐戎亦並興反，於是伯禽帥師伐之於肹，作肹誓。」又云：「于是卒相成王，而使其子伯禽代就封於魯。管、蔡、武庚等果率淮夷而反，周公乃奉成王命興師，〔二〕作大誥。」是則伯禽伐淮夷，在管、蔡以殷畔之時。故孔疏以爲「伯禽居母喪」也。但父在爲母期。而曾子問明言「三年之喪」，下引伯禽事以爲據。且伯禽封魯，據洛誥「命公後」之文，當在七年歸政之後，烏有管、蔡反之説？史記之書，雜用今古文，故多矛盾。考後漢東夷傳：「康王之時，肅愼復至，後徐戎僭號，乃率九夷以伐宗周，西至河上。」然則淮、徐之戎屢服屢叛，蓋踐奄時周公平之。周公薨後，徐戎又興，故伯禽衰絰征

〔一〕「不」下原脱「可」字，據禮記曾子問補。禮記曾子問無「周人卒哭而致事」句。〔二〕「成王」二字原脱「成」字，據史記魯世家補。

之。至康王時又叛，宣王時則又叛，江漢所云是也。

右論變禮

婦人不出境弔者，婦人無外事，防淫泆也。禮雜記曰：「婦人越疆而弔，非禮也。」雜記：「婦人非三年之喪，不踰封而弔。」檀弓「婦人不越疆而弔人」，注：「不通於外。」公羊莊二年「夫人姜氏會齊侯於禚」，注：「婦人無外事，外則近淫。」是也。而有三年喪，君與夫人俱往。雜記云「如三年之喪，則君夫人歸」，注：「奔父母喪也。」而、如古通。又云：「夫人其歸也，以諸侯之弔禮。其待之也，若待諸侯然。」注：「謂夫人行道車服，主國致禮。」文九年「夫人姜氏如齊」，公羊注：「奔父母之喪也。不言奔喪者，尊內，猶不言朝聘也。故以『致』起得禮也。」是則諸侯夫人既在夫家，終身不反，唯奔父母喪乃可越竟。春秋善其得禮，故「致」之。莊二年公羊注：「有出道乃致，奔喪致。」是也。繁露玉英篇云：「婦人無出竟之事，經禮也。母爲子娶婦，奔喪父母，變禮也。」案通典引射慈喪服變除云：「徐整問曰：『婦人爲君之服，周則諸侯夫人亦爲天子服此也，其聞喪之儀，衣麻之數，哭泣之位，變除之節，知周制將復有異也？』射慈答曰：『其圻內諸侯夫人，有助祭之禮，則始喪之時悉當到京師，復當還耳。其圻外諸侯，聞喪則當於路寢庭發喪，夫人當堂上也。變除之節，皆如周服之制。』」然則婦人出弔，更有圻內諸侯夫人爲天子一節，知亦君與夫人俱往也。

禮，妻爲父母服，夫亦當服。禮大傳云「六曰從服」，注：「若夫爲妻之父母。」喪服緦麻章妻之父母傳：「何以緦？從服也。」齊衰期章：「女子適人者爲其父母，妻爲其父母期，夫從服緦。」以外親之服不過緦麻，亦從重而輕者也。小記云「世子不降妻之父母」，注：「世子，天子諸侯之嫡子。」然則庶子則不爲妻之父母服。故服問云「有從有服而無服，公子爲其妻之父母」，注：「凡公子厭於君，降其私親，女君之子不降也。」是也。大夫之庶子，蓋大夫在則不爲妻之父母服，大夫卒，則恩得伸如邦人也。引此以明上「君與夫人俱往」之義也。然則諸侯雖絶緦，其妻之父母與己尊同者亦不絶與？

右論婦人不出境弔

有不弔三何？爲人臣子，常懷恐懼，深思遠慮，志乃全身。今乃畏、厭、溺死，用爲不義，故不弔也。檀弓曰「不弔三，畏、厭、溺」也。定十五年注引春秋説云：「禮有不弔者三：兵死，厭死，溺死。」檀弓注：「爲輕身也。」畏者，兵死也。此下疑有脱文。鄭氏禮注：「畏者，人或以非罪攻己，己不能有以説之死之者，孔子畏於匡是。厭者，行止危險之下。溺者，不乘橋船。」通典引盧注云：「畏者，兵刃所殺也。」是盧、鄭之義並根據班氏也。通典引王肅聖證論，以「犯法獄死謂之畏」。臧氏琳經義雜記云：「若如所難，則肅謂『犯法獄死謂之畏』，古不有非其罪而在縲紲之中者乎？欲異乎鄭，實乖舊義。」案鄭氏亦止就不能全身自守，如輕冒白刃，戰陳無勇者言。至于死于王事，以身赴難，又不得同之三不弔矣。其服制先儒等之三殤，則較常服降一等。小功殤五月章：「大夫公之昆弟，大夫之子爲昆弟庶子，姑姊妹女子之長殤。」通典引馬注：「禮言殤者，闕有罪，若畏、厭、溺，當殤服之。」又緦麻章：「夫之姑姊妹之長殤。」通典引馬注：「禮，三十乃娶，而夫之姊殤者，闕有畏、厭、溺者。」鄭氏於殤小功注：「大夫爲昆弟之長殤，小功謂爲士者，若不仕者也。」以此知大夫無殤服也。然則尊同者不降矣。五十命爲大夫，禮之常，其或少時有才德，命爲大夫，而死在殤年，亦不以殤服服之矣。故大功章無大夫爲昆弟之長殤之服也。鄭氏此微破馬君舊説，而於緦麻章則從而不駮。馬氏深於禮説，多源於高堂生，故鄭氏以有先師説在，不重駮也。殤者，傷也。畏、厭、溺雖屬有罪，亦覺可傷，故同之夭折者降一等，見其可傷也。然先儒多不以馬説爲然。通典引陳銓曰：「夫未二十而娶，故有姊殤，然矣。夫雖未二十，則成人死殤之，蓋以爲違禮早娶者制，非施畏、厭、溺也。」徐整問射慈云：「古者三十而娶，何緣當服得夫之姊殤服？經文特爲士作，若説國君，皆別言君若公。」慈答曰：「三十而娶，禮之常例。古者七十而傳宗事與子，年雖幼，未滿三十，自得少娶。故曾子問曰『宗子雖七十無無主婦』。此言宗子已老，傳宗事與子，則宜有主矣。」按早娶之義，射説尤精也。夫無服者不弔，明其有罪也。若如王氏之説，則非罪致刑者尚不至於不弔，有罪致戮者又不止於不弔也。以罪而死，有絶服之義也。禮曾子記曰「大辱加於身，支體毀傷，即君不臣，士不交，祭不得爲昭穆之尸，食不得□昭穆之牲，死不得葬昭穆之域」也。通典引劉智釋疑云：「問曰：『骨肉昆弟，以罪惡徒流死者，諸侯有服否？』答曰：『凡以罪惡徒者絶之，國君於兄弟有罪者亦絶也。』」今曾子問亦無此語，「食不得」下闕一字。周禮冢人「凡死于兵者不入兆域」，注：「戰敗無勇，投諸塋外以罰之。」則曲禮之「死寇曰兵」者，即冢人所云「凡有功者居前」是也。

右論三不弔

弟子爲師服者，弟子有君臣父子朋友之道也。故生則尊敬而親之，死則哀痛之，恩深義重，故爲之隆服，入則絰，出則否也。禮記檀弓：「事師無犯無隱，左右就養無方，服勤至死，心喪三年。」是弟子爲師服也。「弟子有君臣父子朋友之道」，義具上鄉射篇。晉書禮志，摯虞以爲「自古無師服之制，故仲尼之喪，門人心喪三年，是則懷三年之喪，而無齊衰之制也」。蓋晉時新禮，弟子或爲師齊衰，故仲洽有此論也。案檀弓又云「二三子皆絰而出」，鄭注：「尊師也。出謂有所之適。」然則凡弔服加麻者，出則變服。故喪服記「朋友麻」，鄭云：「朋友雖無親，而有同道之恩，相爲服緦之。」絰，帶也。師友義同，故鄭知弔服加麻。其異者，朋友出絰入否。檀弓所云「羣居則絰，出則否」。注：「羣，謂七十二弟子相爲朋友服。」〔一〕是也。爲師則雖出行猶絰，所以尊師也。今此謂「入則絰，出則否」，誤矣。孔叢子記義篇云：「聞諸老聃，昔者虢叔、閎夭、太顛、散宜生、南宮适同寮比德，以贊文武，及虢叔死，四者爲之服朋友之服，古之達理者行之也。」是朋友亦有服也。至其除服之限，通典引鄭稱答曹弁敏説云：「凡弔服皆加麻者，三月除之。」師、朋友、嫂叔、族姑姊妹嫁者，皆弔服加麻者。禮疏引禮論云「爲師及朋友，皆既葬除之」，以士三月而葬也。檀弓云：「師，吾哭諸寢。」奔喪又云：「哭諸廟門外。」異者，禮疏引鄭答趙商以檀弓爲殷禮，通典引徐邈答范寧亦以爲殷周禮異也。御覽「尊」作「竭」，無「隆」字。檀弓曰「昔夫子之喪顔回，若喪子而無服，喪子路亦然。請喪夫子若喪父而無服」也。鄭彼注云：「無服不爲衰，弔服加麻也。」通典引賀循云：「無服，謂無正喪之服者也。師無君父之名而兼君父之義，制重服則未冥造顯榮之功，制輕服則忘無犯無隱之義。故喪服制朋友之服，而不爲師制服，但心喪三年也。」

右論弟子爲師

曾子問曰：「君薨既殯，而臣有父母之喪，則如之何？」孔子曰：「歸居於家，有殷事則之君所，朝夕否。」曰：「君既啓，而臣有父母之喪，則如之何？」孔子曰：「歸哭，而反送君。」曰：

〔一〕「相」下「爲」字原作「謂」，據禮記檀弓注改。

「君未殯，而臣有父母之喪，則如之何？」孔子曰：「歸殯，反於君所，有殷事則歸，朝夕否。大夫室老行事，士則子孫行事。大夫內子，有殷事亦之君所，朝夕否。」並曾子問文，此段舊多譌脱，盧氏悉依本書訂正。諸侯有親喪，聞天子崩，奔喪者何？屈己。親親猶尊尊之義也。春秋傳曰：「天子記崩不記葬者，必其時葬也。諸侯記葬，不必有時。」諸侯爲有天子喪尚奔，不得必以其時葬也。此今文春秋説也。通典引異義：「公羊説，天王喪，赴者至，諸侯哭雖有父母之喪，越紼而行事。」「大鴻臚眭生説，諸侯踰年即位乃奔天子喪。春秋之義，未踰年君死，不成以人君禮，言王者未加其禮，故諸侯亦不得供其禮於王者，〔一〕相報也。謹案：禮不得以私廢公，以卑廢尊，如禮得奔喪。今以私喪廢奔天子之喪，非也。又人臣之義，不得校計天子未加禮于我，亦報之不加禮也。眭生之説非也。」鄭駮之云：「案孝經，資于事父以事君，言能爲人子乃能爲人臣也。服問『嗣子不爲天子服』，此則嫌欲速不一于父也。喪服四制曰『門內之治恩掩義，門外之治義斷恩』。此言在父則爲父，在君則爲君也。春秋莊三十二年『子般卒』，時父未葬也。子者，繫于父之稱也。言卒不言薨，未成君也。未成君猶繫於父，則當從門內之治恩掩義。禮者在于所處，此何以私廢公，何以卑廢尊？」〔二〕則鄭氏用眭生説也。定元年穀梁傳：「周人有喪，魯人有喪，周人弔，魯人不弔。周人曰：『固吾臣也，使人可也。』魯人曰：『吾君也，親之者也，使大夫則不可也。』故周人弔，魯人不弔。君至尊也，去父之殯而往弔猶不敢，況未殯而臨諸臣乎？」則穀梁説自以嗣子葬後始

〔一〕「諸侯」下原脱「哭」字，「行」下原脱「事」字，「奔」下原脱「天子」二字，「諸侯」上原脱「故」字，據五經異義補。

〔二〕「孝經」上原脱「案」字，「之」下「治」字原作「制」，「以」上原脱「何」字，據鄭駮補改。

得奔喪也。故通典引通義云：「凡奔喪，近者先聞先還，遠者後聞後還。諸侯未葬，嗣子聞天子崩，不奔喪。王者制禮，緣人心爲之節文，孝子之思，不忍去棺柩，故不使奔也。」劉氏習穀梁春秋故也。所引春秋傳者，隱三年公羊傳文。「尚奔」，宜爲「當奔」之誤。案服問云「世子不爲天子服」，謂君在之世子也。父没即稱子某，自不得援爲世子不服之證。曾子問云：「君未殯而臣有父母之喪，如之何？孔子曰：『歸殯，反於君所，有殷事則歸，朝夕否。』」又云：「父母之喪，既引及塗，聞君薨，如之何？孔子曰：『遂。既封改服而往。』」彼所記雖諸侯大夫之禮，然君父之義，臣子之情，上下一也。大夫於諸侯薨，既不敢以私喪廢公，而謂諸侯于天子得晏然俟踰年後乎？諸侯既殁，以嗣子言之則父，以天子言之，則固臣也。其視大夫之不世更殊矣。然則嗣君于父母之喪，既引及塗，而聞天子崩者，自宜遂事而後改服，括髮而往，則凡未引，在殯後者，皆得奔喪明矣。

大夫使受命而出，聞父母之喪，非君命不反者，蓋重君也。故春秋傳曰：「大夫以君命出，聞喪，徐行不反。」

公羊宣八年傳文也。注：「聞喪者，聞父母之喪。徐行者，不忍急行。又爲君當使人追代之。」儀禮聘禮云：「若有私喪，則哭於館，衰而居，不饗食。歸，使衆介先，衰而從之。」注：「私喪，謂其父母。哭于館，衰而居，不敢以私喪自聞於主國，凶服于君之吉使。」故繁露精華篇云：「徐行不反者，謂不以親害尊，不以私妨公也。」又禮記奔喪云「若未得行，則成服而行」，注：「謂以君命有爲者也。成喪服，得行則行。」又云「聞喪不得奔喪，哭盡哀，問故，又哭盡哀，乃爲位」，注：「謂以君命有事，不然者不得爲位。」是也。

諸侯朝，而有私喪得還何？凶服不入公門。君不呼之義也。

公羊僖九年「宋公禦説卒」，傳：「何以不書葬，爲襄公諱也。」注：「襄公背殯出會宰周公，有不子之惡。」又二十八年「陳侯欵卒」注：「不書葬者，爲晉文諱，行霸不務教人以孝。陳有大喪，而强會其孤，故深爲恥之。」是則諸侯有大喪，朝會之事皆不得與。故雖朝京師，聞私喪得反也。大夫出疆，本有君命，故必君命乃反。諸侯朝天子，進退出自諸侯，故宋子會葵邱，陳子會溫，當喪出會王事，春秋不書二國之葬，以爲桓、文諱，諱之正所以刺之也。凶服不敢入公門者，明尊朝廷，吉凶不相干。故周官曰：「凶服不入公門。」曲禮曰：「居喪不言樂，祭事不言凶，公庭不言婦女。」論語曰：「子於是日哭，則不歌。」禮記曲禮云「苞屨、扱衽、厭冠不入公門」，注：「此皆凶服。」按苞屨者齊衰，扱衽者斬衰，厭冠者緦小功之冠也。又云「書方衰凶器不以告，不入公門」，注：「此謂喪在內，不得不入，當先告君耳。」又服問云「唯公門稅齊衰」，注：「不杖齊衰也。」於公門有免齊衰，則大功有免絰也。熊氏云：「父之喪，唯扱上衽不入公門，冠絰衰屨皆得入，杖齊衰則屨不得入，其大功絰又不得入，其小功冠又不得入，皆所以尊朝廷，故不得入也。」論語見述而篇。所引周官，今無此語，惟閽人云「凶服凶器不入宮」，注：「凶服，衰絰。凶器，明器之屬。」臣下有大喪，不呼其門者，使得終其孝道，成其大禮。故春秋傳曰：「古者臣有大喪，君三年不呼其門。」宣元年公羊傳文。注：「重奪孝子之恩也。」說苑修文篇：「古者有親喪者，不呼其門。」鹽鐵論未通篇：「古有大喪者，君三年不呼其門，通其孝道，遂其哀戚之心，君子之所自重而自盡者，其唯親之喪乎！」繁露竹林篇云：「先王之制，有大喪者，三年不呼其門，順其志之不在事也。書云『高宗諒闇，三年不言』，居喪之義也。」後漢陳忠傳：「臣聞之，孝始於事親，終於哀戚，上自天子，下至庶人，其義一也。夫父母之於子，同氣異息，三年乃免于懷抱，先聖緣人情而箸其節，故制服二十五月。是以春秋臣有大喪，君三年不呼其門。」亦用今春秋說也。若然，曾子問、喪大記並言卒哭服金革之事者，自然變禮也。門內之治恩掩義，故三年不呼其門。門外之治義掩恩，故卒哭而服金革之事。是以唐會要引虞潭殷仲堪云「既葬公除廢祭」者，非也。故其時公除者，則行公除祭。蓋大夫不敢以家事辭王事也。師凌氏曙禮論駁之云：「公除者，庾蔚之所云『公家除其喪服，以從公家之吉事』也。此衰世之事，當時禮官不通春秋之旨，而妄引以斷禮者也。公羊不以家事辭王事，自指人臣受命出疆而聞喪者，非平居無事可比。今服制未終，即公除而行公祭，是吉凶相干也。徐藻乃云外喪公除，雖停殯可吉祭，不待葬而公除，宜爲庾氏所斥矣。」有喪不朝，吉凶不相干，不奪孝子恩也。自此至「並廢朝」，皆通典禮三十所引白虎通文，案宜在此。太廟火，日食，后之喪，雨霑服失容，並廢朝。禮記曾子問：「諸侯旅見天子，入門不得終禮，廢者幾？」孔子曰：「四。」「請問之。」曰：「太廟火，日食，后之喪，雨霑服失容，則廢。」

右論私喪公事重輕

聞喪，哭而後行何？盡哀舒憤然後行。釋奔喪記文也。奔喪云：「奔喪之禮，始聞親喪，以哭答使者，盡哀。問故，又哭盡哀。」注：「親，父母也。以哭答使者，驚怛之，哀無詞也。雖非父母，聞喪而哭，其禮亦然也。」望國境則哭，過市朝則否。君子自抑，小人勉以及禮。奔喪云「過國至竟哭，盡哀而止」，注：「感此念親。」又云「哭辟市朝」，注：「爲驚衆也。」又云「望其國境哭」，注：「斬衰者也，自是哭，且遂行。」見星則止，日行百里，惻怛之心，但欲見尸柩汲汲故。禮奔喪記曰：「以哭答使者，盡哀。問故，遂行。」曾子曰：「師行三十里，吉行五十里，奔喪百里。」奔喪云「日行百里，不以夜行」，注：「雖有哀戚，猶辟害也。晝夜之分，别于昏明。」又云「唯父母之喪，見星而行，見星而舍」，注：「侵晨冒昏，彌益促也。言唯，著異也。」又荀子大略篇亦云：「故吉行五十，奔喪百里。」既除喪，乃歸哭於墓何？明死復不可見，〔一〕痛傷之至也。謂喪不得追服者也。哭於墓而已。故禮奔喪記曰：「之墓，西向哭止。」此謂遠出歸後葬，喪服以禮除。奔喪云：「若除喪而後歸，則之墓哭，成踊，東，括髮袒絰拜賓成踊。」注：「東，東即主人位，如不及殯者也。以墓北首，主人故西面哭也。」奔喪又云：「送賓反位，又哭盡哀，遂除，于家不哭。」奔喪記又云：「奔喪者不及殯，先之墓，北面坐哭盡哀，主人之待之也，即位於墓左，婦人墓右，成踊盡哀，括髮，東即主人位，絰絞帶哭成踊，拜賓反位成踊，相者告事畢。」是不及殯亦先哭於墓也。惟除喪後者，於墓盡哀，遂除，於家不哭。不及殯者，哭墓後歸，入門左，仍袒括髮成踊，東即位也。盧云：「『傷之至也』，此下似有脫文。」小字本、元本「復」字俱作「者」字。

右論奔喪

曾子與客立於門，其徒趨而出。曾子曰：「爾將何之？」曰：「吾父死，將出哭於巷。」曾子曰：「反哭於爾次。」曾子北面而弔焉。檀弓記曰：「孔子曰：『吾惡乎哭諸。兄弟吾哭諸廟門之外，師吾哭諸寢，朋友吾哭諸寢門外，所知吾哭諸野。』」並檀弓記文也。奔喪記曰：「哭父之黨於廟，母妻之黨於寢，師於廟門外，朋友於寢門外，所識於野。張帷。」微異。彼注引逸奔喪禮又云：「哭父族與母黨於廟，妻之黨於寢，朋友於寢門外，壹哭而已。」熊氏云：「檀弓所云，殷禮也。此所云，周法也。」皇氏云：「母存則哭於寢，母亡則哭於廟。」熊氏又云：「哭於廟者，是親母黨，哭於寢者，蓋慈母繼母之黨。」孔疏又云：「檀弓云：『有殯，聞遠兄弟之喪，

〔一〕盧校本「明死復不可見」作「明死不可復見」。

哭于側室，若無殯，則在寢。』與此不同者，異代禮也。」並皆以意調停，無實據也。沈氏又云：「事由父者哭之廟，事由己者哭之寢。」義亦得通。

右論哭位

養從生，葬從死。周公以王禮葬何？以爲周公踐阼理政，與天同志，展興周道，顯天度數，萬物咸得，休氣充塞，原天之意，子愛周公，與文武無異，故以王禮葬，使得郊祭。尚書曰「今天動威以彰周公之德」，下言「禮亦宜之」。義具上封公侯篇。

右論周公以王禮葬

崩薨（共二十三章）

書曰：「成王崩。」顧命文也。彼云：「乙丑，王崩。」釋文、馬本作「成王崩」，注：「安民立政曰成。」周禮司几筵注、天府注，先鄭皆引作「成王崩」。是今文古文皆有「成」字也。成王本生號，死而因以爲謚。故酒誥「王若曰」諸本作「成王若曰」，〔一〕書疏引歐陽、大小夏侯云：「王年長，骨節成立。」釋文引馬注：「言成王者，未聞也。吾以爲後録書加之。」又注云：「或曰：以成王爲少成二聖之功，生號曰成王，没因爲謚。」衞賈以爲「戒成康叔以慎就，成就人之道也」。魯世家：「管叔及其羣弟流言于國曰：『周公不利于成王。』」書疏云：「鄭書注亦云『成王言成道之王』。」爲孔於二篇皆删去

〔一〕「酒誥」下「王」字原作「至」，據尚書酒誥改。

「成」字，非也。天子稱崩何？別尊卑，異死生也。「天子稱崩」下疑有脱文。禮記曲禮：「天子曰崩，諸侯曰薨，大夫曰卒，士曰不禄，庶人曰死。」公羊隱三年傳「諸侯曰薨，大夫曰卒，士曰不禄」，注：「皆所以別尊卑也。」此亦宜具述諸侯以下之稱。禮疏引異義：「今春秋公羊説，諸侯曰薨，赴于鄰國亦當稱薨。經書諸侯言卒者，春秋之文王魯，故書卒以下魯。古春秋左氏説，諸侯薨，赴于鄰國，稱名則書名稱卒。卒者，終也，取其終身，又以尊不出其國。謹案士虞禮云『尸服，卒者之上服』，不分別尊卑，皆同言卒。卒者〔一〕，終也，是終没之詞。」鄭駁之云：「案雜記上云：『君薨，赴于他國之君曰寡君不禄。』曲禮『壽考曰卒，短折曰不禄。』今君薨而言不禄者，言臣子之於君父，雖有考終眉壽，猶若其短折然。若君薨而赴者曰卒，卒是壽終矣。斯無哀惜之心，非臣子之詞。鄰國來赴，書以卒者，言無老幼皆終，成人之志，〔二〕所以相尊敬。」然則亦用公羊説也。故隱三年「宋公和卒」，公羊注：「不言薨者，死當有主文，聖人之爲文詞遜順，不可言薨，故貶外言卒，所以褒内也。」然則公羊自以諸侯當稱薨，大夫當稱卒。春秋内其國而外諸夏，故外諸侯降同大夫也。通典引石渠禮論：「聞人通漢問曰：『記曰「君赴于他國之君曰不禄」，〔三〕大夫士或言卒、死，皆不能明。』戴聖對曰：『君死未葬曰不禄，既葬曰薨。』又問：『尸服，卒者之上服，士曰不禄，言卒何也？』聖曰：『尸所以象神也。其言卒而不言不禄者，通貴賤尸之義也。』聞人通漢曰：『尸象神也，故服其服。士曰不禄者，諱詞也。孝子諱死曰卒。』」以越絶

〔一〕「王魯」原作「王崩」，「諸侯」下原脱「薨」字，「鄰國」下原脱「稱名」二字，「出」下原脱「其」字，「士虞禮」原作「禮士虞」，「卒」下原脱「者」字，據五經異義改補。〔二〕「其」下「短」字原作「斷」，「非」下「臣」字原作「君」，「之」下「志」原作「吉」，據鄭駁改。〔三〕「君」下原衍「大夫」二字，「國」下原脱「之君」二字，據通典删補。

書「卒者，閭盧死也」。天子稱崩，諸侯稱薨，大夫稱卒，士稱不祿。閭盧，諸侯也，不稱薨而稱卒者，當此之時，上無明天子，下無賢方伯，諸侯力政，强者爲君，南夷與北夷交争，中國不絶如綫。於是孔子作春秋，據魯以王，故諸侯死皆稱卒，不稱薨，避魯之諱也。崩、薨、卒、死之别，諸家皆無異説，但説春秋者爲異耳。**天子曰崩。大尊像。崩之爲言㠐然伏僵，天下撫擊失神明，黎庶殞涕，海内悲涼。**盧云「此似緯書之文，『㠐』字不見字書」，引梁處素云：「説文山部『崩』古從『阜』作『𨻳』，集韻亦作『𨻳』，疑『㠐』乃『𨻳』之誤。」案釋名釋喪制云：「天子曰崩，崩，壞之形也。崩，硼聲也。」御覽引説題詞云：「天子曰崩，崩之爲言殞也。」通典引作「㠐然僵天下也」。**諸侯曰薨。國失陽，薨之言奄也，奄然亡也。**「國失陽」以上，盧云：「此亦似緯文。」廣雅釋詁：「薨，亡也。」釋名釋喪制：「薨，壞之聲也。」説文死部：「薨，公侯𣨛也。」説題詞：「諸侯稱薨，薨之爲言奄然而亡。」**大夫曰卒。精耀終也。卒之爲言終於國也。**卒，説文作「𣨛」。衣部：「卒，隸人給事者衣曰卒。」〔一〕古以染衣題識，故從衣一。歺部云：「𣨛，大夫死曰𣨛。」今皆叚借作卒。説題詞：「大夫曰卒。精輝終卒，卒之言絶，絶於邦也。」**士曰不祿。不終君之祿，祿之言消也，身消名彰。**下「祿」字上脱一「不」字。曲禮注：「不祿，不終其祿。」釋名釋喪制：「士曰不祿，不復食祿也。」説題詞：「士曰不祿，失其忠也。不祿之言身消名章也。」〔二〕舊本作「失其忠節，不忠，終君之祿」。文甚譌舛。**庶人曰死。魂魄去亡。死之爲言澌，精氣窮也。**曲禮注：「死之爲言澌也。精神澌盡。」釋名釋喪制：「人始氣絶曰死。死，澌也，就消澌也。」檀弓云「小人曰死」，注：「死之言澌也。」説題詞：「庶人曰死。魂魄去心。死之爲言精爽窮也。」通典引此，

〔一〕「人」上原脱「隸」字，「者」下原脱「衣」字，據説文補。

〔二〕「言」下原脱「身」字，據説題詞補。

「去亡」亦作「去心」。崩薨紀於國何？以爲有尊卑之禮，謚號之制即有矣。通典引通義云：「崩薨從何王始乎？曰：從周。何以言之？尚書『放勳乃殂落』，舜曰『陟方乃死』，武王以前未稱崩薨也。至成王太平，乃制崩薨之義。尚書『翌日乙丑，成王崩。』」〔一〕是也。與此異。禮始於皇帝，至舜堯而備。易言没者，據遠也。書言殂落死者，各自見義。堯見憯痛之，舜見終各一也。舊本「没」譌「復」，「遠」譌「遂」。易繫詞傳「庖犧氏没」。〔二〕注：「虞注：没，終。」又下云「神農氏殁」，蓋皆據遠詞也。堯典：「帝乃殂落。」説文歺部：「殂，往死也。」「虞書曰勳乃殂」。許所稱者古尚書，則此蓋今尚書説也。繁露煖燠孰多篇、御覽引通義，皆引作「放勳乃殂落」。蓋今文書説也。師古注王莽傳引虞書「放勳乃殂」，則唐所據之書尚有無「落」字者。爾雅釋詁：「殂，落也。」

右論崩薨異稱

喪者，何謂也？喪者，亡也。人死謂之喪何？言其喪亡，不可復得見也。荀子禮論篇「貳之則喪也」，注：「喪，亡也。」淮南本經訓「人之心有憂喪則悲」，注：「喪，亡也。」説文哭部：「喪，亡也。從哭，從亡。」不直言死，稱喪者何？爲孝子之心不忍言也。鄭氏喪服目録云：「不忍言死而言喪，喪者，〔三〕弃亡之詞，若全存于此，而亡棄于彼也。」喪者，逃亡之詞。春秋昭公出居曰「喪人」。其何稱？謂亡人也。以死者精神澌盡名。孝子不忍言父

〔一〕「何」下原脱「王」字，「尚書」下原衍「士」字，「成王」原脱「成」字，據通義補删。〔二〕「庖犧氏」下原脱「没」字，據易繫詞傳補。〔三〕「喪」上原衍「也以」二字，下「者」字原作「是」，據鄭氏喪服目録删改。

母死，〔一〕精神盡，故諱之而言喪也。舊本多脱，盧據通典補八字。尚書曰：「武王既喪。」喪禮經曰：「死於適室。」知據死者稱喪也。書金縢、禮士喪禮文也。詩疏引鄭書注云：「既葬，謂除喪服。」鄭氏以文王崩之明年生成王，武王崩時，成王年十歲，服喪三年畢，成王年十二，明年將踐阼，周公欲代之攝政，羣叔流言，周公辟之居東都。故以既葬爲除喪服。〔二〕案詩疏引書傳云：「周公居攝，一年救亂，二年克殷，三年克奄，四年建侯于衛。」又引畧說云：「天子十八日孟侯。」以此推之，攝政時王年十四，居東時王年十二十三，在喪時王年十一十二，是鄭氏據今文書説也。此引尚書「武王既喪」，證人死稱喪之意，則讀喪爲喪亡之喪。案通典引譙周然否論，古文尚書説，武王崩，成王年十三。推武王以庚辰歲崩，周公以壬午歲出居東，〔三〕癸未歲反。」然則古文以武王崩時，成王年十三歲，羣叔卽流言，周公卽東征。又史記本紀説金縢「武王既喪」，作「其後武王既崩」。史公多從安國問故，則此亦用古尚書説也。舊本「禮經」譌作「終」，「於」譌「爲」。生者哀痛之亦稱喪。禮曰：「喪服斬衰。」易曰：「不封不樹，喪期無數。」孝經曰：「孝子之喪親也，是施生者也。」文見禮喪服、易繫詞傳、孝經喪親章。天子下至庶人，俱言喪何？欲言身體髮膚俱受之父母，其痛一也。

右論天子至庶人皆言喪

天子崩，赴告諸侯者何？緣臣子喪君，哀痛憤懣，無能不告語人者也。「語人」，文選作「諸

〔一〕「父母」下「死」字原作「者」，據文義改。

〔二〕「既葬」原作「既喪」，據文義改。

〔三〕「周公」原作「周王」，「歲出」二字原脱，據五經然否論改補。

侯」。諸侯欲聞之，又當持土地所出以供喪事。故禮曰：「天子崩，遣使者赴告諸侯。」穀梁隱三年「武氏子來求賻」，傳：「歸之者，正也。求之者，非正也。周雖不求，魯不可以不歸。」即供喪事之義也。

右論天子赴告諸侯

王者崩，諸侯悉奔喪何？臣子悲哀慟怛，無不欲觀君父之棺柩，盡悲哀者也。今文春秋說也。禮疏引異義：「公羊說，天子喪，赴者至，諸侯哭，雖有父母之喪，越紼而行事，葬畢乃還。左氏說，王喪，赴者至，諸侯既哭，問故，遂服斬衰，使上卿弔，上卿會葬。經書叔孫得臣如京師葬襄王，以爲得禮。謹案，易下邳傳甘容說，諸侯在千里內皆奔喪，千里外不奔喪。若同姓，千里外猶奔喪，親親也。容說爲近禮。」鄭駮之云：「天子于諸侯無服，諸侯爲天子斬衰三年，尊卑有差。案魯夫人成風薨，王使榮叔歸含且賵，毛伯來會葬，傳曰『禮也』。襄王崩，叔孫得臣如京師葬襄王。天子於魯既含且賵又會葬爲得禮，則魯于天子一大夫會葬爲不得禮可知。」〔一〕通典引鄭駮又云：「左傳，鄭游吉云：『靈王之喪，我先君簡公在楚，我先大夫印段實往，敝邑之少卿也。王吏不討，恤所無也。』豈非左氏諸侯會葬之明文？說左傳者云，諸侯不得棄其所守奔喪，自違其傳，同姓雖千里外猶奔喪，〔二〕又與禮乖。」是則今古文春秋皆以天子崩諸侯悉奔喪也。案顧命：「成王之喪，太保率西方諸侯入應門左，畢公率東方諸侯入應門右。」下康王之誥云：「王若曰

〔一〕「下邳」下原脱「傳」字，「天子」下「于」字原作「爲」，「魯」上原脱「案」字，「叔孫得臣」之「臣」字原作「成」，「天」下「子一」原作「干亦」，據五經異義補改。〔二〕「棄其所守」、「奔喪」原倒，「雖」下原衍「在」字，「外」下原脱「猶」字，據通典乙刪補。

「庶邦侯甸男衞。」」非千里外諸侯奔喪之明證乎？禮記檀弓曰「唯天子之喪有別姓而哭」，注：「使諸侯同姓、異姓、庶姓相從而爲位，別于朝覲來時。」非異姓奔喪之證乎？左傳隱元年亦云：「天子七月而葬，同軌畢至。」知左氏亦不專主千里內也。惟杜預釋例云：「萬國之數至衆，封疆之守至重。故天子之喪，諸侯不得越竟而奔，修服於其國，卿共弔葬之禮，既葬卒哭而除。」預此議不特諸侯不奔喪，爲悖本經之旨，即其既葬而除之邪說，亦與聖經喪服顯謬矣。徐氏乾學讀禮通考云：「當天子喪而行郊禮，當天子喪而受與國之朝聘，當天子喪而修禮於他國，春秋皆特書以誌貶，諸儒論之甚嚴。此諸侯爲天子奔喪制服之舊制也。杜氏獨云『諸侯可以修服于其國』，必不然矣。」又爲天子守蕃，不可頓空也。故分爲三部，有始死先奔者，有得中來盡其哀者，有得會喪奉送君者。七月之間，諸侯有在京師親供臣子之事者，有號泣悲哀奔走道路者，有居其國哭痛思慕，竭盡所供以助喪事者。是四海之內咸悲，臣下若喪考妣之義也。「有得中」，疑宜爲「殯中」。通典引通義云：「凡奔喪者，近者先聞先還，遠者後聞後還。」即此「分爲三部」也。「有號」，「有」字舊訛「也」，盧從趙改。葬有會者，親疏遠近盡至，親親之義也。隱三年「尹氏卒」，公羊傳：「天王崩，諸侯之主也。」注：「時平王崩，魯隱往奔，尹氏主儐會葬諸侯。」文九年二月「叔孫得臣入京師。辛丑，葬襄王」。公羊傳：「王者不書葬，此何以書？不及時書，過時書，我有往者則書。」注：「謂使大夫往也。惡文公不自往。」是天子崩，宜諸侯會葬也。童子諸侯不朝而奔來喪者何？明臣子於其君父非有老少也。亦因喪質，無般旋之禮，但盡悲哀而已。通典禮載：「皇子廣陵王年十一，孫爲祖服期，當從臣服，從本親服？應琳議：「案禮喪服，諸侯爲天子，今廣陵王列士建國，古之諸侯，宜從臣制。」」是童子諸侯既持斬服，亦宜奔喪明矣。

右論諸侯奔大喪

臣死，亦赴告於君何？此君哀痛於臣子也。欲聞之加賻賵之禮。故春秋曰「蔡侯考父卒」，傳曰：「卒赴而葬，不告。」今文春秋説也。公羊隱八年「夏六月己亥，蔡侯考父卒」，又八年「葬蔡宣公」，傳：「卒何以名而葬不名？卒從正，而葬從主人。」注：「卒當赴告天子，君前臣名，故從君臣之正義言也。至葬者有常月可知，不赴告天子，故自從蔡臣子詞稱公。」又云：「卒何以『日』而葬不『日』？卒赴而葬不告。」注：「赴天子也。緣天子哀傷，欲其知之。又臣子疾痛，不能不具以告也。」是臣死告君之義也。禮記雜記云：「凡赴於君，曰『君之臣某死』。」注：「臣死，其子使人至君所告之。」是也。公羊隱三年注：「記諸侯卒葬者，王者當加之以恩禮，故爲恩録也。」又士喪禮「乃赴于君，主人西階東南面命赴者，〔一〕拜送」，注：「赴，告也。臣，君之股肱耳目，死當有恩。」疏：「檀弓云『父兄命赴』者，鄭注云：『謂大夫以上也。〔二〕士則主人親命之，尊卑禮異』」也。是諸侯至士皆有赴君之禮也。〔三〕禮疏引鄭釋廢疾云：「天子於諸侯，含之，賵之。諸侯於卿大夫如天子於諸侯，諸侯於士如天子於諸侯臣，襚之，賵之。天子於二王後，含爲先，襚則次之，賵爲後。諸侯相於，如天子於二王後也。」故隱元年「天王使宰咺來歸惠公、仲子之賵」，公羊傳：「賵者

〔一〕「東」下原脱「南」字，據儀禮士喪禮補。　〔二〕「檀弓」下原脱「云」字，「者」下原脱「鄭注云」三字，「謂」字原作「是」，「上」下原脱「也」字，據儀禮士喪禮疏補改。　〔三〕「至」下「士」字原作「是」，據文義改。

何？喪事有賵，賵者蓋以馬，〔一〕以乘馬束帛。車馬曰賵，貨財曰賻，衣被曰襚。」注：「賵，覆也。賻猶助也。皆助生送死之禮。襚猶遺也。〔二〕末句舊作「禮也」，盧依公羊傳改正。

右論臣赴于君

諸侯薨，赴告鄰國何？緣鄰國欲有禮也。　禮記雜記云：「君赴于他國之君，曰『寡君不祿，敢告於執事』。」疏引異義：「公羊說，諸侯稱薨，赴告鄰國亦稱薨。經書諸侯言卒者，春秋王魯，故稱卒以下魯。古左氏說，諸侯薨，赴于鄰國稱名，則書名稱卒。卒者終也。〔三〕取其終身，又以尊不出其國。」案如禮文，則赴於鄰國稱「不祿」，至稱薨稱卒，自是史策之詞，非赴告之稱也。　禮疏引異義又云：「公羊說，諸侯之喪，遣大夫弔，君會其葬。左氏說，諸侯之喪，士弔，大夫會葬。文、襄之伯，令大夫弔，卿共葬事。謹案：周禮諸侯無會葬事，〔四〕知不相會葬。從左氏義。」鄭駮無考。文六年「公子遂如晉」，注：「刺公葬不自行。」定十五年「邾婁子奔喪」，傳：「非禮也。」注：「禮，諸侯薨，有服者奔喪，無服者會葬。」此公羊之義，以諸侯有會葬事。案左傳于「衛侯來會葬」亦無譏文，蓋同姓同盟則會葬。故左氏隱元年云「同盟至」也。若列士封疆，輕棄所守，數外適鄰國，似非藩屏之正。雜記記諸侯相弔之禮云：「含者執璧將命，曰

〔一〕「天王」原作「天子」，「蓋」下原脫「以馬」二字，據公羊傳隱公元年改補。　〔二〕「之」下「禮」字原作「稱」字，「襚猶遺」三字原脫，據公羊傳隱公元年注改補。　〔三〕「經書」下原脫「諸侯言」三字，「左氏」上「古」字原作「也」字，「薨」下原脫「赴于鄰國」四字，「書」下「名」字原作「明」，「卒」下原脫「者」字，據禮記雜記疏補改。　〔四〕「君會」下原脫「其」字，「周禮」下原脫「諸侯」二字，據五經異義補。

「寡君使某含」。又禭者曰「寡君使某禭」。上介賵執圭將命，曰「寡君使某賵」。」是諸侯相於，含爲先，禭次之，賵爲後。天子于二王後同。僖二十四年左傳：「宋于周爲客，天子有事膰焉故也。」春秋傳曰：「桓母喪，告於諸侯。」桓母賤，尚告於諸侯，諸侯薨，告鄰國明矣。公羊隱元年傳文也。禮疏引異義：「公羊說，諸侯夫人喪，卿弔，君自會葬。〔一〕左氏說，士弔，士會葬。文、襄之伯，士弔，大夫會葬。」「謹案：公羊說，同盟諸侯薨，君會葬，其夫人薨，君又會葬。是其不遑國政而常在路。」鄭駁之云：「案禮，君與夫人尊同，故聘禮卿聘君，因聘夫人。凶時會弔，主於相哀愍，畧於相尊敬，故使可降一等。〔二〕士弔，大夫會葬，禮之正也。」禮記雜記：「父母妻長子死，曰『君之臣某之某死』。」注：「此臣於其家喪所主者。」然則夫人之喪尚告於天子，其告鄰國明矣。故秦人得「歸成風之禭」也。

右論諸侯赴鄰國

諸侯夫人薨，告天子者，不敢自廢政事，天子亦欲知之，〔三〕當有禮也。春秋曰「天王使宰咺來歸惠公、仲子之賵」，譏「不及事」。隱元年公羊傳文也。彼云：「桓未君，則諸侯曷爲來賵之？隱爲桓立，故以桓母之喪告於諸侯。」注：「經言王者賵，赴告王者可知。」雜記：「父母妻長子死，曰『君之臣某之某死』。」是赴告天子之文也。文四年「夫人風氏薨」，五年「王使榮叔歸含，且賵」，公羊注：「不從含晚，言來者，本不當含也。」以此言，則天子於諸侯無含，鄰國則含、賵、禭兼有矣。仲子者，魯君之貴妾也，何况於夫人乎？公羊隱元年傳：「何以

〔一〕「公羊說」、「諸侯夫人喪」原倒，「自」下「會」字原作「送」，據五經異義乙改。〔二〕「哀」下「愍」字原作「問」，「故」下原脱「使」字，據五經異義改補。〔三〕「亦欲」上原脱「天子」二字，據各本補。

不稱夫人？」桓未君也。」以仲子不得舉謚，明未立爲夫人。故不稱夫人也。又云「桓何以貴？母貴也」，注：「據桓母右媵。」春秋之制，右尊於左，故仲子爲魯惠公之貴妾也。

右論諸侯夫人告天子

諸侯薨，使臣歸瑞珪於天子者何？諸侯以瑞珪爲信，今死矣，嗣子諒闇，三年之後，當乃更爵命，故歸之，推讓之義也。故禮曰：「諸侯薨，使臣歸瑞珪於天子。」通典引異義：「左氏說，諸侯踰年即位，天子賜以命圭。」是則諸侯薨，以所受圭璧還於天子，嗣君即位，天子賜之。詩韓奕所云「韓侯受命」是也。推讓之義者，示新君即位，不敢必得，所以專其權於天子也。御覽八百六引云：「諸侯薨，使臣歸瑞圭於天子，推讓之義也。」正節引此文也。

右論諸侯歸瑞圭

天子聞諸侯薨，哭之何？慘怛發中，哀痛之至也。通典：「魏大司馬曹真薨，王肅爲舉哀表云：『在禮，大臣之喪，天子臨弔，諸侯之薨，又廷哭焉。』」使大夫弔之，追遠重終之義也。穀梁定元年傳：「周人有喪，魯人亦有喪。周人弔，魯人不弔。周人曰：『固吾臣也，使人可也。』」文九年：「夫人風氏薨，王使榮叔歸含，且賵。」又云：「毛伯來會葬。」三傳皆無譏文，知宜使大夫弔也。杜預春秋釋例大夫卒篇云：「君之卿佐，是謂股肱，股肱或虧，何痛如之。疾則親問也，死則親其大斂小斂，慎終歸厚之義也。」故禮檀弓曰：「天子哭諸侯，爵弁純衣。」又曰：「遣大夫弔，詞曰：『皇天降災，子遭離之。嗚呼哀哉，天王使臣某弔。』」今檀弓作「爵弁絰紂衣」，

注：「服士之祭服以哭之，明爲變也。天子至尊，不見尸柩不弔，服麻不加于采。此言『絰』，衍字也。時人誾有弁絰，因云之耳。」周禮：「王弔諸侯，弁絰緦衰。」然則諸侯薨，在本國者，天子遥哭之，服以爵弁服。其圻外諸侯入爲王朝之臣，或外臣入覲而薨于王圻者，天子則弔服加麻，服弁絰緦衰也。此引檀弓記，正無「絰」字，知鄭説非無本也。天子于三公、六卿、諸侯、大夫、士，皆弁絰。故司服云：「其首服皆弁絰。」在成服後之弔服也。諸侯惟于大夫弁絰，于士皮弁。服問：「公爲卿大夫，錫衰以居，出亦如之。當事則弁絰。」注：「不當事則皮弁。」疏云：「若于士，雖當事首服皮弁。」故士喪禮「君視大斂」注：「皮弁服襲裘。」是也。蓋所以辟天子也。服問又云：「大夫相爲亦然。」然則大夫相於，亦當事弁絰，不當事則皮弁。故雜記云：「大夫與殯亦弁絰。」是也。士相於亦然。喪服注：「士弁絰、皮弁之時如卿大夫。」是也。其服則疑衰。喪服注：「士以緦衰爲喪服，其弔服則疑衰。」是也。君爲士，則有疑衰錫衰。文王世子注云：「士蓋疑衰，同姓則緦衰以弔之。」是也。大夫于士則皮弁。服問疏：「大夫于士，士雖當事，亦皮弁也。」是也。若未成服之前，則不服衰。

喪大記「弔者襲裘加武」，謂皮弁服襲裘也。疏云：「若士大斂之時，有朋友之恩者，及兩大夫相爲，并君于大夫，皆皮弁服襲裘，加弁絰也。」不當事則皮弁。諸侯大夫于士，士無朋友之恩，雖當事亦皮弁。士喪禮注：「主人成服之後往則錫衰。」明未成服往則皮弁服也。又雜記「大夫與殯亦弁絰」，疏：「君于士大夫，士相於，無朋友恩者，視大斂則亦皮弁服襲裘，無弁絰。」是也。盧云：「『純』當作『紂』。」又曰：「疑是『或曰遣大夫』，卽使有司哭之之義，若以『遣大夫弔』爲句，則弔詞並不見於檀弓。」又案通典云「知生者弔，知死者傷」，皆謂致命詞也。雜記曰：「諸侯使人弔，詞曰『寡君聞君之喪，寡君使某如何不淑』。」此施于生者也。傷詞未聞，説者有弔詞云云，卽指此。其「嗚乎哀哉」，亦作「如何不淑」誤也，無下句。案御覽五百六十一亦無下句。「臣」字誤衍。

右論天子弔諸侯

臣子死，君往弔之何？親與之共治民，恩深義重厚，欲躬見之。周禮司服云：「王爲三公六卿錫衰，爲諸侯緦衰，爲大夫士疑衰，其首服皆弁經。」注：「君爲臣服弔服。」通典引後漢劉德問曰：「君弔，大夫迎於門外，又拜送於門外。大夫弔，不迎於門外。」又引戴德變除云：「君弔於卿大夫，錫衰以居，不聽樂，弔於士，皆服弁經疑衰，君弔臣疑衰素弁加經。明日，主人衰經拜謝於朝。君若使人弔，其服疑衰素裳素冠。」皆君弔臣之制也。君於士，既殯而往弔，加恩則大斂而往。喪大記：「於士既殯而往，爲之賜，大斂焉。」夫人於士妻同。大夫則大斂而往弔，加恩則小斂。喪大記：「君於大夫，大斂焉，爲之賜，則小斂焉。」是也。夫人于大夫妻同。若卿，則小斂而往弔，加恩則襲而往。故公羊昭十五年傳「去樂卒事」而往，未襲也，是也。夫人於卿妻同。則天子於王朝之臣亦然也。故御覽引射慈喪服圖曰：「天王弔三公及三孤，弁經錫衰。弔六卿，則弁經錫衰。弔大夫，弁經疑衰。弔士，弁經緦衰。弔圻內諸侯，弁經緦衰也。」

故禮雜記曰：君弔臣，主人待於門外，見馬首不哭。賓至，主人先入，君升自阼階西向哭。主人居中庭，從哭。禮記喪大記云：「大夫士既殯，而君往焉，使人戒之。主人具殷奠之禮，俟於門外，見馬首，先入門右，巫止於門外，祝代之先君釋菜於門內。祝先升自阼階，負墉南面，君卽位於阼。若使人，則必以其爵。」士喪禮：「君使人弔，徹帷，主人迎于寢門外，見賓不哭，先入門右北面。」注：「使人，士也。禮，使人必以其爵。」蓋喪不迎賓，唯君弔及君使人弔則迎之。君至則待于門外，君使則于寢門外爲異也。又云「弔者入，升自西階東面，主人進中庭，弔者致命，主人哭拜稽顙成踊」，亦與君升自阼階爲異也。**或曰：大夫疾，君問之無數。士疾，一問之而已。**禮記禮運云：「諸侯非問疾弔喪而入諸臣之家，是謂君臣爲謔。」荀子大略篇云：「君於大夫，三問其疾，三臨其喪。於士，一問一臨。」禮記喪大記云：「君於大夫疾，三問之，在殯三往焉。士疾，壹問之，在殯壹往焉。」與荀子説同。又雜記下云：「卿大夫疾，君問之無算，士一問之。」孔氏云：「謂有師保之恩，故問之無算。」則此與雜記謂有恩舊者之大夫同。荀子、喪大記自謂尋常大夫也。**大夫卒，比葬不食肉，比卒哭不舉樂。士比殯不舉樂。**通典禮四十一引熊遠云：「案禮，君于卿大夫，比葬不食肉，比卒哭不舉樂，惻隱之心，未忍行吉事故也。」又引賀循云：「古者君臣義重，雖以至尊之義，除而無服，三月之内，猶錫衰以居，不接吉事。故春秋晉大夫智悼子未葬，平公作樂，春秋譏之。」是也。**玄冠不以弔者，不以吉服臨人凶，示助哀也。論語曰：「羔裘玄冠不以弔。」**論語，鄉黨文。集解引孔注：「喪主素，吉主玄，吉凶異服。」禮記檀弓「奠以素器，以生者有哀素之心也」，注：「哀素，言哀痛無飾。玄冠，吉服，故不以臨凶事也。」案玄冠不以弔，據大斂後言也。喪大記「君大夫士小斂」之節，云「弔者襲裘加武」，注：「始死，弔者朝服裼裘，如吉時也。」御覽引賀循喪服要記云：「始死弔，朝服，玄端之服也。皮弁絰，素弁而加環絰也。始死而往朝服者，主人未變，賓未可以變也。小斂則改襲而加武與帶絰矣。」故檀弓「主人既小斂，袒括髮，子游趨而出，襲裘帶絰而入」，即襲朝服之裘而加絰于玄冠也。孔疏謂「主人既變之後，雖著朝服而加武與絰，又掩其上服。若是朋友，又加帶也。大斂以後，則弁絰」。雜記「大夫之哭大夫弁絰，大夫與殯亦弁絰」，孔疏：「此謂未成服之前。」是也。或皮弁。士喪禮「君若有賜焉，則視斂」，注：「斂，大斂，君視大斂，皮弁服襲裘。」是也。其服則皆皮弁服也。若成服以後則衰麻。喪服記「朋友麻」注：「諸侯及卿大夫，亦以錫衰爲弔服，當事則弁經，否則皮弁，辟天子也。其士，以緦衰爲喪服，其弔服則疑衰也。其弁經皮弁之時，則如卿大夫。」是也。若然，檀弓言「始死羔裘玄冠，易之而已」者，彼自指主人之服，故注云：「養疾者朝服。」蓋士養疾朝服，親始死，則易去朝服，著深衣，故云「易之而已」也。故要記又云：「大夫弔於大夫，始死而往，朝服裼裘，如吉時也。當斂之時而至，則弁經，服皮弁之服以襲裘也。主人成服而往，則皮弁經而加錫衰也。」大夫與士有朋友之恩，乃得弁經耳。

右論君弔臣

崩薨三日乃小斂何？奪孝子之恩以漸也。禮記喪大記「小斂，主人即位於户内」，注：「士之既殯，諸侯之小斂，於死者俱三日也。大夫以下以往日數，天子諸侯以來日數。通三日小斂也。」一日之時，屬纊於口上，以俟絶氣。二日之時，尚冀其生。三日之時，魂氣不返，終不可奈何。故禮士喪經曰：「御者四人皆坐，持體屬纊，以俟絶氣。」喪大記云「疾病屬纊，以俟絶氣」，注：「纊，今之新綿，易動摇，置口鼻之上以爲俟。」又云「廢牀」，注：「人始生在地，去牀庶其生氣。」〔一〕是皆尚冀其生之意也。所引見既夕記。既夕本士喪之下篇，此經當「記」之誤也。禮曰：「天子諸侯三日小斂，大夫士二日小斂。」屬纊於口者，孝子欲生其親也。所引禮曰，或逸禮語。禮記問喪云：「死三日而後斂者何也？曰：『孝子親死，悲哀志懣，故匍匐而哭之，若將復生然，安可得奪而斂之也？』故曰『三日而後斂』者，以俟其生也。三日而不生，亦不生矣，孝子之心亦益衰矣。家室之計，

〔一〕「牀」下「庶」字原作「廣」，據禮記喪大記注改。

衣服之具，亦可以成矣。親戚之遠者亦可以至矣。是故聖人爲之斷決，〔一〕以三日爲之禮制也。」按定元年公羊注：「禮，天子五日小斂，七日大斂。諸侯三日小斂，五日大斂。卿大夫二日小斂，三日大斂。」惟所説天子禮與此異耳。人死必沐浴於中霤何？示潔淨反本也。禮檀弓曰：「死於牖下，沐浴於中霤，飯唅於牖下，小斂於户内，大斂於阼階，〔二〕殯於客位，祖於庭，葬於墓。所以即遠也。」奪孝子之恩以漸也。今檀弓無「死於牖下」二語。禮記喪大記云：「管人汲，不説繘，屈之，盡階不升堂，授御者。御者入浴，小臣四人抗衾，御者二人入浴，浴水用盆，沃水用枓，浴用絺衣，挋用浴衣，〔三〕如它日。小臣爪足，浴餘水棄於坎。」案疾時處北牖下。喪大記云：「寢東首於北牖下。」是也。死則遷之當南牖下，有牀衽。既夕記所云「設牀第當牖，衽下莞上簟，設枕遷尸」，注：「徙於牖下。」是也。至小斂，乃遷於户内。士喪禮云「布席於户内，下莞上簟」，注：「有司布斂席。」是也。其實户内牖下同爲中霤之地，記者欲推言自近及遠之義，故以小斂爲在户内，浴尸爲在中霤也。大斂則於阼階上。既夕記「大斂於阼」注：「未忍便離主人位。」是也。殯則於西階上。士喪禮「掘肂見衽」注：「肂，埋棺之坎也。掘之於西階上。」檀弓「周人殯於西階上」，則猶賓之，是又離主位客之也。至祖時則於庭。既夕禮：「啟殯之後，柩遷於祖，重先，奠從，柩從，升自西階，正柩於兩楹間。」注：「是時柩北首。」蓋將葬時朝於祖，故柩北首。徹啟奠後，乃設遷祖之奠，至日昃乃卻下載於階間，乘蜃車。士喪注所云「柩車在三分庭之北」是也。徹去遷祖之奠，乃遷柩嚮外爲行時。既夕禮云：「乃祖，婦人降即

〔一〕「心」下原脱「亦」字，「是」下「故」字原作「以」，據禮記問喪補改。〔二〕禮記檀弓「飯」下無「唅」字，「阼」下無「階」字。〔三〕「挋」下原脱「用浴」二字，據禮記喪大記補。

位於階間。」是也。未祖時在兩楹間，既祖則還於庭，是又由上而下也。葬則於墓。既夕記云：「柩至於壙，卒窆而歸。」是也。是皆由近而遠之意。子游以負夏之人，既奠徹之後，復推柩而反之，故歷舉殯斂祖葬之制曉之也。所以有飯唅何？緣生食，今死，不欲虛其口，故唅。禮記檀弓云：「飯用米貝，不忍虛也。」御覽引説題詞云：「口實曰唅。緣生象食，〔一〕孝子不忍虛其欲。」注：「不忍虛，故實其口。」儀禮士喪禮：「主人出洗貝，執以入。宰洗柶，建於米，執以從。商祝執巾從入，當牖北面，徹枕設巾，徹楔受貝，奠於尸西。主人由足西牀上坐東面，祝又受米，奠於貝北，宰從立於牀西，在右。主人左扱米，實於右，三實一貝，左中亦如之。」是士飯唅之制。用珠寶物何也？有益死者形體。故天子飯以玉，諸侯以珠，大夫以璧，士以貝也。公羊文九年云「王使榮叔歸含且賵」，注：「天子以珠，諸侯以玉，大夫以璧，士以貝。」穀梁疏引禮稽命徵同。説苑修文篇：「天子唅實以珠，諸侯以玉，〔二〕大夫以璣，士以貝。」檀弓疏引稽命徵則云：「天子飯以珠，含以玉。諸侯飯以珠，含以璧。卿大夫飯以珠，含以貝。」疏家皆以此異代制。又大戴禮：「天子飯以珠，含以玉。諸侯飯以珠，大夫士飯以珠，含以貝。」彼諸侯言飯不言含，蓋蒙上含以玉也，其實玉與璧同耳。案周禮典瑞：「共飯玉含玉。」是天子飯用玉。檀弓云：「飯用米貝。」又士喪禮：「洗貝執以入。」是士以貝也。此以大夫用璧，則與公羊注合，以諸侯用珠，則又與禮緯同。典瑞、士喪禮自是周法，禮緯所云，或異代之制。禮記雜記又云「天子飯九貝，諸侯七，大夫五，士三」，注：「此蓋夏時制。」是也。若周制，則諸侯宜用璧，雜記云「含者執璧」

〔一〕「象」下「食」字原作「實」，據御覽引説題詞改。　〔二〕「唅」下原脱「實」字，「諸侯」下原脱「以」字，據説苑修文篇補。

是也。大夫當以珠，左傳成十七年「公孫嬰齊夢贈瓊瑰」，注：「食珠玉含象。」則大夫或用珠也。「璧」舊作「米」，梁處素云：「米非珠寶物。檀弓下正義云：『飯用沐米，天子黍，諸侯粱，大夫稷，天子之士粱，諸侯之士稻。』此何獨大夫以米？正義引公羊注『碧』作『璧』，御覽亦同，故定作『璧』也。」

右論含斂

贈襚者，何謂也？贈之爲言稱也。玩好曰贈。廣雅釋詁云：「贈，稱也。」御覽引説題詞云：「玩好曰贈。決其意也。贈之爲言稱也。」〔一〕説文貝部：「贈，玩好相送也。从貝，曾聲。」荀子大略篇引傳曰：「玩好曰贈。」襚之爲言遺也。衣被曰襚。廣雅釋詁云：「襚，遺也。」儀禮士喪禮「君使人襚」，注：「襚之爲言遺也。」穀梁隱元年傳：「衣衾曰襚。」説文衣部：「襚，衣死人也。从衣，遂聲。」春秋傳曰：「楚使公親襚。」詩碩人「説於農郊」，箋：「衣服曰襚。今俗語然。」〔二〕知死者則贈襚，所以助生送死，追恩重終，副至意也。御覽引説題詞云：「知死者贈。」既夕禮同。公羊隱元年注、荀子大略篇並云「知死者贈襚」。賻賵者，何謂也？賻者，助也。御覽引説題詞云：「賻之言助也。貨財曰賻。」儀禮士喪禮「若賻」，注：「賻之言補也，助也。貨財曰賻。」賵者，覆也。御覽引説題詞云：「賵之爲言覆也。」四字舊脱，盧補。所以相佐給不足也。故弔詞曰：「知生則賻賵。」公羊隱元年注：「知生者賻賵。」又云：「皆助生送死之禮。」説題詞及説苑修文篇並云「知生者賻賵」。舊脱「賵」字，依盧補。貨財曰賻，車馬曰賵。荀子大略篇、公羊隱元年注、説題詞並有其文。

〔一〕「爲」下原脱「言」字，據御覽引説題詞補。

〔二〕「俗語」下原衍「猶」字，據詩碩人注删。

右論贈襚賻賵

天子七日而殯，諸侯五日而殯何？事有大小，所供者不等。故王制曰：「天子七日而殯，諸侯五日而殯，卿大夫三日而殯。」王制注云：「尊者舒，卑者速。」案殯之日數，與葬之月數皆相當。左傳隱元年：「天子七月，諸侯五月，大夫三月，士踰月。」禮疏引何氏膏肓云：「士禮，三月而葬會。左氏踰月，於義爲短。」鄭箴之云：「禮，人君之喪，殯葬皆數來月來日，士殯葬皆數往月往日，尊卑相下之差數，故大夫士俱三月而實不同，士之三月即大夫之踰月也。」則鄭以大夫與天子諸侯皆數往日，白虎通於上小斂日數以大夫士皆以往日數，以大夫士同制，則此當亦以大夫士同三日而殯也。

右論殯日

夏后氏殯於阼階，殷人殯於兩楹之間，周人殯於西階之上何？夏后氏教以忠，忠者，厚也。曰生吾親也，死亦吾親也。主人宜在阼階。殷人教以敬，曰死者將去，又不敢客也。故置之兩楹之間，賓主共夾而敬之。周人教以文，曰死者將去，不可又得。故賓客之也。檀弓記曰：「夏后氏殯于阼階，殷人殯於兩楹之間，周人殯於西階。」公羊莊公四年注云：「夏后氏殯於阼階之上，若存。殷人殯於兩楹之間，賓主夾之。周人殯於西階上，賓之也。」説文歺部「殯」下云「从歺，从賓」，亦取賓之意也。

右論三代殯禮

禮稽命徵曰：「天子舟車殯何？爲避水火災也。故棺在車上，車在舟中。」禮記檀弓云「天子之殯也，菆塗龍輴以椁」，注：「菆木以周龍輴，加椁而塗之。天子殯以輴車，畫轅爲龍。」又顏柳曰「天子龍輴而椁幬」，注：「輴，殯車也。畫轅爲龍。」皆未言車在舟之制。儀禮士喪禮云「乃塗」，注：「塗之所以避火。」蓋車以避火，舟以避水也。臣子更執紼，晝夜常千二百人。紼者，所以牽持棺者也。禮記雜記「諸侯執綍五百人，四綍，大夫執引者三百人」，注：「廟塗曰綍，在塗曰引。大夫士皆二綍。」周禮遂人云：「大喪，帥六遂之役而致之。及葬，帥而屬六綍。」注：「綍，舉棺索也。用綍旁六。」執之者天子其千人與。綍與紼通。禮記王制「爲越紼而行事」，注：「紼，輴車索。」蓋停位之時，指其繩體則謂之紼也。「千二百人」，舊作「百二十二人」，盧據御覽改。案以鄭氏遂人注校之，則盧是也。莊子「紼謳所生」，司馬彪注：「紼，引柩索也。」即此。故禮曰：「天子舟車殯，諸侯車殯，大夫欑塗，士瘞，尊卑之差也。」此疑亦禮緯文。禮記喪大記云：「君殯用輴，欑至於上，畢塗屋。大夫殯以幬，欑置于西序，塗不暨于棺。士殯見衽，塗上帷之。」注：「欑猶叢也。屋殯，上覆如屋者也。幬，覆也。」「天子之殯，居棺以龍楯，欑木題湊，象椁，上四注，如屋以覆之，盡塗之。諸侯輴不畫龍，欑不題湊，象椁。」然則天子欑木通湊，有四阿，諸侯惟欑木題湊，高似屋形。故左傳成二年「宋文公椁有四阿」爲僭天子制也。又天子畫龍，諸侯不畫龍，餘大畧相似。喪大記注又云：「大夫之殯，廢輴置棺西牆下，就牆，欑其三面。塗之不及棺者，言欑中狹小，裁取容棺。」又注：「檀弓云『大夫菆置西序』。」然則大夫之殯以一面倚西壁，三面欑之，又上不爲屋，又無輴，即此所云「大夫欑塗」也。喪大記注又云：「士不欑，掘地下棺。」又注：「檀弓云『士掘肂見衽』。」士喪禮云「乃塗」，注：「木覆棺上而塗之。」然則士又不可木欑，但穿地爲坎，酌棺之深淺，唯以棺上小，要之衽出於平地，以土塗之，即此所云「士瘞」是也。

右論天子舟車殯

祖於庭何？盡孝子之恩也。祖者，始也。始載於庭也。乘軸車辭祖禰，故名爲祖載也。

禮曰：「祖於庭，葬於墓。」又曰：「適祖升自西階。」周禮喪祝云「掌大喪祖飾棺乃載」，注：「祖爲行始也。」儀禮既夕記云「遷於祖用軸」，則此指士制也。彼注云：「遷，徙也。」徙於祖，朝祖廟，蓋象平生時出必辭尊者也。軸，輁軸也。狀如轉轔，刻兩頭爲軹輁，狀如長牀，穿桯前後，著金而關軸也。大夫以上有四周，謂之輴。天子畫之以龍。然則士之軸即王侯大夫之輴也。天子諸侯殯與朝廟同用輴，在塗則用蜃車。遂師注：「蜃車，柩路也。」是也。至壙，天子復載之以輴。遂師注：「行至壙乃説，更載以龍輴。」是也。諸侯則即以輇車。禮記喪大記「君葬用輴」，鄭讀如「載以輇車」之輇，是也。大夫唯朝廟用輴，以輁軸唯士用故也。在塗亦曰輇。喪大記云「大夫葬以輴」，鄭讀亦爲輇，是也。葬不得用輴，以檀弓云「大夫廢輴」故也。士則朝廟用輁軸，在塗亦用輇。喪大記「士葬用國車」。鄭「以國」爲「團」是也。〔一〕團即輇，輇即蜃，團、輇、蜃、輴皆同韻，故輾轉相訛也。在塗之車，尊卑同耳，故禮疏引皇疏云：「天子諸侯以下，同用輇車，其尊卑之差異在於棺椁耳。」鄭注周禮云：「蜃車，禮記或作槫，或作輇。」注士喪禮云：「載柩車，周禮謂之蜃，雜記謂之團，或作輇，或作槫，聲讀相同耳。未聞其正。」注雜記云：「輲讀爲輇，或作槫。」注喪大記：「輇或爲團。」是鄭以蜃、團、輇、槫、輲爲一物也。文選挽歌注引此云：「始載於庭，輲車辭祖禰。」案説文無「輲」字，當是「輴」字。説文以輴爲喪車，

〔一〕「鄭」下「以國」二字原作「破」字，據文義改。

非載柩朝廟之車也。通典引賀循云：「載柩於輴，未明而行，遷於祖廟者，乃將告辭於先君也。登自西階，正柩於兩楹間，北首，納輴車於階下，載之以適墓。」然則輴車即蜃車也。凡朝廟自祖始，既夕記「夷牀輁軸饌於西階東」，注：「夷牀饌於祖廟，輁軸饌於殯宮，其二廟者，於禰亦饌輁軸焉。」是朝廟由禰至祖，朝祖訖，即下柩，明日用蜃車載以行，故以祖爲行始也。「盡」，御覽引作「奪」，亦通。

右論祖載

所以有棺椁何？所以掩藏形惡也。不欲令孝子見其毁壞也。孟子滕文公云：「蓋上世嘗有不葬其親者，其親死，則舉而委之於壑。他日過之，狐狸食之，蠅蚋姑嘬之，其顙有泚，睨而不視。夫泚也，非爲人泚，中心達於面目，蓋歸反蘽梩而掩之，掩之誠是也，則孝子仁人之掩其親亦必有道矣。」蓋上古之世，未有棺椁，孝子仁人見其親爲獸蟲所食，不忍見其毁壞，故制爲棺椁，以掩藏形惡。故繫詞傳云：「古之葬者，厚衣之以薪，葬之中野。」是也。棺之爲言完，所以載尸令完全也。說文木部：「棺，關也。所以掩尸。从木，官聲。」廣雅釋器云：「棺，完也。」釋名釋喪制：「棺，關也。關，閉也。」一切經音義引古文云：「棺，完也，關之也。」棺、完、關皆疊韻爲訓。椁之爲言廓，所以開廓辟土，無令迫棺也。釋名釋喪制：「槨，廓也。廓，在表之言也。」廣雅釋器云：「槨，廓也。」說文木部：「𣝏，葬有木𩫏也。」案孝經喪親章疏引云：「棺之言完，宜完密也。椁之言廓，謂開廓不使土侵棺也。」禮王制曰：「天子棺椁九重，衣衾百二十稱。公侯五重，衣衾九十稱。大夫有大棺三重，衣衾五十稱。士再重，無大棺，衣衾三十稱。單袷備爲一稱。」今王制無此文，蓋逸禮也。莊子：「古之喪禮，貴賤有儀，上下有等。天子棺槨七重，諸侯五重，大夫三重，士再重。」與此唯天子制異。然古禮降殺以兩，公侯五重，則天子當七重，疑此所引或誤「七」作「九」也。檀弓云「天子之棺四重」，注：「諸公三重，諸侯再重，大夫一重，士不重。」意謂水兕革一重也。杝棺一，即喪大記之椑，四寸二重也。梓棺二，即喪大記之大棺八寸，屬六寸，合爲四重也。上公去水牛革棺，不被餘兕，椑屬大棺，爲三重也。侯伯又去革棺，餘椑屬大棺三棺爲二重也。大夫又去椑，餘屬與大棺二棺爲一重也。士則又去屬，止棺外之棺，爲不重也。御覽引禮記外傳曰：「凡棺之重數，從内向外數，如席之重也。兕革棺一棺三寸。」注：「内一重有水牛皮，次兕皮，二者合爲一重，都厚六寸。」又云：「一名椑棺，又名櫬。杝棺二，厚八寸，屬棺三，其厚四寸，大棺四，厚六寸，屬棺、大棺皆用梓也。上公用水牛皮，侯伯以下去水兕，卿大夫唯屬棺與大棺，士不言重，唯棺而已。」喪大記注又云：「抗木之厚，蓋與椁齊，天子五重，上公四重，諸侯三重，大夫再重，士一重。」然則此之重數，蓋兼抗木言之。天子棺四重，抗五重，合九重。上公棺三重，抗四重，合七重。侯伯以下棺再重，抗三重，合五重。大夫棺一重，抗再重，合三重。士雖不重，餘棺一重，抗一，爲再重也。則此所引記文，其脱「公七重」與？此所述衣衾之制，謂大斂也。若襲制，則雜記云：「子羔之襲也，繭衣裳與税衣纁袡爲一，素端一，皮弁一，爵弁一，玄冕一。」又云：「公襲卷衣一，玄端一，素積一，纁裳一，皮弁一，玄冕一，褒衣一。」鄭氏推之云：「士襲三稱，子羔襲五稱，今公襲九稱，則尊卑襲數不同矣。諸侯七稱，天子十二稱歟？」則鄭以子羔爲大夫制也。若小斂，則君大夫士皆十九稱。喪大記云：「君錦衾，大夫縞衾，士緇衾，皆一衣十有九稱。」是也。其大斂，則喪大記云：「君陳衣於庭百稱，大夫陳衣於序東五十稱，士陳衣於序東三十稱。」此云公百稱，蓋舉上公全數言之也。以鄭注雜記云「大夫諸侯七，上公九，天子十二」推之，則天子宜十二稱也。然則制記以公侯同制，喪大記又以君同百稱，或五等之爵大斂同九十稱也。杜預注左傳云：「襌複具爲一稱。知者，士喪禮云『明衣不在算』，注云『明衣襌衣，不成稱』也，是稱爲單袷備也。」「百二十稱」下，舊有「于領大度曰」五字，衍。盧疑「王制」本是「王度記」，乃「十稱」下又有「士再重禮曰」五字。「士再重，無大棺」，舊作「士無大棺二重」，悉依盧刪正。禮檀弓曰：「天子棺四重，水兕革棺被之，其厚三寸，杝棺一，梓棺二，柏椁以端長六尺。」具見今檀弓。有虞氏瓦棺，今以木何？虞尚質，故用瓦。禮記檀弓云「有虞氏瓦棺」，注：「始不用薪也。有虞氏上陶。」以上古時衣之以薪，虞始用瓦棺，以時尚質故也。夏后氏益文，故易之以堲周。謂堲木相周，無膠漆之用也。檀弓云「夏后氏堲周」，鄭注以爲「火熟曰堲，〔一〕燒土冶以周於棺也。或謂之土周，由是也。弟子職曰：『右手折堲。』」此以堲周爲堲木相周，蓋謂以木爲裏，無膠漆之用，故燒土冶以周之。禮記曾子問云：「下殤土周葬於園。」是也。御覽引古史攷：「禹作土堲以周棺。」鹽鐵論散不足篇：「古者瓦棺容尸，木板堲周，足以收形骸，藏髮齒而已。」蓋虞止用瓦棺，夏則以木爲裏，是較文也。殷人棺椁，有膠漆之用。檀弓云「殷人棺椁」，注：「椁，大也。以木爲之。言椁大於棺也。殷人上梓。」周人浸文，牆置翣，加巧飾。檀弓「周人牆置翣」，注：「牆，柳也。凡此言後王之制文。」是後世漸文，故至周極備也。周禮縫人云「衣翣柳之材」，注：「柳之言聚，諸飾之所聚。」禮記喪大記注云：「在旁曰帷，在上曰荒。帷、荒所以衣柳。」言周人又於椁外設柳置翣扇也。又檀弓云「飾棺牆，置翣」，注：「牆之障柩，猶垣牆障家。」又注云「牆，柳衣。翣，以布衣木，如攝歟？」〔二〕是也。喪大記注引漢禮器制度：「翣以木爲筐，廣三尺，高二尺四寸，方，兩角

〔一〕「火」下「熟」字原作「墊」，據禮記檀弓注改。

〔二〕「如」下「攝」字原作「襵」，據禮記檀弓注改。

高，衣以白布。畫者，畫雲氣，其餘各如其象。柄長五尺。」即置翣加飾也。喪葬之禮，緣生以事死，生時無，死亦不敢造。禮記檀弓：「孔子曰：『之死而致死之，不仁而不可爲也。之死而致生之，不智而不可爲也。』」即緣生事死之義也。太古之時，穴居野處，衣被帶革，故死衣之以薪，內藏不飾。禮記禮運：「昔者先王未有宮室，冬則居營窟，夏則居橧巢。」又云：「食草木之實，鳥獸之肉，飲其血，茹其毛，未有麻絲，衣其羽皮。」易繫詞云：「上古穴居而野處。」又云：「古之葬者，厚衣之以薪，葬之中野，不封不樹，喪期無數。」皆謂黃帝前事也。說文人部「弔」下云：「古之葬者，厚衣之以薪，从人持弓會歐禽。〔一〕」吳越春秋：「陳音謂越王曰：『古者人民樸質，飢食鳥獸，渴飲霧露，死則裹以白茅，投於中野。』」孟子所說相類也。中古之時，有宮室衣服，故衣之幣帛，藏以棺槨，封樹識表，體以象生。易繫詞云：「後世聖人易之以棺椁，蓋取諸大過。」夏殷彌文，齊之以器械，至周大文，緣夫婦生時同室，死同葬之。即上下文所載是也。禮記檀弓：「合葬，非古也。自周公以來，未之有改也。」是周以前無合葬制也。詩大車「穀則同室，死則同穴」，傳：「穀，生也。」明緣生以事死也。

右論棺槨厚薄之制

尸柩者，何謂也？尸之爲言陳也。失氣亡神，形體獨陳。禮記曲禮「在牀曰尸」，注：「尸，陳也。言形體獨陳也。」御覽引邱氏禮統云：「尸之爲言矢也，陳也。」說文尸部：「尸，陳也。象卧之形。」小雅祈父云「有母之尸饔」，傳：「尸，陳也。」禮記郊特牲云：「尸，陳也。」「陳也」上舊有「失也」二字，盧據詩鈔、御覽所引無。案「失也」即「矢也」之訛。

〔一〕「薪」下「从」字原作「故」，「禽」下原衍「也」字，據說文解字改删。

柩之爲言究也，久也，不復變也。曲禮曰：「在牀曰尸，在棺曰柩。」曲禮注：「柩之爲究也。」釋名釋喪制：「尸已在棺曰柩。柩，究也。送終隨身之制皆究備也。」說文木部：「柩，棺也。从匚，从木，久聲。」故亦有久義。「變」本作「章」，盧據曲禮疏、初學記改。

右論尸柩

崩薨別號，至墓同，何也？時臣子藏其君父，安厝之義，貴賤同。葬之爲言下藏之也。所以入地何？人生於陰，含陽光，死始入地，歸所與也。禮記檀弓：「葬也者，藏也。」廣雅釋詁云：「葬，藏也。」荀子禮論篇「故葬埋敬藏其形也」，注：「葬也者，藏也。」御覽引說題詞云「葬，尸下藏也。人生於陰，含陽充，死入地，所與也。」宋注：「人生陰，謂胞胎中。」此「光」字疑當爲「充」字，「始」字疑衍。天子七月而葬，諸侯五月而葬何？尊卑有差也。禮記王制云「天子七月而葬，諸侯五月而葬，大夫士三月而葬」，注：「尊者疎，卑者速。」是尊卑之差也。天子七月而葬，同軌必至。諸侯五月而葬，同會必至。所以慎終重喪也。公羊隱三年注云：「禮，天子七月而葬，同軌畢至。諸侯五月而葬，同盟至。大夫三月，同位至。士踰月，外姻至。」左傳隱元年亦有此語。何氏所據，蓋逸禮文也。

右論葬

禮曰：「冢人掌兆域之圖，先王之葬居中，以昭穆爲左右，羣臣從葬，以貴賤序。」周禮冢人云：「掌公墓之地，辨其兆域而爲之圖。先王之葬居中，以昭穆爲左右。凡諸侯居左右以前，卿大夫士居後，各以其族。」

注：「先王，造塋者，昭居左，穆居右，夾處東西，子孫各就其所出，王以尊卑處其前後，而亦併昭穆。」此段舊譌，盧訂正。

右論兆域

合葬者何？所以同夫婦之道也。故詩曰：「穀則異室，死則同穴。」又禮檀弓曰：「合葬，非古也。自周公以來，未之有改也。」所引詩，大車文也。列女傳以此爲息夫人所作，蓋魯詩說也。檀弓：「衞人之祔也離之，魯人之祔也合之。」又云：「孔子少孤，不知其墓，殯於五父之衢，問於郰曼父之母，然後得合葬於防。」皆因時合葬明文也。

右論合葬

葬於城郭外何？死生別處，終始異居。易曰「葬之中野」，所以絶孝子之思慕也。孟子滕文公云「則舉而委之於壑」，注：「壑，路旁坑壑也。」又離婁云「卒之東郭墦間之祭者」，注：「墦間者，郭外冢間也。」是葬於城郭外也。傳曰：「作樂於廟，不聞於墓。哭泣於墓，不聞於廟。」所引傳語，不知出何書，蓋論古不墓祭之義。御覽引楊泉請詞曰：「古不墓祭，葬于中原而廟在大門內，不敢外其親，平明出葬，日中反虞，不敢一日使神无依也。周衰禮廢，立寢于墓。漢因而不改，禘祫祭祀，皆于宗廟，及其末，因寢之在墓，咸往祭也。夫死者骨肉歸於土，神而有靈，豈其守夫敗壞而繫於草莽哉！」所以於北方者何？就陰也。檀弓曰：「葬於北方，北首，三代之達禮也。」禮記檀弓又云「之幽之故也」，注：「北方，國北方也。」是鬼神當幽闇，故就陰也。檀弓載復制云「望反諸幽，求諸鬼神之義也。北面，求諸幽之義也」。注：「鄉其所從來也。禮，復者升屋北面，葬於北方。」亦卽就陰之義也。

孔子卒，以所受魯君之璜玉葬魯城北。水經注引説題詞云："孔子卒，以所受黄玉葬魯城北。"檀弓疏引孫毓五禮駁云："孔子墓在魯城北門外西，墳四方，前後上下形似卧斧，高八九尺。"御覽引續述征記："孔子冢在魯城北便門外，南去城十里。冢塋方百畝，冢南北廣十步，東西十步，高丈二尺，壇方六尺，與地平也。"舊本多訛，盧改正。

右論葬北首

封樹者，可以爲識。故檀弓曰："古也墓而不墳，今邱也。東西南北之人也，不可以不識也，於是封之，崇四尺。"含文嘉曰："天子墳高三仞，樹以松。諸侯半之，樹以柏。大夫八尺，樹以欒。士四尺，樹以槐。庶人無墳，樹以楊柳。"此引含文嘉文，冢人疏引作"春秋緯文"，御覽引"天子"上有"春秋之義"四字。又白虎通舊本於"含文嘉"之上有"春秋"二字，當是禮緯、春秋緯並有其文也。御覽引禮統云："天子墳高三仞，諸侯半之，卿大夫八尺，士四尺。天子樹松，諸侯樹柏，卿大夫樹楊，士樹榆，尊卑差也。"御覽引白虎通云："諸侯冢樹柏，士冢樹槐。"王制疏引"天子松，諸侯柏，大夫栗，士槐"。然"栗"固是誤字，徧檢諸書，俱無庶人樹以楊柳之文。説文木部"欒"下云："禮：天子樹松，諸侯柏，大夫欒，士楊。"廣韻引五經通義云："士之冢樹槐。"然則士冢或槐或楊不定，後人因分爲士庶人之差耳。又王制曰"庶人縣封，葬不爲雨止，不封不樹"，注："封謂聚土爲墳，不封之，不樹之，又爲至卑無飾也。"周禮冢人"以爵等邱封之度，與其樹數"，則士以上乃得封樹。據冢人之文，既有爵等，明有爵者乃有封數，庶人無爵，故鄭氏據之知庶人無封樹也。檀弓云"孔子合葬於防，崇四尺"，注云："周之士制，其樹數則無文。"是士以上始有樹也。又冢人注引漢律云："列侯墳高四丈，關内侯以下至庶人各有差。"則漢制庶人有墳，此云「樹以楊柳」，異代制歟？或「以楊柳」三字衍文。許慎說文云「天子樹松，諸侯樹柏，大夫欒，士楊」，亦不言庶人所樹。

右論墳墓

白虎通疏證卷十二

闕文

郊祀此下闕文，並莊氏述祖補。

王者所以祭天何？緣事父以事天也。自此至「一用夏正也」，據北堂書鈔九十補。禮記曲禮「天子祭天地」，不言地者，从可知也。爵篇曰：「王者父天母地，爲天之子也。」藝文類聚引五經通義云：「王者所以祭天何？王者父事天，母事地。」故以子道也。故云「緣事父以事天也」。盧云：「一作『緣祀父以祭天』。」祭天必以祖配何？自內出者，無匹不行，自外至者，無主不止。故推其始祖，配以賓主，順天意也。毛詩序：「生民，尊祖也。后稷生於姜嫄，文武之功起於后稷，故推以配天焉。」禮記郊特牲曰：「萬物本乎天，人本乎祖。此所以配上帝也。郊之祭也，大報本反始也。」注：「言俱本，可以配。」是祭天必以祖配也。「自內出者」四句，公羊宣三年傳文，注云：「必得主人乃止者，天道闇昧，故推人道以接之也。」五帝三王祭天，一用夏正何？夏正得天之數也。天地交，萬物通，始終之正。故易乾鑿度云「三王之郊，一用夏正」也。禮記郊特牲云：「郊之祭也，迎長日之至也。」鄭注易説曰：「三王之郊，一用夏正。夏正，建寅之月也。此言迎長日也。建卯而晝夜分，分而日長也。」但郊、丘之説，古無定論。鄭康成之義，以圜丘之祭與郊爲二。圜丘在冬至建子之月，祀天皇大帝，夏以黄帝，殷周以嚳配之。郊在建寅之月，三代各祭其所出之帝，以所出之祖配之。如夏祀白帝白招拒，以顓頊配之，殷祀黑帝汁光紀，以契配之。周祀蒼帝靈威仰，以稷配之。禮記大傳云：「王者禘其祖之所自出，而以其祖配之。」是也。王肅之義，以郊丘爲一祭，並在建子之月。故郊特牲疏引聖證論云：「王肅難鄭云：『郊特牲曰「郊之祭迎長日之至」。下云「周之始郊日以至」。玄以爲「迎長日」謂夏正也。「郊天日以至」，玄以爲冬至之日。說其「長日至」於上，而妄爲之說。又徙其「始郊日以至」於下，非其義也。玄以祭法禘黃帝及嚳爲配圜丘之祀。祭法言禘，無圜丘之名，周官圜丘不名爲禘，是禘非圜丘之祭也。玄既以祭法禘嚳爲圜丘，又大傳「王者禘其祖之所自出」，而玄又施之於郊祭后稷，是亂禮之名實也。案爾雅云：「禘，大祭也。繹，又祭也。」皆祭宗廟之名，則禘是五年大祭，非圜丘及郊。周立后稷廟而不立嚳廟，故知周人尊嚳不若后稷。〔一〕而玄說圜丘祭天祀大者，仲尼當稱「昔者周公禘祀嚳圜丘以配天」也。又詩思文后稷配天之頌，無「帝嚳配圜丘」之文，知郊則圜丘，圜丘則郊。所在言之則謂之郊，所祭言之則謂圜丘，於郊築泰壇，象圜丘之形。祭法云「燔柴於泰壇」，則圜丘也。』」此皆王肅難鄭之語。彼疏又引馬昭申鄭云：「易緯云『三王之郊一用夏正』。則周天子不用日至郊也。夏正月陽氣始升，日者陽氣之主，日長而陽氣盛，故祭其始升而迎其盛，月令『天子正月迎春』是也。〔二〕若冬至祭天，陰氣始盛，祭陰迎陽，豈爲理乎？周禮曰『冬日至祭天於圜丘』，〔三〕不言郊，明非郊也。言凡地上之丘，皆可祭也。無常處，故不言郊。」但郊、丘大事，鄭、王各有憑據。禮疏引聖證論：「張融謹案，郊與圜丘是一。」又引韓詩說：「三王各正其郊。」則韓詩說以夏用建寅之月郊，殷用建丑之月

〔一〕「周」下「人」字原作「大」，據禮記郊特牲疏引聖證論改。　〔二〕「天子」、「正月」原倒，據禮記郊特牲疏改。

〔三〕「冬」下原脫「日」字，據禮記郊特牲疏補。

郊，周用建子之月郊，與易緯之說又不同也。白虎通既以三王一用夏正，用乾鑿度之說，當以郊與圜丘是二，與鄭說同也。班氏必以爲二者，孔穎達禮疏申鄭云：「大宗伯云『以蒼璧禮天』。典瑞云『四圭有邸以祀天』。是玉不同也。大宗伯云『牲幣各放其器之色』，則祭天用蒼犢，而祭法言郊『用騂犢』。〔一〕是牲不同也。大司樂『凡樂，圜鍾爲宮，黃鍾爲角，太簇爲徵，姑洗爲羽，冬日至，於地上之圜丘奏之』。上又云『乃奏黃鍾，歌大呂，舞雲門，以祀天神』。是樂不同也。」案桓五年左傳云：「凡祀，啟蟄而郊。」襄七年傳：「夫郊，祀后稷以祈農事。」故啟蟄而郊，郊而後耕。月令孟春元日「祈穀於上帝」，注：「謂以上帝郊祭天也。」是祈穀之祭即郊也。律曆志：「初危十六度立春中，營室十四度驚蟄中，今曰雨水。」是古曆以驚蟄爲正月中氣，是郊在正月也。月令注又云：「上帝者，太微五帝，以三王之郊各祭所出之帝，不主一神，故總云太微五帝。」是三王之郊並用夏正也。通典禮二注：「吴孫之云：『啟蟄而郊，郊應在立春後。』何佟之曰：『今之郊祀，是報昔歲之功，而祈今年之福。故取歲首上辛，〔二〕不拘立春先後。周之冬至圜丘，大報天也。夏正又郊，以祈農事。故有啟蟄之說。帝曰：『圜丘自是祭天，先農即是祈穀，祭昊天宜在冬至，祈穀必須啟蟄也。』」周以寅月郊，故命魯以子月郊。明堂位云：「是以魯君孟春祀帝於郊，配以后稷。」是也。公羊宣三年云「春正月郊，牛之口傷」，傳：「郊則曷爲必祭稷，王者必以其祖配。」春秋但譏其不敬，不譏其於正月郊也。然則杞、宋各郊其所出之帝，亦與周同用建寅之月矣。夏正得天，百王所同，王肅之說，未可信也。正月辟卦爲泰，彼象傳曰「天地交而萬物通」也。故易乾鑿度又云：「方此之時，天地交，萬物通，所

〔一〕「祭法」原作「郊特牲」，據孔穎達禮記疏改。　〔二〕「禮二」下原脫「注」字，「何佟之」下原衍「議」字，「首上」下「辛」字原作「帝」字，據通典補刪改。

以順四時，法天地之道也。」祭天必在郊何？天體至清，故祭必於郊，取其清潔也。據文選東京賦注補。郊特牲云：「於郊，故謂之郊。」又云：「兆於南郊，就陽位也。」禮疏引孝經緯云：「祭帝於南郊，就陽位也。」毛詩疏引書大傳曰：「祀上帝於南郊，所以報天德也。」案五時迎氣祭天亦在郊。小宗伯「兆五帝於四郊」，鄭云：「春迎青帝於東郊，夏迎赤帝於南郊，季夏迎黄帝亦於南郊，秋迎白帝於西郊，冬迎黑帝於北郊。」及月令四時迎氣皆在於郊，是也。大雩祭天亦在郊。論語先進「風乎舞雩」，禮疏引鄭注：「沂水在魯城南，雩壇在其上。」是也。九月大饗帝亦在郊，大享在明堂。禮疏引五經異義：「淳于登説，明堂在國之南，丙巳之地，三里之外，七里之内。」鄭氏從之。又明堂，月令書説：「明堂在近郊，近郊三十里。」雖説所在不同，其以爲在郊則一也。至郊禖之祭天亦在郊。月令：「至之日，以太牢祠於高禖。」詩生民毛傳云：「姜嫄從帝而祠於郊禖。」玄鳥毛傳：「簡狄從帝而祈於郊禖。」禮疏引鄭志：「焦喬答王權云：『先契之時，必有自禖氏祓除之祀，位在於南郊。蓋以玄鳥至之日祀之矣。然其禋祀乃於上帝也。』」是郊禖亦祭天於郊也。至圜丘之所在，書傳無文，孔穎達禮疏云：「應从陽位，當在國南。故魏氏之有天下，營委粟山爲圜丘，在洛陽南二十里。然則周家亦在國南，但不知遠近若何。」然則圜丘之祭亦在郊矣。是凡祭天者皆於郊祀之，不獨夏正之郊天也。並取潔清之義也。祭日用丁與辛何？先甲三日，辛也，後甲三日，丁也，皆可以接事昊天之日。故春秋傳郊以正月上辛日。尚書曰：「丁巳，用牲于郊，牛二。」據續漢禮儀志注及書鈔九十補。類聚引五經通義云：「祭日以丁與辛何？丁者，反覆丁寧也。辛者，自克辛也。」禮記郊特牲：「郊之用辛也。」南齊書引盧注云：「辛之爲言自新潔也。」以先甲三日辛，後甲三日丁者，易蠱云：「先甲三日，後甲三日。」李氏集解引子夏傳曰：「先甲三日者，辛壬癸也。後甲三日者，乙丙丁也。」正義引鄭注云：「甲者，造作新令之日，先之三日而用辛也，欲取改過自新之義。後之三日而用丁也，取其丁寧之意。」**祭天歲一何？言天至尊至質，事之不敢褻瀆，故因歲之陽氣始達而祭之也。**據舊唐書禮儀志補。玉海引崔靈恩三禮義宗云：「鄭玄謂天有六名，歲有九祭。王肅謂天惟一，歲有二祭。」靈恩謂宜從鄭，與此祭天歲一之說並不合。禮疏引皇侃舊疏云：「天有六天，歲有八祭。冬至圜丘一也，夏正郊二也，五時迎氣五也，九月大享八也。雩與郊禖爲祈祭，不入數。」崔氏以雩爲常祭，并爲九。案太微五帝，一歲不止一祭，五時迎氣，祭之於郊，四月大雩，又祭之於雩壇，九月大享，又祭之於明堂，而夏正又各祭所出之帝，則此所謂祭天歲一者，蓋謂天皇大帝。疏引春秋緯曰：「紫微宮爲大帝。」又曰：「北極耀魄寶。」是也。蓋太微五帝，主五時生育之功，爲民祈報，故祭之者多。禮記禮器云「享帝于郊而風雨節，寒暑時」，周禮小宗伯「兆五帝於四郊」，並是也。而天皇大帝於人無功，徒以尊極清虛之體，故惟於日至之日祭之，歲惟一祭也。**祭天作樂者何？爲降神也。**據書鈔九十補。周禮大司樂云：「凡樂，圜鍾爲宮，黄鍾爲角，太簇爲徵，姑洗爲羽，靁鼓靁鼗，孤竹之管，雲和之琴瑟，雲門之舞。冬日至，於地上之圜丘奏之。若樂六變，則天神皆降，可得而禮矣。」又云：「凡樂，奏黄鍾，歌大吕，舞雲門，以祀天神。」二者不同。鄭注於「圜鍾爲宮」注下云：「天神，北辰也。」於「奏黄鍾」以下注曰：「天神，謂五帝。」引孝經説曰：「祭天南郊，就陽位也。」是郊、丘之樂各不同也。大司樂又云：「若樂六變，則天神皆降，可得而禮也。」注：「先奏是樂，以致其神，禮之以玉而祼焉。乃後合樂而祭之。」是樂所以降神也。禮疏引皇侃舊疏云：「祭日之旦，王立丘之東南，西嚮，燔柴及牲玉於丘上，升壇以降其神。」故韓詩説曰：「天子奉玉升柴，加於牲上。」詩又云：「圭璧既卒。」是燔牲玉也。次乃奏圜鍾之樂，六變以降其神。天皇之神既尊，故有再降之禮。

次則埽地而正祭，然則祭五帝之神，亦有再降之禮也，但不奏黄鍾以下之樂耳。」此禮疏所載熊安生之説，謂四時迎氣及諸神小祀等並有降神之樂，則大司樂「分樂而序之也」是也。若皇氏之説，則以郊祭卽無降神之樂。既無明文，未知孰是，故兩存焉。

周官，祭天后夫人不與者，以其婦人無外事。

據内司服疏補。案宗廟之祭，必夫婦親之。禮運疏引三禮義宗，天子諸侯大祫之祭，並有后夫人酌齊之禮。而周禮於祭天無后夫人之禮，故知后夫人不與也。其亞獻，則宗伯行之，以宗伯禮官，其職云「凡大祭祀，王后不與，則贊而薦徹豆籩」故也。禮疏載皇侃舊疏云：「鄭注周禮云『大事於太廟，備五齊三酒』，則圜丘之祭與宗廟祫同。朝踐王酌泛齊以獻，是一獻也。后無祭天之事，大宗伯次酌醴齊以獻，是爲二獻也。王進爵之時皆奏樂，但不皆六變，次薦孰，王酌盎齊以獻，是爲三獻也。宗伯次酌醍齊以獻，是爲四獻也。次尸食之訖，王酌朝踐之泛齊，是爲五獻也。又次宗伯酌饋食之醍齊以獻，是爲六獻也。次諸臣爲賓長酌泛齊以獻，是爲七獻也。以外皆加爵，非正獻之數。其尸酢王以清酒，酢宗伯以昔酒，酢諸臣以事酒。其祭感生之帝，則當與宗廟禘祭同。唯有四齊，無泛齊，又無降神之樂，唯燔柴升煙，一降神而已。王朝踐獻以醴齊，宗伯亞獻以盎齊，次饋孰，王獻以醍齊，宗伯又獻以沈齊，尸食訖，王獻以朝踐之醴齊，宗伯獻以饋孰之沈齊，諸臣爲賓長亦獻以沈齊，不入正數。其五時迎氣，與宗廟時祭同。其燔柴以降神，及獻尸，與祭感生帝同。但二齊醴盎而已，諸臣終獻，以終盎齊也。」案諸侯祭社稷，無祭天之禮，自應夫人不與。而云之者，此蓋謂二王之後，各祭所出之帝，及魯以建子之月郊天，夫人亦不與也。諸侯無六卿，以司馬攝宗伯之職，則贊公獻爵者當司馬也。後魏道武帝二年，親祠上帝於南郊，后率六宫及女巫皆預，當時仍用夷禮，用事者無通儒碩士，故舊章多違焉。至唐中宗景龍三年，親祠南郊，祝欽明、郭山惲等謟悦中宫，引祭統夫祭必夫婦親之，妄傳聖經，以皇后爲亞獻。其時有唐紹之議不能用，唐之禮臣不可問矣。又考如崔義則祭天有尸矣、曲禮疏引異義：「公羊說，祭天無尸。左氏說，祭天有尸。謹案：魯郊，祝延帝尸。從左氏說。」案晉語：「晉祀夏郊，董伯爲尸。」又禮疏引石渠論：「周公祭天，太公爲尸。」則有尸明矣。

宗廟

王者所以立宗廟何？曰：生死殊路，故敬鬼神而遠之。緣生以事死，敬亡若事存，故欲立宗廟而祭之。此孝子之心所以追養繼孝也。自此至「居也」，據桓二年左傳正義、書鈔八十七、御覽五百三十一補。宗者，尊也。廟者，貌也。象先祖之尊貌也。所以有室何？所以象生之居也。毛詩疏引孝經鄭注云：「宗，尊也。廟，貌也。親雖亡歿，事之若生，若立宮室，四時祭之，若見鬼神之容貌。」「室」，御覽作「屋」，亦謂之寢。釋名釋宮室云：「廟，貌也。先祖形貌所在也。寢，寢也，所寢息也。」御覽引王嬰古今通論曰：「周曰宗廟，尊其生存之貌，亦不死之也。」祭宗廟所以禘祫何？尊人君，貴功德，廣孝道也。位尊德盛，所及彌遠。自此至「合食於太祖也」，據藝文類聚三十八、書鈔九十、御覽五百二十八補。謂之禘祫何？禘之爲言諦也。序昭穆，諦父子也。祫者，合也。毀廟之主，皆合食於太祖也。陳氏壽祺五經異義疏證云：「禘祫之義，先儒聚訟。漢書韋玄成傳，劉歆以爲『大禘則終王』。御覽禮引異義：『春秋左氏說，禘及郊宗石室。』通典載晉博士徐禪議，引春秋左氏傳曰：『歲祫及壇墠，終禘及郊宗石室。』」「許慎舊說曰：『終者，謂孝子三年喪終，則禘於太廟，以致新死者也。』」通典又引袁準、虞喜說同。鬯人疏引賈、服以爲『三年終禘，遭烝嘗則行祭禮』。」此以歲祫終禘爲一說也。

「通典引賈逵、劉歆曰：『禘、祫一祭二名，禮無差降。』王制正義云：『左氏說及杜元凱皆以禘爲三年大祭，〔一〕在太祖之廟。』」傳無祫文，然則祫卽禘也。取其序昭穆謂之禘，取其合集羣祖謂之祫。通典引王肅曰：「曾子問唯祫於太祖，羣主皆從，而不言禘。臣以爲禘祫殷祭，羣主皆合，舉祫則禘可知也。論語孔子曰：『禘自既灌而往者，吾不欲觀之矣。』所以特言禘者，以禘大祭，故欲觀其成禮也。禘祫大祭，獨言禘，則祫亦可知矣。」王制正義載王肅論引賈逵說，吉禘于莊公，禘者，諦也。審諦昭穆，遷主遞位，孫居王父之位。又引禘于太廟逸禮，其昭尸穆尸，其祝詞總稱孝子孝孫，則是父子並列。逸禮又云「皆升合於其祖」。所以劉歆、賈逵、鄭衆、馬融等皆以爲然〔二〕。此以禘祫爲一，禘又是天下之祭，又一說也。御覽引白虎通曰：「禘之爲諦也。序昭穆，禘父子也。祫者，合也。毀廟之主皆合食于太祖。」臧燾傳引白虎通曰：「禘祫祭遷廟者，以其繼君之體，〔三〕持其統而不絕也。」此以禘、祫分二祭，而皆及遷廟，此又一說也。後漢張純傳：〔四〕「建武二十五年，純奏：『禮，三年一祫，五年一禘。漢舊制三年一祫，毀廟主合食高廟，存廟主未嘗合祭。元始五年，諸王公列侯廟會，始爲禘祭。』」續漢志引此，下云：「父爲昭，南嚮，子爲穆，北嚮，父子不並坐，而孫从王父。又前十八年，親幸長安，亦行此禮。禮說三年一閏，天氣小備，五年再閏，天氣大備。〔五〕故三年一祫，五年一禘。禘之爲言諦，諦定昭穆尊卑之義也。禘祭以夏四月，夏者陽氣在上，陰氣在下，故正尊卑之義也。祫祭以冬十月，冬者五穀成熟，物備禮成，故合聚飲食也。」此以禘、

〔一〕「終」下原衍「禘」字，「三年」下原衍「喪」字，「大祭」上原衍「一」字，據五經異義疏證删。

〔二〕「劉歆」原作「禘歆」，據文義改。

〔三〕「繼君之體」原作「繼體之君」，據宋書臧燾傳改。

〔四〕「後漢」原脫「後」字，據後漢書補。

〔五〕「天」下「氣」字原作「道」，據續漢志改。

祫分三年五年，而祫則止及毀廟，禘則總陳昭穆，又一說也。通典引王肅議云：「漢光武時，言祭禮以禘者，毀廟之主皆合於太祖，祫者，惟未毀之主合而已矣。」此以禘及毀廟，祫惟存廟，又一說也。毛詩閟宮正義引禘祫志曰：「或云三年一禘，五年再禘。」此又一說也。公羊文二年傳「五年而再殷祭」，何云：「謂三年祫，五年禘。禘所以異於祫者，功臣皆祭也。」閔二年「吉禘於莊公」，何云：「禮，禘、祫從先君數，三年喪畢，遭祫則祫，遭禘則禘。」此以禘及功臣，而喪畢禘、祫先後無定，又一說也。通典引徐邈曰：「禮，五年再殷，凡六十月中分，每三十月殷也。」邈又曰：「五年再殷，象再閏，無取三年喪也。祫三時皆可者，喪終則吉而祫，終服無常，故祫隨所遇，惟春不祫，故曰特礿，非殷事常也。」邈以前二後三，二祭相去各三十月，然禘在祫前，則是三年而禘，祫在禘後，則是五年而祫，故楊氏穀梁疏云：「禘既三年，祫則五年。」此又一說也。穀梁疏云：「或以爲禘、祫同三年，但禘在夏，祫在秋。」此又一說也。衆說不同，今以鄭學爲折衷。案公羊文二年傳：「大事者何？大祫也。大祫者何？合祭也。其合祭奈何？毀廟之主陳于太祖，未毀廟之主皆升合食于太祖。」何注：「禘者，諦也。審諦昭穆庶所遺失。」言昭穆，則容有毀廟主矣。通典引韓詩內傳云：「禘取毀廟之主皆升合食于太廟。」然則白虎通用公羊春秋及詩韓說也。陳氏以公羊與白虎通分爲二說，誤矣。三年一禘。此據唐書禮儀志開元二十七年太常議所引補。莊氏未引。王制正義引左氏說：「禘爲三年大祭，在太祖之廟。」鬯人疏引賈、服，以爲「三年終禘，遭烝嘗則行祭禮。」案禮儀志所載五經通義、五經異義、何休春秋賀循議，並與白虎通同。則所據者，今古文春秋說也。初學記引許愼謹案：「三歲一祫，此周禮也。五歲一禘，疑先王之禮也。」陳氏壽祺疑此文有譌脫，當作「三歲一祫，五歲一禘，此周禮也。三歲一禘，疑先王之禮也。」是也。若鄭氏之義則不然，長發正義引鄭駁云：「三年一祫，五年一禘，百王通義。」此禮稽命徵文，雖自周以前，亦五歲一禘也。許慎説文示部「禘」字下云：「周禮曰『五歲一禘』。」「祫」字下云：「周禮曰『三歲一祫』。」案叔重所引周禮者不一，禾部「秅」字引周禮曰：「二百四十斛爲秉，四秉爲筥，十筥爲稯，十稯爲秅，四百秉爲一秅。」異義稱「周禮有郊宗石室」。田税第一又稱「周禮國中園廛之賦二十而税一，近郊十而税一，遠郊二十而税三」。有「軍旅之歲，一井九夫，百畝之賦出禾二百四十斛，芻秉二百四十斛，釜米十六斗」。不盡出周禮六篇文，是當時周禮家説。言周禮，則夏殷之禮不同可知矣。

周以后稷、文、武特七廟，后稷爲始，與文王爲太祖，武王爲太宗。

首一句，據王制正義補，下三句據舊唐書禮儀志補。禮記王制云：「天子七廟，三昭三穆，與太祖之廟而七。諸侯五廟，二昭二穆，與太祖之廟而五。」鄭玄注云：「此周制七者，太祖及文王武王之祧與親廟四，太祖后稷。殷則六廟，契及湯與二昭二穆。夏則五廟，無太祖，禹與二昭二穆而已。」正義案禮緯稽命徵云：「唐虞五廟，親廟四，始祖廟一。夏四廟，至子孫五。殷五廟，至子孫六。」鉤命決曰：「唐虞五廟，親廟四，與始祖五。禹四廟，至子孫五。殷五廟，至子孫六。周六廟，至子孫七。」鄭據此爲説也。若王肅，則以「七廟者，謂高祖之父，及高祖之祖廟爲二祧，并始祖及親廟四爲七」。案漢書韋玄成傳：「元帝時，貢禹奏言：『古者天子七廟，今孝惠、孝景廟皆親盡宜毀。』」玄成等奏曰：「禮，王者始受命，諸侯始封之君皆爲太祖，以下五廟而迭毀，毀廟之主藏于太祖，五年而再殷祭，言一禘一祫也。祫祭者，毀廟與未毀廟之主皆合食于太祖，父爲昭，子爲穆，孫復爲昭，古之正禮也。祭義曰：『王者禘其祖自出，以其祖配之，而立四廟。』言始受命而王，祭天以其祖配，而不爲立廟，親盡也。立親廟四，親親也。親盡而迭毀，親疏之殺，示有終也。周之所以七廟者，以后稷始封，文王、武王受命而王，是以三廟不毀，與親廟四而七，非有后稷始封，文、武受命之功者皆當親盡而毀。

臣愚以爲高帝受命定天下，宜爲帝者太祖之廟世世不毀，承後屬盡者宜毀。太上皇、孝惠、孝文、孝景廟皆親盡宜毀。〔一〕皇考廟親未盡，如故。」後匡衡爲丞相，又告謝毁廟曰：「往者大臣以爲在昔帝王承祖宗之休典，取象於天地，天序五行，人親五屬，天子奉天，故率其意而尊其制。是以禘嘗之序，靡有過五。受命之君，躬接于天，萬世不墮。繼烈以下，五廟而遷，上陳太祖，間歲而祫，其道應天，故福禄永終。太上皇非受命而屬盡，義則當遷。又以爲孝莫大於嚴父，故父之所尊子莫敢不承，父之所異子不敢同。禮，公子不得爲母信，〔二〕爲後則于子祭，于孫止，尊祖嚴父之義也。」哀帝即位，光禄勳彭宣、詹事滿昌、博士左成等議，以爲「繼祖宗以下，五廟而迭毁，後雖有賢君，猶不得與祖宗並列，子孫雖欲褒大顯揚而立之，鬼神不享也。」然則西漢諸儒之立異者，特以特廟有毁有不毁爾。其以周制況漢制，以爲天子七廟，爲四親廟及太祖及二祧則一也。若劉歆等之義則不然。永光五年，太僕王舜、中壘校尉劉歆議曰：「禮記王制及春秋穀梁傳，天子七廟，諸侯五，大夫三，士二。天子七日而殯，七月而葬。諸侯五日而殯，五月而葬。此喪事尊卑之序也。與廟數相應。其文曰：『天子三昭三穆，與太祖之廟而七。諸侯二昭二穆，與太祖之廟而五。故德厚者流光，德薄者流卑。』春秋左氏傳曰：『名位不同，禮亦異數。』自上以下，降殺以兩，禮也。七者，其正法，數可常數者也。宗不在此數中。宗，變也。苟有功德則宗之，不可豫爲設數。以七廟言之，孝武皇帝未宜毁，以所宗言之，則不可謂無功德」云云。然則歆雖建親廟有

〔一〕「其祖」下原衍「之」字，「所以」下原衍「有」字，「文王、武王受命而王」原作「文武受命」，「后稷」下原脱「始封」二字，「之功」上原脱「受命」二字，下「者」字原脱，「受命」下原脱「定天下」三字，「孝文」、「孝景」原均脱「孝」字，今據漢書韋賢傳改補。　〔二〕「母」下原脱「信」字，據漢書韋賢傳補。

六之議，要未以自周以前皆然也。若王制疏引聖證論王肅難鄭，則云：「周之文、武，受命之王，不遷之廟，權禮所施，非常廟之數。殷之三宗，宗其德而存其廟，亦不以爲數。凡七廟者，皆不稱周室。〔一〕禮器云：『有以多爲貴者，天子七廟。』孫卿云：『有天下者事七世。』又云：『自上以下，降殺以兩。』今使天子諸侯立廟，並親廟四而止，則君臣同制，尊卑不別。又祭法云『王下祭殤五』，及五世來孫，則下及無親之孫，而祭上不及無親之祖，不亦詭哉。穀梁傳云：『天子七廟，諸侯五。』家語廟制篇云：『禮，天子立七廟，諸侯五廟，大夫立三廟。』又曰：『遠廟爲祧，有二祧焉。』又儒者難鄭云：祭法『遠廟爲祧』。鄭注周禮云『遷主所藏曰祧』，違經正文。鄭又曰『先公之主藏于后稷之廟，先王之主藏于文武之廟』，便有三祧，何得祭法云『有二祧』焉？」馬昭難王義云：「按喪服小記『王者立四廟』。又引禮緯夏無太祖，宗禹而已，則五廟。殷人祖契而宗湯，則六廟。周尊后稷，宗文武，則七廟。自夏及周，少不減五，多不過七。禮器云『周旅酬六尸』，一人發爵，則周七廟七尸明矣。今使文武不在七數，既不同祭，又不享嘗，〔二〕豈禮也哉？故漢侍中盧植說又云：『二祧，謂文武。』曾子問『當七廟無虛主』，禮器『天子七廟，堂九尺』，王制『七廟』，盧植云：『皆據周言也。』穀梁『天子七廟』，尹更始說：『據周也。』漢書韋玄成等四十四人議，皆云『周以后稷始封，文武受命』。〔三〕石渠論、白虎通云：『周以后稷、文、武特七廟。』又張融謹案周禮守祧，奄八人，女祧每廟二人，自太祖以下與文武及親廟四，用七人，姜嫄用一人，適盡。若除文武，則奄

〔一〕「廟」下原脫「者」字，據禮記王制疏補。　〔二〕「禹」上「宗」字原作「則」，「不享」下原脫「嘗」字，據禮記王制疏改補。　〔三〕「四十四」原作「四十八」，「受命」上原衍「始」字，據漢書韋賢傳改刪。

少二人。曾子問孔子説周制云：「七廟无虚主。」若王肅數高祖之父、高祖之祖廟，與文武而九，主當有九，孔子何云「七廟無虚主」乎？故云以周禮孔子之言爲本，穀梁、小記爲枝葉，韋玄成、石渠論、白虎通爲證驗，玄説爲長。」隋禮儀志：「大業元年，許善心、褚亮等議曰：「案王肅以爲天子七廟，是通百代之言。又據王制之文，天子七廟，諸侯五，大夫三，降二爲差。是則天子立四親廟，又立高祖之父，高祖之祖，并太祖而七。周有文、武、姜嫄，合爲十廟。漢諸帝之廟各主，無迭毁之義。至元帝時，貢禹、匡衡之徒始建其禮，以高帝爲太祖，而立四親廟，是爲五廟。唯劉歆以爲天子七廟，諸侯五，降殺以兩，七者其正法，宗不在數内，有功德則宗之。光武即位，建高廟于洛陽，乃立南頓君以上四廟，就祖宗而爲七。至魏初，高堂隆爲鄭學，議立親廟四，太祖武帝猶在四親之内，乃虚置太祖及二祧，以待後代。至景初間，乃依王肅更立五世六世祖。晉武受禪，博議宗祀，自文帝以上，六世祖征西府君，而宣帝亦序于昭穆，未升太祖，故祭止六也。江左中興，賀循知禮，至於寢廟之儀，皆依魏晉舊事。宋武帝初受晉命爲王，依諸侯立親廟四，即位之後，增祠五世六世祖。降及齊梁，守而弗革，加崇迭毁，禮無違舊」云云。然則自漢以前，皆同鄭義。蓋當世五經諸儒株守師訓，故雖劉歆之難，弗能違也。故魏初猶遵鄭説。王子雍好與鄭立難，又爲晉武之外族，故魏晉以下，一用王義。而宋、齊、梁、陳師儒歧尚，遂相沿不革。然北人猶知務尚實學，故魏書禮志王延業議曰：「案王制云諸侯祭，二昭二穆，與太祖之廟而五。又小記云「王者立四廟」，鄭云「高祖已下與始祖而五」，明立廟之正以親爲限，不過于四。文王世子云五廟之孫，祖廟未毁。鄭云「實四廟，而言五廟者，容高祖爲始封君之子」，明始封之君在四世之外，正位太祖，乃德稱五廟之孫。此先儒精義，當今顯證也」云云。是北朝禮生猶守鄭説也。

禘祫及遷廟何？以其能世世繼君之體，持其統而不絶，由親及遠，不忘先祖也。據宋書臧燾傳及書紗九十補。〔一〕公羊文二年傳：「大祫者何？毁廟之主皆陳于太祖，未毁廟之主皆升合食于太祖。」註：「禘所以異于祫者，功臣皆祭也。然則禘、祫皆及遷廟，但祫則並祀于太祖，禘則先公之主祀于后稷廟，昭之遷主祭于武廟，穆之遷主祭于文廟，爲異耳。宗廟所以歲四祭何？春曰祠者，物微，故祠名之。夏曰禴者，麥熟進之。秋曰嘗者，新穀熟嘗之。冬曰烝者，烝之爲言衆也，冬之物成者衆。據御覽五百二十六補。文選東京賦：「于是春秋改節，四時迭代，蒸蒸之心，感物增思。」薛注：「感物，謂感四時之物，卽春韭卵，夏麥魚，秋黍豚，冬稻雁。孝子感此新物，則思祭先祖也。」案此與釋天名同，皆論周制也。春官大宗伯云：「以祠春享先王，以禴夏享先王，以嘗秋享先王，以烝冬享先王。」繁露四祭篇云：〔二〕「古者歲四祭。四祭者，因四時所生孰而祭其先祖父母也。故春曰祠，夏曰禴，秋曰嘗，冬曰烝。」其夏殷之制，則春禴，夏禘，秋嘗，冬烝，王制所説是也。詩疏引禘祫志云：「王制記先王之法度，宗廟之祭，春曰禴，夏曰禘，秋曰嘗，冬曰烝。祫爲大祭，于夏，于秋，于冬。周公制禮，乃改夏曰禴。禘又爲大祭，祭義注，周以禘爲殷祭，更名春曰祠。」是也。其四祭所取義，祠爲物微，故祠名之者，説文示部云：「春祭曰祠，品物少，多文詞也。」音義引孫炎爾雅註云：「祠，食也。」何休公羊注云：「祠猶食也，猶繼嗣也。春物始生，孝子思親，繼嗣而食之也。」禴爲麥熟進之者，何注公羊：「夏薦尚麥魚，始熟可汋，故曰禴。」以月令孟夏「農乃登麥，先薦寢廟」也。禮疏引孫炎云：「禴者，新菜可汋。」郭注同。則讀禴爲瀹矣。易既濟「不如西鄰之瀹祭」，鄭本作「禴」，故訓爲夏祭。王本作「瀹」，故以爲薄祭也。嘗爲新穀熟嘗之者，詩疏引孫炎云：「嘗，嘗新穀。」

〔一〕「宋」下原脱「書」字，據宋書改。

〔二〕「四祭」原作「四季」，據春秋繁露改。

鄭注同。何休云：「嘗者先祠也。秋穀熟成者非一，黍先熟，可得薦，故曰嘗也。」烝之爲言衆者，何休云：「烝，衆皃。冬，萬物畢成，所薦衆多，芬芳備具，故曰烝。」禮疏引孫炎說作「烝，進也，進品物也」。

禮王制曰：「春薦韭，夏薦麥，秋薦黍，冬薦稻。韭以卵，麥以魚，黍以豚，稻以雁。」繁露祭義篇云：「春上豆實，夏上尊實，秋上机實，冬上敦實。豆實，韭也，春之所始生也。尊實，麷也，夏之所受長也。机實，黍也，秋之所先成也。敦實，稻也，冬之所畢熟也。」王制以此爲「庶人之禮」，鄭注：「庶人無常牲，取與新時物相宜而已。」案天子至士，所祭之時月不同。鄭注王制，以「有田之大夫祭以首時，薦以仲月」。鄭意以天子諸侯祭以孟月，薦不限孟仲季，侯王禮尊，物熟則薦之。有地大夫則薦以仲月，無田大夫當薦，亦以孟月也。服虔之意則不然。禮疏引桓五年服注云：「魯祭天以孟月，祭宗廟以仲月。」又引昭元年服注云：「祭，人君用孟月，人臣用仲月。」服意蓋以諸侯不祭天者則祭以孟月也。禮疏又引南師解云：「祭以首時者，謂大夫士也。若得祭天者，祭天以孟月，祭宗廟以仲月。其禘、祫祭亦用孟月。其餘諸侯不得祭天者，大祭及時祭皆用孟月。」則南師宗服說也。桓八年「正月己卯，烝」，杜注：「此夏之仲月，非爲過時，而書者，爲下五月再烝見瀆也。」則杜與服說合。案桓五年傳云「始殺而嘗，閉蟄而烝」，疏引服注：「始殺，謂孟秋。」杜注：「建亥之月，昆蟲閉户，萬物皆成。」則烝、嘗皆在夏時之孟月。又公羊何休注：「屬十二月已烝，今復烝也。」周之十二月，夏之孟月。是天子諸侯皆以孟月祭可知。通典禮九：「魏初高堂隆云：『按舊典，天子諸侯月有祭事，其孟則四時之祭也。三牲黍稷，時物咸備。其仲月季月，皆薦新之祭也。大夫以上以羔，或加以犬而已，不備三牲。士以豚，庶人則唯其時宜，魚雁可也。』」是亦用鄭說也。故本疏引衛冀隆據以難杜，而秦道靜釋之曰「案周禮四時之祭，皆以四仲之月」，不知周禮四仲之祭乃因田獵而獻禽，非正祭也。強會經文，以合杜意耳。鄭又知侯王之薦不限孟仲季者，以月令四時新物皆先薦寢廟而後食，如二月獻羔，四月以彘嘗麥，七月登穀，八月嘗麻，九月嘗稻，十二月嘗魚之類是也。諸侯以月旦告朔于廟何？緣生以事死，故國君月朔朝宗廟，存神受政也。據御覽五百三十八補。公羊春秋文六年「閏月不告月，猶朝于廟」，傳：「不告月者何？不告朔也。曷爲不告朔？天無是月也。」何注云：「禮，諸侯受十二月朔政于天子，藏于太祖廟中，每月朔朝廟，使大夫南面奉天子命，君北面而受之。比時使有司先告朔，謹之至也。受于廟者，孝子歸美先君，不敢自專也。」玉藻正義引五經異義曰：「公羊說，每月告朔朝廟。」然則此以告朔朝廟爲一，用公羊說也。若左氏之義，則分爲二禮。左傳文六年正義云：「告朔視朔聽朔，朝廟朝享朝正，二禮各有三名，同日而爲之也。」三朝記虞戴德云：「天子告朔于諸侯，率天道而放行之，以示成也。」洪氏頤煊釋曰：「玉藻曰：『天子聽朔于南門之外。』凡聽朔必以特牲告其帝及神，然後頒于諸侯。」祭所以有主者何？言神無所依據，孝子以主係心焉。據曲禮正義、類聚三十八、書鈔八十七補。案此公羊說也。禮疏引異義：「今春秋公羊說，祭有主者，孝子以主繫心。」通典引異義亦云：「主者神象，孝子既葬心無所依，所以虞而立主事之。」是也。論語云：「哀公問主于宰我，宰我對曰：『夏后氏以松，松者，所以自竦動。殷人以柏，柏者，所以自迫促。周人以栗，栗者，所以自戰慄。』」亦不相襲。自此至「敬也」，據曲禮正義、書鈔八十七、通典禮八補。案所引論語者，魯論語也。左傳文二年正義云：「案古論語及孔、鄭皆以爲社主，社爲木主者，古論不行于世，且社主，周禮謂之田主，無單稱主者，以張、包、周等並爲廟主，故杜所依用。張、包、周並習魯論，是所用者魯論也。」公羊文二年傳「虞主用桑，練主用栗」，何注：「期年練祭，埋虞主于兩楹之間，易用栗也。夏后氏以松，殷人以柏，周人以栗。松猶容也，想其容貌而事之，主人正之意也。柏猶迫也，親而不遠，主地正之義也。栗猶戰慄，敬謹貌，主天正之義也。」與此惟訓松字小異，當亦本之公羊家説也。祭法正義引五經異義云：「今春秋公羊説，夏后氏以松，殷人以柏，周人以栗。古周禮説，虞主用桑，練主用栗。無夏后以松爲主之事。」許君謹案：「从周禮、論語所云，謂社主也。」鄭氏無駮，與許義同。案周禮説專言周制，公羊説並明三代之禮，夏之練主以松，殷之練主以柏，周之練主以栗，與禮説本無異義也。

所以用木爲之者何？本有終始，又與人相似也。蓋題之以爲記，欲令後可知也。方尺，或曰長尺二寸。孝子入宗廟之中，雖見木主，亦當盡敬也。

通典引五經異義，初學記引五經要義，並云：「木主之狀四方，穿中央以達四方，天子長尺二寸，諸侯長尺，皆刻謚于其背。」公羊文二年注亦云：「主狀正方，穿中央達四方，天子長尺二寸，諸侯長一尺。」説同。許慎、雷次宗本疏，以爲皆孝經説文。又御覽引禮記外傳「廟主用木者，木落歸本，有始終之義」，注：「人之生也無不死，木生于亥，又落于亥，是歸本也。」又云：「天子廟主長尺二寸，諸侯一尺，四向孔穴，午達相通。」然則此云「方尺」者，諸侯之制。或曰「長尺二寸」者，天子之制。當亦據孝經之説，或他書引白虎通，有誤文焉。祭法正義：「案漢儀，高帝廟主九寸，前方後員，圍一尺。后主七寸。」穀梁文二年傳疏，糜信引衛次仲云：「宗廟主皆用栗，右主八寸，左主七寸，廣厚三寸。」其長短又異于此矣。續漢志注引衛宏漢舊儀，以八寸爲虞主。下言「皇后主長七寸，高皇帝主長九寸」者，廟主，與漢儀説同也。案漢之九寸，與周之尺二寸合。王制云：「古者周尺八寸爲步，今以周尺六尺四寸爲步。」王制作于漢文時，則周尺當漢尺，正得十分之八。然則周尺尺二寸，當漢尺九寸六分，舉大數，故止言九寸也。若大夫士則無主。通典引異義曰：「或曰：卿大夫士有主否？答曰：「案公羊說，卿大夫非有土之君，不得祫享昭穆，故无主。大夫束帛依神，士結茅爲菆。」許慎據春秋左氏傳：「衛孔悝反祏于西圃。祏，石主也。言大夫以石爲主。」御覽又引許氏云：「謹案：大夫以石爲主，禮無明文。大夫士無昭穆，不得有主，今山陽民俗，〔一〕祠有石主。」左傳哀十六年正義引鄭駁云：「大夫無主，孔悝之反祏，所出公之主耳。」是許、鄭皆以大夫士無主。祭法鄭注亦云：「惟天子諸侯有主。」通典引鄭志：「張逸問：『衛孔悝之反祏有主者，何謂也？』答云：『禮，大夫士無主，而孔獨有者，或時末代之君賜之，使祀其所出之君也。諸侯不祀天而魯郊，諸侯不祖天子而鄭祖厲王，皆時君之賜也。』」魏志：「清河王懌奏：『禮云：「重，主道也。」此爲埋重則有主矣。故王肅云：「重，未立主之禮也。」士喪禮亦設重，則士有主明矣。孔悝反祏，載之左史，〔二〕饋食設主，著于逸禮。』」又引公羊傳「攝主而往」爲大夫士有主之證，其說本之徐邈。案檀弓自據天子諸侯有主者言之。其實大夫士則既虞埋重之後，則束帛結茅以代主，但不用木耳，其安神之義則同焉，故亦得總謂之主。公羊之「攝主」，與曾子問「卿大夫士從攝主北面」之攝主同。故何注云：「主謂己主祭者。臣聞君之喪，義不可以不卽行，故使兄弟若宗人攝行主事而往。不廢祭者，古禮也。古有分土，無分民，大夫不世，己父未必爲今君臣也。」是也。所以虞而立何？孝子既葬，日中反虞，念親已沒，棺柩已去，悵然失望，彷徨哀痛，故設桑主以虞，所以慰孝子之心。虞，安其神也，所以用桑。練主用栗。據御覽五百三十一補。御覽引禮記外傳：「人君既葬之後，日中虞祭，卽作木主以存神。葬後孝子心目無所覩，故用以主其神。」案此春秋今文說也。檀弓正義引五經異義云：「公羊說，虞而作主。」曲禮正義引異義云：「古春秋左氏說，既葬反虞。

〔一〕「民俗」原作「氏浴」，據五經異義改。

〔二〕「左史」原作「左使」，據通典改。

天子九虞。九虞者以柔日，九虞者，十六日也。諸侯七虞，十二日也。大夫五虞，八日也。士三虞，四日也。既虞，然後祔死者于先死者。祔而作主，謂桑主也，期年然後作栗主。」許慎謹案，左氏説與禮記同。然則左傳言凡君薨，卒哭而祔，祔而作主。公羊言虞已有主。是此用公羊説也。其實大同小異。鄭注檀弓「重，主道也」，引公羊傳。注曲禮「措之廟，立之主」，引左氏傳。孔穎達云：「鄭君以二義雖異，其意則同，皆是虞祭總了，然後作主也。」案御覽引五經要義云：「主者，神象也。凡虞主用桑，桑猶喪也。喪禮取其名。練主用栗，栗者敬也，祭禮取其恭。」何休注文二年傳云：「禮士虞記曰：『桑主不文，吉主皆刻而謚之。』蓋爲禘祫時别昭穆也。虞主三代同者，用意粗，未暇别也。」穀梁傳曰：「立主，喪主于虞，吉主于練。」是虞已立主可知也。御覽引此，作「所以用桑者，始與神相接，三王俱以桑」。較爲詳備。

主祏納之西壁。

據左傳昭十八年正義補。穀梁文二年疏引，「納」作「藏」。案此公羊説也。通典禮八引公羊説：「主藏太廟室西壁中，以備火災。」陳氏壽祺云：「當本五經異義。」案通典：「魏代或問高堂隆曰：『昔受訓云馮君八萬言章句，説正廟之主各藏太室西壁之中，遷廟之主于太祖太室北壁之中。案逸禮，藏主之處，似在堂上壁中。』答曰：『章句但言藏太祖壁中，不言堂室。愚意以堂上無藏主，當室之中也。』」考隸續嚴訢碑，治嚴氏春秋馮君章句，則或所據者公羊説也。文二年何注云：「期年練祭，埋虞主于兩階之間。」然則公羊先師以正主藏于西壁，遷主藏于北壁，虞主埋于兩階之間，易用栗也。故檀弓正義引異義：「戴禮及公羊説，虞主埋于兩楹之間，一説埋之于廟北墉下。左氏説，虞主所藏無明文。」鄭駁之云：「按士喪禮重與柩相隨之禮，柩出則重倚于道左，柩將入于廟，則重止于門西。虞主與神相隨之禮亦當然。〔一〕練時既特作

〔一〕「隨」下原脱「之」字，據五經異義補。

栗主，則入廟之時，祝奏虞主于道左，練祭訖，乃出就虞主而埋之。如既虞，埋重于道左。」續漢志引漢舊儀曰：「高帝崩，三日小斂室中牖下，作栗木主，長八寸，前方後圓，圍一尺，置牖下。已葬，收主爲木函，藏廟太室中西牆壁埳中。」摯虞決疑云：「廟主蓋藏于户之外西牖之中，有石函，名曰宗祏。函中笥以盛主。」前漢時廟主猶藏之西壁也。以西者長老之處，地道尊右，鬼神幽陰故也。左氏之義，則以廟主皆藏之北壁，不分正主與遷主。故莊十四年左傳正義云：「宗祏者，慮有非常火災，于廟之北壁内爲石室，以藏木主。」故御覽引異義申左氏說，言「宗廟有郊宗石室，所以藏栗主」也，是也。通典引五經要義云：「虞主埋之廟北牖下，北方无事，虞主亦無事也。」則又以虞主埋于北牖下，與遷廟主所藏同處，即檀弓正義所引異義一說是也。案曾子問：「天子諸侯出，以遷廟主行，反必釋奠，卒斂幣玉藏諸兩階之間。」則又以遷主埋於兩階間矣。

祭所以有尸者何？鬼神聽之無聲，視之無形，升自阼階，仰視榱桷，俯視几筵，其器存，其人亡，虚無寂寞，思慕哀傷，無可寫泄，故座尸而食之，毁損其饌，欣然若親之飽，尸醉若神之醉矣。詩云：「神具醉止，皇尸載起。」據通典禮八補。曾子曰：「王者祭宗廟，以卿爲尸，射以公爲耦，不以公爲尸何？避嫌也。三公尊近，天子親稽首拜尸，故不以公爲尸。」此據詩既醉正義補。通典禮八：「天子宗廟之祭，以公卿大夫孫行者爲尸。一說，天子不以公爲尸，諸侯不以卿爲尸，爲其太尊，嫌敵君。故天子以卿爲尸，諸侯以大夫爲尸。」蓋禮家異說，即就曾子問義而推之也。詩既醉云「公尸嘉告」，傳：「公尸，天子以卿，言諸侯也。」然則諸侯以大夫可知矣。故周禮朝士「掌朝儀，孤卿大夫皆東西向」，獨屈三公于北面，亦以避嫌也。

周公祭太山，周召公爲尸。亦據詩既醉疏補，曲禮疏引石渠論云：「周公祭天，用太公爲尸。」意此謂祭天地山川或得用三公爲尸也。

朝聘

所以制朝聘之禮何？以尊君父，重孝道也。夫臣之事君，猶子之事父，欲全臣子之恩，一統尊君，故必朝聘也。聘者，問也。緣臣子欲知其君父無恙，又當奉土地所生珍物以助祭，是以皆得行聘問之禮也。大戴記朝事云：「朝聘之禮者，所以正君臣之義也。」公羊隱七年注：「聘者，問也。」鄭氏聘禮目録云：「大問曰聘。諸侯相于久無事，使卿相問之禮。」禮記曲禮：「諸侯使大夫問于諸侯曰聘。」公羊隱十一年：「大夫來曰聘。」是諸侯使人問天子，問諸侯，皆曰聘也。禮三朝記虞戴德云：「諸侯內貢于天子，率名斆地實也，是以不至必誅。」穀梁傳曰：「古者諸侯時獻于天子以其國之所有。」謂之朝何？朝者，見也。五年一朝，備文德而明禮義也。因用朝時見，故謂之朝。言諸侯當時朝于天子。初學記引説題詞云：「諸侯秉政，尊卑有序，各來朝，講文德，明禮讓，〔一〕天下法制，四方受度。」禮記王制云：「諸侯之于天子也，比年一小聘，三年一大聘，五年一朝。」白虎通説本此，而禮家多用春秋家言，各異。禮疏引鄭駮異義云：「公羊説，比年一小聘，三年一大聘，五年一朝。以爲文、襄之制。録王制者，記文、襄之制耳，非虞夏及殷法也。」左傳昭三年：「子太叔曰：『文、襄之霸也，令諸侯三歲而聘，五歲而朝。』」鄭注王制，據以爲説，云「此大聘與朝，晉文霸時所制也。虞夏之制，諸侯歲朝。周之制，侯、甸、男、采、衛、要服六者各以其服數來朝。」朝用何月？皆以夏之孟四月，因留助祭。公羊桓元年傳「諸侯時朝乎天

〔一〕「諸侯」下「秉」字原作「執」，「明禮」下原衍「義」字，據初學記引説題詞改删。

子」，〔一〕何注云：「時朝者，順四時而朝也。緣臣子之心莫不欲朝朝暮夕，王者與諸侯別治，勢不得自專朝，故卽位比年使大夫小聘，三年使上卿大聘，四年又使大夫小聘，五年一朝。王者亦貴得天下之歡心以事其先王，因助祭以述其職。故分四方諸侯爲五部，部有四輩，輩主一時。孝經曰：『四海之內，〔二〕各以其職來助祭』。」是也。王制疏引異義：「公羊說，諸侯四時見天子及相聘，皆曰朝。以朝時行禮。卒而相逢于路曰遇。古周禮說，〔三〕春曰朝，夏曰宗，秋曰覲，冬曰遇。謹案：禮有覲禮，詩曰『韓侯入覲』，書曰『江漢朝宗于海』，知其朝、覲、宗、遇之禮。从周禮說。」鄭駁之云：「此皆有似不爲古昔。案覲禮曰：『諸侯前朝，皆受舍于朝，朝通名。』」是此及鄭氏皆宗公羊也。

朝禮奈何？諸侯將至京師，使人通命于天子，天子遣大夫迎之百里之郊，遣世子迎之五十里之郊矣。覲禮經曰：「至于郊，王使人皮弁用璧勞。」尚書大傳曰：「天子太子年十八曰孟侯，于四方諸侯來朝，迎于郊。」桓元年公羊注云：「宿者，先誡之詞。古者天子邦圻千里，遠郊五百里，諸侯至遠郊，不敢便入，必先告至，由如他國至竟而假途也。皆所以防未然，謹事上之敬也。王者以諸侯遠來朝，亦加殷勤之禮以接之，爲告至之類，當有所住止，故賜邑于遠郊。」案何氏言「不敢便入，必先告至」，卽此所謂「將至京師，使人通命于天子」也。何氏謂「王者以諸侯遠來

〔一〕「朝」下「乎」字原作「于」，據公羊傳桓公元年改。　〔二〕「專朝」下原衍「政」字，「三年」原作「二年」，「卿大」下原衍「夫」字，「孝經」下原脱「曰」字，據公羊傳桓公元年注刪改補。　〔三〕「四時」下「見」字原作「皆于」，「周禮」原作「用禮」，據五經異義改。

朝，亦加殷勤之禮以接之」，即此所云使大夫太子迎之之禮也。覲禮注云：「郊謂近郊，去王城五十里。」周禮小行人職曰：「凡諸侯入，王則逆勞于圻。」則郊勞者行人也。此引覲禮經以證天子使大夫迎之制，則以覲禮之郊爲百里之遠郊，與鄭不同矣。賈公彥引書大傳太子出迎之文，以爲此異代之制。又引孝經鄭注天子使世子郊迎，皆異代法，非周制也。案此明引書大傳，則今文家說。邠風疏引書傳畧説云：「天子之子年十八曰孟侯者，於四方諸侯來朝迎於郊。」是也。御覽引書傳又云：「于郊者，問其所不知也。問之人民之所好惡，地土所生美珍怪異，山川之所有無，父在時皆知之。」鄭注：「孟，迎也。十八嚮大學爲成人，博問庶事。」唐册太子文云：「盡謙恭于齒冑，審方俗于郊迎。」蓋皆用今文説也。古文家以孟侯即康叔。漢書地理志「周公封弟康叔，號曰孟侯」，師古注：「孟，長也。言爲諸侯之長。」史記言「成王在繈褓，周公攝政」，則不得有年十八郊迎之事。史公从古文，是古文不以孟侯爲成王也。太子郊迎既爲異代之制，而成王得稱孟侯者，以周禮定于成王即政之後，故周官不載太子郊迎之禮，攝政之時猶因殷禮也。

諸侯來朝，天子親與之合瑞信者何？正君臣，重法度也。覲禮經曰：「侯氏坐取圭，升致命，王受之玉。」尚書曰：「輯五瑞。」

御覽引書大傳云：「古圭冒者，天子所以與諸侯爲瑞也。諸侯執所受圭，以朝天子。瑞也者，屬也。無過行者復其圭以歸其國，有過行者留其圭，能改過者復其圭。三年圭不復，少絀以爵。六年圭不復，少絀以地。九年圭不復，而地畢削。」即天子與諸侯合瑞信之制也。王制曰：「天子無事與諸侯相見曰朝。考禮、正刑、一德以尊于天子。」是正君臣，重法度也。覲禮云：「天子曰：『伯父其入，予一人嘉之。』侯氏入門右，坐奠圭。」又曰：「侯氏坐取圭，升致命，王受之玉。」又云：「侯氏升致命，王撫玉。」此雖覲禮，同爲朝天子之制，故得取以爲證也。所引尚書者，舜典文。周禮大宗伯：「以玉作六瑞，以等邦國。」〔一〕是天子諸侯所執以爲瑞也。五帝本紀、漢郊祀志並作「揖五瑞」。史記集解引馬本亦作「揖」。注云：「揖，斂也。五瑞，公侯伯子男所執以爲瑞信也。堯將禪舜，使羣牧斂之，使舜親往班之。」鄭注檀弓亦云：「輯，斂也。」揖、輯字通。**諸侯相朝聘何？爲相尊敬也。故諸侯朝聘，天子無恙，法度得無變更，所以考禮、正刑、壹德以尊天子也。**鄭氏聘禮目録云：「大問曰聘。諸侯相於久無事，使卿相問之禮。〔二〕小聘使大夫。周禮曰：『凡諸侯之邦交，歲相問也，殷相聘也，世相朝也。』於五禮屬賓禮。」大行人注：「小聘曰問。殷，中也。久無事，又于殷朝者及而相聘也。」襄元年左傳：「凡諸侯即位，小國朝之，大國聘焉。」又昭九年左傳：「孟僖子如齊殷聘，禮也。」周禮司儀云：「諸侯相爲賓。」是諸侯相朝聘也。禮三朝記小辨云：「諸侯學禮辨官政以行事，以尊事天子。」故禮記王制：「考禮、正刑、一德以尊天子也。」穀梁隱十一年傳：「天子無事，諸侯相朝，正也。攷禮修德，所以尊天子也。」〔三〕**公執玉，取其暢達也。卿執羔，取其跪乳有禮也。書曰：「五玉三帛，二生一死贄。」**禮記曲禮：「凡贄，天子鬯，諸侯圭，卿羔。」案玉無暢達之義，當是天子執鬯，取其暢達也。「公執玉」以下有闕文，「有禮也」以下當並載大夫執雁，士執雉之義。義具上瑞贄篇。所引書曰者，古文尚書堯典也。今文尚書大傳「五玉」作「五樂」，漢書郊祀志亦作「五樂」。史記本紀作「五玉」，與此所引同也。公羊隱八年疏引鄭注云：「五玉，瑞節，執之曰瑞，陳列曰玉也。三帛，所以薦玉也。受瑞玉者以帛薦之。帛必三者，高陽氏之後用赤繒，高辛氏之後用黑繒，其餘諸侯皆用白繒。

〔一〕「以」下「等」字原作「鎮」，據周禮大宗伯改。　〔二〕「聘禮目録」之「聘」原作「三」，「大問曰聘」原作「大曰聘問」，據鄭氏聘禮目録改。　〔三〕「修德」下原脱「所」字，據穀梁傳隱公十一年補。

周禮改之曰纁。二生一死贄者，羔、雁，生也，卿大夫所執。一死，雉也，士所執。」史記注引馬注，惟以「三帛，三孤所執」爲異。案大宗伯「孤執皮帛」，自是周禮，虞夏未必有三孤之職也。至正月朔日，乃執而朝賀其君，朝賀以正月何？歲首意氣改新，欲長相保，重本正始也。故羣臣執贄而朝賀其君。自此以上，皆據類聚三十九、書鈔八十一、初學記十四、御覽五百三十八補。襄二十九年公羊傳：「何言乎公在楚？正月，以存君也。」注：「正月，歲終而復始，臣子喜其君父與歲終而復始，執贄存之。」鹽鐵論云：「正月存君在楚。」續漢禮儀志注引決疑要注曰：「古者朝會皆執贄，侯伯執圭，子男執璧，孤執皮帛，卿執羔，大夫執雁，士執雉。」漢魏儀制：「正旦一大會，諸侯執玉璧，薦以鹿皮。」是其遺也。朝禮奈何？君出居内門之外，天子揖諸侯持揖，卿大夫膝下至地。天子特揖三公，面揖卿，略揖大夫士。所以不拜何？爲其屈尊也。此脱，今據御覽五百四十三補。曲禮：「天子當宁而立，諸公東面，諸侯西面，曰朝。」爾雅釋宫：「門屏之間謂之宁。」曲禮疏引李巡云：「正門内兩塾間曰宁。」謂天子受朝於路門外之朝，於門外而宁立，是君出居内門之外也。「持揖」疑「特揖」之譌。案司儀載合諸侯之制云：「土揖庶姓，時揖異姓，天揖同姓。」又司士職云：「孤卿特揖，大夫以其等旅揖，士旁三揖。」俱與此異。此蓋有譌脱。此之「面揖」，即周官之「旅揖」，此之「略揖」，即周官之「旁揖」也。膝下至地，自是臣見君之禮也。

貢士

諸侯三年一貢士者，治道三年有成也。據書鈔七十九補。此今文書説也。玉海引書大傳曰：「古者諸侯之于天子也，三年一貢士，大國三人，次國二人，小國一人。」三朝記虞戴德云：「以其教士畢行。」是也。禮記射義云「古者天子之制，諸侯歲獻貢士于天子」，〔一〕注：「三歲而貢士。舊説云大國三人，次國二人，小國一人。」蓋用書傳文也。

諸侯所以貢士于天子者，進賢勸善者也。天子聘求之者，貴義也。自此至「故聘之也」，據書鈔七十九、初學記二十、御覽六百三十二補。「勸善」一作「觀善」，一作「稱善」。「聘求」一作「射求」。「貴義」一作「貪義」，一作「天子聘取之者，求賢之義也」。儀禮集解引書大傳云：「禮，諸侯三年一貢士于天子，天子命與諸侯輔助爲政，所以通賢共治，示不獨專，重民之至。」又云：「一適謂之攸好德，再適謂之賢賢，三適謂之有功。」又云：「諸侯有不貢士，謂之不率正。一不適謂之過，再不適謂之傲，三不適謂之誣。」是皆進賢勸善之意也。潛夫論考績云：「古者諸侯貢士，一適謂之好德，再適謂之尚賢，三適謂之有功，則加之賞。其不貢士也，一則黜爵，再則黜地，三則爵土俱畢。」故通典選舉：「漢元朔元年，有司奏議曰：〔二〕『古者諸侯貢士，一適謂之好德，再適謂之賢賢，三適謂之有功，乃加九錫。不貢士，一則黜爵，再則黜地，三則黜爵削地畢矣。』」蓋漢時詔天下舉賢良方正直言極諫之士，卽古貢士之遺法也。故董仲舒傳：「對曰：『請令諸侯列卿郡守二千石各擇其吏民之賢者，歲貢各二人，以給宿衛，且以觀大臣之能。所貢賢者有賞，不肖者有罰。夫如是，諸侯吏二千石皆盡心于求賢，天下之士可得而官使也。』」是進賢勸善之義也。

治國之道，本在得賢。得賢則治，失賢則亂。故月令季春之月：「開府庫，出幣帛，周天下，勉諸侯，聘名士，禮賢者。」有貢者復有聘者何？以爲諸侯貢士，庸才者貢其身，盛德者貢其名。及其幽隱，諸侯所遺失，天子之所昭，故聘之也。見禮月令季春紀。正義引蔡注云：「名士者，謂其德行貞純，道術通明，王者不得臣而隱

〔一〕「制」下原脱「諸侯」二字，據禮記射義補。

〔二〕「司奏」下原衍「請」字，據通典選舉刪。

居不在位者也。賢者，名士之次，亦隱者也。名士優者加束帛，賢者禮之而已。」是卽「及其幽隱」之意也。然則聘者，所以補貢所不及者也。

車旂

路者，何謂也？路，大也，道也，正也。君至尊，制度大，所以行道德之正也。自此至「飾車」，據類聚七十一補。爾雅釋詁「路，大也」，舍人注：「路，君車之大也。」詩遵大路云「遵大路兮」，傳：「路，道也。」離騷經「既遵道而得路」，注：「路，正也。」是路兼大、道、正三訓也。路者，君車也。覲禮「路先設」，注：「路謂車也。凡君所乘曰路。」文選東京賦「龍路充庭」，薛注：「路，天子之車也。」釋名釋車：「天子所乘曰路。」詩韓奕「乘馬路車」，箋：「人君之車曰路車也。」天子大路，諸侯路車，大夫軒車，士飾車。公羊昭二十五年注：「禮，天子大路，諸侯路車，大夫大車，士飾車。」疏以爲「顧命文」。案今顧命無此語，蓋亦逸禮文也。禮記樂記云：「所謂大輅者，天子之車也。」文選東京賦：「天子乃撫玉路。」是天子乘大路也。故周禮巾車：「玉路不以封諸侯。」惟魯君得有大路，以成王封魯，等二王之後也。禮記明堂位云：「魯君乘大路。」是也。巾車：「金路同姓以封，象路異姓以封，革路以封四衞，木路以封蕃國。其孤卿以下，則用路車。」知諸侯用路車也。對文則路爲諸侯之車，散亦通。故詩采薇云：「彼路斯何？君子之車。」是也。左氏閔二年傳「鶴有乘軒者」，注：「軒，大夫車。」疏引服注：「車有藩曰軒。」御覽引通俗文：「後重曰軒。」則軒車蓋如軒懸軒城之類。故哀十五年傳「服冕乘軒」，僖二十八年傳「而乘軒者三百人也」，書大傳「不得乘朱軒」，皆謂大夫車也。士飾車者，公羊疏引書傳曰：「士乘飾車兩馬，庶人單馬木車。」是也。玉路，大路也。據隋禮儀志補。書顧命：「大輅在賓增面。」周禮疏引鄭注：「大路，玉路。」大戴朝事云：「乘大路，建太常十有二斿，樊纓十有再就。」周禮巾車：「一曰玉路，錫樊纓十有再就，建太常十有二斿。」是玉路即大路也。名車爲輅者，言所以步之于路也。據文選四子講德論注補。又御覽引異義云：「大路，左氏義以爲行於道路，故以路名之。」釋名釋器云：「路亦車也。謂之路者，言所以步之于路也。」車所以立乘者何？制車以步，故立乘。自此至「鸞設衡者也」，據續漢輿服志注、類聚七十二、御覽七百七十二補。禮記曲禮「婦人不立乘」，注：「異于男子。」「制車以步」亦未明，蓋謂制車以代步也。車中不內顧何？仰即觀天，俯即察地，前聞和鸞之聲，旁見四方之運，此車教之道。論語曰：「升車必正立執綏，車中不內顧。」禮記曲禮云「顧不過轂」，注：「爲掩在後也。」又大戴保傅云：「古之爲路車也，蓋圓以象天，二十八橑以象列星，軫方以象地，三十輻以象月。故仰則觀天文，俯則察地理，前視則睹鸞和之聲，側聽則觀四時之運。此巾車教之道也。」所引論語者，鄉黨文。集解引包咸云：「車中不內顧者，前視不過衡軛，傍視不過輢轂。」釋文：「車中不內顧。魯讀車中內顧。」則魯論無「不」字，有者，或古論語也。漢書成帝紀贊，言「成帝善修容，升車正立，不內顧」。與此同也。包氏慎言論語古訓研云「夫君人者，黈纊塞耳，車中不內顧」，薛注：「內顧，不外視，臣不之私也。」依薛氏此注，「不」字宜衍，平子蓋用魯論也。李善既用薛綜，而反引今魯論「車中不內顧」，又引崔駰車左銘「正立執綏，車中不顧」之語，則與薛說全相反。風俗通過譽云：「升車必正立執綏內顧，不掩不備，不見人短。」亦魯論說，今本亦多「不」字。又云：「集解：經用古論語，而注仍取魯論。包鴻臚說殊失于分辨矣。」所以有和鸞者何？以正威儀，節行舒疾也。大戴保傅云：「行中鸞和，步中采茨，趨中肆夏，所以明有度也。鸞者在衡，和者在軾，馬動則鸞鳴，鸞鳴則和應。其聲鳴曰和敬，舒則不鳴，疾則失音，〔一〕明得其和也。故詩云：「和鸞雍雍，萬福攸同。」

魯訓曰：「和，設軾者也。鸞，設衡者也。」

此用詩韓、魯說、禮戴說也。大戴保傅云：「在衡爲鸞，在軾爲和。馬動而鸞鳴，鸞鳴而和應。聲曰和，和則敬，此御之節也。」禮記經解注引韓詩內傳云：「鸞在衡，和在軾。」是也。毛詩蓼蕭傳：「在軾曰和，在鑣曰鸞。」左傳「錫鸞和鈴」，史記注引服注以爲「鸞在鑣，和在衡」。則毛詩說、春秋左氏說皆以鸞在鑣。毛詩疏引異義載禮戴氏、詩毛氏二說，謹案：「經無明文」。且殷周或異。又續漢志引許慎說云：「詩曰『八鸞鎗鎗』，則一馬二鸞也。又曰『輶車鸞鑣』，知非衡也。」則許氏用毛氏說，故于說文金部「鑾」字下云：「人君乘車四馬，〔二〕鑣八鑾，鈴象鸞鳥之聲。」說文多從古文說也。鄭氏于玉藻、經解、周禮大馭注，皆用今文說，以鸞在衡，故詩駟驖箋云「置鸞于鑣」，以爲兵車異于乘車也。至蓼蕭之和鸞，亦乘車也，而箋又不破毛傳鸞在鑣之說。于商頌烈祖箋則又以鸞在鑣。是鄭于此二詩復主古文，故鄭于異義亦不駮也。

禮記曰：「天子乘龍，載大旂，象日月升龍。」傳曰：「天子升龍，諸侯降龍。」

據覲禮疏補。今禮記無此文，蓋亦逸禮也。易乾彖傳云：「時乘六龍以御天。」詩疏引易孟、京說，以爲「天子駕六」。公羊疏引異義：「公羊說引易經云『時乘六龍以馭天』也，知天子駕六。」此蓋用今文家說，〔三〕故與春秋公羊、易孟京同，故以爲天子乘龍也。周禮巾車云：「王建太常以祀。」又云：「建大旂以賓。」又司常云：「日月爲常，交龍爲旂。」是載大旂象日月升龍也。天子有升有降，上得兼下，且取下賢之義。同姓諸侯得建龍旂，但不得有升龍，亦

〔一〕「則」下「失」字原作「夫」，據各本改。〔二〕「乘」下「車」字原作「馬」，據說文改。〔三〕「今」下「文」字原作「經」，據文義改。

如天子衮冕，升降俱有。三公衮冕則止有降龍，無升龍，所以明下不得僭上也。諸侯不得建太常，惟魯以大功得同二王後，用天子之禮。故禮記郊特牲説魯祀天云「旂十有二旒，龍章而設日月」也。

田獵

王者諸侯所以田獵者何？爲田除害，上以共宗廟，下以簡集士衆也。自此至「冬曰狩」，據左傳隱五年疏、御覽八百三十二補。公羊桓四年注：「必田狩者，孝子之意，以爲己之所養，不如天地自然之牲逸豫肥美，禽獸多則傷五穀，因習兵事，又不空設，故因以捕禽獸，所以共承宗廟，示不忘武備。又因以爲田除害。」〔一〕故續漢志引蔡邕月令章句：「寄戎事之教于田獵。武事不空設，必有以誡，故寄教于田獵，閑肄五兵焉。」春謂之田何？春，歲之本，舉本名而言之也。桓四年穀梁注：「取獸于田。」左傳隱五年、周禮大司馬並以「春田名蒐」，與此異。夏謂之苗何？擇去其懷任者也。周禮大司馬「遂以苗田」，注：「夏田爲苗，擇取不孕任者，若治苗去不秀實也。」爾雅釋天：「夏獵爲苗。」左傳疏引孫炎注與鄭注周官同。郭氏謂「爲苗除害也」。案四時之田皆爲田，除害何必專爲夏獵之名也？秋謂之蒐何？蒐索肥者也。公羊桓四年注：「蒐，簡擇也。簡擇幼穉，取其大者。」穀梁注：「蒐擇之，舍小取大。」冬謂之狩何？守地而取之也。大司馬注：「言守取之無所擇也。」國語周語云「狩于畢」，注：「狩，圍守而取之。」爾雅釋天：「冬獵爲狩。」詩疏引李注：「圍守取之，無所釋也。」四時之田，總名爲田何？爲田除害也。春秋穀梁傳曰：「春曰田，夏曰苗，秋曰蒐，冬曰狩。」公羊桓四年注：「田者，蒐狩之總名。古者肉食，衣皮

〔一〕「示」下「不忘」原作「亦防」，「又」下原脱「因」字，「害」下原衍「也」字，據公羊傳桓公四年注改補删。

服，捕禽獸，故謂之田。易曰：『結繩網以田魚。』」以四時之田皆爲佃取禽獸，故總名爲田，又兼爲田除害之意也。所引穀梁傳，桓四年文。案公羊無夏田之制，彼注云：「夏不田者，〔一〕春秋制也。以爲飛鳥未去于巢，走獸未離于穴，恐傷害于幼穉，故于苑囿中取之。」故禮疏引何休廢疾云：「運斗樞曰『夏不田。』穀梁有夏田，于義爲短。」鄭釋之云：「四時皆田，殷周之禮。詩云『之子于苗』。夏田明矣。孔子雖有聖德，不敢顯然改先王之法，若所欲改，則陰書于讖緯，以傳後世。穀梁四時田者，近孔子故也。公羊正當六國之亡，讖緯見讀，而傳爲三時田，作傳有先後，不足以繼穀梁也。」按禮記王制云「則歲三田」，注謂「夏不田，蓋夏時也」。然則夏時不田者，夏制，孔子作春秋，欲垂爲後王法古，變周從古也。此用穀梁家説，故依而釋之也。

王者祭宗廟，親自取禽者何？尊重先祖，必欲自射，加功力也。

自此至「制也」，據書鈔八十九、御覽五百二十六補。穀梁桓四年傳：「禮，宗廟之事，君親割，夫人親舂。」又周語曰：「天子禘郊之事，必自射其牲，王后必自舂粢。諸侯宗廟之事，必自射牛封羊擊豕，夫人必自舂其盛。」此謂祭射所用大牲，王侯必親割，詳見祭統諸篇。其禽物亦必親取。故王制：「天子諸侯無事，則歲三田，一曰乾豆，二曰賓客，三曰充君之庖。」又穀梁桓四年傳曰：「四時之田用三焉：一曰乾豆，二曰賓客，三曰充君之庖。」公羊注：「一者，第一之殺也，自左膘射之，達于右髃，中心，死疾鮮潔，故乾而豆之中，薦于宗廟也。」韓詩内傳「羣小獻禽其下，天子親射之於旝鈴門」也。

禽者何？鳥獸之總名，明爲人所禽制也。

爾疋釋鳥云：「二足而羽謂之禽，四足而毛謂之獸。」是別而言之，飛者曰鳥，走者曰獸。曲禮疏云：「禽者，擒也，言鳥力小，可擒捉而取之。獸者，守也，言其力多，不易可禽，先須圍守。」是

〔一〕「夏不田者」，公羊傳桓公四年注作「不以夏田者」。

也。散則禽獸通稱。考工記梓人：「天下之大獸五：脂者，膏者，臝者，羽者，鱗者。」是羽者亦稱獸也。易比：「王用三驅，失前禽。」説文：「禽，走獸總名也。」月令：「命主祠祭禽于四方。」大司馬：「小禽私之。」未必專指羽鳥也。是走獸亦得通謂之禽也。禽獸本可通稱。曲禮疏謂「鳥不可曰獸」，非也。水畜亦謂之禽。國語魯語「使水虞登川禽」，韋注：「鱉蜃之屬。」是也。王者不親取魚。據詩潛正義補。左傳隱五年：「公矢魚于棠。」臧僖伯諫曰「若夫山林川澤之實，器用之資，皁隸之事，官司之守，非君所及也。」又云：「書曰『公矢魚于棠』，非禮也。」是諸侯且不得親取魚，則王者不親可知矣。禮記月令：「季冬，乃命漁師始漁。」周禮漁師云：「掌以時漁，春獻王鮪。」國語魯語云：「古者大寒降，土蟄發，水虞于是講罛罶，取名魚。」禮記月令：「天子始乘舟，薦鮪于寢廟。」明薦廟始親行也。蓋王者田獵必躬親之，本爲講武治兵，若親自取魚，嫌與下民争利也。囿，天子百里，大國四十里，次國三十里，小國二十里。自此至「囿草」，據周禮閽人疏補。詩大雅靈臺云「王在靈囿」，毛傳云：「天子百里，諸侯四十里。」毛傳舉天子百里以證靈囿，則文王之囿百里。而孟子梁惠王下云「文王之囿方七十里」者，考揚雄羽獵賦云：「文王囿百里，民尚以爲小；齊宣王囿四十里，民以爲大。」袁宏後漢紀：「樂松云：『宣王之囿四十里，民以爲大；文王百里，民以爲小。』」唐陸贄奏罷瓊林庫狀云：「周文王之囿百里，時患尚小；齊宣王之囿四十里，時病其太大。」然則文王百里，古有此説，蓋先秦之世，説者不一，故七十里百里不同也。臧氏琳經義雜記云：「案袁、范後漢書，皆言文王囿百里，宣王囿五十里。楊疏引毛傳，諸侯三十里，『三』即『五』字之訛。古本孟子，蓋作『文王之囿方百里，寡人之囿方五十里』，故毛公據之以分天子諸侯之制。疑唐人所見孟子，已作『七十』，故孔氏、楊氏疏、李賢後漢書注引孟子並作『七十里』也。」案孟子宣王自言寡人之囿方四十里，正是大國諸侯之制。故毛傳定爲諸侯四十里。楊氏引作「三十里」，自是「四」字之誤。臧氏乃據樂松之語，改楊氏「三」字爲「二五」，并改毛傳、孔疏之本亦作「五十里」，果何據定爲五十里與？樂松作「五十里」者，亦約言之耳。王楙野客叢書云：「僕觀世説擧樂松之語曰『齊五十里』，乃知非五里也。史又于『五』字下脱一『十』字。蓋七十里近于百里，四十里近于五十里，樂松擧其大綱耳。」王氏之説是也。閻氏若璩釋地云：「從來説者皆以文王七十里之囿爲疑，三輔黄圖云『靈囿在長安縣西四十二里』，王伯厚以『文王之囿方七十里』注于下。余謂今鄠縣東三十里，正漢地里志所謂『文王作豐，有鄠、杜竹林，南山檀柘，號稱陸海，爲九州膏腴』者。文王當日弛以與民，恣其芻獵，以往但有物以蕃界之，遂名之曰囿云爾。」誠如是説，則文王卽百里七十里亦未可實定其地域之數也。齊爲大國，既四十里，則次國小國地既狹小，則其囿亦宜差降，故班氏定爲次國三十，小國二十也。公羊成十八年傳注云：「天子囿方百里，公侯十里，伯七里，男子五里。」疏以爲「孟子文」。司馬法亦云：「今孟子無其文，或孟子外篇語也。」其説與白虎通及諸書又不同。蓋以天子方千里，故以百里爲囿，公侯地方百里，故以十里爲囿，伯七十里，故以七里爲囿，子男五十里，故以五里爲囿，或據夏制言也。焦氏循孟子正義云：「意者，公羊傳注所指爲離宮，毛詩傳、白虎通所指爲御苑。」義或然也。

苑囿所以在東方何？苑囿，養萬物者也。東方，物所以生也。

一作「苑囿在東方，所以然者何」，非也。説文艸部云：「苑，所以養禽獸也。」口部云：「囿，苑有垣也。一曰禽獸曰囿。」淮南子本經訓云「侈苑囿之大」，高注：「有牆曰苑，無牆曰囿。」一切經音義引呂忱字林同。呂覽重己篇高注：「畜禽獸所，大曰苑，小曰囿。」二注同出高誘之手，當云「大曰囿，小曰苑」，以大故無牆，小故有牆也。説文言「苑有垣」，明囿無垣，互文以見義也。天官閽人「囿游亦如之」，注：「囿，御苑也。游，離宮也。」地官囿人注：「囿，今之苑。」又云：「囿游，囿之離宮小苑觀處也。養鳥獸，以宴樂觀之。」然則苑囿對文異，散則通也。東方所以生者，禮記鄉飲酒義：「東方者春，春之爲言蠢也，產萬物者也。」詩云：「東有圃草。」文選注引韓詩云：「東有圃草。圃，博也。有博大之茂艸也。」則此用者韓詩說也。後漢書注引韓詩作「東有囿艸」，義亦同。水經注、王逸楚詞注引詩並作「圃草」，則亦用韓詩也。毛詩作「甫草」，毛公傳云：「甫，大也。田者大芟草以爲防，或舍其中，褐纏旃以爲門，裘纏質以爲槸，閒容握驅而出擊，則不得入，左者之左，右者之右，然後焚而射焉。」是不以圃草爲地名也。鄭箋云：「甫草者，〔一〕甫田之草也。鄭有甫田。」則鄭氏亦據韓詩以訓毛詩也。鄭所據者，爾疋釋地文。郭注：「今熒陽中牟縣西圃田澤是也。」漢書地志：「河南郡中牟縣，圃田澤在西，豫州藪。」西周時屬于周，在東都之地，故詩云「東有圃草」。東遷後屬于鄭，故僖三十二年左傳：「鄭之有原圃。」釋地云：「鄭有圃田。」是也。

鳥所以飛何？鳥者，陽也。飄輕，故飛也。

據御覽九百十四補。自「囿，天子百里」至此，莊氏皆附雜録。案此應屬田獵篇，易旅「鳥焚其巢」，集解引虞注：「離爲鳥。」象傳「其義焚也」，集解引侯果注：「離爲鳥。」左傳昭五年云「日之謙當鳥」，杜注：「離爲日爲鳥。」是鳥爲陽也。故南方之獸謂之朱鳥。周禮小師疏引通卦驗注云：「鳥爲大火，成數七，生數二。」書堯典：「日中星鳥。」是也。淮南地形訓：「鳥魚皆生于陰，陰屬于陽，故鳥魚皆卵生，魚遊於水，鳥翔於雲也。」

雜録

黃帝作宮室以避寒温。

見初學記二十四引禮記禮運：「昔者先王未有宮室，冬則居營窟，夏則居橧巢。」下

〔一〕「甫」下「草」字原作「田」字，據詩經注改。

云：「後聖有作。」彼云「後聖」，指黄帝也。則黄帝作宫室明矣。爾雅釋文引世本云：「禹作宫室。」案堯時茅茨土階，尸子言「黄帝作合宫」。繫詞傳説黄帝九事云：「上古穴居而野處，後世聖人易之以宫室，上棟下宇，以待風雨。」則非始于禹明矣。宫之爲言中也。見廣韻，文選注引元命苞曰：「紫之言此也。宫之言中也。言天神圖法，陰陽開閉，皆在此中也。」天子之堂高九尺，天子尊，故極陽之數九尺也。自此至「三尺」，皆見廣韻，西京賦「右平左墄」。薛注：「墄，限也。謂階齒也。天子殿高九尺，〔一〕階九齒。」堂之爲言明也。所以明禮義也。廣雅釋詁：「堂，明也。」禮記曰：「天子之堂九尺，諸侯七尺，大夫五尺，士三尺。」此以上莊據廣韻補。所引禮記，禮器文也。門四出何？所以通方。故禮三朝記曰：「天子之官四通。」見御覽百八十三引。「所以通方」，當作「所以通四方」。大戴禮虞戴德篇曰：「天子之宫四通，正地事也。」洪氏頤煊注曰：「官當爲宫，字之誤也。」是也。古者明堂四門，門四出，諸侯各以其方來見，以述地事。舜典曰：「闢四門。」御覽引蔡邕明堂月令論曰：「禮，古大明堂之禮曰：膳夫氏相禮，日中出南闈，見九侯及門子。日昃出西闈，親五闈之事。日闇出北闈，視帝續帝猷。」此所引亦有訛脱。按禮記明堂位叙周公相成王朝諸侯之制，九夷在東門外，五狄在北門外，六戎在西門外，八蠻在南門外，是四面有門。又九采在應門外，疑南方兩重門矣。而明堂無論，九室五室，亦皆四門，亦取通四方之意。故逸禮云：「夏則居明堂正廟，啟南户。冬則居明堂後廟，啟北户。」正廟則月令之明堂，後廟則月令之玄堂也。所以必有塾何？欲以飾門，因取其名也。明臣下當見於君，必先孰思其事也。見御覽一百八十五引。爾雅釋宫：「門側之堂謂之塾。」書顧命云：

〔一〕「謂」下「階」字原作「限」，「天子」下「殿」字原作「及」，據文選西京賦改。

先路在左塾之前，次路在右塾之前。」儀禮士冠禮「具饌於西塾」。注：「西塾，門外西堂也。」又「檳者玄端負東塾」，注：「東塾，門内東堂。」是東西内外皆有塾矣。說文作「𡊄」，土部云：「射臬也。讀若準。」後漢書齊王縯傳：〔一〕「使長安中宫署及天下鄉亭皆畫伯升像于塾，旦起射之。」注：「蕭該音義亦作『塾』。引字林：『塾，門側堂也。』東觀記、續漢書並作『𡊄』。」廣雅釋詁云：「𡊄，的也。」說文土部又云：「垛，堂塾也。」玉篇土部：「垛，射垛。」廣韻云：「𡊄，射的。」周禮或作「準」。集韻：「𡊄，射堋。」又云：「堋，射埒。」蓋塾卽𡊄，爲築土稍高之名。故山海經「𡊄于四海」，郭注：「𡊄猶隄也。」是也。射準亦必高，故又取爲射臬之稱。門之兩旁，築土高於中央，故亦謂之𡊄。禮記學記云「家有塾」，正義：「周禮，百里之内二十五家爲閭，同共一巷，巷首有門，門邊有塾。」蓋塾在里門左右，亦如路門、廟門之塾相似也。詩絲衣：「自堂徂基。」堂卽兩塾，基卽中央平地者也。**天子曰崇城，言崇高也。**見初學記二十四，爾雅釋詁：「崇，高也。」初學記引異義：「天子之城高九仞。」故崇城以言高也。公羊定十二年注：「天子周城，諸侯軒城。軒城者，缺南面以受過也。」疏以爲春秋說文。疑干、軒同音，得通用，干城卽軒城也。城闕一面，卽不敢自專之義。**諸侯曰干城，言不敢自專，禦于天子也。**禦者，止也。言爲天子所止也。說文𦥑部：「𦥑缺也。古者城闕其南方，謂之𦥑。」〔二〕故詩鄭風「在城闕兮」，卽此。又云「出其闉闍」，傳：「闉，曲城也。闍，城臺也。城上有臺謂之闍。」卽静女所謂「俟我於城隅」是也。三面有臺而南方無臺，故謂之𦥑。是卽軒城之制也。**門必有闕者，闕者所以飾門，別尊卑也。**見水經穀水注。公羊注引禮緯云：「天子外闕兩觀，諸侯内闕一觀。」釋宫：「觀謂之闕。」禮運疏引熊安生云：「當門闕處，以通行路。」釋名云：「在

〔一〕「王縯」下「傳」字原作「書」，據後漢書改。

〔二〕「𦥑缺」原作「𦥑」，「古者」下原衍「軒」字，據說文改删。

門兩旁。」郭璞云：「宮門雙闕。」考漢制近古，漢書：「建章宮東西闕二十餘丈。」西都賦：「圓闕竦以造天，若雙碣之相望。」是闕所以飾門也。別尊卑者，卽禮説所云「天子諸侯之制」是也。亦謂之觀。鄭風疏引孫炎云：「舊章懸焉，使民觀之。」賈疏云：「以其有教象可觀。」又或謂之象魏。周官：「正月之吉，乃懸法於象魏。」古今注：「闕，觀也。古者每門樹兩觀於前，所以標表宮門也。其上可居，登之可遠觀。人臣將朝，至此則思其所闕，故謂之闕。」御覽引廣志：「闕，缺也。門兩邊，中間缺然爲道也。」淮南本經訓「巍闕」注：「門闕崇高，巍巍然也。」唐書載宋敬則、楊炎俱以世孝義被旌門，樹六闕。冊府元龜言「閥閱二柱，相去一丈，柱安瓦筒，號烏頭染，卽謂之闕。」則後世闕亦施于士大夫矣。攷其制，則釋名云：「在門兩旁。」故孫、郭注爾雅皆云「宮門雙闕。」故西京賦「雙碣之相望」。漢制近古，太室、少室、石闕猶可攷見闕制也。中華古今注謂「其上可居，登之則可遠觀」，蓋混於臺觀之制矣。

闕者何？闕疑也。據禮運正義補。〔一〕水經注引潁容云：「闕者，上有所失，下得書之于闕，所以求論譽于人。」中華古今注言「人臣至此，〔二〕思其所闕，故謂之闕」，義皆相近。

所以設屏何？屏所以自障也。示不極臣下之敬也。天子德大，故外屏。諸侯德小，所照見近，故內屏。見御覽百八十五。郊特牲注云：「天子外屏，諸侯內屏。」是天子諸侯異也。又云：「大夫以簾，士以帷。」正義以爲「並禮緯文」。南本及定本皆然。或云「大夫以帷，士以簾」，誤也。案公羊解詁引作「大夫以帷，士以簾」。廣韻引風俗通云：「屏，卿大夫以帷，士以簾。」則公羊注所引禮緯者亦未爲非也。意林引風俗通云：「按天子外屏，令臣下氣息。」是不極臣下之敬也。釋名釋牀帳云：「帷，圍也。以自障圍也。㡘，廉也。自障蔽爲廉恥也。」則屏亦所以

〔一〕「禮運」上「據」字原作「見」，據文義改。

〔二〕「至」下「此」字原作「者」，據中華古今注改。

自障也。荀子大略篇亦云：「天子外屏，諸侯内屏。外屏，不欲見外也。内屏，不欲見内也。」又文三王傳：「谷永曰：『臣聞禮，天子外屏，不欲見外也。』」後漢齊武王傳：「詔曰：『朕聞人君正屏，有所不聽。』」亦此義也。釋宮：「屏謂之樹。」説文尸部：「屏，蔽也。」廣雅：「復罳謂之屏。」釋名釋宮室云：「屏，自障屏也。蕭牆在門内。蕭，肅也。臣將入，於此自肅敬之處也。罘罳在門外。罘，復也。臣將入請事，於此復重思也。」義皆相近。齊者，言己之意念專一精明也。見書鈔九十。禮記祭統云：「齊之爲言齊也，齊不齊以致齊者也。」又云：「定之之謂齊，〔一〕齊者，精明之至也。」説文示部：「齋，戒潔也。从示，齊省聲。」冬至前後，君子安身静體，百官絶事不聽政，擇吉辰而後省事。見御覽二十八。月令仲冬之月云：「是月者，日短至，君子齋戒，處必掩身。身欲寧，去聲色，禁耆欲，安形性。事欲静，以待陰陽之所定。」案月令仲夏之月，亦有此語，當是白虎通原書有脱文也。共工之子曰修，好遠遊，舟車所至，足迹所達，靡不窮覽，故祀以爲祖神。見通典禮十一。風俗通祀典篇：「謹案禮傳：『共工之子曰修，好遠遊，舟車所至，足迹所達，靡不窮覽，故祀以爲祖神。』祖者，徂也。詩云：『韓侯出祖，清酒百壺。』左氏傳：『襄公將適楚，夢周公，祖而遣之。』〔二〕是其事也。詩云：『吉日庚午。』漢家盛于午，故以午祖也。」則此所引，亦出禮傳也。儀禮聘禮「又釋幣于行」，鄭注：「『行者之先，其古人之名未聞』者，彼謂古人教人行道路者，其人名字未聞與？非謂祖神之名字也。其實祖自有祖神，即共工之子，當亦配祀者，如社之句龍稷之柱弃也。」案祖祭有二。禮記月令，冬云「其祀行」，鄭注：「行在廟

〔一〕「致」下原衍「其」字，「齊」下原脱「者」字，「之」下「謂」字原作「爲」，據禮記祭統删補改。〔二〕「遣」下「之」字原作「也」，據風俗通祀典篇改。

門外之西，爲軷壤厚二寸，廣五尺，輪四尺。祀行之禮，北面設主于軷上，乃制腎及脾爲俎，奠于主南。又設盛于俎東，祭肉腎一脾再，其他皆如祀門之禮。」此則天子諸侯大夫並得祀之，此則常祀也。又檀弓上「及葬，毁宗躐行，出于大門」，鄭注：「行神之位，在廟門之外。」此其因喪葬而祀者也。二者皆在廟門之外。聘禮記云「出祖釋軷祭酒」，注：「祖，始也。既受聘享之禮，行出國門，止陳車騎，釋酒脯之奠于軷，爲行始也。」生民詩傳曰：「軷，道祭也。」謂祭道路之神。春秋傳曰：「軷涉山川。」然則軷，山行之名也。道路以險阻爲難，是以委土爲山，伏牲其上，使者爲軷祭，酒脯祈告也。卿大夫處者，於是餞之，飲酒于側。禮畢，乘車轢之而遂行，舍于近郊矣。禮記曾子問「道而出」，注：「祖道也。」聘禮記曰：「出祖釋軷，祭酒脯也。」詩泉水云「出宿于泲，飲餞于禰」，毛傳：「祖而舍軷，飲酒于其側曰餞，重始有事于道也。」詩生民云「取羝以軷」，毛傳云：「軷，道祭。」鄭箋云：「取羝羊之體以祭神，自此而往郊。」又烝民云「仲山甫出祖」，箋又云：「祖者，將行犯軷之祭也。」又韓奕云「韓侯出祖」，鄭箋：「祖，將去而犯軷也。祖于國門。」此等皆將遠行，祭于國城門之外者之禮。周天子則大馭掌犯軷之禮。周禮大馭云：「及犯軷，王自左馭，馭下，祝登受轡，犯軷，遂驅之。」注：「既祭之，以車轢之而去，喻無險難。」是也。廟門外行神之軷，與國門外祖祭之軷，其禮不異，但所祭之人有殊。禮疏引崔靈恩義疏云：「宫門之軷，祭古之行神。城外之軷，祭山川與道路之神也。」其牲，則周禮犬人云「伏瘞亦如之」，注：「伏謂伏犬，以王事轢之。」是天子用犬也。詩生民云「取羝以軷」，傳：「羝，牡羊。」孔疏：「蓋天子諸侯異禮。」則諸侯用羊也。聘禮云：「釋軷祭酒脯。」則卿大夫用酒脯也。軷有主。大馭注：「以菩芻棘柏爲主。」是也。亦有尸。詩生民箋：「燔烈其肉，以爲尸羞。」是也。

天子疾，稱不豫。諸侯稱負子。大夫稱負薪。士稱犬馬。不豫者，不復豫政也。

負子者，諸侯子民今不復子之也。負薪，犬馬，皆謙也。見御覽七百三十九。天子疾曰不豫者，書金縢「既克商二年，王有疾弗豫」，史記作「不豫」。釋文引馬融本作「有疾不豫」。論衡死僞篇、後漢禮儀志皆引作「不豫」，說文引作「不悆」。又顧命云「惟四月，哉生魄，王不懌」，漢書律曆志引作「王不豫」。蓋今文作「豫」。是天子疾稱不豫也。諸侯稱負子者，公羊桓十六年傳「屬負兹」，注：「諸侯有疾稱負兹。」爾疋釋器「蓐謂之兹」，郭注引公羊傳云：「兹者，蓐席也。」史記周本紀「衞康叔封布兹」，徐廣曰：「兹者，藉席之名，諸侯疾曰負兹。」索隱曰：「兹，公明草。」蓋取此草以織席。繹諸家之說，蓋謂有疾者則展轉床笫，惟與席相負而已。而白虎通以爲今不復子之者，金縢云「若爾三王，是有丕子之責于天」，史記「丕」作「負」。段氏玉裁云：「此文是有負子之責于天，言背棄子民之咎而將死也。」後漢隗囂傳：「囂告州牧部監等曰：『申命百姓，各安其所，庶無負子之職。』」亦謂民安其所，乃無背棄子民之咎。則白虎通言「不復子之」者，言自今以後，背棄子民，不復子之也。大夫稱負薪，士稱犬馬，何休注公羊，與此互異。案孟子云「有采薪之憂」，則大夫也。曲禮「君使士射，不能，則辭以疾，曰『某有負薪之憂』」，則又士也。曲禮疏引射慈禮記音義隱云：「天子曰不豫，諸侯曰不兹，大夫曰犬馬，士曰負薪。」蓋犬馬、負薪，大夫士可通稱也。夏稱后者，以揖讓受于君，故稱后。殷稱人者，以行仁義，人所歸往。見禮記檀弓正義。皇侃論語疏引作「夏以揖讓受禪爲君，故褒之稱后。后，君也。又重其世，故氏係之也。殷周以干戈取天下，故貶稱人也」。又曰：「夏得禪授，是君與之，故稱后也。殷周從人民之心而伐取之，是由人得之，故曰人也。」義並通。祭法疏引熊安生舊疏云：「夏云后氏者，后，君也，受位于君，故稱后。殷周稱人，以人所歸往，故稱人也。」夏法日，日數十也。日無不照，尺所度無所不極，故以十寸爲尺。自此至「八寸爲尺」，見通典禮十五。說文尺部：「尺，十寸也。」又禾部：「十髮爲程，十程爲分，十分爲寸。」又曰：「律數十二，十二禾秒而當一分，十分而寸。」漢律志：「九十分，黃鍾之長。一爲一分，十分爲寸，十寸爲尺，十尺爲丈，十丈爲引，而五度審矣。」蓋皆據夏制言之。夏制得中，百王不易也。殷法十二月，言一歲之中無所不成，故以十二寸爲尺。蔡邕謂「夏以十寸爲尺，殷以九寸爲尺，周以八寸爲尺」。惟述殷尺不同。杜佑謂「商尺十二寸」，本此爲說也。蓋以殷一尺當夏尺二寸也。周據地而生，地者，陰也。以婦人爲法，婦人大率奄八寸，故以八寸爲尺。說文尺部「咫」下云：「中婦人手長八寸謂之咫，周尺也。」則奄蓋謂手所掩也。國語周語「太子晉視道如咫」，韋注：「左傳僖九年云『咫尺』」，注皆同。說文言周制，明周制之異於古也。人踐三尺，法天地人。見爾雅釋宮疏。王制言「古者以周尺八尺爲步，今以周尺六尺四寸爲步」。司馬法則言「六尺爲步」。夫一舉足爲跬，再舉則爲步，知人踐三尺也。

附録

一、今本四十四篇闕文

盧文弨

封禪　鳳凰者，禽之長也。上有明王，太平乃來，居廣都之野。雄鳴曰節節，雌鳴曰足足，小音中鐘，大音中鼓，遊必擇地，飢不妄食。黄帝之時，鳳凰蔽日而至，止於東園，食常竹實，棲常梧桐，終身不去。詩卷阿正義。左氏傳昭十七年正義。御覽五百十五。

五刑已補入當篇者不更著。古者刑殘之人，公家不畜，大夫不養，士遇之路不與語，放諸墝埆不毛之地，與禽獸爲伍。曲禮上正義。三王始有獄：夏曰夏臺，殷曰牖里，周曰囹圄。書鈔四十五。

嫁娶　男子幼娶必冠，女子幼嫁必笄。禮曰：「女子許嫁，笄而字。」御覽七百十八。

二、白虎通義攷

莊述祖

卷帙

五代史經籍志：白虎通六卷。

舊唐書經籍志：白虎通六卷，漢章帝撰。

新唐書藝文志：班固等白虎通義六卷。

崇文總目：白虎通德論十卷，後漢班固撰。章帝建初四年，詔諸儒會白虎觀，講議五經同異，詔集其事，凡四十篇。

通志藝文略：白虎通六卷。班固。

三榮郡齋讀書志：白虎通德論十卷，後漢章帝會羣臣於白虎殿，講論五經同異，班固奉詔纂。

直齋書録解題：白虎通十卷，漢尚書郎班固撰。章帝建初四年，詔諸儒會白虎觀，講議五經同異。五官中郎將魏應承制問，侍中淳于恭奏，帝親稱制臨決，作白虎議奏，蓋用宣帝石渠故事也。石渠議奏今不傳矣。班固傳稱作白虎通德論，令固撰集其事，云凡四十四門。

山堂羣書考索：白虎通，後漢章帝建初四年，詔諸儒會白虎觀，講五經同異，帝親稱制臨決。

石渠故事作白虎通，令班固撰集其事，凡四十篇。今所存本凡四十四篇，首於爵，終於嫁娶。大抵皆引經斷論，卻不載「稱制臨決」之語。

玉海：隋志白虎通六卷。新、舊唐志卷數皆同。宋崇文總目白虎通德論十卷。中興書目白虎通十卷，凡四十篇。今本自爵、號至嫁娶凡四十三篇。

宋史藝文志：班固白虎通十卷。

古書流傳既久，字蝕閒脱，會有好事者表章之，亦不過存什一於千百而已，故卷數篇數皆減於昔。惟白虎通義不然，隋志、唐志六卷，而崇文總目則有十卷，崇文目四十篇，而今本則有四十三篇。文雖減於舊，而篇目反增於前。是爵、號以至嫁娶皆後人編類，非其本真矣。

蔡中郎集巴郡太守謝版：「詔書前後賜禮經素字、尚書章句、白虎議奏，合成二百一十二卷。」

案：禮古經五十六卷，今禮十七卷，尚書章句歐陽、大、小夏侯三家，多者不過三十一卷。二書卷不盈百，則奏議無慮百餘篇，非今之通義明矣。

困學記聞：左傳正義云：「漢代古學不行，明帝集諸學士作白虎通義，因穀梁之文爲之説曰：『王者諸侯所以田獵何？爲苗除害，上以共宗廟，下以簡集士衆也。春謂之田何？春，歲之本，舉本名而言之也。夏謂之苗何？擇其懷任者也。秋謂之蒐何？蒐索肥者也。冬謂之狩何？守地而取之也。四時之田揔名爲田何？爲田除害也。』」今白虎通義十卷無此語，豈亦有逸篇與？然章帝會諸儒於白虎觀，正義謂明帝，亦誤。

案：此宋本雖卷數與今多少不同，其闕文則一也。

事迹

後漢書孝章帝紀：「建初四年冬十一月壬戌，詔曰：『蓋三代導人，教學爲本。漢承暴秦，襃顯儒術，建立五經，爲置博士。其後學者精進，雖曰承師，亦别名家。孝宣皇帝以爲去聖久遠，學不厭博，故遂立大、小夏侯尚書，後又立京氏易。至建武中，復置顏氏、嚴氏春秋，大、小戴禮博士。此皆所以扶進微學，尊廣道藝也。中元元年詔書，五經章句煩多，議欲減省。至永平元年，長水校尉儵奏言，先帝大業，當以時施行。欲使諸儒共正經義，頗令學者得以自助。孔子曰：「學之不講，是吾憂也。」又曰：「博學而篤志，切問而近思，仁在其中矣。」於戲，其勉之哉！』於是下太常，將、大夫、博士、議郎、郎官及諸生、諸儒會白虎觀，講議五經同異，使五官中郎將魏應承制問，侍中淳于恭奏，帝親稱制臨決，如孝宣甘露石渠故事，作白虎議奏。」注：「今白虎通。」

案：儒林傳云「命史臣著爲通義」，卽今白虎通義也。議奏，隋唐時已亡佚。注以爲「今白虎通」，非是。

魯恭傳：「恭爲郡吏，太傅趙憙聞而辟之。肅宗集諸儒於白虎觀，恭特以經明得召，與其議。」習魯詩。

賈逵傳：「肅宗立，降意儒術，特好古文尚書、左氏傳。建初元年，詔逵入講北宮白虎觀、南宮雲臺。帝善逵説，使發出左氏傳大義長於二傳者。〔一〕逵於是具條奏之云云。」「帝嘉之，賜布五百匹，衣一襲，令逵自選公羊嚴、顔諸生高才者二十人，教以左氏，與簡紙經傳各一通。」

丁鴻傳：「肅宗詔鴻與廣平王羨及諸儒樓望、習嚴氏春秋，見儒林傳。成封、桓郁、習歐陽尚書。賈逵等論定五經同異於北宮白虎觀。鴻以才高，論難最明，諸儒稱之，帝數嗟美焉。時人歎曰：『殿中無雙丁孝公。』」鴻從桓榮受歐陽尚書。

班固傳：「遷玄武司馬。天子會諸儒講論五經，作白虎通德論，令固撰集其事。」

楊終傳：「終言：『先帝博徵羣儒，論定五經於石渠閣。方今天下少事，學者得成其業，而章句之徒，破壞大體。宜如石渠故事，永爲後世則。』於是詔諸儒於白虎觀論考同異焉。

〔一〕「使」下「發」字原脱，據後漢書賈逵傳補正。

會終坐事繫獄，博士趙博、校書郎班固、賈逵等以終深曉春秋，學多異聞，表請之，終又上書自訟，即日貰出，乃得與於白虎觀焉。」習春秋。

孝明八王傳：「陳敬王羡博涉經書，有威嚴，與諸儒講論於白虎殿。」

儒林傳：「建初中，大會諸儒於白虎觀，考詳同異，連月乃罷。肅宗親臨稱制，如石渠故事，顧命史臣，著爲通義。」魏應：「時會京師諸儒於白虎觀，講論五經同異，使應專掌難問。」習魯詩。李育：「建初元年，衞尉馬廖舉育方正，爲議郎，後拜博士。四年，詔與諸儒論五經於白虎觀。育以公羊義難賈逵，往返皆有理證，最爲通儒。」習公羊春秋。

蔡邕列傳：「邕上封事曰：『昔孝宣會諸儒於石渠，章帝集學士於白虎，通經釋義，其事優大。』」

東觀漢記：「建初四年，詔諸王、諸儒會白虎觀，講五經同異。」初學記。

袁宏後漢紀：「建初四年秋，詔諸儒會白虎觀，議五經同異，曰白虎通。」

三國典略：「祖珽等上言：『昔漢時諸儒雜論經傳，奏之白虎閣，因名白虎通。』」太平御覽。

案：袁宏、祖珽皆以白虎通爲議奏，其誤又前於章懷太子。

序曰：漢中興初，五經立學官者，易施、孟、梁邱、京氏，尚書歐陽、大、小夏侯，詩齊、魯、韓，禮大、小戴，春秋嚴、顏，凡十四博士。儒林傳曰：詩有齊、魯、韓、毛。誤，當時毛詩未立學官。穀梁春秋，甘露中曾立之。光武欲立左氏，諸儒廷争者累日，既得立而卽廢。建初中，選高才生受左氏、穀梁春秋、古文尚書、毛詩，顧第以廣異義而已。白虎通義雜論經傳：易則施、孟、梁邱經，書則伏生傳及歐陽、夏侯，大指相近，莫辨其爲解故，爲説義也。經二十九篇外，有「厥兆天子爵」與「五社」之文，在亡逸中。詩三家，則魯故居多，藝文志所云「最爲近之」者。禮樂篇：「詩傳曰：『大夫士日琴瑟御。』又傳曰：『天子日舉樂。』」皆魯詩傳。何卲公公羊解詁亦引之。魯訓見辟雍篇及闕文和鸞諫諍篇。相鼠妻諫夫之詩，困學紀聞亦以爲齊、魯、韓之説。韓内傳、毛故訓，亦閒入焉。宗族篇「宗人將有事，族人皆侍」，今本作「禮曰」，通典引此作「毛萇曰」。又嫁娶篇引傳曰：「陽倡陰和，男行女隨。」春秋則公羊而外，閒采穀梁。左氏傳與古文尚書當時不立學官，書且晚出，雖賈逵等以特明古學議北宮，而左氏義不見於通義。九族上湊高祖，下至玄孫，書古文義也，在經傳之外備一説，不以爲尚書家言。禮，經則今禮十七篇，并及周官經。傳則二戴，有謚法、三正、五帝、王度、別名之屬，皆記之逸篇也。樂則河閒之記。論語、孝經、六藝並録，傳以讖記，援緯證經。自光武以赤伏符卽位，其後靈臺郊祀，皆以讖決之，風尚所趨然也。故是書之論郊祀、社稷、靈臺、明堂、封禪，悉隱括緯候，兼綜圖書，附世主之好，以緄道真，違失六藝之本，視石渠爲駮矣。夫通義，固議奏之略也。石渠論既亡逸，而白虎議奏當時已頗珍祕，晉以來學者罕能言之，使後之人概無以見兩代正經義、厲學官之故事。由略以求其詳，於是乎在。作白虎通義攷。

三、白虎通義斠補

劉師培

序

白虎通義，隋、唐志均云六卷，宋崇文總目則曰十卷十四篇，玉海四十二引中興書目又作十卷四十篇，陳氏直齋書録解題稱爲十卷四十四篇，則總目「十」上挩「四」字，書目「十」下挩「四」字，實則無異本也。今所傳宋小字本、元大德本所標之目，篇均四十有四，則與崇文所收本同。明刊各本，雖析區卷帙，多寡互殊，實均導源元本，故標目亦同。玉海又言「今本四十三篇」者，蓋據卷中合三綱六紀爲一言也。然北宋之世，書已挩殘，宋人援引雖恆出今本外，蓋均迻引他籍。近餘姚盧氏所校，世推善本，然或損益舊文，出自潛改。句容陳氏作疏證，疏通經術，斯其所優，締審文字，亦或未足。師培治斯書久，傷舊本文字之舛譌，又病盧校或喪本真也。爰鉤覈宋、元以上諸書所引，所得異文，以百千計。於盧校删改未碻者，亦考得數十事。集爲二卷，顔曰斠補，文宗元本，誤則從盧書。既成，因記其緣起於首。

宣統二年七月序。

卷上

爵篇

以其俱命於天而王治五千里内也

案：「命」上挩「受」字。程榮本、何允中本、郎本「王」並作「主」。

爵有五等以法五行也或三等者法三光也

案：北堂書鈔四十六引作「土三等者」，疑誤。

含文嘉曰

案：太平御覽一百九十八所引，上有「禮」字，此挩。（本書所引大、小戴記及逸禮、禮緯，篇名上均有「禮」字，今本多挩。）

子者孳也孳孳無已也

案：孝經序邢疏引作「子者，字也，常行字愛於人也」，與今本殊。

侯者百里之正爵士上可有次下可有第

案：盧本删「士」字，非也，「士」乃「土」字之訛。爵、土聯文。

中央故無二

案：此謂七十里，僅一爵。

侯甸任衛作國伯

案：「作」涉上下文「任」、「伯」而衍。

嫌爲改赴故名之也

案：盧本从何休公羊解詁易「改赴」爲「改伯从子」，非也。「赴」即列國赴告之詞。蓋鄭以爵赴，若改爲鄭子，則失赴告舊詞，故經書鄭忽。通義出解詁前，不得據彼改此也。（洪頤煊叢録亦駁盧校。）

殷家所以令公居百里侯居七十里何也封賢極於百里其政也不可空退人示優賢之義欲褒尊而上之

案：盧本易「政」爲「改」，是也。惟此節有挩文，「侯居七十里」以下當補「周則合侯从公」六字。此釋上文王制公侯田方百里，及人皆千乘，象雷震百里之文也。言殷制，侯僅七十里，周則與公同封百里，不降公从侯而必尊侯从公，由于不空退人及優賢也。上節云：「所以合子男从伯者何？王者受命，改文从質，無虚退人之義，故上就伯也。」二節詞義略符。

何以知殷家侯人不過七十里者也

案：盧本删「人」字「者」字，是也。並删「也」字，則非。

其地半者其數倍

案：此謂王制「建百里國三十，七十里國六十，五十里之國百二十」也。故曰地半數倍。

爵者盡也各量其職盡其材也

案：慧琳一切經音義四十五引作「各盡其才也」，下有「五等爵命也，取其節足也」二語。（又公羊成八年疏引辨名云：〔一〕「天子無爵，而言天子爲爵稱者，爵者醮也，所以醮盡其材。」與服虔左傳解誼同。）

卿之爲言章善明理也

案：盧本據孝經疏引於「言」下補「章也」二字，是也。書抄五十三引「章」作「彰」，亦有「彰也」二字，說文繫傳十七引作「卿，章也，章善明理也。」（下有「反覆節其事也」六字，非本書。）並其證。

大夫之爲言大扶進人者也故傳曰進賢達能謂之卿大夫

案：盧本據孝經疏引疊一「扶」字。今考書抄五十六引作「大夫爲言扶也，故傳云進賢建能者大夫也」。引「達」爲「建」，其誼並通。又慧琳音義引作「夫，扶也，以道扶接也。丈（『大』字之誤。）夫爲言狀，（『扶』字誤羨之文。）扶人者也，左（『故』字之訛。）傳曰進賢達能謂之丈夫也」。所引首二語，具見三綱六紀篇。蓋彼書約引兩文，非必此文有挩也。（又孝經疏引「傳曰」作「傳云」。）

士者事也任事之稱也

案：孫詒讓札迻云：「孝經疏引此，上有『故禮辨名記曰』六字，當據補。」今考彼疏引通義云：「士者，事也，任事之稱

〔一〕「八」字原作「七」，據公羊傳成公八年改。

也。」其下復云：「故禮辨（或本作『辯』。）名記曰：『士者任事之稱也。』」蓋「士者事也」九字爲通義之詞，「士者任事之稱也」七字爲通義引禮緯以證己説之詞。今當並補。

故傳曰通古今辯然否謂之士程本挩「通」字。

案：「故」字當在禮辨名記上，此不當有。孝經疏引作「辨（或作『辯』。）然不」，然，誤。然足證「否」本作「不」，故或增「然」字。又書抄五十七引作「謂之士人也」。

四十强而仕

案：盧校云：「何本作『士』。」孫氏札迻云：「元本亦作『士』。」今攷郎本亦作「士」。

天子之士獨稱元士何士賤不得體君之尊

案：孝經疏引無「何」字，「士」上有「蓋」字。

故加元以別諸侯之士也

案：盧本據御覽引「別」下補「於」字，是也。孝經疏引亦有「於」字。

天子爵連言天子諸侯爵不連言王侯何即言王侯以王者同稱爲衰弱僭差生篡弑猶不能爲天子也故連言天子也

案：盧校云「以猶與」，是也。「即」訓爲若，「爲」字訓將。（見王引之經傳釋詞。）謂若以王侯爲稱，則與王者號同，將衰弱僭差而生篡弑也。「猶不能」上有挩文。

王者不能王諸侯

案：程本、郎本「王」並誤「生」。

王者太子亦稱士何

案：書抄五十六引作「王子者所以稱士何」。

莫不由士起

案：書抄引「起」上有「而」字。

禮士冠經

案：書抄引「禮」上有「故」字，又「經」下亦無「曰」字，與程本、郎本同。

庶人稱匹夫何匹偶也與其妻爲偶陰陽相成之義也

案：禮記禮器疏引無「爲」字。文選王命論李注引作「言其夫妻爲偶也」。

示不私人以官與衆共之義也

案：書抄四十六引作「上不私人」，疑當作「示上不私人」。

緣臣民之心

案：程本、何本、郎本並捝「臣」字，盧本改「民臣」。

一年不可有二君

案：禮記曲禮下疏引作「不可一年二君」。

所以繫臣民之心也

案：曲禮疏引「繫」作「保」，「保」乃「係」字之訛。通典禮五十三引「臣民」作「人臣」，下同。

未忍安吉也

案：曲禮疏引「吉」或誤「葬」。

故春秋魯僖公三十三年

案：曲禮疏引「三年」誤「二年」。

何以知天子之子亦稱世子也春秋傳曰公會王世子於首止

案：初學記十引作「春秋傳曰王太（當作「世」。）子會於首止是也」。「是也」二字當據補。又此用今文公羊説，疑「止」當作「戴」。

或曰天子之子稱太子尚書傳曰太子發升於舟

案：通典引「稱」上有「亦」字。初學記及太平御覽一百四十七並引作「何以知天子之子稱太子」，「舟」下有「是也」二字，當據補。|程本、|郎本並有「也」字。

或曰諸侯之子|程本、|郎本挩「子」字。稱代子則傳曰晉有太子申生鄭有太子華齊有太子光由是觀之周制太子代子亦不定也漢制天子稱皇帝其嫡嗣稱皇太子諸侯王之嫡稱代子後代咸因之

案：盧校以此六十九字見初學記（案見卷十。）乃徐堅説，非白虎通正文。今考御覽一百四十七引通義已列此節爲正文，惟無三「有」字，似此文非出徐堅。竊以「齊有太子光」上乃通義舊文，「由是觀之」以下乃後人附注之詞。盧本悉删之，過矣。

上受爵命於天子何明爵者天子之所有

案：陳立疏證云：「禮記疏引韓詩内傳云：『上受爵命於天子，乃歸自即位何？明爵者天子有也。』」今考曲禮下疏所引，即通義之文。「乃歸自即位」五字當據補。

童子當受父爵命

案：盧本據通典改爲「當受爵命者」，是也。曲禮下疏引同。通典「當」上又有「亦」字，當據補。

乃受銅

案：明本均作「乃受銅」。「瑁也」二字，陳氏疏證云：「銅、瑁明二物，似未可删。」今考下言「受銅」（盧本作「同」，元本、程本、郎本並作「銅」。）「藏銅」，並無「瑁」字，則「瑁」字當删。惟「銅」字弗誤。銅爲天子副璽，見三國志吴志注所引虞翻别傳。或作「同」者，虞書「同律度量衡」，漢書律歷志引劉歆説，釋「同」爲銅。此尚書「同」愜書「銅」之例。

緣終始之義

案：通典引「緣」下有「於」字。

謂稱王統事發號令也

案：通典引作「發號施令」。此挩「施」字。

尚書曰高宗諒闇

案：程本、何本、郎本「闇」並作「陰」。下同。

故王制曰冢宰制國用

案：程本、何本、郎本「冢」上並衍「大」字。蓋一本作「太」，一本作「冢」，校者合而一之。

號篇

帝王者何號也

案：禮記王制疏引作「王是天子爵號」。

德合天地者稱帝

案：盧校云：「御覽七十六無『地』字。」今考後漢書馮衍傳李注及玉篇上部引，並無「地」字。爾雅釋詁疏所引有「地」字。似北宋本或作「合天地」，舊本並作「合天」。

仁義所生稱王

案：書抄卷五有「仁義所生曰王」語。宋雲釋譯名義集帝王篇引謚法同。

天之總美大稱也時質故總之也

案：盧本據御覽引「天」下補「人」字，「大」下補「之」字，「故總」下補「稱」字。今考書抄一所引亦有「人」字「稱」字。爾雅釋詁疏引有「稱」字，無「人」字。宋雲緇譯名義集帝王篇所引亦無「人」字，（名義集引「大」下有「之」字，爾雅疏無。）則宋本已捝。

不擾匹夫匹婦故爲皇

案：緇譯名義集引作「不煩一夫，不擾一士，故爲皇」。

與天地通靈也

案：書抄十二作「與元通靈」。

五帝趨

案：書抄五及初學記九所引「趨」並作「驟」，說文繫傳十九引同。

帝曰諮四岳

案：程本、郎本捝「帝曰」二字。

以天下之大

案：禮記曲禮下疏引「大」或誤「人」。

故尚書曰不施予一人

案：盧校云：「疑即『不愓予一人』之駁文。」今攷「施」、「易」二字，古多互通，疑今文尚書「愓」或作「易」，因叚用「施」

字。詩小雅何人斯「我心易也」，韓詩作「施」。又韓非子八經篇云：〔一〕「詭曰易。」易與施同，均其證。此疑「德不逐君」之誼與作「愓」誼殊。

或曰伏羲神農祝融也

案：禮記曲禮上疏云：「白虎通取伏犧、神農、祝融爲三皇。」路史初三皇紀注云：「白虎通乃無女媧而有祝融。」禪通紀注云：「白虎通依史記，遂以羲、農、祝融爲三皇。」又云「祝本多作『厲』，見白虎通義及樂緯」，並與今本合。乃發揮述三皇云：「白虎通益以共工氏。」今無其文，或彼誤也。

於是伏羲

案：原本玉篇兮部所引，有「謂之伏羲何」五字。以下節例之，此五字或在「古之時」前。

以治下下伏而化之故謂之伏羲也

案：原本玉篇引作「以治天下，伏而化之，故曰伏羲也」。今挩「天」字。又案「化」「羲」古音同部，故「羲」字从化得義，猶「蛾」从䖝化得聲義也。

謂之燧人也

案：上挩「故」字。

故謂祝融也

〔一〕「韓非子」，原作「韓詩子」，據韓非子改。

案：「謂」下挩「之」字。

黄者中和之色

案：此上當有「謂之黄帝何」五字。

言其能施行窮極道德也

案：原本玉篇告部、慧琳音義六十二引並無「能」字。

堯猶嶤嶤也

案：玉篇土部引「墝墝」。

舜猶僢僢也言能推信堯道而行之

案：陳氏疏證云：「僢與舜義不叶，與推信堯道之義亦不符，疑僢僢是信之誤。」其説非也。淮南子俶真訓：「二者代謝舛馳。」高注云：「舛，互也。」僢僢蓋取相互爲義。「推」乃「准」誤。（風俗通義皇霸篇引大傳作「舜者推也，循也。言其推行道德」。御覽七十七引傳並作「准」。）

帝王者居天下之尊號也所以差優號令臣下

案：盧本删此文，似未可从。「差」乃「着」譌。

虞者樂也言天下有道人皆樂也

案：慧琳音義卷五、卷三十並引作「言天下之民皆有樂也」。

非明王之法不張

案：盧校云：「此从程本定。小字本、元本作『非明王之張法』。」今考程本作「非明王之（法張）不」，僅增一「不」字，非作「之法不張」也。郎本又作「非明王之法張」，與程本異。

於是知晉文之霸也

案：程本、郎本「知」並作「時」，無「也」字。

楚勝鄭而不告从而攻之

案：陳氏疏證云：「當云『楚勝鄭而不有，从而赦之』。」易「攻」爲「赦」，是也。惟公羊宣十二年傳言「告从不赦不詳」，韓詩外傳六作「人告以从而不舍」，則告、从聯文。「告」非有訛，蓋「不」下挩一字。（公羊傳言「不要其土」，或係「要」字。）當云「楚勝鄭而不□，告从而赦之」。

伯子男臣子於其國中褒其君爲公

案：「伯」上當有「侯」字，下文侯伯子男並舉，其證也。（下文「或稱伯子男而卑」，「伯」上亦當有「侯」字。）

故無爲同也

案：「同」疑「褒」誤。

謚篇

謚者何也謚之爲言引也引烈盧改「列」。行之迹也案：御覽五百六十二引「何」下有「謂」字，當據補。原本玉篇言部引作「謚之言烈」，慧琳音義引作「謚之言列也」。是「言引」當作「言列」。

所以進勸成德

案：御覽引「成」作「威」。

因衆會欲顯揚之也

案：原本玉篇言部引作「因衆聚會」。御覽五百六十二引「衆」作「聚」。

各持行

案：通典禮六十四引「持」作「特」。

文者以一言爲謚

案：書抄九十四所引此下有「文王武王是也」六字，白帖六十六引同。以下文例之，似當據補。（通典禮六十四云：「質家兩言爲謚，成湯是也；文家一言爲謚，文武是也。」語亦本此。）

以兩言爲謚也

案：書抄引「以」作「是」，御覽五百六十二引作「是明二言爲謚也」，與通典同。當據訂。

仁聖盛明謚曰舜

案：書堯典疏引謚法「聖」作「義」。（論語堯曰篇皇侃義疏引謚法作「翼善傳聖曰堯，仁盛聖明曰舜」。）

以爲人臣之義莫不欲褒大其君掩惡揚善者也

案：盧校云："「禮記正義（曾子問）作「爲人臣子，莫不欲褒稱（案舊本亦作「大」。）其君」。」今考御覽五百六十二引「人臣」亦作「臣子」，又引「善」作「美」。

故之南郊

案：曾子問疏引「之」作「至」。通典禮六十四作「故於郊」。

諸侯薨世子赴告於天子天子遣大夫會其葬而謚之何

案：曾子問疏引「諸侯薨」作「君薨請謚」，「遣」上有「唯」字。

臣當受謚於君也

案：周禮太史「小喪賜謚」，疏云："「此直言小喪賜之謚，〔一〕則三公諸侯亦在焉。」是諸侯受謚亦列小喪賜謚之一。

天子太子元士也

案：此文舊本並同，御覽五百六十二所引亦同。盧本作「天子之元子猶士也」，蓋據通典。然彼無「引通典」明文，〔二〕且無「猶」字。

婦人大夫故但白君而已

案：盧本作「天夫」。陳氏疏證云："「大德本俞本作「大夫」，則「婦人」句逗。」今考程本、郎本亦並作「大夫」，惟自以

〔一〕「直」字原脱，據周禮太史疏補。

〔二〕「引通典」之「典」字，原作「義」，據文義改。

作「天」爲稿。蓋天子諡於郊，所以白天也，后僅白君，故引夫爲婦天爲説。

五祀篇

所以祭何人之所處出入所飲食故爲神而祭之

案：書抄九十引作「所以祭之何？人之所居處、出入、爲（此字當在「神」字上。）飲食，故神而祭之者，禮也」。當據補。通考八十六引同。今本捝「居」字。

有廢莫敢舉有舉莫敢廢

案：此十字，盧本據御覽增。今考御覽五百二十九引此文云：「凡祭，有其廢之，莫敢舉也，有其舉之，莫敢廢也。」與禮記同，計十八字。

亦春萬物始觸户而出也

案：「亦春」二字當互乙。又通典引作「春，萬物觸户而出，亦爲萬物之生」。較多六字。（「爲」疑「象」訛。）

冬亦水王萬物伏藏

案：通典「伏」作「歸」，通考作「伏」。

六月亦土王也

案：通考引「王」作「旺」。

故月令春言其祀户至不得食其所勝

案：禮書九十四云：「江都集禮載白虎通云：『户祭脾，灶祭肺，中霤祭心，門祭肝，井祭腎者，脾，土也。春木旺，故以勝祭之。即如是，終冬腎，六月心，非所勝也。以心土位，在中央，至尊，故祭心者，五岳之尊者也，故祭之。水最卑，不得食所勝制也。』」足訂今本挩字。

因四時牲也

案：盧本據通典於「牲」下補「祭」字，是也。書抄九十所引亦有「祭」字。

竈以雉

案：盧本據通典「雉」改「雞」。通考亦引作「雉」。（下文亦作「餘不得用豚」。）

社稷篇

爲天下求福報功

案：書抄八十七引「下」作「地」。藝文類聚三十九引作「爲天地報功也」，疑誤。（繙譯名義集寺塔壇幢篇引「功」誤「土」。）

人非土不立

案：後漢書光武紀李注所引，此上有「社者土也」四字。又隋書禮儀志云：「凡人非土不生，非穀不食，土穀不可偏祭，故立社稷以主祀。」語亦本此，惟「立」又作「生」。

示有土尊

案：盧本據續漢書祭祀志注引易「尊」爲「也」。今考後漢書光武紀注所引，亦與劉同。御覽五百三十二引作「而示尊」。（宋本。）疑本文當作「示尊土也」，「有」即「尊」之壞字。

故立稷而祭之也

案：續志注引「立」作「封」，程本、郎本並同。御覽引「祭」作「祀」。

故爲長也

案：續志注引作「故稷爲長也」。

春求穀之義也

案：盧本據續志注改「穀」爲「秋報」，是也。書抄八十七亦引作「秋報」。（無「之義」二字。）

必以爲宗廟之屏

案：書抄八十七引作「蓋掩之以爲宗廟之屏」。

社稷在中門之外外門之内何

案：書抄引「何」上有「者」字，當據補。

與先祖同也

案：書抄引「先祖」作「祖宗」。

敬之示不褻瀆也

案：書抄引此下有「所以在外門之内也」八字，今挩。

不正月祭稷何禮不常存養人爲用故立其神

案：盧校云：「疑『禮』或『稷』之訛。」其説是也。「不」乃衍字。此言不正月祭稷，而立其神，因稷之爲物常存，而爲養民之用也。

尊而識之使民望見即敬之

案：書抄引「識」作「執」，引「民」作「人」。（程本、郎本「民」下又衍「人」字。）「執」當作「埶」。又程本、郎本「即」並作「師」。

尚書曰

案：盧本作「尚書逸篇」，云「初學記及郊特牲正義竝作『尚書無逸篇』。今依藝文類聚、御覽去『無』字」。其説是也。惟書抄所引亦有「無」字，禮書九十二同。似唐、宋亦有衍「無」字之本。

春秋文義曰天子之社稷廣五丈諸侯半之

案：盧校云：「此二句亦出尚書逸篇。」（案初學記十引作「尚書無逸篇」。）又云：「郊特牲正義『稷』作『壇』，他書或無『稷』字。今从北堂書抄。」其説非也。原本書抄八十七引作「天子之社闊五丈，諸侯社半之」。禮書九十二引作「天子社廣五丈，諸侯半之」，亦無「稷」字。後漢書光武紀注所引與禮疏同。（引下句作「諸侯之壇半天子之壇」。）則「社稷」二字當作「社壇」。又禮疏、後漢書注引「廣」並作「方」，通典禮五作「博」。

謹敬潔清也

案：續漢書祭祀志引「清」作「浄」。

樂記曰樂之施於金石絲竹越於聲音用之於宗廟社稷

案：盧校據續志注删「絲竹」二字及下「之」字。今考御覽五百三十一引作「禮記曰『金石之樂用之於宗廟社稷』」。似「樂記」上當有「禮」字，下「之」字不當删。

禮樂篇

王者所以盛禮樂何節文之喜怒

案：書抄八十引作「得節民之喜怒也」，當據改。（文、民古通，故誤「民」爲「文」。）又書抄及類聚三十八並引「盛」作「作」。

節其侈靡也

案：書抄引「靡」作「廢」。

莫不喜養好施者

案：「好」上脱「而」字。

所以尊天地儐鬼神序上下正人道也

案：書抄引「正人道」作「之道」。又書抄及御覽五百二十一並引「儐」作「賓」。

口欲歌之

案：書抄一百六引作「歌也」。

使豐年不奢凶年不儉富貧不相懸也

案：書抄八十引作「使凶年不儉，豐年不奢，貧不相懸也」。

故言制

案：禮記樂記疏引作「故云制也」。

示不襲也又天下樂之者樂所以象德表功而殊名也

案：「者」下捝「也」字。此言王者更樂制，其誼有二：示不襲前代，一也；以天下所樂之事爲樂名，二也。（説見春秋繁露楚莊王篇。）陳立疏證疑文有訛捝，似未必然。

顓頊樂曰六莖帝嚳樂曰五英

案：原本玉篇音部引作「六經五韺」，（路史後紀疏仡紀注亦引作「韺」。）與廣雅合。

湯樂曰大護

案：原本玉篇引「護」作「頀」。

調其英華也

案：原本玉篇引作「華英」。

大明天地人之道也

案：史記樂書正義引無「人」字。

言湯承衰能護民之急也

案：原本玉篇引作「承堯」。

周室中制象樂何

案：程本、何本、郎本「象」上並衍「湯」字。

所以作供養謂傾先王之樂明有法示亡其本興程本誤「輿」。己所以自作樂明作己也樂

案：盧本改「亡」爲「正」，「所」下删「以」字，「也」下删「樂」字，云：「『作己』疑誤倒，又疑當是『明樂己也』。」又云：「『謂』字唯何本有之，吴本作『不亡其本』。」今考程本、郎本並有「謂」字，惟均作「示亡」。竊以「傾」乃「順」訛，「示」當从吴本作「不」，「亡」與「忘」同。此言循先王之樂，由於明有法，及不忘本也。「明」下五字，盧校二說並通。「所」下有「以」字，直衍字耳。

故南夷之樂曰兜西夷之樂曰禁北夷之樂曰昧東夷之樂曰離

案：盧本據禮記明堂位疏所引改爲「故東夷之樂曰朝離，南夷之樂曰南，西夷之樂曰味，北夷之樂曰禁」。今考盧本雖與下文合，然玉海一百八所引悉同舊本，則宋本已然。此蓋通義備引二說舊文，當並存，不當删易。

助時煞也

案：明堂位疏引「煞」作「殺」。

誰制夷狄之樂

案：明堂位疏「誰」誤「唯」。

故夷狄安樂來朝中國於是作樂樂之

案：明堂位疏約引作「故制夷狄樂」。疑「作樂」古本作「制樂」。

南之爲言任也至朝離者萬物微離地而生

案：公羊昭二十五年疏所引樂説注云：「陽氣始起，於懷任之物各離其株也。南者，任也。盛夏之時，物皆懷任矣。艸木畢成，禁如收斂，盛陽消盡，蔽其光景昧然是也。」與此文義同詞異。　又案「朝離」各本作「侏離」，明堂位疏正引作「朝」。

王者制夷狄樂不制夷狄禮何以爲禮者身當履而行也夷狄之人不能行禮

案：盧本據明堂位疏易「行也」爲「行之」。又云：「案詩正義、（當云『鼓鐘篇』。）周禮疏（當云『鞮屨氏疏』。）引云：『禮者所以（案：二疏並無上二字，「所以」作「以爲」。）均（此从詩疏、周禮疏作「拘」。）中國也。（周禮疏無「也」字。）即爲夷禮，（此从詩疏、周禮疏作「不制禮」，誤。）恐夷人不能（詩疏作「宜」。）隨中國禮（周禮疏引下有「故」字。）也。』『均』或作『拘』。」所引兩疏，文多不備。今考詩疏引「何」作「者」，周禮疏亦作「何似」。「何」上當補「者」字。「禮者」以下，似當補「拘中國」三字，「行也」當从盧本改「行之」。文獻通考一百四十八所引正同，則宋本未誤。「即爲夷禮」

四字及「恐」字亦應據補。又「不能行禮」疑當作「不能隨中國行禮」。

殊爲舞者以爲使中國人

案：盧本「殊」改「誰」，「人」上補「之」字，云「據詩正義訂補」。今考詩鼓鐘疏，「誰」誤「雖」，（阮元校勘記云當作「唯」，亦誤。）惟周禮韎韐氏疏作「誰」，又「人」上有「之」字，「人」下又有「也」字。

夷者僔夷（程本「夷」作「狄」。）**無禮義**

案：盧校云：「一作『夷者蹲也，言無禮義』。」今考通典邊防一、通考三百二十四所引並同一本。御覽七百八十章如愚山堂考索前集六十一引同，惟「義」均作「儀」。考索「蹲」作「蕆」作「尊」，字之訛。

或云夷者抵也言仁而好生萬物抵地而出故其性柔順易以道禦

案：此二十六字，各本並捝。通典、山堂考索及通考所引並有之，在「言無禮義」句下，今據補。

辟易無別也

案：通典邊防十、御覽七百九十九、通考三百四十引句首並有「言」字，當據補。又御覽引「辟」作「僻」。又案「易」與「施」同義，訓爲邪，故「辟易」並言。

搏拊鼓振以秉

案：盧校據周禮太師疏引改作「裝以糠」，是也。通考一百三十六引樂書云：「『拊』，白虎通謂『革而糠』。」語亦本此。惟禮記樂記疏亦引作「拊革」。禮書一百二十三亦引作「拊革著以糠」。似舊本作「革」，不作「鼓」。

琴瑟練絲徽弦

案：盧校云：「小字本『徽』作『朱』。」（裕孚謹案：語見陳氏疏證。）今考儀禮通解二十七引大傳云：「大琴練絃達越，大瑟朱弦達越。」又引注云：「練弦朱弦互文耳。」則自以作「朱」爲確。「練絲」二字疑亦「練弦」之訛。

王者所以日四食何

案：書抄百四十三引作「天子四食何」，白帖十六引作「天子日四食」。

四方不平四時不順有徹樂之法焉

案：盧本據御覽引改「樂」爲「膳」。今考書抄亦引作「徹膳」。（又「順」下衍「者」字。）

制御四方

案：御覽八百九十四引「御」作「馭」。

平旦食少陽之始也晝食太陽之始也餔食少陰之始也暮食太陰之始也

案：御覽引「餔食」作「晡時食」，引「晝食」、「暮食」並作「食時」。白帖引「餔」亦作「晡」，餘多誤。（程本亦作「晡」。）

戮力勞役

案：書抄百四十三引作「僇力勞作」。義較長。

角者躍也陽氣動躍

案：原本玉篇龠部引作「龣者，陽氣動躍地也」。

壎之爲言熏也

案：程本、郎本「熏」並作「勳」。

匏之爲言施也牙也从盧本補。在十二月萬物始施而牙舊作勞，从盧本。笙者太蔟之氣象萬物之生

案：初學記十六引作「笙之言施也，牙也。萬物始施而牙太蔟之氣」，書抄一百十引作「笙之道施，太蔟之氣也，象萬物之生也」。御覽五百八十一笙類引作「笙之言施也，牙也，萬物始施而牙，笙者太蔟之氣，萬物象之生也」。由三書所引觀之，似笙屬正月，「匏」亦「笙」訛，「十二月」當作「正月」，與下文「笙者」諸詞相屬。又以說文、風俗通誼（聲音篇。）證之，笙爲正月樂，管爲十二月樂，似釋壎之後當次以管，乃及於笙。今挩釋管之詞，以致訛亂。

鼓震音煩氣也

案：慧琳音義十四引作「鼓者坎之氣也」，疑誤。

上應昴星以通王道

案：禮書一百三十三引「王」作「五」。

言承天繼物爲民本人力加地道化

案：「力」字疑衍。

瑟者嗇也閑也所以懲忿窒欲正人之德也

案：此乃盧本據御覽改訂之文也。今考書抄一百九引作「瑟者，一也。所以懲忿窒慾，正人一德也」。似今本仍挩「一也」二字。

君父有節

案：御覽五百七十六所引，此上有「商角則」三字。

琴者禁也所以禁止淫邪正人心也

案：盧校云：「初學記、（案見卷十六。）爾雅疏（案見釋樂疏。）『淫邪』作『於邪』，下有『以』字。」今考文選琴賦注引作「琴者，禁也。禁人邪惡，歸於正道，故謂之琴」。禮書一百二十四引作「琴者，禁也。禁邪以正人心也」。與此稍殊。通典樂四所引與初學記同。書抄一百九、廣韻二十一侵、王應麟急就篇補注三並引同今本。又案玉海一百十引白虎通云：「琴始自伏羲所作。」疑此節挩文。

象萬物之盛也

案：盧本據御覽改「盛」爲「成」。今考玉海一百九亦引作「盛」。

其氣磬

案：書抄一百八引作「其聲磬」。御覽五百七十六引「磬」作「罄」。

祝始也敔終也

案：書益稷疏云：「擊柷之椎名爲止，戞敔之木名爲籈。戞即櫟也。」漢禮器制度及白虎通、馬融、鄭玄、李巡，其說皆爲然也。」今本有「柷敔」而無「止籈」，似此節有捝文。（孫氏札迻指爲上文引大傳節捝文，似非。）

封公侯篇

司馬主兵言馬者

案：盧本據書抄引（案見五十一。）於「言」上補「不言兵」三字。今考書抄所引「言馬」上仍有「而」字。

不言人言徒者

案：書抄五十一引「者」作「何」。

何况於實

案：御覽二百八引作「况於實乎」。

必復封諸侯何

案：書抄四十六引「復」作「有」，「有」乃古「又」字。

重民之至也

案：書抄引上有「以」字。

自陝已東周公主之自陝已西召公主之

案：下云：「所分陝者是國中也」。似通義以陝爲郟、鄏之郟，與何休解詁訓爲陝縣不同。公羊隱五年釋文云「陝一作郟，王城郟鄏」，或即公羊古誼。

建百里之國二十

案：「二」當作「三」。

制土三等何

案：書抄四十六引作「制土地」。

憂民之急也

案：書抄四十八引作「憂賢急也」。

一人使封之

案：陳氏疏證云：「『人』字疑衍。」今考禮記三年問云：「壹使足以成文理。」「一使」猶言「壹使」，「人」字確爲衍文。

故可以共土也

案：「可以」猶之「可與」。（書抄四十六「土」誤「出」。）程本、郎本並作「與」。

各加一功以虞樂其身也

案：此疑當作「各加功」，「一」字衍。

以舜封弟象有比之野也

案：郎本亦作「庳」。

故封諸侯盛養賢也

案：御覽百九十八引「故」下有「以」字。

妨塞賢故不世世

案：下「世」字係衍文，盧本改爲「世位」，失之。

諸侯世位

案：詩大雅文王疏引「世位」作「繼世」。

國在立太子者防篡煞壓臣子之亂也

案：御覽一百四十七引「國」作「君」，當據訂。又引「壓」作「齊」。

春秋之弑太子罪與弑君同

案：御覽引作「春秋之義」，當據補。又引「弑」作「殺」。

明與弑君同也

案：御覽引作「言君者，明與君同也」。今挩三字。

有育遺腹

案：「育」即「有」字誤羨之文，御覽引無「育」字。

以言爲賢不肖不可知也

案：御覽引作「未可」。

尚書曰惟帝其難之

案：御覽引「惟」上有「知人則哲」語，當據補。

防愛憎也

案：御覽引「防」作「寒」，「寒」乃「塞」訛。是舊本「防」作「塞」。

春秋曰適以長不以賢立子以賢不以長

案：盧本「曰」上補「傳」字，「曰」下補「立」字，下「賢」字改「貴」。今考御覽引作「故春秋公羊傳曰『立適以長不以賢，立子以貴不以長』」。當據補。

故舍己之後

案：程本、何本、郎本「後」並作「父」。

興滅國繼絶世何

案：書抄四十八引上有「必」字，當據補。

爲强臣所奪

案：書抄引無「臣」字。

子孫皆無罪囚而絶

案：書抄引作「俱無罪惡而絶」。當从之。

齊無知殺其君

案：「殺」當改「弑」。

京師篇

明當懼慎損於善惡

案：「善」字疑衍，或係「他」字之訛。

法日月之徑千里

案：程本、郎本「徑」作「經」。

禄者録也上以收録接下下以名録謹以事上

案：此節盧本據王制疏補入，惟中多訛字。考詩樛木疏引孝經援神契云：「禄者，録也。取上所以敬録接下，下所以謹録事上。」（陳立疏證亦引之。）爾雅釋言疏引同。持以相校，則「收」乃「敬」訛。下句八字，當作「下各以謹録事上」。

兩食之何

案：「何」當作「可」，然可以兼食也。盧本改爲「得兩食之」，以「何」爲「故」誤，改屬下句，未必然也。

故禮曰公士大夫子子也無爵而在大夫上

案：儀禮喪服云：「公士大夫之衆臣爲其君，布帶繩屨。」鄭注云：「士，卿士也。」疑禮家舊説以「公士」之士即天子元子，與鄭不同，此文所述是也。因禮文合稱「公士大夫」，故曰「在大夫上」。「子子也」三字，疑當作「士（逗），天子子也」，與士冠禮及禮記王制合，嗣因傳寫而捝。

五行篇

言行者欲言爲天行氣之義也

案：左傳昭二十五年疏引作「言爲天行氣，故謂之五行」。

北方者陰氣在黄泉之下任養萬物水之爲言淮也陰化沾濡任生水

案：何本、程本、郎本「淮」並作「濡」。盧本改爲「淮」，又據月令疏所引改「陰化」二句爲「養物平均，有准則也」。今考莊子秋水篇釋文引作「水，準也」，爾雅釋言疏引作「水之爲言準也」，釋水疏引作「水之爲言淮也。是平均法則之稱」。禮記月令疏引作「水訓準。是平均法則之稱也」。鮑寧天原發微二載鄭氏引白虎通云：「水訓準。水在黄泉，養物平施。」（疑大傳注之文。）則「淮」當作「準」，固無疑義。湛然輔行記第三之四引作「水，唯也。任養萬物」。「唯」亦「淮」譌。惟月令疏、釋水疏所引並有「是平均法則之稱」七字，似當據補。又月令疏未引「任養萬物」句，似「養物平均」七字即在彼處，故彼疏即承「水在黄泉」引之。舊本「陰化」以下，亦未可删。

木之爲言觸也陽氣動躍

案：盧本據月令疏所引補「觸地而出也」五字於其下，是也。天原發微二載鄭氏引白虎通，亦有「觸地而出」句。輔行記第三之四引作「木者，觸也。觸動萬物」。

火之爲言委隨也言萬物布施火之爲言化也陽氣用事萬物變化也

案：「火之爲言化也」以下，月令疏及天原發微載鄭氏所引並同。今本輔行記引作「火，化也，謂變化萬物」，亦與今本略同。惟於上句弗引及，疑係他書竄入之文。

西方者陰始起萬物禁止

案：天原發微載鄭氏所引作「金，禁也。秋時萬物陰氣禁止」。輔行記作「金者，禁也。禁其始起」。

主吐含萬物土之爲言吐也

案：天原發微載鄭氏所引作「土，吐也。吐居中央，總吐萬物」。輔行記引作「土者，吐也。吐萬物也」。玉篇土部引同今本。

土者最大苞含物

案：輔行記第三之四引作「土者，大包」。

水味所以鹹何是其性也所以北方鹹者萬物鹹與所以堅之也猶五味得鹹乃堅也

案：玉燭寶典十引作「北方者藏萬物，鹹者所以固之，由五味得鹹乃固也」。當據訂。「是其性也」四字，亦係衍文，或即上文五行之性節之末語也。

酸者以達生也猶五味得酸乃達也

案：寶典一引「以達生」作「所以趣生」，引「乃達」作「乃趍生」。

南方主長養苦者所以長養也猶五味須苦可以養也

案：寶典四引「南方」下有「者」字，「長養也」作「養育之」，「須」作「得」。並當據訂。

西方煞傷成物辛所以煞傷之也猶五味得辛乃委煞也

案：寶典七引作「西方者，煞成萬物」，又「委煞」作「萎地死」，當據訂。

中央者中和也故甘猶五味以甘爲主也

案：寶典六引「和」上無「中」字，「主」作「至」。（又「猶」亦作「由」。）當據訂。

北方其臭朽者北方水萬物所幽藏也又水者受垢濁

案：寶典十引「者」作「何」，「北方水」作「北方者水」，「受」上有「主」字。

東方木也萬物新出地中

案：寶典一引此上有「其臭羶何」四字，「新出」上有「蟄藏」二字，「地」作「土」。

南方者火也盛陽承動

案：寶典四引此上有「其臭焦何」四字，「承」作「蒸」。

西方者金也萬物成熟始復諾

案：寶典七引此上有「其臭腥何」四字，「復諾」作「傷落」。

中央者土也

案：寶典六引此上有「其臭香何」四字。

甲者萬物孚甲也乙者物蕃屈有節欲出

案：輔行記第三之四引作「甲者，萬物之甲。如甲未開，乙者屈也，如萌蟠屈未欲出也」。

勾芒者物之始生

案：文選顔延年應詔觀北湖田收詩注引白虎通曰：「春，萬物始生。」

已者物必起

案：輔行記引「已者，起也」。疑當作「已者，起也。物必起。」

午物滿長

案：輔行記引作「午者，長也」。疑當作「午者，長也。物滿長」。

丙者其物炳明

案：輔行記引「丙者，明也。謂萬物明也」。

丁者强也

案：輔行記引作「彊」。

陽度極也

案：寶典四引作「陽極度也」。

炎帝者太陽也

案：文選景福殿賦注引作「炎者太陽」。「帝」字衍。

酉者老也

案：輔行記引「老」作「收」。

庚者物更也

案：輔行記引作「庚者，更也」。

辛者陰始成

案：輔行記引作「辛者，始也」。疑當作「辛者，始也。陰始成」。

亥者侅也

案：輔行記引「侅」作「該」。

子者孳也

案：輔行記引「孳」誤「慈」。

壬者陰始任

案：輔行記引作「壬，任也」。疑當作「壬者，任也。陰始任也」。

冬之爲言終也

案：説文繫傳二十二引「冬，終也。𠫓霜冬終之候也」。下七字或徐氏釋詞，似非本書。

玄冥者入冥也

案：寶典十引春秋元命苞亦作「玄冥，入冥也」。注云：「亦以物入藏玄冥之中，因以名其神也。」則「入」字弗訛。

戊者茂也

案：輔行記引「茂」作「盛」。又案輔行記卷八之二云：「白虎通、博物志云：『東方木，其帝大皞，其佐勾芒，執規而治春，其星太歲，其獸青龍，其音角，其日甲乙，其味酸臭羶。南方火，其帝炎帝，佐祝融，執衡以治夏，其星熒惑，鳥朱雀，音徵，日丙丁，味苦臭焦。西方金，帝少皞，佐蓐收，執矩而治秋，星太白，獸白虎，音商，日庚辛，味腥。北方水，帝顓頊，佐玄冥，執權而治冬，星辰星，獸玄武，音羽，日壬癸，味鹹臭腐。中央土，其帝黄帝，佐后土，執繩而治四方，星鎮星，獸黄龍，音宫，日戊巳，味甘臭香。』」

黄者中和之色鍾者動也言陽氣動於黄泉之下動養萬物也

案：盧本據史記正義引删「於」上「動」字，非也。寶典十一引亦有「動」字，又「中和」作「中央」，「動也」作「動種也」，「動養」作「種養」。並當據補。

吕者拒也

案：御覽十六引「拒」作「距」。

旅抑拒難之也

案：寶典十二引白虎通曰：「十二月，律謂之大旅何？大者大也，旅者拒也。言陽氣欲出，陰不許也。吕之爲言拒

者，旅拒難之也。」〔一〕

太亦大也

案：寶典一引作「太者，大也」。史記律書正義引作「泰者，大也」。

言萬物始大湊地而出也

案：寶典一引無「始」字。

夾者孚甲也言萬物孚甲種類分也

案：御覽引作「孚莢」。寶典二引「分也」作「分之也」。史記律書正義引同今本。

三月謂之姑洗何

案：史記正義及御覽並引作「沽」。

言萬物皆去故就其新

案：寶典三引無「其」字，餘同今本。

四月謂之仲呂何

案：寶典四及御覽引「中」並作「仲」。

言陽氣極將彼故復中難之也

〔一〕「白虎通曰……難之也」原脱，據玉燭寶典十二補。

案：盧本據史記正義引改爲「言陽氣將極中充大也，故復中難之也」。今考寶典四亦引作「言陽氣將極」，惟無「中充大也」四字。

萬物成熟種類衆多

案：史記正義引上有「謂」字。御覽引「種類」作「其類」。

言陽氣尚有任生薺麥也

案：御覽十六引「薺麥」作「孳長」，誤。卷二十四亦引作「薺麥」，寶典八同。

不名時

案：五行大義二引作「不以名成時」。

五行何以知同時起丑訖義相生

案：陳氏疏證云：「當云『五行何以知同時而起？託義相生』。」今考大義引作「故知五行得時而起，託義相生」。當據補。

法五行六合也

案：開元占經一百十三引「法」作「應」。

生物者謂木火七八之數也成物者謂金水九六之數也

案：此語各本均挩，禮記月令疏引之。（下有「則春夏生物也，秋冬成物也」二語，係疏申通義之詞。）天原發微二載鄭氏引白虎通，亦有此語。（無兩「謂」字兩「也」字。）當係總論節捝文，今附於此。

三軍篇

穀梁傳曰天子有六軍諸侯上國三軍次國二軍下國一軍

案：孫氏札迻云：「此卽王制説，與穀梁傳『古者天子六師，諸侯一軍』不合。下止云『諸侯所以一軍者何』，則不當有『上國三軍，次國二軍』之説。蓋淺學妄增。」其説近是。竊以此有捝文，當云「穀梁傳曰『天子六師，諸侯一軍』。或曰『禮王制説曰『天子有六軍，上國三軍』』云云。蓋併引二説也。下釋一軍，則以穀梁爲本。

還格於祖禰者

案：御覽三百六引「格」作「假」。

言子辭面之禮

案：御覽引「面」作「反」。疑當作「出辭反面之禮」。

出所以告天至告祖無二元后廟後告者示不敢留尊者之命也告天何示不敢自專非出辭反面之道也與宗廟異義

案：御覽引作「出以告天，至告祖也。先告廟，後告天者，示不敢留尊者之命也。告天何？示不敢專也」云云。足證刊本譌捝。疑漢儒説還師有二義：一云告廟不告天，後節所陳是也。一云先告廟後告天，此節是也。盧本删「告天」至「命也」二十二字，大非。

天道質無内外

案：盧本改爲「天道無外内」。今考御覽所引亦作「質無内外」。

質家言（程本、郎本誤「之」。）天命已使己（程本、郎本兩「己」字下並衍「也」字。）誅無道

案：御覽三百四引下「己」字作「民」。

王法天誅者天子自出者

案：上「者」字當衍。

此言開自出伐有扈也

案：程本、郎本「言」上並有「所以」二字。

言於祖廟命遣之義也

案：程本、郎本並無「義」字。

踰時則内有怨女

案：御覽三百二十七引「則」作「即」。

誅伐篇

春秋傳曰晉侯煞世子申生不出蔡

案：「不出蔡」乃「不書葬」之譌。公羊經僖九年「晉侯詭諸卒」，解詁云：「不書葬者，殺世子也。」是其證。盧本删下

三字，别補「直稱君者甚之也」七字，誤矣。

伐者何謂也伐擊也欲言伐擊之也

案：慧琳音義二十七引作「伐者何？伐，敗也。欲敗去之」。與此不同，當係「伐」有二義。今本有挩文。

弒者何謂也弒者試也欲言臣子殺其君父不敢卒候間司事可稍稍弒之

案：慧琳音義八十七引作「弒者何？猶殺也。言臣子殺其君父，候伺可稍稍試之也」。八十二引作「弒猶煞也。言臣子殺其君父曰弒」。蓋約引之詞，然足證「弒也」當作「殺也」。「司」與「伺」同。下「弒」字當作「試」。

簒辭也

案：程本、郎本此下並衍「稍稍煞之」四字。

馬繮勒

案：御覽三百十五引「繮」作「韁」。

冬至所以休兵不舉事閉關商旅不行何

案：續漢書禮儀志注引「舉」作「興」。

冬至陽始起

案：寶典十一引「陽」下有「氣」字，當據補。

冬至前後君子安身静體百官絶事不聽政擇吉辰而後省事

案：此文各本均挩，見於寶典十一所引，必係冬至休兵節逸文，兹附於此。（據此文，似此節偏指冬至言。）此下有「絶事之日，夜漏未盡五刻，京都百官皆衣皁。聽事之日，百官皆衣紵」五句，不類本書。

諫諍篇

夫婦榮恥共之

案：盧本據御覽引於「榮」上增「一體」二字。今考王應麟困學紀聞三所引無此二字，則宋本已挩。

二曰順諫三曰闚諫四曰指諫五曰陷諫舊作「伯諫」，从盧本。

案：慧琳音義六引「順」作「從」。「從」、「順」義同。引「陷」作「諂」，誤。

悦則復前以禮進退

案：初學記十八引「則」作「而」。御覽四百五十七引「進退」下有「之」字。

故王者爲不盡味而食之

案：詩大雅雲漢疏引作「故王者爲之不盡味」。

禮曰一穀不升不備三牲

案：盧本據雲漢疏及禮記曲禮下疏所引，改爲「一穀不升，不備（案：兩疏所引並作「徹」。）鶉鷃；二穀不升，不備（雲漢疏作「去」，曲禮疏作「徹」。）鳧雁；三穀不升，不備（雲漢疏作「去」，曲禮疏作「徹」。）雉兔；四穀不升，不備（詩疏作「去」，曲禮疏作「損」。）囿獸；五穀不升，不備三牲」。所補是也。故兼注異同於其下。

若爲卑隱爲不可殆也

案：此語有誤。下「爲」字疑當訓「將」訓「則」。「殆」疑「治」訛。謂人君若爲臣隱，則其臣不可復治也。

鄉射篇

熊爲獸猛巧者非但當服猛也

案：御覽七百四十六引「者」下有「也」字，「服猛」作「服猛巧」。

示遠迷惑人也麋之言迷也

案：御覽引「人」下有「者」字，「言」上有「爲」字。慧琳音義六十二引同。卷四十所引亦有「爲」字，當據補。

大夫士射兩物者

案：程本、郎本並作「兩射者」。

明諸侯有不朝者則當射之

案：文選東京賦注引此語，申之曰：「然則射者，帝誠心遠喻於下也。」當亦舊説。

明尊者所服遠也卑者所服近也

案：通典禮三十七引「明」上有「所以」二字，「服近」作「制近」，山堂考索前集三十七同，當訂補。

故以事閒暇復長幼之序也

案：上云「復尊卑長幼之義」，此語似應有「尊卑」二字。

恭綏執授

案：盧本據續漢書禮儀志注所引孝經援神契改「恭」作「供」。今考周禮太祝疏引援神契作「共綏」。

祀于明堂所以教諸侯之孝也享三老五更于太學所以教諸侯之悌也

案：盧校云：「文選注引此云：『禮三老於明堂，所以教諸侯孝也。禮五更於太學，所以教諸侯弟也。』（案：見閒居賦注。）初學記、（案見卷十三。）藝文類聚（案：見卷三十八。）竝同。」（案：二書所引並無兩「也」字。）今考玉海九十五所引亦同，（無兩「所」字。）足訂今本之誤。

既以父事

案：何本、郎本「以」作「已」，程本作「以」。

致仕篇

臣年七十懸車致仕者

案：「者」下當補「何」字。

尊賢者也

案：下云「厚賢尊賢」，均無「者」字。曲禮上疏引此文亦無「者」字。

辟雍篇

學之爲言覺也以覺悟所不知也

案：論語學而篇邢疏引作「學者，覺也，覺悟所未知也」。

以成其事

案：盧校云：（裕孚謹案：「盧校」二字當作「陳氏疏證」。）「各本『成』並作『致』，惟何本作『成』。」今考程本、郎本並作「成」。

王制曰

案：御覽一百四十七引作「記曰」，疑當作「王制記」。

不可父子相教也

案：顔氏家訓教子篇云：「或問曰：『陳亢喜聞君子之遠其子，何謂也？』對曰：『有是也，蓋君子之不親教其子也。詩有諷刺之詞，禮有嫌疑之誡，書有悖亂之事，春秋有褻僻之譏，易有備物之象，皆非父子之可通言，故不親授耳。』」

白注云：「其意見白虎通。」即申明此節之旨也。

天子立辟雍何

案：文選東都賦注、御覽五百三十四引「何」上並有「者」字。

所以行禮樂宣德化也

案：白帖三十七引「德化」作「教化」。

辟者璧也象璧圓又以法天盧本下有「也」字，刪「又」字。

案：說文繫傳十八引作「四面如璧」。白帖引作「辟者，象璧之圓，以施（舊本「天」字下有「於」字，或即「施」字之訛。）法天下」。（「下」字當衍。）玉海一百十一引「圓」作「圜」。

雍者壅之以水象教化流行也此從盧本。

案：御覽引「者」下有「何」字。原本玉篇广部引「壅之」作「邕之」。白帖引作「雍，壅也，壅之以水，象教化流行」。說文繫傳十八又引作「以水雝之」。

壅天下之殘賊

案：盧本改「殘賊」爲「儀則」，與續漢書禮儀志注所引合。然原本玉篇广部引作「邕天下之殘賊」，白帖所引亦作「殘賊」，則「殘賊」亦非誤字。蓋防遏殘虐之誼也。

其餘壅之言垣宮名之別尊卑也

案：此疑當作「其餘壅之垣，言宮者，名之別尊卑也」。「壅之垣」者，即說文所謂「東南爲水，西北爲牆也」。（此與說文又小異。說文以泮宮爲東南有水，此言僅南方有水。）

庠者庠禮義也

案：盧校云：「次『庠』字疑當作『詳』。」孫氏札迻云：「一切經音義九引正作『庠之言詳也，以詳禮義之所也』。」當據補正。（案：孫氏所引，乃元應音義，亦見慧琳音義卷四十六，惟「禮義」作「禮儀」。）今考原本玉篇广部引作「庠之言詳也，言所以詳禮儀之所也」。較音義所引爲尤完。

古之教民者里皆有師據盧本。

案：禮記學記疏引作「古之教民，百里必有師」。似誤。

教里中之子弟以道藝孝悌行義

案：學記疏引此下有「也」字，玉海一百十九同。

立五帝之德

案：此五字與上相屬，「帝」當作「常」，盧本逕删之，又移「立春而就事」五字於此，均弗足从。

爲萬物獲福無方之元

案：「無方」上當有「於」字。此節之文多本禮緯含文嘉。開元占經六十六引含文嘉作「獲物于無方」，御覽五百三十四引作「爲萬物獲福於天」，續漢書祭祀志注引作「爲萬物履福於無方之原」，並有「於」字，其證也。

十二坐法十二月

案：「坐」字自係「堂」字之誤。（續漢書禮儀志注引新論作「坐」，亦係訛字。）禮記玉藻疏載鄭駁異義引大戴，正作「九室十二堂」，此其證。又類聚三十八引三禮圖云「秦有九宫十二階」，與此異。

災變篇

所以譴告人君覺悟其行欲令悔過修德深思慮也

案：盧校云：「御覽二作『覺悟其過，欲令悔慎思慮也』。」今考事類賦一注所引與御覽同。

災之言傷也

案：御覽八百七十四引「言」上有「爲」字，慧琳音義十八引無。

何以言災有哭也

案：御覽引作「何以言災者有所害也」。

變者何謂變者非常也

案：慧琳音義五十三引作「灾變者何？變非常也」。

陰氣專精積合爲雹

案：慧琳音義卷二十、卷三十八、卷四十六，希麟續音義六，並引「積」作「凝」。音義六十八引又作「陰氣結聚凝合爲雹」，是「積」當作「凝」。占經一百一引春秋考異郵云：「陰氣專精，凝合爲雹。」即此文所本，亦「積」當作「凝」之證。

助陽責下求陰之道也

案：程本、郎本「助」並作「㔙」，疑「救」字之訛。

孺人擊杖

案：「杖」疑「柝」訛。陳氏疏證所引荆州占，其旁證也。

耕桑篇

以供郊廟之祭

案：「祭」當作「粢」，聲形相近而誤。穀梁桓十年傳、禮記祭統、孟子滕文公篇、公羊何休解詁，並以「粢盛」與「祭服」並言，均其證。

天子耕東田而三反之

案：續漢書禮儀志注引盧植云：「天子耕藉，一發九推耒。」周禮：「二相爲耦，一耜之伐，廣尺深尺。伐，發也。天子及三公坐而論道，參伍職事，故三公以五爲數。卿諸侯當究成天子之職事，故以九爲數。」伐皆三者，禮以三爲文，所云「一發九推」，以下語證之，疑「三發九推」之譌。蓋盧意以三推爲一發，天子三發，則爲九推，與諸説不同。此文「三反」當卽盧氏所云「三發」，故引爲別説。

卷下

封禪篇

王者易姓而起

案：初學記十三引作「受命而起」。大戴保傅篇盧注、詩周頌時邁疏、禮記禮器疏並引作「易姓」。（又下文「教告之義」，盧改「教」爲「報」，是也。盧注正引作「報告」。）

始受命之時

案：盧本據御覽引（案：見卷五百三十六。）改「時」爲「日」，非也。時邁疏正引作「時」。

萬物所交代之處也

案：盧本據王制疏及御覽所引，改爲「萬物之始，交代之處也」。今考御覽五百三十六引作「之所」，禮器疏、書抄九十一、通志禮略二並同。時邁疏及路史禪通紀注並引作「萬物交代之處」，説文繫傳十八又引作「萬物更代之處」，均無「之始」二字，則舊本未可逕改矣。（又通典禮十四云：「封禪必於泰山者，萬物交代，封增其高，順其類也。」亦無「之始」二字。）

下禪梁父之山基

案：盧本删「山」字，謂各書所引皆無。今考時邁疏所引亦作「山基」，史記武紀正義引作「之址」，惟禮器疏作「之基」。

著己之功跡也以自效倣也

案：盧本據初學記引删上「也」字，易「自效倣」爲「自効」。今考初學記五、史記武紀正義及祝穆事文類聚前集十三並引「跡」作「績」。惟王制疏亦作「跡」，徐鍇説文繫傳二十九又引作「業」。

地以厚爲德

案：書抄九十一引「德」作「傅」。「傅」與「附」同，其義亦長。惟時邁疏、類聚三十九、初學記五所引並同今本。

故增泰山之高以報天

案：史記武紀正義引「報」作「放」，誤。初學記五引作「以示報天」。大戴盧注引「增」作「尊」。白帖五引「故增」作「必封」。

附梁甫之基以報地

案：書抄九十一引「甫」作「父」。大戴盧注、類聚三十一引「基」作「厚」。初學記五、御覽三十九引「基」作「阯」。白帖五及史記正義引作「趾」。通典禮十四又作「厚梁甫之階」。（隋書禮儀志二作「厚梁甫之基」。）盧校云：「皆由避唐諱改。」其説是也。

若高者加高厚者加厚矣

案：隋書禮儀志二約此文曰：「若天地之更高厚云。」通典禮十四曰：「有若天地之更高厚然。」卽本隋志。又大戴盧注引下「加」字作「增」。

或曰封者金泥銀繩或曰石泥金繩封以印璽

案：盧本「以」上補「之」字，云：「舊無『之』字，兩正義（即王制、禮器疏。）有，無『以』字。初學記、（案見卷十三。）藝文類聚（案見卷三十九。）皆作『封之以金印』。」今考書抄九十一引此文云：「或曰金泥銀繩，或曰宜金繩，封之以金印。」史記封禪書正義引云：「或曰封者，金（捝「泥」字。）銀繩，或曰古（當作「石」。）泥金繩，封之印璽也。」御覽八百十三又引作「石塗金銀繩」。雖各書所引文多譌誤，然舍「金印」「印璽」二文不同外，大抵差同。然各書均言用玉璽，則「金印」二字似未可从。玉篇土部所引亦同今本。

升泰山觀易姓之王可得而數者七十餘

案：盧本據御覽引於「餘」下補「君」字。又云：「禮器正義、御覽作『而王』。」今考禮器疏引「升」作「封」，引「七十餘」作「七十有餘」，亦無「君」字。玉篇土部引「之王」作「而王」，「餘」下衍「封」字，卽係下句「封者」之封，則無「君」字甚明。御覽所引，或未可从。惟「之王」碻係「而王」之誤。

封者廣也言禪者明以成功相傳也

案：梁書許懋傳載懋議云：「依白虎通云：『封者，言附廣也。禪者，言成功相傳也。』」史記武紀正義引此文云：「封者，附廣之。禪者，將以功相傳授之。」是「廣」上當補「附」字。

梁甫者泰山旁山名

案：王制疏曰：「云云、亭亭、繹繹、梁甫，並泰山旁小山名也。」

太平乃封知告於天必也

案：「必」與「畢」同，此謂時已太平，則告天之事將終，故可行封禪告天之禮。

德至天則斗極明

案：類聚九十八引「至」作「及」，「則」作「即」。（下同。）

太平感

案：陳氏疏證云：「『太平』亦『華平』之誤。」其説是也。惟「感」乃「盛」字之訛。文選東京賦注、御覽八百七十二、事類賦注二十四引孝經援神契，並云「德至於地則華苹盛」，是其證。

陵出黑丹

案：御覽七百五十七引「王者德至山林，丹甑見」。王應麟急就篇補注四引同，「見」字作「出」。今本節無其語，疑即此語之異文。（宋書符瑞志云：「丹甑，五穀豐熟則出。」）

德至淵泉

案：廣韵十虞引作「深淵」。

則黄龍見

案：事類賦注引「則」作「即」。

醴泉通

案：盧本改「通」爲「涌」，是也。御覽八百七十三正引作「醴泉涌」。

洛出龜書

案：類聚九十八、占經一百二十引「洛」並作「雒」。

則蓮莆生庖廚

案：下五字舊本挩，盧本據類聚所引補，是也。説文繫傳二及玉海九十七所引正有「萐莆出庖廚」一語。（論衡是應篇亦云：「儒者言萐脯生於庖廚。」）

蓮莆者樹名也其葉大於門扇不摇自扇於飲食清涼助供養也

案：此節多挩，劉賡稽瑞引其文曰：「蘧莆者，樹名也，其狀如蓬，（案：「蓬」疑「蘧」訛，論衡作「薄如萐形，摇鼓生風」，其證也。）枝多，根如絲，葉如扇，不摇自動，轉而生風，（案：宋書符瑞志作「狀如蓬，大枝葉，小根，根如絲，轉而成風，殺蠅」，與此合。）至於飲食清涼，驅殺蟲蠅，以助供養也。」（下有「一名倚蘧，一名倚扇，一名實賓櫚」三語，非通義本文。）較今本爲詳。又玉海百九十七引「樹」作「木」，繫傳二引同。今本惟「清涼」作「凌清」。

則賓連生於房户賓連者木名也

案：盧校云：「御覽『賓連』下有『闊達』二字，『木』作『樹』。」（案：見八百七十三。）今考事類賦注二十四引作「則賓連闊達生於户」。玉海百九十七引作「王者繼嗣平明，（盧本删此字。）則賓連生於户，闊達生於房」。則宋本並有「闊達」二字，昭然甚明。又稽瑞引「木」亦作「樹」。（宋書符瑞志亦作「賓連闊達，生於房户」。）

日曆得其分度

案：盧校云："『日曆』御覽作『王者考曆』。"（案：見八百七十三。）今考路史餘論二亦引作「考」，與御覽同。然類聚九十八、慧琳音義九十五、玉海一百九十七並引作「日」。則舊本弗訛。

則蓂莢生於階間

案：慧琳音義九十五引「階間」作「庭」。

月一日一莢生舊本作「生一莢」。十五日畢至十六日一莢去舊本作「莢去」，捝「一」字。故夾舊本作「莢」。階而生舊本無「而」字。以明舊本作一「似」字。日月也

案：此乃盧本據類聚所引改訂之文也。今考稽瑞所引作「月朔日生一莖，十五日而生十五莖，十六日日落一莖。」又慧琳音義九十五引作「从月一日日生一葉，至十六日日落一葉，以象月虧圓也」，與類聚所引大抵差同，惟生莢、生葉、生莖文乃互異，以均唐本之異文也。又據音義所引「象月虧圓」審之，則舊本所云，似「日月」亦匪盡訛，或「日」爲衍字，下有捝文耳。

則平路生於庭

案：盧本據御覽所引改「路」爲「露」。（案：見八百七十三。）今考稽瑞及類聚九十八、玉海一百九十七並引作「露」，盧改是也。（宋書符瑞志亦作「平露」。）

宫位得其人則生失其人則死

案：稽瑞引作「賢不肖位不相踰，亦生於庭」。疑非通義舊文。玉海又引作「狀如蓋，政平則生，不平則傾」。（一有「一名平慮」四字。）似又以他書爲通義也。

必九尾者何九妃得其所子孫繁息也於尾者何明後當盛也

案：稽瑞引作「必九尾者，九德也，其子孫繁息也」。又引作「九妃得子孫繁昌，則至於尾者，明後當盛也」。是劉氏所據二本不同，「得」或作「德」，「息」或作「昌」，均與今本作「得所」不同。然初學記二十九、類聚九十五所引均略同。今本惟記注引「妃」作「配」，類聚引「得」上有「能」字，似當據補。

景星常見可以夜作有益於人民也

案：占經七十七引「常」作「恆」，引「益」作「補」。

朱艸者赤艸也可以染絳

案：稽瑞所引「赤艸也」三字下有「蓋百草之精」五字，當據補。

狀若醴酒

案：文選養生論注、類聚九十八、御覽八百七十三並引「若」作「如」。文選游天台山賦注亦引作「狀如醴」。

嘉禾者大禾也

案：盧校云：「御覽作『大禾之爲美瑞者也』。」（案見八百七十三。）今考稽瑞所引亦作「太和之爲美瑞」，惟引「禾」作「和」不同。竊以作「和」義長。記纂淵海四引孫氏瑞應圖述周公語曰：「此嘉禾也，太和氣之所生也。」是其證。又道藏本杜廣庭廣成集一賀天貞軍進嘉禾表云：「謹案瑞圖云：『嘉禾者，美瑞也。』」「爲美瑞」三字亦當據補。（稽瑞所引又有「一名導」三字，非通義本文。）

成王訪周公而問之

案：盧本據類聚所引改「訪」爲「召」。（案：見卷九十八。）今考玉海一百七十七亦引作「訪」，則宋本已然。（説文繫傳引上「大幾盈車」二語上云「唐叔之禾」，蓋以意爲説耳。）

後果有越裳氏重九譯而來矣

案：玉海引無「九」字，「矣」上「來」下有「獻白雉」三字。

雄鳴曰節節雌鳴曰足足

案：此爲莊氏所補闕文。陳氏疏證本移入本篇，誤爲「雄鳴曰節，雌鳴足足」。今考白帖九十四所引亦有「雄鳴節節」之文。論衡講瑞篇引禮記瑞命篇亦作「雄鳴曰即即」，則「節」字當疊。（宋書符瑞志亦作「雌鳴足足」。）

靈龜者神龜也黑神之精五色鮮明知存亡明吉凶故食氣而神三百歲游於渠葉之上三千歲游於卷耳之上

案：此條各本均挩，見於稽瑞所引。

龜介蟲之長也

案：此條各本均挩，見於慧琳音義七十四所引。（此條僅六字，以「鳳凰，禽之長」一語例之，必係封禪篇佚語，即冢上文洛書龜書言，疑本篇符瑞之應於四靈爲尤詳，此二則均其佚文。宋書符瑞志所述與此略同，此其證。不當引之蓍龜篇。）

巡狩篇

巡者循也狩者牧也爲天下循行守牧民也

案：盧校云：「此與通典所引合。（案：見禮十四。）書舜典、禮記王制、禮器正義及御覽皆作『狩者收也』。」今考通考一百九所引正同。通典唐疏所引，三「收」字亦均「牧」字之訛。禮器疏引下語作「謂循行天下牧人也」。舜典疏引作「爲天下循牧養人」。則上文「收」字明係「牧」訛。惟王制疏引作「爲天子循行，守土收民」。「收民」義不可通，必屬「牧民」之誤。蓋宋人不諳牧、狩音轉，以爲收、牧音近，始改疏中各「牧」字爲「收」，未足依也。

恐遠近不同化幽隱有不得所

案：盧本「所」下補「者」字，是也。惟王制疏、禮器疏引「所」上並有「其」字，禮器疏引「化」上又有「政」字，似當據補。通考無「化」字，「幽」上有「又恐」二字。

故必親自行之謹敬重民之至也

案：此文各本俱挩，盧本據王制疏增，並據通典、禮器疏參定。今考初學記十四引上句作「故必視見」，「視見」乃「親自」之訛。通典禮十四、通考一百九引作「敬親行之」，（下有「行禮」二字。）「敬」乃「故」訛。又王制疏「謹」作「謙」，通典、禮器疏並作「謹」。

叶時月皆爲民也

案：程本「叶」作「計」。

以夏之仲月者

案：類聚三十九引作「中月」。

爲太蔟也

案：王制疏引「爲」下有「其」字。

傳曰周公入爲三公出爲二伯中分天下

案：「周公」當作「周、召」。下文周、召分言，其證也。

言東征述職周公黜陟而天下皆正也

案：「周公」二字當在「東征述職」上。

嶽者何謂也

案：爾雅釋山疏引「謂」作「爲」。

嶽之爲言桷也桷功德

案：盧本據書舜典疏及爾雅疏所引改「桷」爲「捔」，「德」下補「也」字。今考舜典疏引作「捔考功德也」。説文繫傳十八引作「嶽，确也，王者巡狩确功德也」。慧琳音義一引作「确同功德也」。原本玉篇山部引作「岳之言埆也」。詩大雅崧高疏及釋文則均引「捅」作「桶」。

言萬物更相代於東方也

案：爾雅釋山疏引「更」作「交」，詩時邁疏引無「更」字。

華之爲言穫也言萬物成熟可得穫也

案：爾雅釋山疏、御覽三十八引「穫」作「獲」。御覽引「可得」作「乃有」。

有常也

案：御覽三十八引作「有常度也」。此捝「度」字。三十九所引又作「北方爲常山者何？陰終陽始，其道長久，故曰常山」。與初學記同，蓋別本異文也。

嵩言其高大也

案：爾雅疏引「高」作「峻」，程本、郎本並作「後」，「後」即「俊」字之訛。

中國垢濁

案：此上捝一字，以風俗通義山澤篇證之，當補「通」字。

攷黜篇

能征不義者

案：穀梁莊元年疏引「義」作「順」。（各本並同，盧云：「作『不順』乃何焯校本耳。」）

孝道備者賜以秬鬯

案：自此以上，舊本並多挩譌，自當據盧本訂正。惟舊本述九錫，每語似均有「以」字，盧本逕删之，非也。

君子有黄中通理之道美素德

案：此當作「美道素德」。下云「以配道德」，此道德並言之證。

房内節

案：詩大雅疏引含文嘉作「房内不渫」。

王度記曰天子鬯諸侯薰大夫芑蘭

案：易震卦疏引王度記無「芑」字。

玉瓚者器名也所以灌鬯之器也

案：御覽七百六十一引作「圭瓚者，玉之名，所以受灌之器」。

元士有功者亦爲附庸世其位

案：御覽百九十八引「世其位」上有「附」字。疑「附庸」二字當疊。

賢者之體能有一矣不二矣

案：「賢者之體能有一」，猶言能得賢者之一體也。此明三公子孫當封之故，或上挩「爲因」也。以諸詞「不二矣」三字乃「百里侯」之剝文，盧本存此三字，别補「百里之侯」四字於其下，誤矣。

三而不改雖反無益也

案：「反」乃「百」譌。本書嫁娶篇曰「九而無子，百亦無益也」，與此正同。

賞疑从重

案：盧校云：「『疑』何本作『宜』。」今考程本、郎本並作「宜」。

王者不臣篇

不臣二王之後者至即君子所不臣也

案：通典禮三十四云：「不臣二王後者，尊敬先王，通三正之義。故書有『虞賓在位』，詩云『有客有客，亦白其馬』，明天下非一家所有，敬讓之至，故封建之，使得服其正色，用其禮樂，以事先祖。故孔子云『夏禮吾能言之，杞不足徵也。殷禮吾能言之，宋不足徵也』。不臣妻父母者，妻之言齊也，與己齊體，共承先祖，敬其父母。春秋左(此字衍。)傳云『紀季姜歸於京師』。稱字者，尊不加父母，妻與己齊體，故夫不得臣之。四夷之君不臣，尚書大傳曰『越裳氏獻白雉，周公辭不受，曰「正朔不施，則君子不臣」』也。」所云較此爲詳，疑即通義舊文，今附于此。

不臣三老五更者欲率天下爲人子弟

案：大戴曾子本孝篇盧注引「不臣三老教孝」，係約引此文。

春秋傳曰許公不世待以初

案：盧本從梁履繩校改「許」爲「寓」。然「許」、「寓」字形匪近，「許」或「託」譌，疑當作「託寄之公不世」。何休公羊桓七年「穀、鄧來朝」解詁云：「今失爵亡土，來朝託寄也。」是其證。

尚書曰咨爾伯不言名也

案：下三節均引公羊，此節不引「宰渠伯糾」，似捝。

蓍龜篇

天子龜長一尺二寸

案：禮記禮器疏引此節而釋之曰：「彼謂卜龜。」

龜陰故數偶也

案：禮記曲禮上疏引作「龜，陰也，故其數偶」。

所以先謀及卿士何

案：謝應芳辨惑編二引「何」上有「者」字。

筮也者信也

案：慧琳音義九十七引作「蓍者，信也」，語誤。韵府群玉四支引作「蓍之爲言耆也，陽之老也」。説文繫傳二於上文「蓍之爲言耆也」下，引「陽之老也」四字，亦訛。

託義歸智於先祖至尊故因先祖而問之也

案：「至」上「先祖」二字疑係衍文。

禮曰皮弁素積

案：郎本「積」作「幘」。

聖人篇

聖通也道也

案：「道也」二字疑衍。

禮別名記曰五人曰茂十人曰選百人曰俊千人曰英倍英曰賢

案：寶典四載蔡氏月令章句引禮變名曰：「千人曰選，倍選曰俊，萬人曰傑。」蓋別名記述茂、俊諸名，本載二說，故通義所引與月令章句不同。而左傳宣十五年疏、禮記禮運疏所引復互相參差也。（陳疏已詳引之。）考詩魏風毛傳「萬人爲英」疏云：「此傳及尹文子皆『萬人爲英』。大戴禮辨名記云『千人爲英』。又鶡冠子博選篇陸佃注云：「記曰：『五人曰茂，十人曰選，百人曰俊，千人曰英。』」並與此合。又案：慧琳音義八十九、（明標白虎通所引禮別名記。）八十一（僅標白虎通。）所引並作「百人曰儁」。左疏引「倍選曰儁」，字亦作「儁」，則「俊」爲後儒所改。

萬人曰傑

案：後漢書光武紀李注引作「賢過萬人曰傑」。

何以言禹湯聖人論語曰巍巍乎舜禹之有天下而不與焉與舜比方巍巍知禹湯聖人春秋傳曰

湯以盛德故放桀

案：此節文多挩舛，當作「何以言禹聖人？論語曰『巍巍乎舜禹之有天下而不與焉』。禹（此「禹」字據下文湯武與文王比方增。）與舜比方。何以（此二字據上下各節補。）知湯聖人？春秋傳曰『湯以盛德，故放桀』」。計衍四字，挩三字。

以自篇曰若稽古皋陶

案：盧本「自」改「目」，竊以「自篇」乃「篇首」之訛。

帝嚳駢齒上法月參康度成紀取理陰陽

案：參與陽叶，古音陽、覃通轉。

舜重瞳子是謂玄景

案：盧改爲「滋涼」，云：「舊作『玄景』，一作『承原』，又作『慈涼』。今从初學記，宋均注云：『有滋液之潤，且清涼光明而多見也。』」今考「承原」諸異文，並出他藉所引。元命苞、初學記所引亦然，非通義也。路史史皇紀注引演孔圖作「無景」，「無」亦「玄」訛。「景」與「光」叶，非訛文。又案元命苞作「滋涼」，當即禮記樂記「子諒」之異文，宋説亦望文生訓。

湯臂三肘

案：盧校云：「論衡作『再肘』，符瑞志『四肘』。」今考初學記九引帝王世紀、類聚十二、白帖二十引元命苞並作「四肘」。書抄一作「二肘」，御覽八十三引洛書甄準聽亦作「二肘」，新論命相篇同。

周公背僂是謂强俊成就周道輔於幼主

案：陳氏疏證云：「『俊』當爲『後』，與下『主』韵叶。」今考御覽三百七十一正引作「後」，陳説是也。盧本改「主」爲「王」，誤。

孔子反宇是謂尼甫

案：説文繫傳十五引作「孔子反宇，象尼丘山」，釋之云：「謂四方高，中央窊下也。」卷十七又云：「書傳多言孔子反宇，作此頨字。」所釋並精，惟「象尼邱山」四字，乃約引姓名篇文，不當據以改此節。

聖人無土不王使舜不遭堯當如夫子老闕里也

案：此節各本均捝。惟史記秦楚之際月表集解引之，當係此篇佚文。

八風篇

迎衆也

案：古微書本考異郵亦作「眾」。（據宋注云「迎衆物而生之」。自以作「衆」爲長。）

出幣帛使諸侯

案：上捝「則」字。

商賈篇

商之爲言商也商其遠近度其有無通四方之物故謂之商也

案：慧琳音義二十七引「商」作「賫」，「之物」下有「以聚之」三字，四十七引作「以聚」。趙德麟侯鯖録八亦引作「通四方之物而聚之」。則今本挩三字。

賈之爲言固也

案：慧琳音義十九引作「賈，固也」。侯鯖録八引作「賈者，固也」。

固其有用之物以待民來以求其利者也

案：慧琳音義十九引作「守固物待民來以求利也」。六十三引同。似「固」上當補「守」字。音義二十七又引「求」作「希」。

行曰商止曰賈

案：廣韵十陽引作「居賣曰賈，通物曰商」，與今本義同詞異。孟子梁惠王上篇疏亦引作「賣曰賈」。

即如是尚書曰肇牽車牛遠服賈用方言遠行可知也方言欽厥父母欲留供養之也

案：「欽」即「厥」字譌文，上有挩字。下「方言」二字或即「孝養」剥文之變也。

因井爲市故曰市井

案：此八字，各本均挩。詩陳風疏、慧琳音義卷三十三、卷九十二並引之，疑即此篇佚文。他書引作風俗通。

文質篇

案：盧本據莊述祖説，改名「瑞贄」，乃攷「質」、「贄」二字，古字互通。惟「文」、「瑞」字形距近，故仍从舊本。

圓中牙身玄外曰琮

案：盧本删「身玄」二字。孫氏札迻云：「此當作『圓中牙身方外曰琮』。」其説是也。聶崇義三禮圖二十引潘徽江都集禮云：「依漢世諸儒所論白虎通説，『琮，外方内圓有好』。」所云「外方内圓」，即約此文之「圓中方外」。御覽八百七正引作「員中方外曰琮」。

玉者有象君子之德

案：廣韵三燭、希麟續音義三引並無「有」字，此係衍文。又續音義引「象」作「像」。

是以人君寶之

案：廣韵引「人君」作「君子」。

象物始生見於上也

案：程本、郎本「始」作「皆」。

珪之爲言潔也

案：盧本據類聚所引（案見八十三。）改下「潔」字爲「圭」。今考慧琳音義卷八十三、卷八十九並引作「潔」，則舊本不訛。

上兑陽也

案：白帖七引「兑」作「鋭」。

内方象地外圓象天也

案：三禮圖二十引江都集禮載白虎通説云「璧好又方」者，即約内方爲説。又廣韵二十二昔引「圓」作「圜」。

琮之爲言聖也象萬物之宗聚聖也

案：慧琳音義三十引作「琮言聚也」，五十一引作「琮之言聚也，象萬物之琮聚」。是上「聖」字當作「聚」，下「聖」字乃衍文。盧本從朱校改上「聖」字爲「宗」，非也。

内圓象陽外直爲陰

案：下語當作「外方象陰」。

無過者復得其珪以歸其邦有過者留其珪能正行者復還其珪

案：禮書五十二引大傳，「無過」、「有過」下各有「行」字，「復得」作「得復」，「邦」作「國」，「正行」作「改過」，無「還」字。（復即還也。故上云「得復其珪」，義較長。）

臣見君有贄何

案：類聚三十九、初學記十四引作「凡臣見君必有贄」。書抄八十一引同今本。

玉取其燥不輕溼不重

案：御覽五百三十九引「玉」下有「者」字。以上節例之，當據補。

卿以羔爲贄羔者取其羣而不黨卿職在盡忠率下不阿黨也

案：書抄八十一引作「卿以羔者，取其群而不失其類也」。（下云：「謹案：卿執羔以爲贄者也。」）禮記曲禮下疏引同今本，無「阿」字。

大夫以鴈爲贄者取其飛成行列

案：盧本作「取其飛成行，止成列」。今考書抄八十一引「者」下有「何」字，「列」下有「也」字，亦無「止成」二字。蓋「飛成行，止成列」，乃嫁娶篇文。類聚三十九引作「飛成行，立成列」，亦彼篇也。又文選沈約詠湖中鴈詩引作「雁飛則（下衍「乃」字。）成行」，曲禮下疏引作「雁取飛則行列也」。（盧校引爲「飛有行列」，然宋本「有」作「則」，與選注合，故重引之。）似舊本弗訛。

之適四方

案：「之適」猶言往適。盧本删「之」字，非。

懾之以威

案：初學記十四、類聚三十九並引「懾」作「脅」。曲禮下疏引「以威」作「則威」，誤。

必死不可生畜

案：初學記、類聚並引「必」作「畢」，曲禮下疏所引無「必」字「生」字。

禮相見經曰上大夫相見以羔左顧右贄執麑明古以麑鹿今以羔也

案：盧本作「左頭如麛執之」，與禮經合。惟審繹舊文，「右贄執麑」乃「古贄執麑」之誤。此約用禮説，非必禮經原文也。惟「顧」字確爲訛字。

伏節死義

案：盧校云：「舊作『仗』，非。」今考程本亦作「伏」，郎本眉校云「仗」或作「伏」。

振窮救急之意

案：程本、郎本「振」並作「賑」，「救」並作「告」。

三正篇

王者受命必改朔何

案：論語爲政篇皇侃義疏引作「王者受化，必改正朔者」，爾雅釋天疏引作「王者受命而改正朔者」。

以助化也

案：爾雅疏引「助」作「則」。皇侃義疏引作「以化」二字。

正朔有三何本天有三統謂三微之月也

案：初學記四引作「謂之三微月也」。（皇疏云「正朔有三本，亦有三統」，不言引通義，疑亦據通義之文，與今本異。）

陽氣始施黄泉萬物動微而未著也

案：初學記四引「動」上有「始」字。事文類聚前集六亦引作「陽氣始施，萬物始動」。今挩「始」字。

陽氣始養根株黄泉之下

案：皇疏引「株」作「核」，下有「故」字。

萬物始牙而白

案：皇疏引作「芽」。

人得加功

案：皇疏引作「加功力」。

改正者右行

案：皇疏引作「右行者是也」。

不言正日言正月何也

案：皇疏引作「不言正日，而言正月者」。

周反統天正何也

案：皇疏引作「周反天統何」。

質文再而復正朔三而改

案：皇疏引作「質文再改，正朔三易」。

數不相配

案：皇疏引作「正不相因」。

當因其改之耶

案：此文「當因」。（句）「其改之耶」别爲句。「其」猶「抑」也。

明二陰二陽不能相繼也

案：論語爲政邢疏引作「明一陽二陰不能繼也」。誤。

三教篇

周則復始

案：御覽二十九及公羊隱元年疏引書傳並作「周則又始」。

周人教以文故兼用之周人意至文也

案：以上節例之，下「周人」二字係衍文。

三綱六紀篇

所以彊理上下

案：盧本據儀禮經傳通解引改「彊」爲「張」，是也。論語爲政疏亦引作「張理」。

是以綱紀爲化若羅綱之有紀綱而萬目張也

案：原本玉篇系部引作「是以維紀爲化首」，疑彼挩「綱」字。此文「綱紀」上挩「維」字，又「化」下挩「首」字，並當據補。

爲政疏引「之有紀綱」作「有紀綱之」，「萬」作「百」。

取象五行轉相生也

案：爲政疏引「象」作「法」。

取象六合陰陽有施化端也

案：盧本改「六」爲「人」，是也。爲政疏正引作「人合」。

君群也下之所歸心

案：盧本「下」字上有「群」字，是也。爲政疏及書抄二十九並引作「群下」，是其證。又廣韵二十文、御覽六百二十並引作「君者，群也」。此挩「者」字。

臣者繵堅也屬志自堅固

案：盧本據曲禮上疏引删「繵」字，「屬」作「厲」。今考玉篇臣部引作「臣者，繵也，屬志自堅固」。則舊本非譌，蓋「繵」下當有「也」字，備列二訓，禮疏、玉篇各引其一。説文繫傳六引作「臣，繵堅也，厲志自堅固」，亦挩上「也」字。然不當逕删「繵」字也。（陳立疏證亦以「繵」下挩「也」字。）若爲政疏引作「臣牽也」，（盧所據之本「牽」誤「奉」。）自屬誤引。

以法度教子

案：爲政疏及爾雅釋親疏所引並無「法」字，惟曲禮上疏引同今本。

又曰朋友無所歸

案：此上所引爲論語，「又」字誤。

朋友之道親存不得行者二

案：曲禮上疏引作「親友之道不得行」，文多舛捝。

父之昆弟不俱謂之世叔

案：此謂父之昆弟不均稱世父，亦不均稱叔父也。盧本改爲「世父」，非。

至姊妹雖欲有略之

案：「有」疑「稱」之剝字。上云「故稱略也」，此云「雖欲稱略之」，語正相應。

姑者故也舊故之者老人之稱也

案：盧本據爾雅疏所引（案：釋親疏。）删「之者」二字，及「人」下「之」字。今考慧琳音義五十八引作「姑，故也，（逗）老人之稱也」。則「人」下「之」字不當逕删。

姊者恣也妹者末也

案：盧本據廣雅改「恣」爲「咨」。今考慧琳音義三亦引作「恣」。則唐本已然。又「末也」句下有「義取先後尊卑次也」八字，各本並捝，當據補。

情性篇

以理也

案：盧本據古微書所輯鈎命訣本於「理」上補「就」字。今考清河郡本作「以理察也」，誼較長。（詩蒸民疏引援神契作「性生於陽，以理執也」。）

陽氣者仁陰氣者貪

案：清河郡本載宋注云：「陽氣主於流動，故仁。陰氣主於積聚，故貪也。」當補入陳氏疏證。

五常者何謂仁義禮智信也

案：盧本改「常」爲「性」。今考真德秀讀書記二亦引作「五常」。

仁者不忍也施生愛人也

案：盧校云：「『施一作好』。」今考玉篇人部及論語爲政疏並引「施」作「好」。慧琳音義二十二引同。又引「不忍」作「是忍」。

獨見前聞不惑於事見微知著也

案：爲政疏引作「或於事見微知著」，無「不」字。今本疑出後儒所改。

肝之爲言干也

案：玉篇肉部引「干」作「扞」。又案：此下捝四字。

肺之爲言費也

案：慧琳音義六十八引「費」作「貴」，誤。

胥之爲言寫也

案：音義引「寫」作「賓」。胥、賓音近，然與下誼不屬。

脾之爲言辨也

案：盧本據御覽三百七十六所引改「辨」爲「併」。今考慧琳音義四十七引作「辯」，六十八引作「辦」，七十七引作「辨」。則「辨」非訛字。又玉篇肉部引作「裨」，裨、辨亦一聲之轉。

所以積精禀氣也

案：音義七十七引「積」作「釋」，誤。

故肝象木色青而有枝葉

案：音義二引作「象木形而有葉，色青」。似今本「木」下挩「形」字。

目爲之候何

案：音義四十一約引此五字作「主目」。下引「故肝實熱，則目赤暗」八字，蓋此下挩文。

肺者金之精

案：音義七十七引作「金之藏也」，十五又引作「金之精，金藏也」。卷二、卷六十八及希麟續音義一並引作「金之精」。（續音義引「肺」作「胇」，誤。）

故心象火色赤而鋭也

案：音義二引作「象火色赤，鋭而有瓣，如未敷蓮花形」。續音義一引作「赤鋭而有瓣，如未敷蓮華」。子華子北宮意問章謂「心狀如覆蓮」，即本此文。今本多捝。

北方水故腎色黑水陰故腎雙

案：音義二引作「色黑，陰，其形偶」。四十一引作「色主陰，其形偶」。六十八引作「色黑陰偶，故腎雙」。續音義一引作「色黑，其形偶」。合而校之，疑當作「水陰，故腎雙，其形偶」。御覽三百七十六又引作「故腎雙居」。

又案：音義四十一所引，於「其形偶」三字下有「其神志，其候耳，故腎虚而則聾」。上三字難曉。「其候耳」三字蓋約引下文「耳者腎之候」之或説也。故下六字乃彼處捝文。

脾者土之精也土尚任養萬物爲之象生物無所私

案：音義二引「中央，土之精也」。續音義一同。（無「也」字。又六十八、七十七並引「土之精也，色黄」六字。）以上節例之，「土」上似當有「中央」等字。

肺者金之精

案：上言「蒼龍之位也」。以彼相例，此語以下亦當據清河郡本、元命苞增補「白虎之位也」五字。（宋注云：「肺主收束，鼻主斂聚，白虎金精，藏固之表也」。）

又案：此節引元命苞，語句多不齊一，惜無他證以補之。

陰者腎之寫

案：原本玉篇阜部引「陰者之寫也」五字。

謂大腸小腸膀胱三焦膾也

案：原本玉篇广部引作「謂大腹、（當作「腸」。）旁光、胃、三焦、膾也」。

胃者脾之府也

案：音義六十八引「府」作「腑」。續音義三引作「脾之府，色黑」。今本挩「色黑」二字。

中焦若編

案：孫氏札迻所引一切經音義，乃元應本所引之文，亦見慧琳音義第四十三，「若編」作「若漏」。（元應本作「滿」。）「漏」字弗訛，當據訂。

膽者肝之府也肝者木之精也

案：音義六十八引「府」作「腑」，「肝」上有「連」字。

仁者不忍故以膽斷焉

案：音義十一引「不」上有「苦」字，「焉」作「之」，「苦」乃「若」之訛。故御覽三百七十六引作「仁者若不忍」。今挩「若」字。（説文繫傳八引作「故膾斷恩」。）

是以肝膽二者必有勇也

案：盧本改「肝膽二者」爲「仁者」，是也。説文繫傳八、慧琳音義五並引作「仁者必有勇」。音義二所引無「必」字。御覽三百七十六亦引作「是以仁者有勇」。（下有「故膽斷也」四字，涉上文衍。）均其證。

又案：音義四十一所引有「膽若有病，則精神不守」九字，乃此下挩文。

肝膽異趣

案：御覽引作「異處」。

小腸大腸心肺之府也

案：小字本無「肺」字，説文繫傳八引同。（下云「膀爲胃紀也，心爲支體，心故有兩府」。「膀」當作「腸」，下「心」字當作「主」，與小字本悉合。）音義五引作「有大腸有小腸者，（此上當疊「小腸」二字。）心之府也。大腸者，肺之府也」。續音義二引作「小腸者，心之府也。腸（上挩「大」字。）者，肺之府也」。均以大小腸分屬心肺，與元本合，與小字本不合，與四十三所引以三膲爲腎之府亦不合。竊以通義本載兩説：一以大小腸屬心，故膀胱爲肺府，三焦爲腎府。一以大小腸分屬心肺，故膀胱爲腎府，三包別爲包絡府也。

少陽之氣故動不息於人爲外主於情也

案：此乃盧本據御覽八百八十六所引補正之文也。舊本僅有「於外也」三字。今考類聚七十九引作「動於外，主於情」，與舊本亦略同。

魄者猶迫然著人也

案：舊本無「猶」字「也」字，盧本據御覽所引補。今考類聚七十九引作「魄者，白也，（此當作『迫』，慧琳音義引文字典説云：『魄，迫也，著人也。』亦其證。）猶（下挩『猶迫迫然』四字，禮遂據廣韵補之，是也。）著人也」。此「猶」字「也」字當補之證。

壽命篇

有壽命以保度

案：「度」字當从禮記祭法疏所引元命苞作「慶」。

沙鹿崩于受邑是也

案：「于受邑」當作「水浚邑」。

傫傫如喪家之狗

案：韓詩外傳九作「羸乎」，家語困誓篇作「儡然」，文選寡婦賦注引作「傫傫然」，「如」作「若」。此文及史記孔子世家、（世家作「纍纍」，任淵山谷内集注十九正引作「纍纍然」。）論衡骨相篇似均挩「然」字。（説文繫傳十五云：「孔子家語、白虎通：鄭人謂孔子傫傫若喪家之狗。」則引「傫」作「傫」。）

宗族篇

爲先祖主也

案：盧本據通典所引（案見禮三十三。）改「也」爲「者」。今考爾雅釋親疏亦引作「也」。

禮曰宗人將有事族人皆侍

案：釋親疏引作「禮記曰」。

所以必有宗何也

案：通典禮三十三引「何也」作「者」。

所以紀理族人者也

案：通典引「紀」作「統」。（盧本校勘補遺引正文亦作「統」。蓋初刻亦作「統」，後刓改「紀」字。）

高祖遷於上宗則易於下

案：盧本據通典引改爲「故曰祖遷於上，宗易於下」。今考玉海五十所引同舊本。

自爲其子孫爲祖

案：盧本據通典引删下「爲」字。今考通典引「自」作「各」，以下語證之，「各自」二字似當並有。

族者何也

案：通典引作「九族者何」。考此下又疊「族者」二字，則「九」字當據補。

故謂之族

案：爾雅釋親疏引「族」下有「也」字。

謂父之姓一族也

案：通典引作「爲一族」，無「也」字，下同。盧本於此節各語，既增「爲」字，又从舊本存「也」字，失之。

母族三者母之父母一族也母之昆弟二族也母昆弟子三族也母昆弟者男女皆在外親故合言之

案：通典引作「母族三者，母之父母爲一族，母之昆弟爲二族，母之女昆弟爲三族。外親，故合言之」。此由文有挩訛，不足爲據。蓋此文既云「母昆弟男女皆在」，則女昆弟不别爲一族，昭然甚明，誼與尚書歐陽説不同。蓋今文别説，故下文復申明「合言之」，故以爲由於外親。舊本之文曾無舛誤，乃盧本改从通典，復兼存「母昆弟」以下八字，謬之甚矣。

民人皆厚於末故與禮母族妻之黨廢禮母族父之族是以貶妻族以附父族也

案：盧校云小字本、元本「與」作「興」。竊以作「興」是也。與廢對文，與升降同。此言以母族與妻黨較，則升其禮，與父族較，則黜其禮。故妻族貶爲二，父族益爲四，（「附」與「益」同。）而母族仍其三也。或句有挩字。

姓名篇

齊有高國崔立氏三

案：盧本删「立氏三」三字。今考御覽三百六十二引作「齊有高、國、崔、盧氏」。（上句「楚有昭、屈、景」，御覽引亦有「氏」字。）「盧」乃「慶」字之訛，言齊有高、國、崔、慶四族也。則「立」爲訛字，「氏」亦舊文所有，惟「三」爲衍文。

三月目煦

案：家語本命解亦作「三月而微煦」，王注：「晴轉也。」盧校云「疑當作眴」，非。

故禮服傳曰子生三月則父名之於祖廟於祖廟者謂子之親廟也

案：儀禮喪服傳大功章云：「以日易月之殤，殤而無服，故子生三月，則父名之。」即通義所本。「之」下「於祖廟」三字涉下而衍。御覽三百六十二引作「子生三月，則父名之，名之於祖廟者，謂子之親廟也」。是其證。「名之於祖廟」下，乃通義之文。以下文「一説名之於燕寢」例之，「名之」二字必當補。陳氏疏證誤以「於祖廟」三字亦禮傳，謂「今無此文，蓋逸禮」，誤之甚矣。

告於四境四境者

案：此上所引，均内則文。此更端而言告四境者，上「四境」二字乃衍文也。

必桑弧何桑者相逢接之道也

案：以上下文證之，「桑弧」當作「桑蓬」，「桑者」當作「桑蓬者」，故下以「相逢接」訓之。桑、相音近，蓬从逢聲，「逢接」之「逢」即詮釋「蓬」字之文也。

以尚書道殷家太甲乙武丁也

案：盧本據御覽所引於「乙」上補「帝」字，是也。禮記檀弓下疏約引此文云：「殷質，以生日名子也。」故殷太甲、帝乙、武丁是其證。

於民臣亦得以甲乙生日名子何

案：御覽三百六十二引「民臣」作「名臣」，程本、郎本作「臣民」。

曰湯王後乃變名子孫法耳本名履

案：大戴少間篇盧注引作「湯王之後，更定名爲子孫法耳，本名履也」。與今本略同。論語堯曰篇皇侃義疏引作「湯本（二字當乙。）名履，克夏以後，欲從（疑作「使」。）殷家生子以日爲名，故改履名乙，以爲殷家法也」。較今本爲詳。

甲乙者幹也子丑者枝也

案：朱翌猗覺寮雜記下云：「三命家言支干者，見白虎通。甲乙，幹也；子丑，支也。不當言「干」，當言「幹」也。」據朱説，是宋本作「幹」，與今本同。（輔行記第三之四，約引五行篇文，有「甲有十干，時有十二」八字，當亦約此篇之文爲説。作「干」者，从俗詞也。）惟「枝」字或作「支」。

聞字即知其名

案：説文繫傳十三引「使人聞其字則知其名」。

不以日月山川爲名者少賤卑已之稱也臣子當諱句爲物示通句故避之也

案：此謂日月山川，爲物至尊，既尚卑謙，故不以爲名。「稱」字疑誤。「臣子」以下，别爲一義，意謂既以物爲名，則臣子諱言此物，故凡物均不爲名。然日月山川亦屬於物，故並日月山川而避之，此即「爲物示通」之誼。

所以表情見意屈節卑體尊事人者也

案：緇譯名義集衆善行法篇引「體」作「禮」，無「人」字。書抄八十五亦無「人」字，「者」作「之」。

必稽首何敬之至也頭至地何以言首謂頭也

案：慧琳音義五十九引作「所稽首何？稽，至也。首，頭也。言頭至地也」。義較今本爲長。「敬之」二字，乃後儒所妄改。音義四十七引作「所以稽首（下脱「何」字「稽」字。）至也首𩕳（當作「頭」，下捝「也」字及「頭」字。）至地也」。雖多捝字，亦與五十九所引差同。

冠德明功敬成人也

案：「冠」乃「表」字之譌。

能順四時長幼之序

案：御覽三百六十三引「順」作「從」。

伯者長也伯者子最長迫近父也

案：「也」下「伯者」二字衍。

值字所以於仲春何值者親故近於仲文子尊尊故於伯仲之時物尚值叔之時物失之章

案：此乃舊本之文也。盧本改爲「質家所以積於仲何？質者親親，故積於仲。文家尊尊，故積於叔」。並删下二語。竊以「仲之時」以下，當作「仲之時物尚質，叔之時物失之文」。其意謂時有後先，質先於文，人之次有後先，仲先於叔，故質家稱仲，文家稱叔也。

不積於伯季明其無二也

案：陳氏疏證以此語爲有誤。今考下文舉文王十子，稱伯、季者均一人，故曰「明其無二」，與上八士節靡涉。

所以或上其叔何也

案：盧本「叔」下補「季」字，是也。「或上其叔、季」者，謂或有他字在叔、季上也。此謂伯邑考之稱伯字，首列蔡叔以下諸稱，則於叔、季上加「他」字，故設爲此問，下以有采無采明之。

天地篇

天之爲言鎮也居高理下爲人鎮也

案：大戴曾子天圓篇注引作「天鎮也」。事類賦注一引上「鎮」字作「顛」，下「鎮」字作「經」，寶典一引作「天者，身也，鎮也」。今本捝「身也」二字。

地者易也言養萬物懷任交易變化也始起之天始起先有太初後有太始

案：盧本據初學記及御覽所引，（案見初學記卷五、御覽卷三十六。）改爲「地者，元氣之所（御覽無「之所」。）生，萬物之祖也。地之言施也，諦也。應施變化，審諦不設，（案御覽作「誤」。）敬始重終，故謂之地（案記無下「也」字。）也。（此爲一節。）萬物懷任交易，變化始起，先有太初，然後有太始」。（盧以「萬物」以下十九字，御覽十七所引與下節相聯，故不以爲釋地之詞，移入論天地之始節。）與舊本不同。今考書抄百五十七引「地者元氣所生」，白帖一亦引「地者，萬物之祖，元氣所生」。二語確爲捝文。大戴曾子天圓篇注引「地，諦也」三字，則以諦詁地，亦通義舊文，補之是也。又以「養萬物」二語屬下節，則其說大非。爾雅釋地疏引此文云：「地者易也。言養萬物懷任佼易變化。」

繙譯名義集八部篇引此文云：「地者易也。言生萬物懷任交易變化也。」則北宋各本又以「萬物」二語屬上節，昭然甚明，此則御覽所引之誤也。竊以「施也」即「易也」異文，「交易變化」即「應施變化」異文，「養萬物懷任」一語當在其上。今爲補訂其文云：「地之言施（或作『易』，同。）也，諦也，言養（或作『生』。）萬物懷任，應施（或作『交易』，或作『佼易』。）變化，審諦不設，（或作『誤』。）敬始重終，故謂之地也。」

又案：「始起之天」四字上當有挩字。（又此節「精曜出布」，舊本並作「精出曜布」，附記于此。）

號者爲五行

案：「號」疑「遞」訛。

猶君臣陰陽相對之義也

案：盧校云：「『對』一作『向』。」今考御覽二、事類賦注一並引作「向」，類聚一引作「相對向也」。

日月篇

比天爲陰

案：劉温舒素問入式運氣論奧第六篇引「比」作「在」。

日行遲月行疾何

案：事文類聚前集二引「何」上有「者」字。

日月所以懸晝夜者何助天行化照明下地

案：藝文類聚一引「懸晝夜」作「懸著」，引「照」作「昭」，「地」下有「也」字。事文類聚前集二亦引「照」作「昭」，有「也」字。

常滿有節

案：書抄百四十九或引「滿」作「盛」。

所以有闕何

案：法苑珠林四引作「月所以滿闕何」，事類賦注一引同。

轉而歸功

案：御覽四引「而」作「如」，字較古。

受符復行

案：御覽引作「受符得復行也」。「得」字衍。

即三十日者過行七度

案：盧校云：「御覽『即』下有『須』字，無『者』字『行』字。」今考珠林四所引與御覽同。

故春秋曰九月庚戌朔日有食之十月庚辰朔日有食之此三十日也

案：「十月」上挩「此二十九日也」六字。通義所引爲公羊經。以殷歷推之，襄公二十一年八月辛巳朔，其月小，九月庚戌朔，其月大。此文所明，在於明是年兩書月朔，前朔一日，則一爲二十九日，一爲三十日也。

又曰七月甲子朔日有食之八月癸巳朔日有食之此二十九日也

案：「八月」上挩「此三十日也」五字。考襄公二十四年，殷歷六月甲午朔，其月大，七月甲子朔，其月小。此文所明，在於明是年兩書月朔，前朔一日，則一爲三十日，一爲二十九日也。

日過十二度

案：盧校云：「御覽四及十七兩引作『不匝十二度』。」今考珠林四所引亦同。玉燭寶典十二引作「不十二度」，「不」下挩一字。

日月爲經五星爲緯月者大陽之精積而成象魄質合影稟日之光以明照夜

案：此節各本均無，道藏本陰長生周易參同契注卷上（唐人僞書。）引之，當卽此篇佚文。或出五經通義諸書。

兎者吐也言其吐月之光華蟾蜍見則月圓蟾蜍没則月缺

案：此節亦係陰長生參同契注卷上所引，今附於前條之後，或亦五經通義諸書之文也。

四時篇

萬物畢成

案：舊本並作「畢死」。

春秋曰元年正月十又二月朔有朔有晦

案：上「朔」字當作「月」。

載成萬物終始言之也

案：盧校云：「『言之』一作『之道』。」今考書抄百三十五正引作「之道」。

皆謂闕閣

案：此二字不可考，乃「亮陰」異體，本文疑作「闕闇」。（原本玉篇「菴」字注述「梁闇」云「讀如鶉侖之鵪」。鵪即「鴳」字，知古必有作「闇」之本。）「闕閣」乃傳寫之誤，故下文所舉，俱居喪之事也。

衣裳篇

衣者隱也裳者鄣也所以隱形自鄣閉也

案：慧琳音義三十三引作「衣，隱也，隱身形也」。廣韵八微、翻譯名義集沙門服相篇並引「閉」作「蔽」。

男子所以有鞶帶者示有金革之事也據盧本。

案：左傳桓二年疏引此文無「所以」二字，申之云：「然則示有革事，故用爲革帶，帶爲佩也。」

表德見所能也據盧本。

案：書抄百二十八、初學記二十六並引作「意見」，惟文選思玄賦注引作「德」。

故循道無窮則佩環能本道德則佩琨能決嫌疑則佩玦是以見其所佩即知其所能據盧本。

案：此均盧本據御覽六百九十二所補之文也。今考初學記二十六、書抄百二十八並引此文，記及書抄「則」並作「即」，（後漢書張衡傳注引同。）書抄「所能」下有「也」字。後漢書張衡傳注亦引「循」作「修」。（同記。）

又案王應麟急就篇補注三亦引此節之文，或宋本仍未挩。（説文繫傳一亦引「佩玦一語」，惟易「決嫌疑」爲「决斷」。）

婦人佩其鍼縷

案：初學記二十六引「鍼」作「針」。

黻譬君臣可否相濟見善改惡

案：此語見於禮書二所引，疑本篇挩文。

五刑篇

聖人治天下必有刑罰何

案：書抄四十三引「何」作「者」。

明有所懼也

案：書抄所引此下有「故天下順从，皆所以全民命」十一字，各本均挩，應據補。

刑所以五何法五行也

案：據書抄、御覽所引觀之，舊本所存「釋五刑之名」數語，與盧本所補「法五行」諸語本係合爲一節，以詞義審之，當在此句下。今依書抄所引次第補訂如左。

大辟者，謂死也。（此六字，舊本原文，書抄四十四引同，四十五引無「者」字。）取法水滅火也。（此六字，見書抄四十四所引，四十五引作「如水滅火」。）宮者，女子淫，執置宮中不得出也。（此十三字，舊本原文，書抄四十四引作

「女子淫，執者宫中不出」。）丈夫淫，割去其勢也。（此八字，舊本原文，漢書武紀顔注引作「宫，割其陰也」。）法（此上當有「取」字。）土之壅水。（此六字，見書抄四十四所引，下捝「也」字。）臏者，脱其臏也，（此六字，書抄四十四、御覽六百四十八所引並同。舊本上「臏」字作「腓」，乃後儒據今本吕刑所妄改。小字本正作「臏」。）去膝蓋也。（此四字，見漢書武紀顔注所引，蓋以「去膝蓋」釋「脱臏」也。）取法金之剋木也。（此據書抄四十四所引補，「也」字據御覽六百四十八所引補。御覽「剋」作「克」。）劓者，劓其鼻也，（此據書抄四十四所引補。御覽六百四十八引無「者」字。漢書武紀注引作「劓，截其鼻也」。）法（此上當補「取」字。）木之穿土也。（此據書抄四十四、御覽六百四十八補，書抄無「也」字。）去鼻亦孔見。（此據御覽六百四十八引補。）墨（下當有「者」字。）謂以墨黥其面也。（此據漢書武紀注所引補。後漢書酷吏傳注引作「墨，黥面也」。）一曰（此二字以意補。）墨其額也。（此據御覽六百四十八所引補，書抄四十四引同。惟上捝「白虎通曰」之文。段成式酉陽雜俎八引作「墨者額也」，「者」下捝「墨其」二字。蓋墨刑之説有二：一以在面爲墨，一以在額爲墨。古分「黥」及「涿鹿」二名，故此文並著之也。）取法火之勝金也。（此據御覽六百四十八引補。書抄四十四無「也」字，段成式酉陽雜俎八引同，「法」上衍「漢」字，亦無「也」字。）金得火亦變而墨矣。（此據御覽六百四十八引補。）劓、墨何？其下刑者也。（舊本之文。）臏、宫者，其中刑者也。（小字本無「墨」下八字，而有「割宫在其中刑者也」。今訂「割宫在」爲「臏宫者」之訛。）

又案：盧本據初學記二十、後漢書酷吏傳論注御覽六百四十八所引，補象刑一節。今爲校訂之如左。

五帝畫象者，其衣服象五行也。犯墨者蒙（記作「幪」，路史疏仡紀注引同。）巾，犯劓者以赭著其衣，犯臏者以墨蒙

（記及路史注作「幪」。）其臏處（漢書武紀注引「處」作「象」。）而畫之，宮者履雜扉，（後漢書注無「雜」字，後漢武紀注引無「履雜」二字。「雜」乃「紨」字之訛，見荀子正論注引慎子。）犯大辟者布衣無領。（以上盧氏原文。）扉，艸屨也。（此四字見漢書武紀注所引，今附於此。）

庶人雖有千金之幣不得服

案：此謂庶人不得衣幣帛。

酷極也教令窮極嚴也

案：此文各本均挩，慧琳音義卷四十三引之，卷四十九、卷五十五、卷七十一所引並同，惟「也」上無「嚴」字，當屬論刑之語，故附著此篇。

五經篇

故追定五經以行其道

案：輔行記第三之四引作「以定五經而行其道」。

周衰道失

案：程本、何本、郎本「失」並作「微」。郎本眉校云「或作『失』」。

五經何謂易尚書詩禮春秋也禮經解曰温柔寬厚詩教也疏通知遠書教也廣博易良樂教也潔淨精微易教也恭儉莊敬禮教也屬詞比事春秋教也

案：盧本引周校云：「初學記引云：『五經，易、尚書、詩、禮、樂也。』無『春秋』字，有『樂』字。其注云：『古以易、書、詩、禮、樂、春秋爲六經。至秦焚書，樂經亡，今以易、詩、書、禮、春秋爲五經。』（案：見卷二十一。）據此，則白虎通之五經不當有『春秋』字。『禮經解』云云，疑後人竄入。北堂書鈔所引（案見書抄九十五，其文云『易、尚書、詩、禮、樂，夫子定五經』。）與初學記同。參前一條尤可見。」竊以周説是也。惟所引經解，亦非衍文，蓋通義以易、書、詩、禮、樂爲五經，與五常之道相應，春秋則爲孔子所制作，乃所引經解之文，則並春秋爲六，故此下别生解析之文。惟通義所謂「常」，即「五性」也。既以仁義禮智信分配五經，安得復以春秋爲常？「何常也」三字，疑係「何以不列於常也」之訛，下捝答詞，然均上屬此節。盧本以此五字爲下節首語，因以下節論書契之詞指爲論春秋之語，其誤甚矣。（又案：説文繫傳二十八釋「疏」字云「白虎通書之教也」。則舊本並有「經解」以下之文，昭然可考。）

則黄帝已來

案：此上有捝文。蓋言造字始於黄帝時也。與春秋及史官靡涉。

嫁娶篇

廣繼嗣也

案：程本「廣」作「庶」，義較古。

遠恥防淫泆也

案：御覽五百四十一引「泆」作「佚」。

男三十而娶女二十而嫁

案：通典禮十九引作「男子三十娶，女三十嫁何」。

生萬物也

案：路史因提紀注引「生」上有「以」字。

陰繫於陽

案：通典引「陰」上有「故」字。

陽數七陰數八

案：御覽五百四十一引作「陽數八，陰數一」，誤。

取其隨時南北不失其節

案：書抄八十一引白虎通云「雁取其候時而行也」，即約引「隨時南北」之文。禮記昏義疏引「不失其節」作「不失節也」。

束帛離皮

案：御覽五百四十一引作「儷皮」。

婦從房中也從降自西階

案：盧本删「也從」二字。今考「也」乃「出」字之訛。蓋通義引經，其字句損益不必悉同經文也。（又舊本「稽首」上有「拜手」二字。）

女必有黹繡衣若笄之

案：盧校云：「此九字文義不屬，疑挩誤，御覽無。」今考程本、何本、郎本「黹」並作「端」。此文九字，乃「女必有端焉，若衣若笄」之訛。儀禮昏禮記云「父西面戒之，必有正焉，若衣若笄」，鄭注云：「必有正焉者，以託戒之使不忘。」彼文作「正」，此文作「端」，其義一也。陳氏疏證本逕删之，謬甚。

母施衿結帨曰

案：御覽「帨」誤「襘」。

敬恭聽爾父母之言

案：盧校云：「『爾』字小字本作『宗』。」案昏禮，「宗」、「爾」二字皆當有。今考御覽所引亦作「宗」，惟下衍「廟」字。

勗率以敬先妣之嗣

案：昏禮記「率」作「帥」。（舊本多挩「勗」字。）

娶妻不先告廟者示不必安也

案：此云「不先告廟」，指婦入不先廟見言。即下文所云「婦入三月奠采於廟」也，故曰「不先」，非謂娶不告廟也。又舊本「者」上有「到」字，「到」乃「致」字之誤。公羊成九年「季孫行父如宋致女」，何休解詁云：「古者婦入三月而後廟見稱婦，擇日而祭於禰，成婦之義，父母使大夫操禮而致之。」所言與此節略符。蓋廟見、致女，爲禮相兼，疑「者」上本有「三月致女」之文，而今本挩之。

又案：禮記曲禮疏上引作「示不必人女也」。

嫁娶必以春何春者

案：寶典一引作「嫁娶以春者」。

重國廣繼嗣也

案：書抄八十二引「廣」作「傳」。

法天有十二月萬物必生也

案：後漢書荀爽傳注引作「百物畢生」。

示不遺善也

案：盧本「示」作「士」，誤。（又上文「庶人」，盧本逕改「庶邦」，亦無明據，惟下「聖」字確屬「庶」誤。）

爲禮不兼

案：陳氏疏證云：「句有譌挩。」今考公羊隱元年傳言「兼之非禮」，此言「爲禮不兼」，即本彼文，似無譌挩。

不足盡執人骨肉之親

案：盧本作「勢不足盡人骨肉之親」。今考吕氏春秋遇合篇「嫫母執乎黄帝」，高注云：「黄帝説之。」蓋「執」即「暬」字之訛。此文之「執」，誼與彼同。

下卿大夫禮喪服小記曰

案：此文「下卿大夫」。（句）「禮喪服小記」與謚篇「禮郊特牲」例同。盧本於「禮」下增「也」字，誤甚。

天子之妃謂之后何

案：書抄二十三、類聚十五、初學記十、事文類聚前集二十並引「妃」作「配」。

以時接見也

案：慧琳音義八十九引「以」上有「言」字。

謂相與爲偶也

案：盧校云：「『爲偶』舊作『偶焉』，誤。」今考初學記十引作「相與偶焉」，御覽百四十七作「相與偶然」，程本、郎本並作「謂相與偶也」。

婦人因夫而成

案：廣韵十七真引作「因人而成」，誤。慧琳音義三十一引作「因夫」，七十七同。（惟「因」字作「姻」。）

男子六十閉房何

案：御覽七百二十引作「房户」。

必與五日之御

案：程本、郎本「與」並作「預」。

男子幼娶必冠女子幼嫁必笄

案：莊氏所輯闕文，已據御覽七百十八所引以此語屬本篇。今考廣韵二十九换亦引此二語，與御覽同。

媾厚也重昏曰媾也

案：此條各本均挩。慧琳音義七十一引之，四十八引作「媒，厚也。重昏曰媾」。「媒」亦「媾」字之訛。蓋亦本篇之挩語也。（賈逵晉語注亦有「重昏曰媾」語，音義卷三十引之。）

紼冕篇

行以蔽前紼蔽者小有事

案：盧本據御覽所引，（案：見六百九十一。）改爲「行以蔽前者，爾有事」。今考「紼蔽」二字固屬衍文，惟「爾」亦「示」訛。御覽舊本正作「爾有事」，則舊本作「示」甚明。書抄百二十八引作「所以蔽前者，示有事也」，尤其明徵矣。

又云赤紼金舄

案：盧校云：「小字本無『云』字。」今考程本、郎本並無「云」字。

冠者帣也所以帣持其髮也

案：慧琳音義七十七引「帣」作「卷」，禮書八引下「帣」字亦作「卷」，書抄一百二十七引作「人所以冠卷持髮」，（有挩字。）字亦作「卷」。惟事類賦注十二引作「帣」。

禮有修飾首別成人也

案：盧本據御覽六百八十四所引，改爲「禮有修飾文章，故制冠以飾首，别成人也」。今考書抄一百二十七引作「禮有飾文章，故别成人也」。雖多捝字，亦「文章」二字當補之徵。

腰中辟積

案：續漢書輿服志注引作「要」。

又曰殷冔夏收而祭

案：書抄百二十七引白虎通云：「殷人冔而祭，縞衣而養老。」豈舊本備引王制文與今本不同歟？

陽氣受化詡張而後得牙

案：御覽六百八十五引作「冔張」。

謂之收者十三月之時陽氣收本舉生萬物而達出之故謂之收

案：書抄百二十七引作「收者，十二（當作「三」。）月陽收，舉萬物而達出之，故謂之收」。所引無「本」字，此疑衍。

俛仰不同故前後乖也

案：「也」上捝「時物亦前後乖」六字。

收而達故前葱大者在後

案：書抄引作「故前兑」，是也。「兑」即「鋭」字，謂前形尖小，而大其後也。獨斷云：「夏曰收，前小而後大。」通典禮十七同，是其證。（下「前葱」亦當作「兑」。）

不用皮何

案：御覽六百八十六引「用」作「以」。

故爲冠飾最小故曰委貌

案：御覽六百八十五引「故曰」作「故爲」，下同。（山堂考索前集卷三十六引「飾」作「旒」，誤。）

其飾微大

案：路史後紀疏仡紀注引「飾」作「體」。

冠文弁冕之總名也

案：此文各本均挩，慧琳音義九十七引之。「文」字疑衍，下六字與説文同，今補入本篇。

喪服篇

天子爲諸侯絶朞何示同愛百姓明不獨親也故禮中庸曰朞之喪達乎諸侯三年之喪達乎天子卿大夫降緦重公正也

案：盧本於「絶朞何」（「何」上有「者」字。）三字上補「天子諸侯」四字，以「天子爲諸侯」五字下別有挩文，又改「達乎諸侯」爲「達乎大夫」。今考書抄九十三「天子絶朞」句注引白虎通云：「天子爲諸侯絶朞何？示同愛百姓，明不獨親。」又下句「大夫降緦」注云：「禮記中庸云『期之喪達乎大夫，三年之喪達乎天子』。卿大夫降緦，重公正也。」所引亦通義之文。是「達乎諸侯」確爲「大夫」之誤，而「天子爲諸侯絶朞」，則與舊本悉同，且以「天子絶朞」標目。竊以此文所云，與上文「諸侯爲天子」對文，言諸侯爲天子服斬，而天子不爲親屬封諸侯者服期也。盧改非是。

天子七月而葬諸侯五月而葬者則民始哭素服先葬三月成齊衰朞月以成禮葬君也

案：此文多舛誤，以意審之，此謂民服君喪，均於葬前三月成服也。蓋以葬時不可無服，而服期僅三月，故諸侯五月而葬者，薨後期月始行成服，死與往日，至葬時正值三月也。若然，則京師之民爲天子服亦應待至三月後矣。

三年之喪何二十五月

案：書抄九十三引作「三年之喪，以二十五月爲期」。

亡之則除

案：書抄「亡」作「忘」。

後代聖人

案：書抄「代」作「世」。

故吉凶不同服歌哭不同聲所以表中誠也

案：書抄九十三引作「故吉凶不同服，號哭之聲，所以表衷情也」。

布衰裳麻絰箭舊本多作「簫」。笄繩纓苴杖爲略及本經者亦示也

案：書抄九十三引此文云：「衰裳、麻緦、蕭笄、繩纓、苴杖，皆爲横路，乃爲本也。」雖多誤字，然故本之跡猶可尋求，合而勘之，知當作「布衰裳、麻絰、箭笄、繩纓、苴杖，皆爲粗略，乃爲本也。經者亦本也」。今本挩四字。

腰絰者

案：書抄「腰」作「要」。

身體羸病故杖以扶身明不以死傷生也

案：書抄引作「身病體羸，故以杖扶身，明當不以死傷生也」。

緦麻一日不再食可也

案：盧校云：「小字本『作一不食再不食可也』。」今考各本並作「一日不食，再不食可也」，僅衍「日」字。盧本誤改之，非也。

户北向

案：程本、郎本「向」並作「面」。

公諸侯五日

案：舊本此上並有「又曰」二字。

不言而事成者國君卿大夫

案：「國君」上當補「謂」字。

故生則尊敬而親之死則哀痛之

案：書抄九十三引作「生則敬而親之，死則哀而痛之」。是「痛」上當補「而」字。

故爲之隆服

案：書抄引「隆」作「陰」，是也。「陰服」猶言「心喪」，即前人解「諒陰」爲「心喪」所本也。

屈己親親猶尊尊之義也

案：「猶」疑「伸」訛，「己」字疑衍。

諸侯爲有天子喪尚奔不得必以其時葬也

案：「尚」與「當」同，「爲」字當在「諸侯」上，「爲」猶「以」也。

與文武無異

案：御覽五百五十三引作「不異」。

崩薨篇

黎庶殞涕海内悲涼

案：此亦春秋説題詞文，見於文選注（「盧陵王墓」下作「詩注」。）所引，惟「殞」字作「殞」。

卒之爲言終於國也

案：「國」當作「邦」。此節均韵文，東、陽通轉。若作「國」字，則弗叶矣。御覽五百四十八引説題詞正作「絶於邦」。

（説文繫傳八引作「焠，終也」，則舊本作「焠」。）

士曰不禄失其忠節不忠終君之禄禄之言消也身消名彰

案：盧本改爲「士日不祿，不終君之祿，祿之言消也，身消名彰」。所改非也。舊本首句與御覽所引説題詞同，惟衍「節」字。「忠」與上下文叶韻，（即東、陽通轉。）奚可逕删？竊以此文當作「士日不祿，失其忠不終君祿，言身消名彰」。餘均衍字。

魂魄去亡

案：盧校云：「通典作『去心』。」今考御覽引説題詞亦作「心」。惟「亡」與上下文叶韻，「心」字訛。（下云「失氣亡神」，亦其旁徵。）

不可復得見也

案：通典禮四十四所引無「復」字。

緣臣子喪君哀痛憤懣無能不告語人者也

案：盧校云：「『語人』，文選注作『諸侯』。」（案：見劉琨答盧諶詩注，又引「懣」作「滿」。）今考御覽五百四十六亦引作「諸侯」，無「者」字。

有得中來盡其哀者有得會葬奉送君者

案：兩「得」字均疑「待」訛，「中」上疑挩一字。

臣死亦赴告於君何此君哀痛於臣子也欲聞之加賻賵之禮

案：書抄九十三引亦作「以」，（此誤。）「此君」下有「之」字，「聞」作「問」，（此誤。）「加」上有「當」字。御覽四百四十六引「欲聞」上有「君」字，「加」上亦有「當」字。竊以「當」字必當據補，「君」上「此」字似當作「以」。

卒赴而葬禮也

案：盧本改「禮也」爲「不告」，非也。此文當作「卒，赴而葬，不告，非禮也」。今挩三字。

嗣子諒闇三年之後當乃更爵命故歸之推讓之義也

案：書抄九十三引「乃更」作「更受」，御覽五百四十六引「故歸之」作「歸之者」，誼並較長。

追遠重終之義也

案：書抄九十三引「義」作「意」。

故禮檀弓曰天子哭諸侯爵弁純衣

案：盧校云「純當作紂」，非也。純、紂古通，猶純、緇之互通也。又書抄八十五引「弁」作「笲」，誤。

遣大夫弔詞曰皇天降災子遭離之嗚呼哀哉天王使臣某弔

案：禮記曲禮上「知生者弔」節，鄭注云：「弔、傷皆爲致命詞也。雜記曰：『諸侯使人弔，詞曰「寡君聞君之喪，寡君使某，如何不淑」。』此施於生者。傷辭未聞也。說者有弔詞云『皇天降災，子遭罹之，如何不淑』。此施於死者。蓋本傷辭。辭畢哭，皆退。」（盧氏以爲通典文，誤甚。）所引弔詞，與此略同。又書抄八十五引「遭」作「獨」，御覽五百六十一引作「子獨遭離之」。

贈襚何謂也贈之爲言稱也玩好曰贈襚之爲言遺也衣被曰襚知死者則贈襚所以助生送死追

恩重終副至意也贈賵何者謂也賻者助也所以相佐給不足也故弔辭曰知生則賻貨財曰賻車馬曰賵

案：盧本據春秋説題詞諸書，於「賻者助也」下補「賵者覆也」四字，又據説苑修文篇於「知生則賻」下補「賵」字。孫氏札迻云：「一切經義引『賵之言赴也，所以相赴佐也』。此真白虎通挩文。」（案：孫氏所據音義爲元應本，此條亦見慧琳本卷五十五。）今考初學記十四、事文類聚前集五十五所引，並有「賵者赴也」四字，與音義符。又「追恩重終」均作「追遠思終」，音義所引亦「恩」作「思」。合而斠之，則「追恩」四字乃「追遠思終」之訛，「所以相佐」當作「所以相赴佐」。增補「賵者赴也」四字於其上，而「知生」一語，則从盧本補「賵」字，庶足正舊本之訛挩矣。又案初學記、事文類聚引此節云：「賻，助也。賵者，赴也。所以助生送死，追遠（記挩此字。）思終，副至意也。貨財曰賻，車馬曰賵，玩好曰贈，衣被曰襚。贈之爲言稱也，襚之爲言遺也。」詞句後先，迥殊今本。然今本析「贈襚」、「賻賵」爲二節，義似較長。又音義所引，以「助生」句釋「玩好曰贈」，以「相赴佐」句釋「贈」，似所據亦與今本同。惟今本「知死」二字上似挩「故弔詞曰」四字。「貨財」二語，亦應分繫「賻賵」釋詞之下，此則傳寫之舛也。

大夫倚塗

案：盧本作「欑塗」。今考禮記喪大記云：「大夫殯以幬，〔一〕欑置於西序，塗不暨於棺。」鄭注云：「幬，覆也。暨，及也。」又謂「以檀弓參之，大夫之殯廢輴，置棺西牆下，就牆欑其三面，塗之不及棺者，言欑中狹小，僅取容棺」。疏

〔一〕「殯」下「以」字原作「用」，據禮記喪服大記改。

云：「大夫不幬，又不四面欑，以一面倚西壁而三面欑之，又上不爲屋也。」據彼説，則「大夫倚塗」，謂棺倚西序而欑，塗其三面也，與人君畢塗者不同。若作「欑塗」，則與天子諸侯奚别？

于領大度曰

案：盧本删此五字。今考墨子節葬篇有「衣衾三領，大鞅萬領」之文，則「于領」必「千領」之訛，上有捝字。又管子兵法篇所引有「大度之書」，則「大度」爲古書名，此下所引，或出彼篇。竊以此節互引各書，以徵棺槨衣衾之度，蓋以語詳者爲據。即下文「禮云」二字，雖上下有捝字，亦未可輕删也。

柩之爲言究也久也不復章也

案：盧本據曲禮下疏、初學記所引，改「章」爲「變」，所改是也。慧琳音義卷五十三、卷七十四引此文並作「柩之言久也，久不復變也」。此「章」當作「變」之徵。據彼所引，似「不」上仍當補「久」字。（禮記曲禮下釋文亦引「柩久也」三字。）

所以同夫婦之道也

案：程本、郎本「同」並作「固」。

孔子卒以所受魯君之璜玉葬魯城北从盧本。

案御覽八百七引作「葬埢之北」。

春秋含文嘉曰天子墳高三仞樹以松諸侯半之樹以柏大夫八尺樹以欒士四尺樹以槐庶人無

墳樹以楊柳

案：盧本刪「春秋」二字，云「含文嘉係禮緯」。但周禮冢人疏引此文作「春秋緯」，或後人校此書者，旁注此二字，以見異同耳。御覽五百五十八「曰」字下有「春秋之義」四字。今考此節之文，封氏聞見記六引之，僅稱爲禮，惟「三仞」作「三雉」。（其文云：「天子墳高三雉，諸侯半之，卿大夫八尺，士四尺，天子樹松，諸侯樹柏，卿大夫樹楊，士樹榆，別尊卑也」。）慧琳音義十、希麟續音義五引之，並稱禮記。（其文云：「天子墓樹松，諸侯柏，大夫欒，士楊。」）清河郡本含文嘉亦備引此文，且引鄭氏注云：「無墳，有墓無墳也。」則此爲含文嘉文，昭然甚明。然聶氏三禮圖十九復引爲春秋緯，與周禮疏悉同。（其文云：「天子墳高三仞，樹以松。諸侯半之，樹以柏。大夫八尺，樹以藥草。士四尺，樹以槐。庶人無墳，樹以楊柳。」）則春秋緯非無此語。又書抄九十四載此文，引作「白虎通云『春秋大義曰』」，此即御覽所本。惟御覽九又引之，復挩「曰」字。竊以通義原文所引之書，本係春秋大義，即社稷篇所引之春秋文義也。通典禮五作「大義」，所云「社分五色」，與史記三王世家所引春秋大傳合，蓋一書也。觀書抄所引，知「大義」二字，唐本未訛，後儒以此文復見含文嘉，而義、嘉字形復近，因改「義」爲「嘉」，上增「含」字。趙德麟侯鯖録六引此文，亦作「春秋曰（原誤『日』。）『含（原誤『食』。）文嘉曰』」，則宋本已然，盧本乃轉刪「春秋」二字，誤矣。

又案御覽五百五十八引「天子」作「王者」，輔行記第九之三引「樹以」並作「樹之以」。又「三仞」下云「一仞七尺」，「欒」字下云「欒者，説文云：『似木欄。』」（又案説文亦作「大夫欒」。封氏聞見記引爲「大夫榆」，蓋誤。）此均前人校釋之詞，附誌於此。

崩薨皆周制也

案：此句各本均挩，慧琳音義七十四引之。御覽五百四十六引五經通義云：「崩薨从何王以來乎？曰：从周。」與此義合。今定爲本篇挩文。

附白虎通義斠補校勘記

鄭裕孚

序

陳氏直齋書録

「目」誤「録」。

亦或末足

「未」誤「末」，形近之譌。

爵篇

欲褒尊而上之

「㝷」應作「㝷」。餘同，不悉校。

又公羊成七年疏引辨名云云天子無爵而言天子爲爵稱者爵者譙也

當作「又公羊成八年疏引辨名記云『天子無爵而言天子爲爵稱者，爵者醮也』」。

書抄五十三

「抄」當作「鈔」。下同。

案明本均作乃受銅瑁也二字

「二字」衍文。

號篇

又韓詩子

「非」誤「詩」。

猶蛾从蠶化得聲義也

「蛾」，「蚍」之誤。

案玉篇土部引墝墝

「墝墝」上挩「作」字。

社稷篇

案續漢書祭祀志

「志」下捝「注」字。

禮樂篇

貧不相懸也

「貧」下當有「賤」字。

案原本玉篇

「玉篇」下捝「音部」兩字。

禁如收歛

「歛」當作「斂」。餘同。

今考詩鼓鐘疏

「鐘」，經作「鍾」。

初學記十六書鈔一百十御覽五百八十一太蔟

「蔟」俱作「簇」。

案禮書一百三十三

當作「二十三」。

祝始也

「柷」誤「祝」。

封公侯篇

案此疑當作各加功

「如」誤「加」。

五行篇

水味所以鹹何

「鹹」，盧本作「醎」。下同。

北方其臭朽者

「臭」，俗「臭」字，見大廣益會玉篇自部四十七。

案輔行記引丙者明也

「丙」上當有「作」字。

案寶典十二引

下挩「作『抑』字」三字。

萬物成熟種類衆多

「多」下挩「也」字。

誅伐篇

盧本删下三字

「下」字上挩「不」字。

諫諍篇

舊作伯諫

「諫」，「諂」之誤。

辟雍篇

然原本玉篇广部引作邕天下之殘賊

「殘賊」當作「□賊」。

封禪篇

以均唐本之異文也

「以」當作「此」。

即冡上文洛書龜書言疑本篇符瑞之應於四靈爲尤詳此二則均其佚文

當作「即冡上文洛出龜書，言疑本篇所序符瑞之應於四靈爲尤詳，此二則均其佚文也」。

巡狩篇

書舜典疏及爾雅疏所引改桶爲捅

「捅」當作「捔」。

説文繫傳十八引作嶽确也王者巡狩确功德也慧琳音義一引作确同功德也

「确」均當作「确」。

原本玉篇山部引作岳之言埇也

「埇」當作「埆」。

詩大雅崧高疏及釋文則均引捅作桶

「桶」當作「桷」。

攷黜篇

案穀梁莊元年疏引義作順

「顯」誤「順」。

聖人篇

倍選曰儁字亦作雋

「雋」字當作「儁」。

案盧改爲滋涼

「盧」下捝「本」字。

商賈篇

度其有無

「無」當作「亡」。

下有以聚之三字

「而」誤「以」。

作賈固也

「賈」當作「賈」。

文質篇

乃攷質贄二字

「乃」當作「今」,「贄」誤「贄」。

邦於國

「作」誤「於」。

以上節例之

「上」當作「下」。

三綱六紀篇

作姑故也

「也」字上有「故」字。

情性篇

見微知著

「著」下捝「也」字。

作象木形而有葉色青

下捝。四十一引作「象木形而有葉，青色」。

謂大腸小腸膀胱三焦膽也

「膀胱」上捝「胃」字。

禮逐

「札」誤「禮」。

姓名篇

作湯本

「湯本」應作「本湯」。

天地篇

地者萬物之祖元氣所生二語

「二語」字上挩「則元氣所生」五字。

則北宋各本又以萬物二語屬下節

「又」字當作「不」。

日月篇

以殷歷推之

曆、歷、厤俱通，但以作「曆」爲是。

四時篇

春秋曰元年正月十又二月

又、有通，但以作「有」爲是。

衣裳篇

同記

誤倒。

五刑篇

其衣服象五行也

「刑」誤「行」。

以上盧氏原文

「以」字作「此」爲是。

案此謂庶人不得衣幣帛

「帛」下捝「也」字。

五經篇

据此則白虎通之五經

「之」字衍文。

疑後人竄入

「竄」作「所」爲是。

嫁娶篇

案通典禮十九引作男子三十娶女三十嫁何

「女」字下捝「子」字。

案御覽帨誤褵

「褵」當作「縭」。

紼冕篇

收者十二月陽收舉萬物而達出之

「萬物」上挩「生」字。

謂前形尖小而大其後也

「小」當作「仄」。

其飾微大

「最」誤「微」。

喪服篇

上補天子諸侯四字

「字」當作「句」。

舊本多作簫

「簫」當作「蕭」。

故以杖扶身明當不以死傷生也

「當不」應作「不當」。

崩薨篇

案見劉琨答盧湛詩

「諶」誤「湛」。

贈賵何者謂也

當作「贈賵者何謂也」。

孫氏札迻云一切經義

「義」上有「音」字。

以相赴佐句釋贈

「贈」當作「賵」。

含文嘉亦備引此文

「引」作「列」爲是。

惟御覽九又引之

「作」誤「引」。

四、白虎通義闕文補訂

劉師培

序

白虎通義之缺，始於北宋。御覽諸書所引，有出今本外者，均據他書迻録。近儒所輯逸文，以武進莊氏爲備，盧校、陳疏均據之。間有增補，不及百一。師培治通義久，既著斠補二卷，復就莊輯逸文稍加釐校，作補訂一卷。補者，補其缺；訂者，訂其所采之訛也。其已見於斠補中者，兹不贅著。庚戌九月序。

白虎通義闕文補訂

郊祀

王者所以祭天何緣事父以事天也此莊氏據書抄九十所補原文。天所以明者人推事父母以祀天也新補。

案：原本書抄九十引作「王者所以祭天何？緣祀父以祭天也」。又引云：「天所以明者，人推事父母以祀天也。」今補入。

五帝三王祭天一用夏正何夏正得天之數也此莊氏據書抄九十所補原文。

案：南齊書禮志一王儉議，載魏繆襲說，引作「三王祭天，一用夏正。所以然者，夏正得天之數也」。

故易乾鑿度曰三王之郊一用夏正也此莊氏據書抄九十所補原文。

案：原本書抄九十作「三王郊祀，用夏正也」。

郊以正月上辛日此莊氏據續漢書禮義志注、書抄九十所補原文。

案：書抄九十「日」下有「也」字。〔一〕

宗廟

王者所以立宗廟何曰生死殊路故敬鬼神而遠之緣生以事死敬亡若敬存故欲立宗廟而祭之此孝子之心所以追養繼孝也此莊氏據左傳桓二年疏、書抄八十七、御覽五百三十一所補原文。

案：御覽五百三十一引作「禮，聖王所以制宗廟何」，於「緣生」二字上別有「王者立宗廟何」六字。左傳疏「存」上無「敬」字，「而祭之」作「而事之」。

〔一〕「字」字原作「宇」，據文義改。

宗者尊也此莊氏據左傳桓二年疏及書抄八十七、御覽五百三十一所補原文。言尊重信受也新補。

案：下六字，據慧琳音義二十一所引補。（彼文云：「宗，尊也。言尊重信受也。」）

象先祖之尊貌也此莊氏據前三書所補原文。

案：原本玉篇广部引作「先祖之尊貌所在也」。慧琳音義五十五引作「廟，先祖之尊貌也」。（希麟續音義引同。）五十九引作「廟者，貌時（疑衍。）先祖之尊貌也」。

所以有室何所以象生之居也此莊氏據前三書所補原文。所以屋何來神備也新補。

案：書抄八十七、御覽五百三十一「室」並作「屋」。原本書抄所引有下八字，今補於此。

尊人君貴功德廣孝道也位尊德盛所及彌遠此莊氏據類聚三十八、書抄九十、御覽五百二十八所補原文。

案：書抄廿一引作「以尊人君，貴道德也」。九十一引無「德盛」二字。

禘之爲言諦也至皆合食於太祖也此莊氏據前三書所補原文。

案：類聚三十八「諦」作「讓」。書抄九十一「於」作「乎」。

三年一祫五年一禘新補。

案：此二語，據慧琳音義九十七所引補。（陳氏疏證據唐書禮義志補「三年一禘」四字，誤。）

祭宗廟所以五月之節者何尊陽也五月止卑在下尊貴故於是禘之春秋七月禘於太廟此夏之五月也新補。

案：此節據原本書抄九十所引補。　此上二節，並論禘祫，當補入釋禘祫一節後。

禘祫及遷廟何以其能世世繼君之體持其統而不絕此莊氏據宋書臧燾傳、書抄九十一所補原文。

案：書抄九十一「何」作「者」，「而不絕」作「不離間」。

春曰祠者物微故祠名之此莊氏據御覽五百二十六所補原文。　祠嗣也百神之廟皆曰祠新補。

案：下二語，據慧琳音義三十六所引補，卷十三僅引「祠，嗣也」三字，卷六十九又引作「祠者嗣也」。

新穀熟嘗之此莊氏據御覽所補原文。

案：禮記王制疏引「熟」下有「而」字。　慧琳音義六十六引作「言嘗新穀也」。

謂之𩟗者何𩟗者君將他出也　新補。　肜昨日祭之恐禮有不備故復祭也肜猶言肜肜若從天下也新補。

案：前節見原本玉篇食部所引，下節見原本玉篇舟部所引，今補入時祭節之後。

孝子以主係心焉此莊氏據曲禮下正義、類聚三十八、初學記十三、書抄八十七所補原文。

案：初學記、書抄、類聚「係」並作「繼」。

齋者言己之意念專一精明也此莊氏據書抄九十所補原文。舊列雜錄。　所謂思其居處思其笑語若聞其聲音若覩見其形者也新補。　散齊四日致齊五日蓋陽氣數也新補。

案：「所謂」以下，見原本書抄九十所引，與莊氏所補爲一條。「散齊」以下三語，亦見彼卷。今並補入宗廟篇。

朝聘

緣臣子欲知其君父無恙又當奉土地所生珍物以助祭是以皆得行聘問之禮也此莊氏據類聚三十九、書抄八十一、初學記十四、御覽五百三十八所補原文。

案：書抄八十一引「無恙」上有「之」字，無「問之禮也」四字。

天子遣大夫迎之百里之郊遣世子迎之五十里之郊此莊氏據前四書所補原文。近郊五十里遠郊百里新補。

案：「近郊」二語，詩魯頌駉疏、爾雅釋地疏所引並同。今並入此下。

王及諸侯必有郊者何上則郊接天神下則郊接諸侯諸侯郊接鄰國也新補。

案：此段見於慧琳音義七十所引。蓋由「迎諸侯於郊」之文，推及郊制。今附郊迎節後。

諸侯相朝聘何爲相尊敬也故諸侯朝聘天子無恙法度得無變更所以考禮正刑壹德以尊天子也此莊氏據前四書所補原文。

案：原本書抄八十一引作「諸侯相聘，爲相尊敬也。故諸侯朝聘天子，還鄰國也，往朝聘之，問天子無恙，法度得無變更，所以憲（初學記十四亦作「憲」。）禮、正刑、一德，以尊天子者也」。當據訂。

歲首意氣改新欲長相保此莊氏據前四書所補原文。

案：御覽五百三十九作「歲竟氣改，與新長相保」。

貢士

治道三年有成也此莊氏據書抄七十九所補原文。

案：書抄「也」上有「者」字。

諸侯所以貢士於天子者進賢勸善者也天子聘求之者貴義也治國之道本在得賢得賢則治失賢則亂此莊氏據書抄七十九、初學記二十、御覽六百三十二所補原文。

案：御覽六百三十二「勸」作「稱」，「聘」作「躬」，「貴」作「貪」，「則治」作「即治」。初學記二十「貴」作「貪」，「則」作「即」。書抄三十三「貴義」作「貪賢」，七十九「勸」作「親」，「求」作「取」，「貴義」作「求賢」，「之義」下有「者」字。白帖二十三又引作「天子聘求之者，貪議治國之道」。文各不同。合而勘之，「貴義」二字似當作「貪賢之義」。

所貢如上之意新補。

案：此語見於原本書抄七十九所引，其上下當有挩文。

車旂

路者何謂也路大也道也正也君至尊制度大所以行道德之正也路者君車也天子大路此莊氏據類聚七十一、御覽七百七十三所補原文。

案：慧琳音義四十八引作「或曰正也，人君之正車也」。又音義十、希麟續音義五並引「大路」作「大輅」。

名車爲輅者何言所以步之於路也此莊氏據文選四子講德論李注所補原文。

案：慧琳音義四十八所引同。惟「輅」字作「路」，無「何」字。

天子之馬六者示有事於四方也新補。

案：此語見於荀子勸學篇楊注所引。宋朱翌猗覺寮雜記下云：「今之白虎通無此言，緣本朝求書有賞，往往多自撰以求賞，非古書也。如竹林、玉杯，繁露皆後人妄言，非仲舒當時書。以天子六馬推之，則諸侯五馬無疑。」（案宋代白虎通義非完書，固也。翌乃謂其出宋人僞作，並推及繁露，妄矣。諸侯五馬，亦妄説。）是宋本已缺此條。今補入「天子升龍」二語後。

田獵

王者諸侯所以田獵者何爲田除害此莊氏據左傳隱五年正義、御覽八百三十二所補原文。

案：左傳隱五年疏無「者」字。初學記廿三、御覽八百三十二並引作「所以佃狩者，何也」。爾雅釋天疏引「爲田」作「爲苗」。希麟續音義四引作「畋爲田除害，故曰畋獵」。

夏謂之苗何擇去其懷任者也此莊氏據前二書所補原文。

案：左疏無「去」字，爾雅釋天疏無「其」字。

四時之田摠名爲田何此莊氏據前二書所補原文。

案：廣韻二十九葉引「爲田」作「爲獵」。

禽者何鳥獸之摠名明爲人所禽制也此莊氏據書抄八十九、御覽五百二十六所補原文。

案：文選七命注、慧琳音義四十並引此文。曲禮上疏引至「名」字。音義三十三同，下有「也」字，「揔」作「惣」。又案鳥所以飛何一節，莊輯入雜録。當從陳氏疏證移入本篇，删「禽者何」以下二語。

苑囿在東方所以然者何此莊氏據周禮閽人疏、廣韻、御覽百九十六所補原文，列入雜録中。陳氏疏證移全節入本篇，是也。今從之。

案：廣韻二十阮引作「苑囿所以在東方者」。

宮室

案：莊氏所輯，舊無此目。今取莊輯雜録前七節，（至崇城干城節止。）舍苑囿節從陳氏疏證改入田獵外，並移入此篇。

黄帝作宮室以避寒温此莊氏據初學記二十四、爾雅釋宮疏所補原文。

案：孟子梁惠王下篇疏引「作」上有「始」字。廣韻一東引「温」作「暑」。又案原本玉篇广部云：（裕孚謹案：「原本」字上當有「續收」兩字。）「白虎通「何圖六」作「爲⿰亻盧以避寒暑」。」「⿰亻盧」即「廬」字。似即「作宮室」異文。惟「何圖六」三字不可考。（裕孚謹案：慧琳音義八十二引河圖云「黄帝作廬以避寒暑」。玉篇「何圖」似即「河圖」之訛。）

宮之爲言中也此莊氏據廣韻所補原文。見一東。**室實也**新補。

案：下三字，慧琳音義廿五所引補。

門必有闕者何闕者所以飾門别尊卑也此陳氏疏證據水經穀水注所補原文。闕雜録者何闕疑也此莊氏據禮記禮運疏、爾雅釋宫疏所補原文。

案：水經注，上「者」字下有「何」字。禮運疏原文作「闕是闕疑」，爾雅釋宫疏作「闕者闕疑」，均無「也」字「何」字。

案：此篇莊輯各條，舍已分入各佚篇外，有當分入現存各篇者，如天子病節當入崩薨篇，冬至節當附三軍篇，冬至休兵後夏稱后節當補入號篇是也。惟尺度一節，似無所附，仍入此篇。又共工之子一節，引於通典禮十一。然確係風俗通義之文，蓋誤「風俗」二字爲「白虎」耳。當入存疑中。

人踐三尺法天地人此莊氏據爾雅釋宫疏所補原文。再舉足爲步備陰陽也新補。

案：釋宫疏所引，於「法天地人」一語下，即接引下二語。廣韻十一暮、御覽三百九十四所引並同。又御覽「人」下有「也」字。（又案絻冕篇有「長三尺，法天地人」二語，與爾雅疏所引未知同條否也。）

麥金也金王而生火王而死新補。

案：此條據廣韻二十一麥所引補。希麟續音義卷六、卷八所引並同，似屬五行篇佚文，又似宗廟篇「夏曰麥」釋語。

今附於此。

緜之言緜緜無所親新補。

案：此語據詩周南桃夭疏所引補，似屬嫁娶篇佚文。然壽命諸篇亦或兼有斯語，今附於此。

變常也化也新補。

案：此語據慧琳音義六所引補。

存疑

案：莊輯舊無此類，今增。

楡梜醬曰醆新補。

案：此五字，見於白帖十六所引，下有「醆音末」三字，似非通義之文。（裕孚謹案：「楡筴醬曰醆」句，白氏六帖宋本入卷五醢第十八。）

武帝時迷於鬼神尤信越巫董仲舒數以爲言武帝欲驗其道令巫詛仲舒仲舒朝服南面誦詠經論不能傷害而巫者忽死新補。

案：此節見於風俗通義怪神篇。謝應芳辨惑編三引爲白虎通論，誤也。今附辨於此。

附白虎通義闕文補訂校勘記

鄭裕孚

郊祀

案原本書抄九十

「抄」當作「鈔」。後同，不悉校。

案書鈔九十日下有也字

「字」誤「宇」，形近之譌。

宗廟

此莊氏據宋書臧壽傳書鈔九十一所補原文

「壽」乃「燾」訛，「九十一」應作「九十」。

謂之鐸者何

一本「鐸」下無「者」字。

田獵

四時之田揔名爲田何

「揔」當作「總」，形近之誤。

宮室

門必有闕者何闕者所以飾門別尊卑也闕

末「闕」字衍。

者何闕疑也

「者」上挩「闕」字。

又案紼冕篇有長三尺法天地人二語與爾雅疏所引未知同條否也

一本無此案語。

五、白虎通義佚文考

劉師培

白虎通義佚文，莊氏斠補略備，惟原本北堂書抄，莊未克睹，今取孔刻書抄勘之。卷九十引本書云：「祭宗廟所以五月之節者何？尊陽也。五月止卑在下，尊貴，故于是禘之。春秋七月禘於太廟，比夏之五月也。」原本「也」下衍「傳或」二字，孔刻删。此亦宗廟篇佚文。又卷七十九所引，有「所貢如上之意」六字，蓋貢士篇佚文。又莊輯朝聘篇「諸侯朝聘」下，據卷八十一所引，有「選鄰國也，往朝聘之」八字，下有「問」字。宗廟篇「所以象生之居也」下，據卷八十七所引，有「所以有屋何，來神備也」九字，上「室」字亦作「屋」。此均通義故本也。又卷九十所引「持其統不離間」，陳本挩下三字，莊輯宗廟篇遂據宋書臧燾傳補「而不絶」三字。卷八十一引「是以皆得行聘」下，無「問之禮也」四字，莊輯朝聘篇亦據陳本妄增。非援據舊抄斠訂，奚以復通義故文乎？

又案：莊氏於舊籍所引佚文，有莫克定其所屬者，則入雜事篇。然通典所引修爲祖神條，必五祀篇挩文，彼篇以門、户、中霤、竈、井爲五祀，而「冬祀行」一語則著於月令。彼篇必援引斯文，以廣異説，當有「或曰冬祀行」一節，行即祖神。「共工氏」以下，蓋皆彼節之文。若「夏稱后，殷稱人」一節，存於禮記正義，則又號篇之挩文也。又記。

六、白虎通義定本

序

劉師培

白虎通義，隋、唐志均云六卷，宋崇文總目則曰十卷十四篇，玉海四十二引中興書目又作十卷四十篇。據陳氏直齋書目解題稱爲十卷四十四篇，則總目「十」上挩「四」字，書目「十」下挩「四」字，實則無異本也。今所傳宋小字本、元大德本所標之目篇均四十有四，則與崇文所收本同。明刊各本，雖析區卷帙，多寡互殊，實均導源元本，故標目亦同。玉海又言「今本四十三篇」者，蓋據卷中合三綱六紀爲一言也。然北宋之世，書已挩殘，宋人援引雖恆出今本外，蓋均迻引他籍。近餘姚盧氏所校，世推善本，然或損益舊文，出自潛改。句容陳氏作疏證，疏通經術，斯其所優，締審文字，亦或未足。師培治斯書久，傷舊本文字之舛譌，又病盧校或喪本真也，爰鉤覈宋元以上諸書所引，所得異文，以百千計。於盧校删改未碻者，亦考得數十事。始撰斠補，並補佚文，嗣復紬籀全書，録爲定本。羨挩之文，揭櫫以示，章節所析，惴繹指歸，儻昭所尤，用俟達者。民國二年三月儀徵劉師培序。

卷一

爵篇

天子者，爵稱也。爵所以稱天子者何？王者父天母地，爲天之子也。故援神契孝經緯名。曰：「天覆地載，謂之天子，上法斗極。」鉤命訣孝經緯名。曰：「天子，爵稱也。」帝王之德有優劣，所以俱稱天子者何？以其俱受此字各本均挩，據文義補。命於天，而主舊刊及盧本均作「王」，此據程榮本、何允中本改。治五千里内也。尚書曰：「天子作民父母，以爲天下王。」何以知帝亦稱天子也？以法天下也。中侯尚書緯名。曰：「天子臣放勛。」書亡「亡」或誤「無」，陳疏云「當是衍文」是也。今删。逸篇謂廿九篇以下逸文。曰：「厥兆天子爵。」何以言皇亦稱天子也？以其言天覆地載，俱王天下也。故易曰：「伏羲氏之王天下也。」

右論天子爲爵案此節本今易、今春秋説，與孟子、王制稍異。古周禮、古左氏春秋説均云天子非爵稱，與此迥殊。

爵有五等，以法五行也。北堂書鈔四十六引作「土」，非。三等者，法三光也。或法三光，或法五行何？質家者據天，故法三光。文家者據地，故法五行。禮此字舊挩，據太平御覽一百九十八所引補。考本書詮引大、小戴記及佚禮、禮緯，篇名以上均冠「禮」字，今本多挩。含文嘉禮緯名。曰：「殷爵三等，周爵五等。」各有宜也。

右綜論制爵五等三等之異案此節均本今文春秋説。

王制曰：「王者之制禄爵，凡五等，謂公、侯、伯、子、男。」此據此字舊挩，盧據御覽百八十九補，今從之。周制也。所以名之爲公侯者何？公者，通也。此字據盧本補。公正無私之意也。侯者，候也。候逆順也。春秋傳曰王者之後稱公其餘舊本訛外，今刪。人盧云「人」疑作「公侯」。皆千乘，象雷震百里所潤御覽百九十八引孝經援神契作「所潤雲雨同」。周禮小司徒疏又有「雷震百里所聞同」之文。此「潤」字或係「聞」訛，或上挩「雲雨」二字。同。春秋傳曰：盧本此下補「天子三公稱公」六字。「王者之後稱公，此十字，孝經疏引入「公正無私之意也」下。其餘以上十二字，舊本誤入「人皆千乘」上，今從盧本移。大國稱侯，小國稱伯子男也。」王制曰：「公侯田方百里，伯七十里，子男五十里。」盧本移「所以名之爲公侯」至「人皆千乘」於此下，今從舊本。伯者，長舊作「百」，盧改「白」。此從孝經疏所引改。也，爲一國之長也。此六字舊挩，據孝經疏所引補。盧校謂此下當有「伯七十里」之文，其説近是。子者，孳也，孳孳無已也。孝經疏引作「子者，孳也。常行字愛於人也」。與今本殊，附誌於此。男者，任也，常任王事也。此五字舊挩，據孝經疏所引補。人盧校云「人」當作「子男」。皆五十里，差次功德。小者不滿爲附庸者，附大國以名通也。

右總論制爵五等制土三等案此節均用今文説，所云「千乘」，謂十井出車一乘，與公羊何氏訓詁同。古周禮說則以「公封五百里，侯四百里，伯三百里，子二百里，男百里」。與此迥異。

百里兩爵，公侯共之。七十里一稱。五十里復兩爵何？公者，加尊二王之後；侯者，百里之正爵。土舊本作「士」，盧本刪之，幷非，今據文義改。上可有次，下可有第，中央故無二。謂七十里僅一爵。五十里有兩爵者，所以加勉進人也。小國下爵，猶有尊卑，亦以勸人也。

右區論制土三等爵分五等之說案此節均用今文春秋及王制說。

殷爵三等，謂公侯伯也。所以合子男從伯者何？王者受命，改文從質，無虛退人之義，故上就伯也。尚書曰：「侯甸任衛作此字今酒誥无。國伯。」酒誥作「邦伯」。謂殷也。春秋傳曰：「合伯子男以爲一爵。」或曰：合從子，貴中也。以春秋名鄭忽，忽者，鄭伯也。此未踰年之君，當稱子，嫌爲改赴，盧本據何氏公羊解詁，易爲「改伯從子」，洪頤煊讀書叢録駁之，今存疑。故名之也。

右論殷爵三等案此節均今文春秋說。二說不同：一謂子男上從伯，一謂伯男中從子。所引酒誥，蓋亦今文說，謂殷爵止於伯也。

地有三等不變，至爵獨變，何也？比爵爲質，故不變。王者有改道之文，無改道之實。殷家所以令公居百里，侯居七十里，周則令侯從公，此六字舊挩，今據文義補。此謂殷制侯僅七十里，周則與公同百里，不降公從侯，而必尊侯從公，由於不退人及優賢。何也？封賢極於百里，其改舊作「政」，今從盧本。也，不可空退人，示優賢之義，故褒尊而上之。何以知殷家侯人此字衍，從盧本刪。不過七十里〔者〕此字衍，從盧本删。也？此字盧本删，今從舊本。曰：士舊本作「士」，盧據御覽改，今從之。〔上〕此字衍，從盧本删。有三等，有百里，有七十里，有五十里。其地半者其數倍，此謂王制「州建百里之國三十，七十里之國六十，五十里之國百二十」也。故曰地半數倍。制地之理體也，多少不盧云疑當作「亦」。相配。

右區論制士三等案此節均用今文春秋及王制説。蓋謂制士三等，殷周制同。殷爵三等，則侯國七十里，伯國五十里，與周制侯封百里、伯封七十里不同。

公卿大夫者何謂也？内爵稱也。〔曰〕此字衍，從盧本删。内爵稱此三字舊捝，盧據御覽補，今從之。公卿大夫何？爵者，盡也。各量其職，盡其才也。案慧琳一切經音義四十五引作「各盡其才也」，下有「五等爵命也，取其節足也」十字，附誌於此。公之爲言案此下捝「口也」二字。公正無私也。卿之爲言章也，此二字舊捝，盧據孝經疏補。案北堂書鈔五十三引「章」作「彰」，亦有「彰也」二字。説文繫傳十七引作「卿，章也，章善明理也」。今據補。章善明理也。大夫之爲言大扶，扶此字舊捝，盧據孝經疏、御覽補，今從之。進人者也。故傳曰：孝經疏引「曰」作「云」。「進賢達北堂書鈔五十六引「達」作「建」。能謂之卿舊本或捝，從盧本。大夫。」王制曰：「上大夫卿此七字舊本或捝。也。」士者，事也，任事之稱也。故禮辨名曰：「士者，任事之稱也。」此十一字舊本捝，據孝經疏所引補。傳曰：「通古今，辨然否，孝經疏引「否」作「不」，「然」誤。蓋「否」字古本作「不」，後儒妄增「然」字。謂之士。」書鈔五十六引作「謂之士人也」。何以知士非爵？此六字舊本訛舛在後，從盧本移。禮曰：「四十强而仕。」元本、何允中本及郎本作「士」。不言爵爲士。至五十爵爲大夫。

何此字衍，從盧本删。何以知士非爵舊本如此，今從盧本移前。何以知卿爲爵也？以大夫知卿亦爵也。何以知公爲爵也？春秋傳曰：「諸侯四佾，諸公六佾。」合而言之，以是知公卿爲爵。内爵所以三等何？亦法三光也。所以不變質文何？内者爲本，故不改内也。

右論王臣爵稱案此節均用今禮、今文春秋説，故云「士非爵」。古周禮説則以士亦爵稱，與此不同。

諸侯所以無公爵者，下天子也。故王制曰：「上大夫，案此下似挩「卿」字。下大夫，上士，中士，下士，凡五等。」此謂諸侯臣也。大夫但有上下，士有上中下此五字舊挩，盧據文義補，今從之。何？明卑者多也。

右論諸侯之臣爵稱案此節均用王制説。王制上大夫卿、下大夫僅分二等，復言上卿中卿下卿，上大夫下大夫者，蓋上卿中卿下卿三等該於上大夫，上大夫下大夫二等該於下大夫。

爵皆一字也，大夫獨兩字何？春秋傳曰：「大夫無遂事。」以爲大夫職在之適四方，受君之法，施之於民，故獨兩字言之。或曰：大夫，爵之下者也。稱大夫，明從大夫以上受下施，皆大自著也。

右論爵皆一字大夫獨兩字案此節所引二義均今文説。

天子之士獨稱元士何？蓋此字舊挩，據孝經疏所引補。士賤，不得體君之尊，故加元以別於此字舊挩，盧據御覽補。案孝經疏所引亦有「於」字，今據增。諸侯之士也。禮經曰「士見於此字舊挩，依盧本補。大夫」，諸侯之士。王制曰：「王者八十一元士。」

右論元士案此節均用今禮及王制説。蓋以元士之名屬王臣，上士之名屬侯國也。古周禮説則王臣亦稱上士，與王制殊。

天子爵連言天子，諸侯爵不連言王侯何？即即，若也。言王侯，以盧云「以」猶「與」。王者同稱，爲衰弱僭差生篡弑，此下有挩説。猶不能爲天子也。此謂王侯連言，則侯有上干王位之心，天子連言，帝王終無繼天之實。故言連天子也。或曰：王者天爵，王者不能王程本、郎本並誤「生」。諸侯，此謂王者弗能以王號與人。故不言王侯。諸侯人事自著，故不著也。盧云疑當作「故不著王也」。

右論天子諸侯爵稱之異案此節蓋亦今文誼，二説不同。前説以王侯并稱，侯將上僭。後説謂王侯之爵以天人區。

王者太子亦稱士何？書鈔五十六引作「王子者亦稱士何」。舉從下升，以爲人無生得貴者，莫不由士而「而」字舊挩，今據書鈔所引補。起。是以舜時稱爲天子，必先試於士。故「故」字舊挩，今據書鈔所引補。禮士冠經曰：「曰」字舊本多挩，書鈔所引亦无，今據盧本補。「天子之元子，士也。」

右論王者太子稱士案此一節均用今禮説。

婦人無爵何？陰卑無外事。是以有三從之義：未嫁從父，既嫁從夫，夫死從子。故夫尊於朝，妻榮於室，隨夫之行。故禮郊特牲曰：「婦人無爵，坐以夫之齒。」禮曰：「生無爵，死無謚。」春秋録夫人皆有謚，何以知夫人舊本作「夫人何以知」，今據盧本改。非爵也？論語曰：「邦君之妻，君稱之曰夫人，國人稱之曰君夫人。」即令是爵，君稱之與國人稱之不當異也。

右論婦人無爵案此節均用今禮説，與古春秋左氏傳説同。有謚無謚，別詳謚篇。

庶人稱匹夫者，匹，偶也。言其無德及遠，但此七字舊捝，據論語皇侃義疏所引補。與其妻此三字皇疏引作「夫婦」，文選王命論注引作「夫妻」。爲偶，陰陽相成之義也。一夫一婦成一室，明君人者，不當使男女有過時無匹偶也。故此字據盧本補。論語曰：「匹夫匹婦之爲諒也。」盧本刪此四字，非。

右論庶人稱匹夫案此節蓋亦今禮及今論語説。

爵人於朝者，示上「上」字舊捝，據書鈔四十六所引補。不私人以官，與衆共之義也。封諸侯於廟者，示不自盧校云「自」一作「敢」。專也。明法度皆祖之制也，擧事必告焉。王制曰：「爵人於朝，與衆今本王制「衆」作「士」。共之也。」詩云：「王命卿士，南仲太祖。」禮祭統曰：古者明君，爵有德必於太祖，今本祭統「祖」作「廟」。君降立於阼階南，南向，所命北向，史由君右執策命之。

右論爵人於朝封諸侯於廟案此節亦本今禮説，所云「封諸侯於廟」，今古文幷同。

大夫功成未封而死，不得追爵賜之者，以其未當股肱也。盧校云疑當作「生未嘗服，死亦不當服也」。疑非。春秋穀梁傳曰：「追賜死者，非禮也。」所引爲穀梁説。王制曰：「葬今本王制作「喪」。從死者，祭從生者。」所以追孝繼養也。葬從死者何？子無爵父之義也。禮中庸記曰：「父爲大夫，子爲士，葬以大夫，祭以士。子爲大夫，父爲士，祭以大夫，葬以士也。」

右論追賜爵案此節均用今文春秋、今禮說，以追爵爲非禮。古春秋左氏傳不譏追賜死者。戴記、大傳多用古文說，又有周武追王之文，均與此異。

父在稱世子何？繫通典禮五十三引「繫」作「厭」，「厭」與「屈」同，其誼亦通。於君也。父殁稱子某者何？屈於尸柩也。既葬稱[小]通典所引无「小」字。盧云衍文，今從之。子者，即尊之漸也。踰年稱公者，緣民臣「民臣」舊倒，或挩「臣」字，今從盧本改。之心不可一日無君也。緣終始之義，一年不可有二君也。禮記曲禮下疏引作「不可一年二君」。盧本刪「也」字。故踰年即位，所以繫曲禮疏引「繫」作「保」，「保」乃「係」訛。臣民通典禮五十三引作「人臣」，下同。之心也。三年此二字舊本或挩。然後受爵者，緣孝子之心，通典引「心」作「思」。未忍安吉也。「也」字舊本或挩。故春秋魯僖公三十三年十二月乙巳，盧本「薨」上有「公」字。薨於小寢。文公元年春，王正月，公即位。四月丁巳，葬我君僖公。韓詩內傳曰：「諸侯世子三年喪畢，上受爵命於天子。」

右論踰年即位三年受爵案此節均用今文春秋說。古春秋左氏說則以未葬繫父，既葬不繫父，不以踰年爲斷，與公羊殊。

所以名之爲世子何？言欲其世世不絕也。何以知天子子亦稱世子也？春秋傳曰：「公會王「王」字舊本或挩。世子於首止。」案此用公羊說，當作「首戴」。是也。二字舊挩，據初學記十補。或曰：初學記十、御覽一百四十七引「或曰」并作「何以知」。天子之子亦此字舊挩，據通典所引補。稱太子。尚書傳此字舊挩，盧據通典所引補，今從之。曰：「太子發升於舟。」是此字舊挩，據初學記、御覽所引補。也。中候曰：「廢考，立發稱太子。」明文王時稱太子也。此十八字舊本均挩，盧據御覽補，今從之。或曰：諸侯之子程本挩「子」字。稱代即世子，唐人避諱改。子。則傳曰：晉有太子申生，鄭有太子華，齊有太子光。由是觀之周制太子代子亦不定也漢制天子稱皇帝其嫡嗣稱皇太子諸侯王之嫡稱代子後代咸因之「或曰」以下六十七字，盧校以爲見初學記，乃徐堅說，非白虎通正文。今考御覽一百四十七引通義已列此節爲正文，似此文非出徐堅。竊以「齊有世子光」以上乃通義舊文，「由是觀之」以下乃後人附注之詞。盧本悉刪之，過矣。

右論世子太子異稱案此節均用今文詩、今文尚書說。前說以天子諸侯之子均稱世子，後文二或說則以天子諸侯之子均有太子之稱。後一說似本古左氏。

世子三年喪畢，必此字盧本刪。上受爵命於天子，乃歸自即位此五字舊挩，據禮記曲禮下疏所引補。何？明爵土盧本據通典刪「土」字，非是。者，天子之所有也。此字盧本刪。臣無自爵之義。

右申論三年受爵案此節均用今文詩、今文春秋說。

童子當受父盧據通典刪「父」字。爵命者，此字舊挩，盧據通典補。案曲禮疏所引亦有「者」字，今據增。使大夫就其國盧校云通典「命之」上有「而」字。命之，明王者不與童子爲禮也。以春秋魯成公幼少，與諸侯會，不見公，舊本作「公不見之」，今從盧校改。盧本「經」上補「見之」二字，疑非。經不以爲「爲」字舊挩，據通典所引補。盧本同。魯恥，明不與童子爲禮也。

右論童子受命案此節用今文春秋説。

世子上受爵命，衣士服何？謙不敢自專也。故詩曰「韎韐有赩」，謂此字舊挩，盧據通典補，今從之。世子始行也。

右論世子上受爵命衣士服案此節均用今文詩及王制説。古毛詩説同。

天子大斂之後稱王者，明士民臣據盧本删改。不可一日無君也。故尚書曰：「王麻冕黼裳。」此大斂之後也。何以知不舊本作「王」，盧據通典所引改，今從之。從死後加王也？以尚書盧本據通典引改「尚書」二字爲「上」。言迎王子釗，不言迎王也。「也」字舊挩，盧據通典補，今從之。王者既殯而即繼體之位何？盧云通典「何」作「者」。緣民臣之心不可一日無君也。「也」字舊挩，盧據通典補，今從之。故先君不可得見，則後君繼體矣。「故」字舊挩，盧據通典補，今從之。尚書「王「王」字舊挩，盧據通典補，今從之。再拜興對，乃受銅。」瑁也宋小字本，元本無「瑁也」二字。通典引作「王再拜興，祭齊宅，乃授宗人同。」盧本改「銅」爲「同」，删「瑁也」二字。陳疏云「瑁」字未可删。案下云「受銅」「藏銅」，均無「瑁」字，則「瑁也」當删，惟「銅」字弗誤。銅爲天子副璽，見三國志吴志注所引虞翻别傳。明爲繼體君也。緣通典引「緣」下有「於」字。始終盧本從今本公羊傳改「終始」。之義，一年不可有二君也。盧本删「也」字。故尚書曰「王釋冕反「反」字舊挩，盧據通典補，今從之。喪服。」吉冕服「服」字舊挩，盧據通典補，今從之。受銅，盧改「同」，非。稱王以接諸侯，明已盧據通典補，通典無「已」字。繼體爲君也。釋冕藏銅通典無此三字，盧據刪，今從舊本。反喪服，「服」字舊挩，盧據通典，今從之。明未稱王以統事也。

右論既殯即位案此節均用今文尚書、今文春秋說。

不可「可」字舊挩，盧據通典補，今從之。曠年無君，故踰年乃通典「乃」下有「稱」字。即位改元。通典此下衍「之位」二字。元以名年，舊作「名元年」三字，盧據通典改，今從之。年以紀事，君統舊本作「名」，盧據御覽改，今從之。其事盧據御覽改「事見」，非。矣，尚未發號令也。何以知舊本作「言」，盧據通典改，今從之。踰年即位謂改元位盧本據通典刪「謂」字「位」字，非。也？「也」字舊挩，盧據通典補，今從之。春秋傳曰：「以諸侯踰年即位，亦知天子踰年即位也。」春秋曰：「元年春，王正月，公即位。」改元位也。

右論踰年即位案此節均用今文春秋說。公羊何氏解詁謂惟王者得改元，乃今文春秋別解。古春秋左氏說亦以侯國得改元。

王者改元，[年]盧本無「年」字，今據刪。即事天地。諸侯改元，即事社稷。王制曰：「夫喪三年不祭，唯祭天地社稷，爲越紼而行事。」春秋傳曰：「天子三年然後稱王者，謂稱王統事發號施「施」字舊挩，據通典所引補。令也。」尚書曰「高宗諒陰盧本作「闇」。案此當從大傳作「梁闇」。三年」，此引今文無逸。是也。論語「君薨，百官總己聽於冢宰三年」，緣孝子之心，則三年不忍舊本或挩此字。當也。故三年除喪，乃即位統事，即位此二字盧據通典刪，今從之。踐祚盧本從通典作「阼」。爲主，盧云通典「主」作「王」。南面朝臣下，稱王以發號令也。故天子諸侯，凡三年即位，終始之義乃備，所以諒陰三年，卒孝子之道。故論語曰：「古之人皆然，君薨，百官總己聽於冢宰三年。」

右論除喪稱王案此節均本今文書、今文春秋、今論語說，足證杜預「既葬除喪」之謬。

所以聽於冢宰三年者何？以爲冢宰職在制國之用，是以由之也。故王制曰：大此字衍，今據盧本刪。「冢宰制國用。」所以名之爲冢宰何？冢者，大也。宰者，制也。大制事也。故王度記曰：「天子冢宰一人，爵禄如天子之大夫。」或曰冢宰視卿，周官所云也。

右論君薨委政冢宰案此節均用今禮、今尚書說，故以王制「制國用」爲據。或說本古周禮說，僅以備異辭。

號篇

帝王者何？號也。號者，功之表也。所以表功明德，號令臣下者也。德合天地盧云御覽七十六無「地」字。案後漢書馮衍傳李注及玉篇上部所引並無「地」字。者稱帝，仁義合者稱王，別優劣也。禮記謚法曰：「德象天地稱帝，仁義所生盧云周書作「在」。案書鈔卷五，有「仁義所生稱王」語，「生」字弗訛。稱王。」案此引大戴逸篇之文。帝者天號，王者五行之稱也。皇者何謂也？亦號也。皇，君也，美也，大也。天人「人」字舊挩，盧據御覽補。案書鈔一所引有「人」字，今據補。之總，美大之「之」字舊挩，盧據御覽補，今從之。稱也。時質，故總稱「稱」字舊挩，盧據御覽增。案書鈔一、爾雅釋詁疏所引並有「稱」字，今據補。之也。號之爲皇者，煌煌人莫違也。煩一夫，擾一士，以勞天下，不爲皇也。不擾匹夫匹婦，宋雲播譯名義集帝王篇引作「不煩一夫，不擾一士」。故爲皇。故黃金棄於山，珠玉捐於淵，巖居穴處，衣皮毛，飲泉液，吮露英，虚無寥廓，與天地書鈔十二引「天地」二字作「元」字。通靈也。號言爲帝者何？帝者，諦也。象可承也。王者，往也。天下所歸往。鉤命訣曰：「三皇步，五帝趨。書鈔五、初學記九、說文繫傳十九並作「趨」作「驟」，二字古通。三王馳，五霸鶩。」

右論皇帝王之號案此節均用今文說，所引各詁均與易、書、禮、樂各緯合。

或稱天子，或稱帝王何？以爲接上稱天子者，「者」字舊本或捝，據盧本增。明以爵事天也。接下稱帝王者，明位舊本捝「明」字，「位」作「得」。盧據藝文類聚改，今從之。號天下至尊之舊本作「言」，盧據類聚改，今從之。稱，以號令臣下也。故尚書曰：帝曰「帝曰」二字，各本或捝。「諮四岳」，王曰「裕今本尚書作「格」。汝衆」。

右論天子帝王異稱案此節蓋亦今文書說。古春秋左氏說謂「畿內稱王，諸夏稱天王，夷狄稱天子」。與此不同。

或稱「稱」舊作「有」，盧本據趙曦明校改。今從之。一人。王者自謂一人者，謙也。欲言己材能當一人耳。故論語曰：「百姓有過，在予一人。」臣下「下」字舊捝，盧據王制正義補，今從之。謂之一人何？亦所以尊王者也。以天下之大，四海之內，所共尊者一人耳。故尚書曰：「不施予一人。」盧云疑即盤庚「不惕予一人」之駁文。案施、易古同，疑今文書「惕」作「易」，因叚爲「施」。據通義所引，當爲德弗逸君之誼。

右論王者稱一人案此節蓋用今尚書、今論語説，孝經舊説亦同。

或稱朕何？亦王者之謙也。朕，我也。或稱予者，予亦我也。不以尊稱自也，但自我皆謙。

右論稱朕稱予之義案此節蓋亦今尚書、今禮説。

或稱君子何？道德之稱也。君之爲言羣也。子者，丈夫之通稱也。故孝經曰：「君子之教以孝也，所以敬天下之爲人父者也。」何以[言]「言」字衍。今從盧本刪。知其通稱也？以天子至於民。故詩云：「愷弟君子，民之父母。」論語云：「君子哉若人。」此謂弟子，弟子者，民也。

右論君子爲上下通稱案此節蓋均今論語、今孝經説。後人以「子」爲卿大夫專稱，與此乖誼。

三皇者，何謂也？謂伏羲、神農、燧人也。或曰：伏羲、神農、祝融也。路史發揮述三皇云：「白虎通或益以共工氏。」今无其文，疑彼書誤。禮曰：「伏羲、神農、祝融，三皇也。」據應劭風俗通義。此爲禮謚號記説。謂之伏羲者何？古之時，未有三綱六紀，民人但知其母，不知其父。能覆前而不能覆後。臥之詓詓，起之訏訏，盧本作「吁」。飢即求食，飽即棄餘，茹毛飲血，而衣皮葦。於是伏羲仰觀象於天，俯察法於地，因夫婦，正五行，始定人道。畫八卦以治天「天」字舊挩，據原本玉篇分部所引補。下，[治]據盧本刪。下伏而化之，故謂之伏羲也。謂之神農者「者」字舊挩，據上例補。何？古之人民，皆食禽獸肉。至於神農，人民衆多，禽獸不足。於是神農因天之時，分地之利，制耒耜，教民農作。神而化之，使民宜之，故謂之神農也。謂之燧人者「者」字舊挩，據上例補。何？謂鑽木燧取火，教民熟食，養人利性，盧校云路史作「制養禮性」。避臭去毒，故「故」字舊挩，據上例補。謂之燧人也。謂之祝融者「者」字舊挩，據上例補。何？祝者，屬也。融者，續也。言能屬續三皇之道而行，故謂之「之」字舊挩，據上例補。祝融也。

右論三皇案此節均用今文說。前一義本之今尚書及禮緯含文嘉。後一誼亦本禮記、風俗通。又引運斗樞，以伏羲、女媧、神農爲三皇，亦爲今文別說。其有兼數黃帝者，則由古文家五帝數少昊，故以黃帝列三皇，別爲一誼。以繁露證之，則通義所云三皇五帝，並據周世所尊言。

五帝者，何謂也？禮曰：「黃帝、顓頊、帝嚳、帝堯、帝舜，五帝也。」本大戴記五帝德篇。易曰：「黃帝、堯、舜氏作。」書曰「帝堯」、「帝舜」。謂之黃帝何？此五字舊挩，據下例補。黃者，舊作「帝」，據盧本改。中和之色，自然之性，萬世不易。黃帝始作制度，得其中和，萬世常存，故稱黃帝也。謂之顓頊何？顓者，專也。項者，正也。能專正天人之道，故謂之顓頊也。謂之帝嚳者何也？「也」字疑衍。嚳者，極也。言其能原本玉篇告部、慧琳一切經音義六十二所引均无「能」字。施行窮極道德也。謂之堯者何？猶嶤嶤玉篇土部引作「墝墝」。也。至高之貌，清妙高遠，優遊博衍，衆聖之主，百王之長也。謂之舜何？舜猶僢僢也。言能推信堯道而行之。陳疏云「疑僢是信誤。」其說非也。淮南子俶真訓「二者代謝舛馳」，高注云：「舛，互也。」僢僢蓋取相互爲義。又「推」疑「准」訛。風俗通義皇霸篇引大傳作「舜者，推也，循也。」言其推行道德。御覽七十七引「推」並作「准」，是其證。

右論五帝案此節均用今易、今文書、今禮説。凡西漢博士，説並與此同。兼數少昊，爲古春秋左氏説。劉歆三統曆始用之。東漢今文家亦或襲用其説。

三王者，何謂也？夏、殷、周也。故禮士冠經曰：「周弁殷冔夏收，三王共皮弁也。」所以有夏、殷、周號何？以爲王者受命，必立天下之美號以表功自克，明易姓爲子孫制也。夏、殷、周者，有天下之大號也。百王同天下，無以別，改制天下之大禮，盧云「禮」字疑衍。號以自別於前，所以表著己之功業也。必改號者，所以明天命已著，欲顯揚己於天下也。己復襲先王之號，與繼體守文之君無以異也。不顯不明，非天意也。故受命王者，必擇天下美號，表著己之功業，明當致施是也。所以預自表克陳疏云「克」疑「見」誤。於前也。帝王者，居天下之尊號也。所以差「差」疑「著」訛。優號令臣下。謚者行之迹也所以別於後代著善惡垂無窮無自推觀施後世皆以勸善著戒惡明不勉也盧云：「帝王者以下十八字，乃第一段之異文。謚者三十六字，文多舛誤，疑是下篇第一段異文。」案「謚者」以下，文與本節不類，盧説是也。今據盧本删。「帝王」十八字，文與上屬，疑非衍文，今從舊本。

右論三王及受命改號案此節均用今文春秋説，與繁露同。

不以姓爲號何？姓者，一字之稱也，尊卑所同也。諸侯各稱一國之號，而有百姓矣。天子至尊，即備有天子之號，而兼萬國矣。夏者，大也。明當守持大道。殷者，中也。明當爲中和之道也。聞也見也謂當直著見中和之爲也陳疏云「十四字疑衍」。疑當作「著」，下有「見」字。其說是也，今據刪。周者，至也，密也。道德周密，無所不至也。

右論不以姓爲號及夏殷周國號之義案此節疑亦今文書、今文春秋說。

何以知即政立號也？詩云：「命此文王，于周于京。」此改號爲周，易邑爲京也。春秋傳曰：「王者受命而王，必擇天下之美號以自號也。」陳疏云「蓋春秋說語」。

右論即政立號案此節均本今文詩、今文春秋說。

五帝無有天下之號何？五帝德大能禪，以民爲子，成於天下，無爲立號也。或曰：唐、虞者，號也。唐，蕩蕩也。蕩蕩者，道德至大之貌也。虞者，樂也。言天下有道，人皆樂慧琳音義卷五、卷三十五引作「言天下之民皆有樂」。也。故論語曰：「唐、虞之際。」帝嚳有天下，號曰高辛。顓頊有天下，號曰高陽。黃帝有天下，號曰自然。自然「自然」，盧本改「自然」爲「有熊」。者，獨宏大道德也。高陽者，陽猶明也。高道德高明也。高辛者，道德大信也。

右論五帝不立號案此節二說不同。一謂五帝不立號，蓋今禮說。一謂五帝立號，蓋亦今文家別說。

五霸者，何謂也？昆吾氏、大彭氏、豕韋氏、齊桓公、晉文公也。昔三王之道衰，而五霸存其政，率諸侯朝天子，正天下之化，興復中國，攘除夷狄，故謂之霸也。昔昆吾氏，霸於夏者也。大彭氏、豕韋氏，霸於殷者也。齊桓、晉文，霸於周者也。或曰：五霸，謂齊桓公、晉文公、秦穆公、楚莊王、吳王闔閭也。霸者，伯也。行方伯之職，會諸侯朝天子，不失人臣之義。故聖人與之，非明王之張法。程本下增「不」字，盧本作「之法不張」。霸猶迫也，把也。迫脅諸侯，把持其政。論語曰：「管仲相桓公，霸諸侯。」案此下疑挩「知齊桓之霸也」六字。春秋曰「公朝于王所」，於是時案此下疑挩「晉致天子」四字。知晉文之霸也。「知」字「也」字舊挩，據盧本補。尚書曰：「邦之榮懷，亦尚一人之慶。」知秦穆之霸也。楚勝鄭，而不「不」下疑挩「要其土」三字。下句「告從」聯文。公羊傳曰「告從不赦，不祥」。韓詩外傳六作「人告以從而不舍」。告從，而赦舊作「攻從」，陳疏說改正。之，又今還師，而佚晉寇。圍宋，宋案此下有挩字。因而與之平，引師而去，知楚莊之霸也。蔡侯無罪，而拘於楚，吳有憂中國心，興師代楚，諸侯莫敢不至。知吳案此下當有「闔閭」二字。之霸也。或曰：五霸，謂齊桓公、晉文公、秦穆公、宋襄公、楚莊王也。宋襄代齊，不擒二毛，不鼓不成列。春秋傳曰「雖文王之戰不是過」，知其霸也。

右論五霸案此節論五霸，備引三說。前一說本於古春秋、國語，其後二說均本今文春秋。又古春秋左氏說於春秋五霸不數秦穆，以齊桓、晉文、楚莊、吳闔閭、越句踐爲五霸，與此又殊。

伯子男臣子，於其國中，褎其君爲公。王者臣子，獨不得褎其君謂之爲帝何？以爲諸侯有會聚之事，相朝聘之道，或稱公而尊，或稱伯子男而卑，爲交接之時不私其臣子之義，心俱欲尊其君父，故皆令臣子得稱其君爲公也。帝王異時，無會同之義，故無爲同案「同」字訛，疑當作「褒」。也。何以知諸侯得稱「得」舊本作「德」，捝「知」「稱」二字。今據盧本改增。公？齊侯桓公。案盧本改作「春秋曰『葬齊桓公』，齊侯也」。所改近是，惟无明證。以上下文僅言伯子男證之，或此爲衍文。尚書曰「公曰嗟」，秦伯也。詩曰「覃公維私」，覃子也。春秋曰「葬許穆公」，許男也。禮大射經曰：「公舊本捝「公」字，據盧本補。則釋舊本或作「擇」，今從盧本。獲。」大射者，諸侯之禮也，伯子男皆在也。

右論伯子男於國中得稱公案此節均本今文春秋。左氏其說亦同。

卷二

謚篇

謚者，何謂「謂」字舊捝。據御覽五百六十二所引補。也？謚之爲言引案原本玉篇言部引作「謚之言烈」。慧琳音義引作「謚之言列也」。似「引」當作「列」。也，引列舊作「烈」，今從盧本改。行之跡也。所以進勸成御覽引「成」作「威」，誤。德，使上務禮「禮」字舊挩，據御覽所引補。節也。故禮郊「郊」字舊本或挩。特牲曰：「古者生無爵，死無謚。」此言生有爵，死當有謚也。死乃謚之何？詩云：「靡不有初，鮮克有終。」十字舊挩，盧本據御覽補，今從之。言人行終始不能若一，故據其終始，盧校云御覽無「始」字。從可知也。士冠經曰：「死而謚之今也。」所以臨葬而謚之何？因衆原本玉篇言部引作「因衆聚會」。御覽五百六十二引「衆」作「聚」。會，欲顯揚之也。故春秋曰：「公之喪至自乾侯」。昭公死於晉乾侯之地，數月歸，至急，當未有謚也。春秋曰：「丁巳葬，戊午日下側今本春秋經作「晨」。乃克葬。」明祖載而有謚也。

右總論謚案此節均用今文春秋、今禮説。所云「臨葬而謚」，與周書合。通誼所據，則大戴記佚篇説也。

黄帝先黄後帝何？古者舊本或挩「者」字。質，舊本訛「順」，盧本據通典改，今從之。死生之稱，盧本改「之稱」作「同稱」，誼較長。各持通典禮六十四引「持」作「特」。行合而言之。美者在上，黄帝始制法度，得道之中，萬世不名黄自然也。盧本删「名黄」五字，謂係衍文。案此以「自然」釋黄，疑非衍。後世雖聖，盧云通典作「盛」。莫能與同也。後世德舊本或作「得」，今從盧本。與天同，亦得稱帝，不能立盧本删「立」字。制作之時，盧本删「之時」二字。案「時」字疑訛。故不得復稱黄也。盧校云：「通典注云：『黄者，中和美色。黄承天，德最盛淳美。故以尊色爲謚也。』」通典又云：「帝堯、帝舜，先號從謚也。帝者德盛，與天同號，謚雖美，終不過天也，故如其次道之。」按此亦似白虎通之文，正與上「先黄後帝」互見義。

右論先謚後號及先號後謚案此節用今文春秋說，與繁露合。

謚或一言，或兩言何？文者以一言爲謚，文王、武王是也。六字舊挩，據書抄九十四、白帖六十六所引補。逸典禮六十四云：「質家兩言爲謚，成湯是也。文家一言爲謚，文武是也。」語本此。質者以兩言爲謚，故尚書曰高殷宗宗也八字衍，今據盧本刪。湯死後世盧本刪「世」字。稱成湯，以盧云通典作「是明」。案書抄引「以」作「謚」。御覽五百六十二亦引作「是明」。兩言爲謚也。號無質文，謚有質文何？號者，始也，爲本，故不可變也。周已後，用意尤文，以爲本生時號令盧校云通典作「本生習事」。善，故有善謚。故合言舊挩「言」字，盧本據通典補，今從之。文王舊挩「王」字，盧本據通典補，今從之。武王也。合言之則上其謚，明別善惡，所以勸人爲善，戒人爲惡也。帝者，天號也。以爲堯猶謚，句有挩。顧上世質直，死後以其名爲號「號」疑「謚」訛。耳。所以謚之爲堯何？爲謚有七十二品。禮記盧本刪「記」字。謚法曰：「翼善傳聖謚曰堯，仁聖書堯典疏引謚法「聖」作「義」。盛明謚曰舜，慈惠愛民謚曰文，强理勁小字本、原本挩「勁」字。直盧本据史記正義改作「剛强勁直」。又云御覽作「剛德理直」。謚曰武。」

右論堯舜禹湯均謚案此節似用今文書說及今禮說。馬融書注亦以堯舜爲謚，與此同。

天子崩，大臣舊本「大臣」作「臣下」。盧本據通典、御覽所引改，今從之。至南郊謚之者何？盧校云曾子問正義引作大臣之于南郊，稱天以謚之者何」。以爲人臣禮記曾子問疏、御覽五百六十二引「人臣」作「臣子」。之義，莫不欲褒大盧本据通典、御覽改「稱」。其君，掩惡揚善御覽五百六十二引「善」作「美」。者也。故之曾子問疏引「之」作「至」。通典禮六十四作「故於郊」。南郊，明不得欺天也。故曾子問：「孔子曰：『天子崩，臣下之南郊告謚之。』」

右論天子謚之南郊案此節均用今禮説、今文春秋説。蓋以讀誄與制謚爲一，故説文詁「誄」爲謚。

諸侯曾子問疏引「諸侯」作「君」。薨，世子赴告盧本「告」下有「於」字。天子，天子唯「唯」字舊挩，据曾子問疏所引補。遣大夫會其葬而謚之何？幼不誄長，賤不誄貴，諸侯相誄，非禮也。臣當受謚於君也。

右論天子謚諸侯　案此節均用今文春秋、今禮説。古左氏説無其文，似以諸侯之謚亦爲臣下所制，與穀梁、公羊殊。

卿大夫老歸死者「者」字舊挩，盧本据御覽補。今從之。有謚何？謚者，別尊卑，彰有德也。卿大夫歸無過，猶有祿位，故有謚也。士冠禮：「生無爵，死無謚。」卿大夫有爵，故有謚。士無爵，故無謚。以上二十四字，惟見通典禮六十四，文與「謚也」相接。盧校云「當是此處正文」。今据補。

右論卿大夫老有謚案此節亦用今禮、今文春秋説。古周禮、左氏説並與相同。

夫人無謚者何？無爵，故無謚。謂不蒙夫謚，亦不別作謚。或曰：夫人有謚。該蒙夫謚，及別作謚言。夫人一國之母，修閨門之內，則舊本或挩此字，盧校云御覽作「即」。羣下亦盧校云通典「亦」作「以」。化之，故設謚以彰其善惡。春秋傳「傳」字衍，今刪。曰：「葬宋恭姬。」傳曰：「其稱謚何？賢通典「賢」

下有「之」字。也。」傳曰：「哀姜者何？莊公夫人也。卿大夫妻，命婦也。三字舊挩，盧本据御覽補，今從之。無謚者「者」字舊挩，盧本据御覽補，今從之。何？以「以」字舊挩，盧本据御覽補，今從之。賤也。八小字本、元本同，明本及盧本作「公」。盧云御覽「公」作「八」，當指二媵及姪娣。陳疏本亦作「八」，知「公」字誤。妾所以無謚何？亦以「亦以」二字舊挩，盧据通典補，今從之。卑賤，無所能豫，舊本作「務」，盧据御覽改，今從之。通典作「與」。猶士卑小不得有謚也。太子夫人無謚何？本婦人隨夫。太子無謚，其夫人不得有謚也。此說承上或說「夫人有謚」言。士冠經曰：四字舊挩，盧据通典補，今從之。「天子、太子，元士也。」御覽五百六十二引同。盧本作「天子之元子猶士也」，與舊本違。士無謚，知太子亦無謚也。

右論婦人有謚及太子無謚案此節均用今禮說。夫人有謚無謚二義，前說純爲今禮說，後說爲今文春秋說，故弗相同。古春秋左氏說似以夫人得蒙夫謚，不得別制謚，與此又殊。

附庸所以無謚何？卑小無爵也。廖氏云「如小邾不書葬」。王制曰：「古者之制。」四字舊脱，盧本据御覽補，今從之。附庸，本非御覽「本非」作「無」，盧本据改。爵也。

右論附庸之君無謚案此節似用今文春秋說，故引王制爲證。

后夫人於何所謚之？以爲臣子共於廟定之。或曰九字舊本均無。按通典禮六十四引作「后人夫之謚，臣下共於廟定之」，下引「或曰出之於君」云云。彼係節引，知故本確有「或曰」二字，今据補。於朝廷，朝廷本所以治政之處，臣子共審謚白之於君，然後加之。婦人天夫，各本均作「大夫」，盧本改「天夫」。案通典正引作「天」。此謂天子謚於南郊，所以告天，后僅白君，故引夫爲婦天。故但白君而已。何以知不之南郊也？婦人本無外事，何爲於郊也？禮曾子問曰：「唯天子稱天以誄之。」唯者，獨也。明天子獨於南郊耳。

右論謚后夫人案此節似亦今文說。

顯號謚何法？號法天也，四字舊挩，盧据通典補，今從之。法日也，二字舊挩，盧据通典補，今從之。日未出而明。謚法地也，法月也，日八字舊挩，盧据通典補，今從之。已入有餘光也。是以大行受大名，細行受小名。行生於己，名生於人。此上廿字舊挩，盧据通典補，今從之。

號謚何法？生稱火，死稱炭也。十一字舊本無，惟御覽五百六十二引之，當與前節同條，附補於此。

右論號謚取法案此節未詳所出，疑亦今文說。

五祀篇

五祀者，何謂也？謂門、户、井、竈、中霤也。所以祭之「之」字舊挩，据書抄九十、通考八十六所引補。何？人之所居「居」字舊挩，据書抄及通考所引補。處出入，所飲食，故爲神而祭之者，禮也。三字舊挩，据書抄及通考所引補。何以知五祀謂門、户、井、竈、中霤也？月令曰「其祀户」，又曰「其祀竈」，「其祀中霤」，「其祀門」，「其祀井」。

右總論五祀案此節蓋用今禮說。月令鄭注本「井」作「行」，與古文祭法說合，非通義所取也。

獨大夫已上得祭之何？士者位卑祿薄，但祭其先祖耳。禮曰：「天子祭天地，諸侯祭山川，卿大夫祭五祀，士祭其祖。」陳疏本「祖」字作「先」。曲禮下記此字舊本或挩，今從盧本。曰：「天子祭此字舊本或挩，今從盧本。天地，四方舊本「方」或作「時」，誤。山川，五祀，歲徧。諸侯方祀，祭山川，五祀，歲徧。卿大夫祭五祀。士祭其先。凡祭有其廢之，莫敢舉也。有其舉之，莫敢廢也。此十八字舊挩，据御覽五百二十九所引補。盧本僅補「有廢莫敢舉，有舉莫敢廢」十字。非當祭而祭之，盧校云御覽作「當祭不祭，不當祭而祭」。名曰淫祀。淫祀無福。」

右論大夫以上得祭案此節均用今禮說，以天子諸侯大夫同祭五祀。古文祭法說則以天子立七祀，諸侯五祀，大夫三祀，與此不同。後鄭强以祭法爲周制，曲禮、月令爲殷制，誤之甚也。

祭五祀所以歲一徧何？順五行也。故春即祭户。户者，人所出入，春亦舊本作「亦春」，以下節例之，二字當互乙，今据改。萬物始觸户而出案通典引作「春，萬物觸户而出，亦爲萬物」。「爲」疑「象」訛，較多四字。也。夏祭竈。竈者，火之主，人所以自養也。夏亦火王，長養萬物。秋祭門。門以閉藏自固也。秋亦萬物成熟，内備自守也。冬祭井。井者，水之生舊本或訛「深」，通典作「主」，均非。藏在舊本作「任」，盧本据通典改，今從之。地中。冬亦水王，與「旺」同。萬物伏藏。六月祭中霤。中霤者，象土在中央也。六月亦土王也。故月令春言其祀户，祭先脾。夏言其祀竈，祀先肺。秋言其祀門，先肝。冬言其祀井，祭先腎。中央言其祀中霤，祭先心。春祀户，祭所以時先脾者何？脾者，土也。春木王煞土，故以所勝祭之也。即如二字舊挩，据陳祥道禮書九十四補。彼據江都集禮所引，乃唐代以前之本也。是冬禮書「冬」上有「終」字。腎六月心，非所勝者也，「也」字舊挩，据禮書補。以祭何？以爲土位在中央，至尊，故祭以心。心者，藏之尊者。禮書作「以心土位，在中央，至尊。故祭心者，五岳之尊者也，故祭之。」水最卑，不得食其所勝制也。二字舊挩，据禮書補。

右論祭五祀用五行案此節均用今文尚書説，以春脾、夏肺、秋肝均用其所勝，惟祭心、祭腎，心以尊在中，腎以卑在末，不從所勝。蓋脾爲土藏，肺爲金藏，肝爲木藏也。古尚書説則以脾、肺、心、肝、腎即爲水、火、土、金、木本藏，與此不同，互詳五行篇。

祭五祀，天子諸侯以牛，卿大夫以羊，因四時祭「祭」字舊挩，盧本據通典補，今從之。牲也。一説户以羊，竈以雉，通考引同。盧本据通典所引改「雞」，是也。中霤以豚，門以犬，井以豕。或曰中霤用牛，餘盧本删「餘」字。不得用牛者，三字舊挩，盧据通典補，今從之。用豚。盧校云通典作「豕」。井以魚。

右論祭祀所用牲案此節均用禮説。前記五祀不異牲，惟太牢少牢以君臣異，次以月令五時所食即分祭五祀之牲，惟中央從其所勝，舍牛用豚。後説與次説同，惟以祀中霤用牛爲正。

社稷篇

王者所以有社稷何？爲天下書抄八十七、藝文類聚三十九並引「下」作「地」。求福報功。後漢書光武紀李注引此文，「人非」以上有「社者土也」四字。人非土不立，隋書禮儀志「立」作「生」。非穀不食，土地廣博，不可偏敬也。五穀衆多，不可一一而祭也。故封土立社，示尊土也。舊本作「示有土尊」，盧本据續漢書祭祀志所引易「尊」爲「也」。又云疑當是「示有尊也」。今考後漢書光武紀注所引，亦與劉同。御覽五百三十二引作「而示尊」。是本文應作「示尊土」，今據改。稷，五穀之長，故封盧本作「立」。案續志注亦引作「封」，今從舊本。稷而祭御覽五百三十二引「祭」作「祀」。之也。尚書曰乃社于新邑孝經曰保其社稷而和其民人蓋諸侯之孝也以上二十六字，盧注以續志注、御覽所引皆無此段，又上下不連貫，删「尚書」八字，移「孝經」云云於後。今從之。稷者得陰陽中和之氣，而御覽下有「爲」字。用尤御覽作「又」。多，故續志注引「故」下有「稷」字。爲長也。

右總論社稷案此節均用今孝經説，以土地五穀不可偏敬，故於土祭社，於穀祭稷。古春秋左氏則以社祭勾龍，稷祖周棄及柱均爲上公。與此殊。

歲再祭之「之」字舊本或挩，今從盧本。何？春求秋報舊本「報」字作「穀」，無「秋」字。盧本据續志注所引補正，作「秋報」。案書抄八十七所引亦有「秋」字，今據改。之義也。故月令仲春之月，「擇元日，命人社」。盧本改「人」爲「民」。又於此下有「仲秋之月，擇元日，命民社」十字。其説鮮實據，今不從。援神契曰：「仲春祈穀，仲秋四字舊本無，盧本補。案「祈穀」二字亦无明證，今姑從之。獲盧本改「穫」。禾，報社祭稷。」

右論歲再祭案此節亦用今禮、孝經緯説。古文毛詩及今文春秋説似均與同。

以盧本「以」上補「祭社稷」三字。三牲何？重功故也。尚書曰：「乃社于新邑，羊一，牛一，豕一。」王制曰：「天子社稷皆太牢，諸侯社稷皆少牢。」宗廟俱太牢，社稷獨少牢何？宗廟太牢，所之廣孝道也。社稷爲報功，諸侯一國所報者少故也。孝經曰：「保其社稷，而和其人民，蓋諸侯之孝也。」以上十八字，盧本從上節移此，今從之。

右論祭社稷所用牲案此節均用今文書、今文春秋説，故引王制爲證。

王者諸侯所以二字舊捝，盧据續漢志注補，今從之。兩社何？俱有土之君也。「也」字舊捝，盧据續漢志注補，今從之。故「故」字舊捝，盧據續漢志注補，今從之。禮三正記舊本或作禮記三正。今從盧本。曰：「王者二社，爲天下立社曰太社，自爲立社曰王社。諸侯爲百姓立社曰國社，自爲立社曰侯社。」太社爲天下報功，王社爲京師報功。太社尊於王社，土地久，故而報之。陳疏云「久」疑「大」之誤，「而」疑作「兩」是也。

右論天子諸侯兩社案此節均用今禮説，與古文祭法説同。五經通義以太社在中門外，王社在籍田。魏晉議禮家辨析最詳，見晉、宋、隋各志及通典。

王者諸侯必有誡盧校云通典「誡社」作「柴社」。社者「者」字舊本或捝，今從盧本。何？示有存亡也。明爲善者得之，爲「爲」字舊本或捝，今從盧本。惡者失之。故春秋公羊傳曰：「亡國之社，奄其上，柴其下。」禮「禮」字舊捝，今依本書例補。郊特牲記「記」字舊捝，盧據御覽補，今從之。曰「喪國之社屋之」，〔自〕示舊本「示」作「言」，上衍「自」字。盧本據御覽刪正，今從之。與天地絶也。在門東，明自盧校云「自」疑衍，或「在」字之誤。下之無事處也。或曰：皆當盧校云「皆當」二字疑衍。著明誡，當近君，置宗廟之牆南。禮曰「亡國之社稷，必書抄八十七引「必」作「蓋」，下有「掩之」二字。以爲宗廟之屏」，蓋佚禮。示賤之也。

右論誡社案此節均用今禮、今公羊春秋説。「或曰」以下，別爲一家之説，蓋本穀梁傳。

社稷在中門之外，外門之内者「者」字舊捝，據書抄八十七所引補。何？尊而親之，與先祖書抄引「先祖」作「祖宗」。同也。不置中門内何？敬之，示不褻瀆也，所以在廟門之外也。八字舊捝，据書抄所引補。論語曰：「譬如宮牆，不得其門而入。不見宗廟之美，百官之當。」祭義曰：「右社稷，左宗廟。」

右論社稷之位案此節用今禮説。又公羊傳説以右社稷爲文家之制。古周禮亦言右社稷。

大夫有民，其有社稷者，亦爲報功也。禮祭法曰：「大夫盧本此下補「以下」二字。成群立社，曰置社。」舊本或訛「在」。月令曰：「擇元日，命人社。」盧本以此九字爲衍文，移置前節。非是。論語曰：「季路使子羔爲費宰。曰：有民人焉，有社稷焉。」

右論大夫立社案此節所用祭法爲古文説，當時今文説蓋亦與同。謂大夫得與人民共立社也。

不謂之土何？封土爲社，故變名謂之社，別舊本或作「利」，今從盧本。於衆土也。爲社立祀，盧校云疑當作「爲社立稷」。案此當作「爲稷立祀」。始或本作「治」，盧云疑當作「即」，其説亦通。謂之稷，谿不吴琯本「不」作「易」。自變有内外。盧云疑當作「語不變，示有内外」。或曰至盧本改「社」。稷，不以稷爲盧本二字互乙。社。案文挩有訛。故不變其名，事自可知也。不正月祭稷何？稷舊作「禮」，盧云或「稷」訛。是也。今據改。不「不」字衍。此謂不正月祭稷，而立其神，因稷之爲物常存，而爲養民之用也。常存，養人爲用，故立其神。

右論名社稷之義案此節即首節今孝經説釋詞。蓋社土異名，稷不異名，故此節伸明其説。

社無屋何？達天地之氣。故郊特牲曰：「天子大社，或本作「太社稷」，今從盧本。必受霜露風雨，以達天地之氣。」

右論社無屋案此節均用今禮、今文春秋説。

社稷所以有樹何？尊而識書抄八十七引「識」作「執」。「執」或「築」訛。之也，「也」字舊本或挩，今從盧本。使民人盧本删「人」字。望見師盧本作「即」。敬之，又所以表功也。故周官曰：「司徒班或本挩「徒班」二字，今從盧本。社而樹之，各以土地所生。」盧本作「宜」。尚書逸篇二字舊挩，盧本有之。又云：「初學記及郊特牲正義並作『尚書無逸篇』，今依藝文類聚、御覽去『無』字。」其説是也。惟書抄八十七、禮書九十二所引亦有「無」字，知唐本已衍。曰：「太社唯松，東社唯柏，南社唯梓，西社唯栗，北社唯槐。」

右論社有樹此節參用古周禮説、尚書逸篇説。蓋今文師説亦弗以太社爲無樹也。

王者自親祭社稷何？社者，土地之神也。土生萬物，天下之所主或本作「生」，非是。也。尊重之，故自祭也。案此下似挩親祭稷釋詞。

右論王者親祭案此節亦用王制說。古文今文師說亦同。

其壇大如何？舊作「何如」，盧本據通考改，今從之。春秋文義盧云通典作「大義」。曰：「天子之社壇舊作「稷」，盧本同。又云：「郊特牲正義「稷」作「壇」，他書或無「稷」字，今從北堂書抄。」其說非也。原本書抄八十七引作「天子之社闊五丈，諸侯半之」。禮書九十二引作「天子社廣五丈，諸侯半之」，亦無「稷」字。後漢書光武紀注所引與禮書同。又引下句云「諸侯之壇，半天子之壇」。則「社稷」之「稷」確爲「壇」訛。今據改。廣禮疏、後漢書注皆作「方」。通典五作「廣」，今從之。五丈，諸侯半之。」

右論社壇制度案此節亦用今文說壇爲社壇。

其色如何？春秋傳曰：「天子有太社焉，東方青色，南方赤色，西方白色，北方黑色，上冒以黄土。故將封東方諸侯，取「取」字舊挩，盧本據續漢志注所引補，今從之。青土，苴以白茅。各取其面以爲封社明土，十字舊挩，盧據續漢志注補，今從之。謹敬潔清續漢志注引「清」作「凈」。也。」

右論社壇之色案此節均用今文春秋說。古今文師說並同。

祭社稷「稷」字舊挩，盧據御覽補。今從之。有樂乎？「乎」字舊挩，盧據御覽補。今從之。樂御覽五百三十一引作「禮」。記曰：「樂之施於金石絲竹，盧本據續漢志注删此二字。案御覽所引亦无。越於聲音，用之盧本據續志注删「之」。案御覽所引亦有「之」，不當删。於宗廟社稷。」

右論祭社稷有樂案此節均用今禮說。所云「有樂」，古周禮說亦同。

曾子問曰：「諸侯之祭社稷，俎豆旣陳，聞天子崩，如之何？孔子曰：廢。」臣子哀痛之，不敢終於禮也。

右論祭社稷廢祀案此節亦用今禮説。

卷三

禮樂篇

王者所以盛藝文類聚三十八、書鈔八十引「盛」作「作」。禮樂何？節民舊本並作「文」，誼不可通。書鈔引作「得節民」，「得」疑衍文。文、民古通，故「民」誤爲「文」。今據改。之喜怒也。「也」字舊挩，據書鈔所引補。樂以象天，禮以法地。人無不含天地之氣，有五常之性者。故樂所以蕩滌，反其邪惡也。禮所以防淫佚，節其侈靡書鈔引「靡」作「廢」。也。故孝經曰：「安上治民，莫善於禮。移風易俗，莫善於樂。」

右總論禮樂案此節用今禮、今孝經説。凡今文師説並同。

子曰：「樂在宗廟之中，君臣上下同聽之，則莫不和敬。在「在」字舊本或捝，今從盧本。族長鄉里之中，長幼同聽之，則莫不和順。在閨門之內，父子兄弟同聽之，則莫不和親。故樂者，所以崇和順，比物飾節，盧校云樂記作「審一以定和，比物以飾節」。節奏合以成文，所以合和父子君臣，附親萬民也。是先王立樂之意盧云記作「方」。也。故聽其雅頌之聲，志意得廣焉。執干戚，習俯仰屈信，容貌得齊盧云記作「莊」。焉。行其綴兆，要其節奏，行列得正焉，進退得齊焉。故樂者，天地之命，中和之紀，人情之所不能免焉盧云記無「焉」字。也。夫樂者，先王之所以飾喜也。軍旅鈇鉞，所以飾怒也。故先王之喜怒，皆得其齊盧云記作「儕」。焉。喜則天下和之，怒則暴亂者畏之。先王之道，禮樂可謂盛矣。」聞角聲，莫不惻隱而慈者；聞徵聲，莫不喜養而「而」字舊捝，據上下句例補。好施者；聞商聲，莫不剛斷而立事者；聞羽聲，莫不深思而遠慮者；聞宮聲，莫不温潤而寬和者也。

右總論樂案此節均用今禮説。末段亦成語，與公羊解詁、韓詩外傳同。

禮所盧校云「所」疑「有」。揖讓何？所以尊人自損也。揖讓則三字舊本並無，盧本按文義補，今從之。不爭。論語曰：「揖讓而升，下而飲，其争也君子。」故「君使臣以禮，臣事君以忠」。「謙謙君子，利涉大川」，以貴下賤，大得民也。屈己敬人，君子之心。故孔子曰：「爲禮不敬，吾何以觀之哉？」夫禮者，陰陽之際也，百事之會也，所以尊天地，賓書鈔八十、御覽五百二十三引「儐」作

「賓」。鬼神，序上下，正人道盧校云御覽五百二十三作「序上下之道也」。案書鈔所引亦同。也。

右總論禮案此節均用今論語、今易及今禮説。蓋亦今文家所同。

樂所以必歌者何？夫歌者，口言之也。中心喜樂，口欲歌之，書鈔一百六引「之」作「也」，非是。手欲舞之，足欲蹈之。故尚書曰：「前歌後舞，假于上下。」盧云大傳太誓之文。

右論樂歌案此節均用今文書、今禮説。廖云「歌爲人聲，凡歌爲詩，金奏笙吹」，皆非。詩毛説誤「金聲」爲「詩」。

禮貴忠盧校引孫志祖説云：「案下文，似『忠』當作『中』。」何？禮者，盛不足，節有餘。使豐年不奢，凶年不儉，富貧書鈔八十引作「貧賤」。不相懸也。樂尚雅何？「何」字舊本或挩，今從盧本。雅者，古正也。所以遠鄭聲也。孔子曰：「鄭聲淫何？鄭國土地民人，山居谷浴，盧本依漢書地理志改「浴」爲「汲」，亦通。男女錯雜，爲鄭聲盧校云疑當作「爲鄭躑躅之聲」，非是。以相悦懌，故邪僻，聲皆淫色之聲也。」

右論禮樂所貴案此節前用王制説，次用今論語説，以鄭聲爲鄭國之聲。古春秋左氏説則以鄭聲爲躑躅之音，即傳之「煩手淫聲」，與此不同。

太平乃制禮作樂何？夫禮樂所以防奢淫。天下人民飢寒，何樂之乎？功成作樂，治定制禮。樂言作，禮言制何？樂者，陽也。陽盧本删「陽」字，非。動作二字舊挩，盧據樂記正義補，今從之。倡始，故言作。禮者，陰也。陰制度於陽，盧本據樂記正義改爲「繫制於陽」，删「陰」字。故言樂記疏引

「言」作「云」。制。樂象陽也，「也」字舊本或捝，今從盧本。禮法陰也。

右論太平制禮樂案此節均用今文書、今禮說。凡今文師說並同。

王者始起，何用正民？以爲且用先王之禮樂，天下太平，乃更制作焉。書曰：「肇修「修」字疑衍，盧本無。稱殷禮，祀新邑。」此言太平去殷禮。春秋傳曰：「曷何「何」字衍，依盧本删。爲不修乎近而修乎遠？同己也。可因先以太平也。」必復更制者，示不襲也。又天下樂之者也。「也」字舊捝，今按文義補。此言王者更樂制，其誼有二。示不襲前代，一也。以天下所樂之事爲樂名，二也。說詳繁露。陳疏合下文聯讀，又疑文有訛捝，似非。

右論未太平且用先王禮樂案此節均用今文書、今文春秋說，與上節同義。

樂者所以象德表功，而殊名也。舊本或捝「而也」二字，今從盧本。禮記曰：「黄帝樂曰咸池，顓頊樂曰六莖，原本玉篇音部引作「䪫」。帝嚳樂曰五英，原本玉篇音部引作「韺」。堯樂曰大章，舜樂曰簫韶，禹樂曰大夏，湯樂曰大護，盧本作「護」。原本玉篇音部引作「䕶」。路史後紀疏仡紀注引同。周樂曰大武象，周公之樂曰酌，合曰大武。」黄帝曰咸池者，言大施天下之道而行之，天之所生，地之所載，咸蒙德施也。顓頊曰六莖者，言和律曆以調陰陽，莖者「者」字衍，依盧本删。著萬物也。帝嚳曰五英者，言能調和五聲，以養萬物，調其英華原本玉篇引作「華英」。也。堯曰大章者，舊本或捝「者」字，今從盧本。大明天地人史記樂書正義引無「人」字。之道也。舜曰簫韶者，舜能繼堯之道也。禹曰大夏者，言禹能順二聖之道而行之，故曰大夏也。湯曰大護者，言湯承堯，盧本作「衰」。原本玉篇音部亦引作「堯」。能護民之急也。周公曰酌，合者言周公輔成王，能斟酌文、武之道而成之也。武王曰象者，象太平而作樂，示已太平也。合曰大武者，天下始樂周之征伐行武，故詩人歌之，「王赫斯怒，爰整其旅」，當此之時，天下樂文王之怒以定天下，故樂其武也。周室中制象湯「湯」字衍，依盧本删。樂何？殷紂爲惡日久，其惡最甚，斮涉刳胎，殘賊天下。武王起兵，前歌後儛，剋殷之後，民人大喜，故中作所以節喜盛。

右論帝王樂名不同案此節均用今文詩、今文春秋及禮、樂各緯，亦與古春秋左氏同。

七、白虎通義源流考

劉師培

昔在漢章之世，集諸儒於白虎觀，講論五經同異，所纂之書，其名歧出。章紀謂之議奏，儒林傳稱爲通義。近儒究心録略者，陽湖莊氏别通義於奏議之外，謂與議奏爲二書，瑞安孫氏列通義於奏議之中，謂即奏議之一類。以今審之，二説均違。夷考諸儒講議之際，問者魏應，奏者淳于恭，嗣則章帝親臨，稱制決議。范書所臚，始末昭明。夫漢儒説經，各尚師灋，持執既異，辨難斯起。是則所奏之文，必條列衆説，兼及辨詞，臨決之後，則有詔制，從違之詞，按條分綴，通典所引石渠禮論，其成灋也。然上稽班志，石渠論經，均稱奏議，則章紀所云議奏，殆即淳于所奏，漢章所決之詞歟？若夫通義之書，蓋就帝制所韙之説，纂爲一編。何則？所奏匪一，以帝制爲折衷，大抵評騭諸説，昭韙而从，或所宗雖一，而别説亦復並存，裁准既定，宜就要删。故儒林傳序又言「顧命史臣著爲通義」也。〔一〕夫石渠禮論，均載立説者姓名，汶長異義所著，有曰治魯詩丞相韋玄成，治易施讎説者，有曰議郎尹更始、待詔劉更生等議者，亦均石渠奏議故文。而「圜丘」一條，所引騎都尉、侍中賈逵説，似

〔一〕「著爲」原作「作於」，據後漢書儒林傳改。

亦白虎議奏之屬。今所傳通義四十餘篇，體乃迥異，所宗均僅一説，間有「一曰」、「或云」之文，十弗踰一，蓋就帝制所可者筆於書，並存之説，援類附著，以禮名爲綱，不以經義爲區，此則通義異於議奏者矣。然通義所有之文，均議奏所已著，通義之於議奏，采擇全帙，亦非割裂數卷，裁篇别出，如石渠五經雜議也。故班固傳中，稱爲「撰集」，體異於舊謂之撰，會合衆家謂之集，按詞審實，厥體乃章。或以深没姓名爲誚，不知此書雖撰，議奏仍復並存，故桓、靈之際，伯喈守巴，仍拜帝賜。蓋詳者可以覈羣説之紛，約者所以暴朝廷好尚，離以并美，誼仍互昭。嗣則議奏泯湮，惟存通義，而歧名孳生。今考伯喈封奏云：「孝宣會諸儒於石渠，章帝集學士於白虎，通經釋義，其事優大。」是則石渠、白虎均有通義，通以通經爲旨，義取釋義爲名，名稱既出於漢儒，遵守宜訖於百世。冲遠左傳疏引四時田獵説而申之云：「漢羣儒著白虎通義，雖名通義，義不通也。」語雖以毁而失真，名乃則古而弗改，是則通義即現存之籍，史臣即孟堅之倫，上稽范史，闓然弗忒。若夫文從省約，則去「義」而存「通」馬昭、張融，所稱已然，王制孔疏，標引可徵。是猶述離騷者不著「經」稱，引過秦者弗標「論」字，一字雖截，審名未乖。至于彦和雕龍，標以「通講」，目爲論家，不知論乃奏議舊題，蓋述經叙理，難與説并，厥體爲論，以其進薦君前，因曰議奏。觀于石渠之書，列于班志，標題則曰議奏，自注則曰論，論即議奏，斯其碻徵，今通義各篇，既芟歧誼，毋取論名，彦和所指，亦屬通義，顧乃取未經刪集之名，以被既經刪集之書，則是大輅既製，弗易椎輪之號，堅冰已凝，猶以積水相目。董生有云：「名生於真，非其真，弗以爲名。」驗之雕龍，毋乃悖歟？及章懷詮釋帝紀，又以議奏即通，然未礙之禾不曰粟，未繅之繭弗曰絲，亦其失也。若固傳所云白虎通德論，海寧周氏疑爲二書，謂「德論」之上，挩書「功」字。今考北堂書抄卷四十注引功德論曰：〔一〕「今朝廷昭明，海内寧静，空令朱輪之使，風舉龍堆之表。」審繹其文，靡涉説經，亦匪韵詞，蓋雍容揄揚，等於王充宣漢之篇，而奉詔撰書，又符陸賈新語之作。其與白虎通聯詞者，建初講議，漢爲殊典，既備稱制臨决之盛，宜有令德記功之書，故通義著其説，功德論誌其事。覩夫通義之纂，范言「顧命史臣」，而撰集功德論，僅見固傳，是則通義非一人所成，著論乃孟堅之筆。且固於經術，非丁、桓、李、賈之倫，惟以文學冠寮宷，通義出于衆，論成於獨，固其宜矣。唐書藝文志曰「班固等白虎通義六卷」。上云「固等」，下云「通義」，標題之正，僅見於斯。迄于宋代，修輯崇文書目，據固傳之訛本，合二書爲一題，由是通義之文，易爲通德論，而撰集之人，又僅屬固，自小字本、大德本以下，所標悉同，循名責實，毋乃舛乖。近則餘姚盧氏，始削「德論」，然僅稱爲「通」，文亦弗備。孫氏知通義之稱爲允，又謂德論之號亦出六朝。嘉定錢氏輯崇文總目，轉以通德論爲通義始名，紛論既張，

〔一〕「四十」下原脱「注」字，據北堂書鈔補。

夫固进黜所先也。故施以糾繩，以俾校讎者有所擇云。

附白虎通義源流考校勘記

鄭裕孚

陽湖莊氏别通義於奏議之外

「奏議」，章紀作「議奏」。

瑞安孫氏列通義於奏議之中謂即奏議之一類

兩「奏議」似亦當作「議奏」。

又言顧命史臣作於通義也

「於」，儒林傳作「爲」。

故桓靈之際伯喈守巴

「桓、靈」一本作「靈帝」。案：伯喈遷巴郡太守，事在董卓專政時。

蓋詳者可以覈羣説之紛

「所以」誤「可以」。

朱輪之使

選注引作「朱軒」。

然未碾之禾不曰粟

「粟」誤「禾」，「米」誤「粟」。

紛論既張

「張」，一本作「滋」。

八、白虎通德論補釋

劉師培

伯者白也爵篇

盧云：「『白』舊作『百』，訛。此下闕。王制正義、春秋元命苞云：『伯之爲言白也，明白于德也。』可取下五字補此處。」陳云：「獨斷云：『伯者，白也，明白于德。』當依盧氏校正。」孫云：「孝經疏引此文云：『伯者，長也，爲一國之長也。』『百』疑『長』字之訛。」　案：此文公訓通，侯訓候，子訓孳，男訓任，均以音近之字爲訓。若伯訓長，則字音匪近，孝經疏所引，似未足據，當从盧校。又封公侯篇「伯，長也」。指州伯言，與此殊。

尚書曰侯甸任衛作國伯謂殷也

盧云：「此欲證子男之從伯，似『作』字非衍文。」　案：此以伯爲伯子男之伯，所據必係今文。（陳說。）而酒誥一篇，今文歐陽、大、小夏侯三家，較中古文有脱簡，（見漢書藝文志。）若此有「作」字，是今文之字轉增也。疑「作」係衍文，乃「伯」字訛文之併入者，當删。

殷家所以令公居百里侯居七十里何也封賢極于百里其改也不可空退人示優賢之義欲褒尊而上之

陳云：「『改』舊訛『政』，依盧校改。此語義不明。蓋謂夏制公侯同百里，殷改侯爲七十里，因欲尊公而上之，故退侯于下。不可空退人，故又改百里爲七十里也。」　案：陳説不可通。此節係有挩文，「侯七十里」以下，當補「周則合公从侯」六字。此釋上文王制「公侯田方百里」，公侯「人皆千乘，象雷震百里」之文也。言殷之侯僅七十里，周則與公同爲百里，不降公从侯，而必與侯从公者，因不空退人，及優賢也。上節云：「所以合子男从伯者何？王者受命，改文从質，無虚退人之義，故上就伯也。」以彼節相例，則此文指周代合公从侯言，當補「周則合公从侯」六字，不待言而明矣。

天子爵連言天子諸侯爵不連言王侯何即言王侯以王者同稱爲衰弱僭差生篡弑猶不能爲天子也故連言天子也〔一〕

陳云：「『猶不能爲天子也』二句，〔二〕文有訛脱。『即』字疑誤。」　案：即訓爲若。（其證即見王氏經傳釋詞。）言天子諸侯，名分闊絶，與王侯位號相近者不同，故可言天子，諸侯不可言王侯也。「猶不能」二語，亦無訛字，惟上有挩文。

公會王世子于首止

案：此用公羊説，「首止」似當从彼經作「首戴」，「首止」乃後人據左氏經所改。

世子上受爵命衣士服

〔一〕「僭差」下原衍「衰」字，據白虎通正文刪。　〔二〕「陳云」原作「盧云」，據白虎通疏證改。

案：「上」字當作「未」，字之誤也。

乃受銅瑁

陳云：「小字本、元本俱無『瑁也』二字，然銅、瑁明二物，似未可删。」　案：下言「受銅」、「藏銅」，無「瑁」字，則「瑁」字當删。

君統事見矣

盧云：「舊作『君名其事』，據御覽改。」　案：「名」當作「統」，是也。惟「事見」二字確係「其事」之訛，至「其」訛爲「見」，又倒文作「事見」，此御覽所據之誤本也。盧依以訂正，非是。

仁義所生稱王號篇

陳云：「文選注引稽耀嘉曰：『仁義所生爲王。』周書謚法：『仁義所在爲王。』」　案：此字當以作「在」爲長。此文及稽耀嘉「所生」均「在」字之形誤。

故尚書曰不施予一人

盧云：「疑即盤庚『不愓予一人』之駁文，以『愓』有他計切一音，故可轉爲『施』。」陳云：「『愓』从易聲，轉平聲則入支韵，『施』从也得聲。古麻、支韵多相轉，故得轉愓爲施也。」又云：「或書大傳語。」　案：「施」、「易」古互通。疑今文尚書數家中，「不愓」或作「不易」，以「易」爲「施」之叚文。詩小雅何人斯「我心易也」，韓詩作「施」。荀子正名篇云：「徑易而不拂。」而大戴文王官人篇亦有「徑施而不拂」之文。又韓非子八經篇云「詭曰易」。易與施同。（此訓爲邪，與此異。）均施、易古通之證。「不施予一人」，蓋德不迻君之義，與作「愓」之義殊。

下伏而化之故謂之伏羲也

案：化、羲同部音近，故羲从化得義，猶蚍从蠶化得聲義也。〔一〕

養人利性

案：「性」與「生」同。又上文「鑽木燧取火」，係一本作「燧」，一本作「木」，嗣併而合之，當删其一。

舜猶僢僢也言能推信堯道而行之

陳云：「僢與舜，義不叶，與『推信堯道』之義亦不符，疑『僢僢』是『信』之誤。風俗通引書傳：『舜者，推也，循也。言其循堯緒也。』」案：上云「堯猶嶤嶤也」，則「僢僢」似非誤字。蓋相背爲僢，相互亦爲僢。淮南子俶真訓「二者代謝舛馳」，高注：「舛，互也。」字林：「舛，錯也。」此蓋取相互爲義。惟「推」乃「淮」字之訛，風俗通同。蓋彼文所引書傳，凡帝王之名均以聲近之字相訓，故知彼「推」字當作「淮」。知彼文「推」當作「淮」，則此文亦然。廣雅訓舜爲推，亦「淮」字之訛。說別見。

不顯不明非天意也

案：「不顯」，「不」字係衍文。「顯不明」，猶言所顯不明也。說見春秋繁露補釋。

〔一〕「蚍」字原作「蛾」，據文義改。

聞也見也謂當道著見中和之爲也

案：「道著」承「聞」「見」言。道之所以使之聞，著之所以使之見，「見」乃「其」字之訛。

楚勝鄭而不告从而攻之

陳云：「當云『楚勝鄭而不有，從而赦之』。」案：「攻」當作「赦」，是也。惟公羊宣十五（裕孚謹案：「五」當作「二」。）年傳言「告從不赦，不詳」。則「告从」當聯文，「告」非「有」字之訛，蓋「不」下捝一字，（公羊傳言「不要其士」，或係「要」字。）當作「楚勝鄭而不口，告从而赦之」。

故無爲同也

案：「同」疑當作「襃」，涉上「會同」而訛。

臣當受謚于君也 謚篇

陳云：「周禮太史云『小喪賜謚』。小喪之中，亦容有諸侯在内」。案：賈疏釋「小喪賜謚」云：「此言小喪賜之謚，則三公諸侯亦在焉。」此小喪賜謚該諸侯之證。

臣子共審謚白之于君然後加之婦人天夫故但白君而已

陳云：「『天夫』，大德本、俞本作『大夫』，則『婦人』句逗矣。」案：「婦人天夫」，即上「婦人隨夫」之義，但「白君」者，即下文「不之南郊白天」之義。大德本、俞本「天」作「大」，確係訛字，陳曲爲之說，失之。

亦春萬物始觸户而出也 五祀

案：「亦春」二字當互乙。

不正月祭稷何禮不常存養人爲用故立其神 社稷

盧云：「義未詳，疑『禮』或『稷』之訛。」　案：「禮」當作「稷」，「禮」下「不」字衍。此言不正月祭稷而立其神者，因稷之爲物長存而有養民之用也。

故郊特牲曰

案：「故」下當脱「禮」字。凡白虎通引禮經戴記，必先著「禮」字，然後標其篇名。凡但舉篇名，不著「禮」字者，均脱文耳。爵篇、謚篇引郊特牲文，上有「禮」字，此其證。凡引禮之文，僅稱士冠經、王制、明堂位、王度記、曾子問者，其上均當補「禮」字。

莫不喜養好施者 禮樂

案：「好施」上脱「而」字。

鄭國土地民人山居谷浴

盧本「浴」作「汲」，云「據漢地志改」。陳云「作『浴』亦通」。　案：漢書五行志引劉向說，謂「蜮生南越，其地男女同川而浴」。鄭居中土，周代似無此風。當从盧校。

必復更制者示不襲也又天下樂之者樂所以象德表功而殊名也

陳云：「疑有訛脱。」　案：「又天下樂之者」句，「者」下脱「也」字。此言王者改樂制，其故有二。以示不襲，一也。所更之名，取于天下所樂之事，二也。所更之樂，从天下所樂之事得名，説見春秋繁露楚莊王篇（下云「合曰大武者，天下始樂周之征伐行武」，與繁露合。）

王者有六樂者貴功美德也所以作供養謂傾先王之樂明有法示正其本興己所自作樂明作己也

盧云：「『傾』字疑當作『因』，又或『樂』字之訛。『謂』字惟何本有之，各本俱無。『示正其本』，吴本作『不亡其本』。『作己』疑誤倒，又疑當是『明樂己也』。」陳云：「此文多脱誤。」　案：「謂」字衍，「傾」乃「順」字之訛。「示正其本」，當从吴本作「不亡其本」。「作己」當从盧説互易。順猶遵循，此言循先王之樂，由于明有法，及不忘其本，興己之所作樂，則由以興朝之製作示民也。下文引樂元語曰：「受命而六樂，樂先王之樂，明有法也，與其所自作，明有制。」與此同。

辟易無别也

陳云：「狄與辟易，皆疊韵爲訓。」　案：易與施同義，猶邪也。説見韓非子補釋。

䶵之爲言施也牙也在十二月萬物始施而牙

陳云：「壺，瓠也。壺、牙同韵，故䶵又釋爲牙。」　案「牙」即「萌芽」之「芽」也。上言「十一月陽氣薰蒸而萌」，「牙」與「萌」同。

人有三等君父師封公侯

案：「等」爲「尊」字之訛。言君、父、師均人所尊也。

春秋公羊傳曰自陜已東周公主之陜已西召公主之

案：「陜」與「郟」同，即北邙也。公羊何注誤。下云「所分陜者，是國中也」。與史記諸書「洛邑爲天下之中」語合。則此書亦以陜爲郟矣。

一人使封之親親之義也

陳云：「『人』字疑衍。言與功臣一並封之，是親親之義。」案：禮記三年問云：「壹使足以成文理。」「一」與「壹」同，「一使」猶言「壹使」。「人」字確係衍文。

王者始起封諸父昆弟示與己共財之義故可以共土也〔一〕

案：可以共土，即可與共土，與上句「與己共財」之「與」同。

又卿不世位爲其不子愛百姓各加一功以虞樂其身也

陳云：「『各加一功』疑有訛。」　案：「各加一功」，疑當作「各如功」，言各依其功以虞樂其身也。「一」字衍。

又曰孫首也庸不任輔政妨塞賢路故不世位

盧云：「此文有脱誤，疑是『又慮子孫庸愚不任輔政』云云。」孫云：「元本作『孫苟中庸』，

〔一〕「諸父」原作「誥父」，據白虎通正文改。

當據正。」　案：「孫首」疑「遜道」之訛。孫、遜古通，「首」爲「道」之剥字，「庯」當作「慮」，形近而訛。蓋或説以不世卿爲遜讓之道，故言妨塞賢路。

子孫皆無罪囚而絶

陳云：「『囚』字疑衍。」　案：「囚」乃「因」字之誤。

禄者録也上以收録接下下以名禄謹以事上

案：「收」當作「敬」。下句當作「下各以謹録事上」。詩周南疏引孝經援神契云：「禄者，録也。上所以敬録接下，下所以謹録事上也。」（陳亦引之。）此其證。

故禮曰公士大夫子子也

盧云：「『子子也』有誤。」　案：此當作「士，天子子也」。禮記王制曰「天子之元子，士也」，爲此所本。「天」與「大夫」二字，字形均近，「士」字又見于上句，故傳寫捝「士天」二字。

卑者親視事五行

盧云：「舊『親』下無『視』字，據御覽補。」　案：「視」字者，乃「親」字之訛文而衍者也。御覽所引，蓋誤本。

火之爲言委隨也言萬物布施

案：此二語，疑他節錯簡。證以上下各節，此節不應獨增二語。

土在中央中央者土土主吐含萬物土之爲言吐也

盧云：「『中央者土，土』，舊本止有『者』字，今據御覽增。〔一〕御覽無『含』字。」陳云：「月令疏引作『言土居中總吐萬物也』。」　案：月令疏所引，是也。御覽所引無「含」字，亦是也。「者」下增二「土」字，則均係衍文。律以上四節之詞，此當云：「土在中央，中央者，土居中，總吐萬物，土之爲言吐也。」「土居中」三字，與上節「陽在上，陰始起」對文。

不嫌清濁爲萬物尚書曰

盧云：「『萬物』下疑脱『母』字。」　案：所捝即「尚」字。繁露五行對曰：「土者，五行最貴者也。」即此「爲萬物尚」所本。「尚」涉下「尚書」而捝。下文云「尊者配天」，亦指土言，尊即尚也。

水味所以鹹何是其性也所以北方鹹者萬物鹹與所以堅之也猶五味得鹹乃堅也

案：此節與下四節參差不齊一，疑當作「水味所以鹹何？北方萬物之堅也，鹹者所以堅之也」云云。（「與」疑「以」字異文之併入者，「所以」二字，因重而衍，又誤倒。）至「是其性也」四字，乃上節末語之錯簡。上節所標之目，爲「論五行之性」，首語云「五行之性」。故知此四字乃上節之文也。

萬物成熟始復諾

陳云：「句有訛脱。」　案：「諾」疑「落」字之訛。諾、落音形俱近。「落」即「零落」之「落」。佚周書小開解云：

〔一〕「今」字原脱，據盧校補。

「秋初藝，木節落。」又寶典解曰：「秋落冬殺有常。」均其證。

玄冥者入冥也

陳云：「訓入冥，亦望文生意。」　案：「入」者，「大」字之訛也。「大」即「太」字，「冥」爲暝之義。大冥猶太陰。上文云：「炎帝者，太陽也。少皞者，少歛也。」則此文「入」當作「大」明矣。

穀梁傳曰天子有六軍諸侯上國三軍次國二軍小國一軍三軍

孫云：「此即王制説，與穀梁傳『古者天子六師，諸侯一軍』不合。下止云『諸侯所以一軍者何』，則不當有『上國三軍，次國二軍』之説。蓋淺學妄增。」　案：此有挩文，當云「穀梁（上當有『春秋』二字。）傳曰：『天子六師，諸侯一軍。』」或曰「禮王制説曰：『天子有六軍，上國三軍』云云」。蓋併存二説也。下釋一軍，明以穀梁爲本也。「天子六師」，與「天子有六軍」，語句略同。抄胥者於「天子六師」句，訛爲「天子有六軍」句，遂挩「六師，諸侯一軍，或曰禮王制説曰天子」十五字。

質家言天命己使己誅無道

案：「命」下「己」字，涉下「使己」而衍，當删。

候間司事可稍稍試之〔一〕

陳云：「『司』讀如伺。」　案：「可」字無義，乃「司」字訛文之併入者也。

〔一〕「試」字原作「弑」字，據白虎通正文改。

右弼主糾紕周言失傾諫諍

盧云：「『周』乃『害』字之誤。」　案：「周」當作「害」，是也。惟「糾」、「紕」義同形近，當衍其一，斯與上下節詞句一律。

示爲君親視事身勞苦也鄉射

案：「視」亦「親」字之訛文而衍者。

其兵短而害長也

案：既言「害長」，則射非美善之舉，與尚射之義不合。疑「害」乃「用」字之訛。

臣年七十懸車致仕者至懸車示不用也致仕

陳云：「春秋緯、淮南天文訓皆以人年七十與日在懸輿同，故云『懸車致政』，與此『懸車示不用』義異。」　案：「日在懸輿」，即以人之懸車相比，似異而實同。陳說非是。

父所以不自教子何爲渫瀆也辟雍

案：顔氏家訓教子篇有「父子之嚴不可狎」一節，自注云：「其意見白虎通。」即伸此句之義。（陳未引，當補入。）

爲萬物獲福無方之元

案：「無方」上當有「於」字。續漢志注引含文嘉云「爲萬物履福于無方之元」，（陳引。）此其證。

孺人擊杖災變

案：「杖」疑「柝」字之訛。陳疏所引荆州占言「中良人、諸御者、宫人皆擊柝救月食」。其證也。

王者所以耕親耕后親桑何耕桑

案：「所以」下衍「耕」字。

太平感封禪

陳云：「『太平』乃『華平』之誤。」　案：「感」當作「盛」。御覽引援神契云「則華苹盛」。（陳引。）其證也。

言東征述職周公黜陟而天下皆正也巡狩

案：「周公」二字疑在「東征」上。又上文「周公入爲三公」，「公」係「召」字之訛。

言召公述職親説舍于野樹之下也

案：「説」當作「税」。爾雅釋詁：「税，舍也。」方言七：「税，舍車也。」税、舍義同。

大夫有功成攷黜

按：「有」字衍。

賢者之體能有一矣不二矣

陳云：「『能』下有誤。」　案：「賢者之體能有一」，猶言「能有賢者之一體也」。「不二」當作不「貣」。蓋「貣」訛爲「貳」，後人又改爲「二」也。此文大旨，蓋言三公均賢人，爲其子者必得其一體之賢，得其一體之賢則其人不貣，（「貣」即「忒」，與「賢」義反。）故可封以附庸也。即繼世象賢之義。

三而不改雖反無益矣

案：嫁娶篇云：「九而無子，百亦無益也。」與此文法正同。「反」疑「百」之訛。

王者不純臣諸侯何王者不臣

陳云：「此今文春秋說。」　按：詩周頌臣工箋云：「臣謂諸侯也。諸侯來朝，天子有不純臣之義，于其將歸，故于廟中正君臣之禮。」是今文詩亦有斯説，與公羊春秋同。鄭駁五經異義蓋兼據今文春秋、今文詩之義説焉。

重事决疑亦不自專蓍龜

案：「亦不自專」當作「示不自專」。下云：「必問蓍龜何？示不自專也。」此其證。

託義歸智于先祖至尊故因先祖而問之也

案：「至尊」上「先祖」二字疑係衍文。

何以言禹湯聖人論語曰巍巍乎舜禹之有天下而不與焉與舜比方巍巍知禹湯聖人春秋傳曰湯以盛德故放桀聖人

案：此有訛挩。當作「何以言禹（「湯」字衍。）聖人？論語曰：『巍巍乎舜禹之有天下而不與焉。』禹（此「禹」字，據下湯武與文王比方增。）與舜比方。（下『巍巍』二字涉上而衍。）何以（此二字據上下各節增補。）知湯（上『禹』字衍。）聖人？春秋傳曰：『湯以盛德故放桀。』」

舜重瞳子是謂滋涼

陳云：「『滋涼』一作『玄景』，一作『承原』，一作『慈掠』。」盧據初學記宋注：「有滋液之潤，清涼光明而多見也。」　案：「滋涼」即禮記樂記之「子諒」，爲「慈良」之異字。良、諒、涼互通。如淮南天文訓「温涼」即「温良」是也。滋、慈、子亦古通。宋説似望文生訓。

棘造實八風

陳云：「造，始也。」　案：「造」疑「蓪」字之假。説文：「蓪，艸貌。」蓪、萃古通。蓋叢萃之義。説文：「棘，小棗叢生者。」則棘蓪尤言棘叢矣。

清明風至出幣帛使諸侯

案：「至」下捝「則」字。

圓中牙外曰琮文質　盧本、陳本並依莊述祖説作「瑞贄」。按「質」當作「贄」，是也。二字古通。改「文」爲「瑞」則非。疑當作「文贄，文飾也」。禮儀亦曰文。文贄者，猶言有禮文之贄。

盧云：「舊本『牙』字下有『身玄』二字，係衍文。」（陳誤「玄」爲「立」。）孫云：「此當作『圓中牙，方外曰琮』。『玄』即『方』之誤。」　案：孫校是。惟「玄」乃「直」字之訛，非「方」字。下云「内圓象陽，外直爲陰」，其證也。

璜者横也至璜之爲言光也

陳云：「璜、横、璜、光皆疊韵。望文生訓，無明文。」　案：璜、横从黄聲，黄从光聲，猶書堯典光橫之通也。未可目爲望文生訓。璜訓爲橫，蓋兼廣義。（又下節「璋之謂言明也」，又曰「萬物莫不章，故謂之璋」。陳亦以爲望文生訓，然彼亦與璜、橫、光同例。）

當因其改之耶三正

盧云：「疑是『當因其故，抑改之耶』。」　案：「當因，其改之耶」，「其」猶「抑」也。

民有質樸不教而成三教

案：此疑當作「民質樸，不教不成」。繁露實性篇曰：「無其教，則質樸不能善。」

至姊妹雖欲有略之三綱六紀

陳云：「『欲有』，『亦有』誤字。」　案：「有」疑「稱」之剥字。上云「故稱略也」，此云「雖欲稱略之」，互相應。

肝之爲言干也性情

案：此下挩四字。（釋名釋形體云：「肝，榦也，於五行屬木，故其體狀有枝榦也。」素問靈蘭秘典論：「肝者，將軍之官，謀慮出焉。」或此下當挩「謀慮出焉」四字。）

心之爲言任也任于恩也

陳云：「五行大義引作『任于思也』。」　案：大義所引是。上「任」字蓋假爲「恁」。說文：「恁，思也。」廣雅釋詁二同。下「任」字乃「用」義也。釋名釋形體云：「心之爲言纖也。所識纖微，無物不貫也。」義亦與思相近。

人怒無不色青目賑張者

案：此疑正文作「目賑」，或本作「張」，校者併合爲一。

故與禮母族妻之黨廢禮母族父之族是以貶妻族以附父族也宗族

盧云：「大約謂民有厚母族薄父族，厚妻族薄母族者。」　案：此數語不可通。以義審之，「與」當作「興」，興、廢對文，即升降也。此言以母族與妻之黨較則升其禮，以母族與父之族較則黜其禮。故妻族貶爲二，父族益爲四，而母族仍其三，以見母族厚于妻黨，薄于父族也。惟句有挩字。

故禮服傳曰子生三月則父名之于祖廟姓名

陳云：「所引禮服傳，今無此文，蓋佚禮也。」　案：禮服傳大功章云：「以日易月之殤，殤而無服，故子生三月則父名之，死則哭之。」此文所引，惟增「于祖廟」三字，非佚禮。

必桑弧者桑者相逢接之道也

案：上言「以桑弧蓬矢六射者何」，則「必桑弧」當作「必桑蓬」，「桑者」當作「桑蓬者」。故下以「相逢接」訓之。桑、相音近，蓬从逢得義。「逢接」之「逢」，即釋「蓬」字之文也。

質家所以積于仲何質者親親故積于仲文家親親裕孚謹案：當作「尊尊」。故積于叔即如是論語曰周有八士伯達伯适仲突仲忽叔夜叔夏季隨季騧不積于叔何蓋以兩兩俱生故也不積于伯季明其無二也陳云：「末句有譌。」　案：「不積于伯、季」二語，當在「故積于叔」下。「明其無二」者，謂伯止一伯，季止一季，非若仲、叔之可以有二也。似無譌字。

性情生汁中汁中生神明天地

陳云：「虞喜天文論『情性生斗中』。此作『汁中』，未知何解。」　案：汁、協古通。周禮鄉士「汁日刑殺」，先鄭注：「汁，合也，和也。」汁中與中和同。觀禮記中庸篇、繁露循天之道篇，均以中和言性情，則汁中與中和同義明矣。天文論「斗中」亦「汁」字之訛。

二帝言載三王言年皆謂闋閹至**三年之喪其實二十五月知闋閹**四時

陳云：「『闋閹』疑訛。」　案：稘、規形近，疑「稘」訛爲「規」，淺人又改爲「闋稘」。説文云：「復其時也。」「閹」不知何字之訛。

佩即象其事若農夫佩其耒耜工匠佩其斧斤婦人佩其鍼縷亦佩玉也何以知婦人亦佩玉衣裳

盧云：「『亦佩玉也』舊脱，據初學記補」。　案：「亦佩玉也」上疑挩「婦人」二字。蓋上言「佩以象事，猶農佩耒耜，工佩斧斤，婦人佩鍼縷」，此一節也。「亦佩玉也」四字僅指婦人言，故「亦」上當補「婦人」二字，語當下屬。下言「何以知婦人亦佩玉」，即承此言。

禮不下庶人至**庶人雖有千金之幣不得服刑不上大夫者據禮無大夫刑**五刑

陳云：「『不得服』下有脱文，當是『不得弗服刑』也。」　案：陳説誤。此申明「禮不下庶人」之義，

「不得服」猶言「不得衣」然。雖有幣帛不能服于外也。

公家不出大夫不養

案：「出」疑「生」字之誤。禮記王制：「是故公家不畜刑人。」〔一〕又曰：「示弗故生也。」生猶養也。（周禮太宰「五曰生以馭其福」，鄭注：「生猶養也。」）生、養對文，與春生夏養對文同。（又此節下挩「右論」云云一行。）

故五帝之經五經

案：「帝」乃「常」字之訛。下云「經，常也，有五常之道」，是其證。

五經何謂易尚書詩禮春秋也禮經解曰至**春秋教也**右論五經之教**春秋何常也則黄帝以來**

陳云：「以易、尚書、詩、禮、春秋爲五經，與上異，蓋兼存兩說。」「御覽引云：『五經何謂也？易、尚書、詩、禮、樂也。』」「周氏廣校云：『初學記引云：「五經，易、尚書、詩、禮、樂。」無春秋字，有樂字。則白虎通之五經，不當有春秋字。「禮經解」云，疑後人竄入。』案：初學記注，卽御覽所誤引者。此下明言『春秋何常也』云云，則白虎通自有春秋入五經。」（以上陳疏。）案首句有樂，無春秋，當从初學記諸書所引，此一説也。「禮經解曰」以下，别爲一説。疑「禮」上當有「一曰六經」四字。「春秋何常也」五字當與「春秋教也」相屬，在「右論五經之教」六字上，爲前節之文。蓋上節以易、書、禮、詩、樂爲常，未言春秋，此因經解篇言春秋，故下釋之曰「春秋何常也」，言春秋與五經共爲經也。下論

〔一〕「刑人」原作「刑生」，據禮記王制篇改。

書契所始節，與論春秋靡涉。「則黄帝以來」之上，蓋有挩文。（陳以彼節指春秋言，誤甚。）

一説二十五繫者就陰節也嫁娶

案：「繫」下挩「心」字，當補。

父曰誡之敬之夙夜無違命

盧云：「舊『無違命』下有『女必有常纚衣若笄之』九字，御覽無。」案：「父曰」二語，係儀禮昏禮記之文。記又云：「父西面戒之，必有正焉，若衣若笄。」鄭注云：「必有正焉者，以託戒之使不忘。」疑「女必有」以下九字，乃「女必有正焉，若衣若笄」之訛。御覽無此九字，蓋節引，盧徑行删之，非也。

娶妻不先告廟者示不必安也

陳云：「此言『娶妻不先告廟』，自謂親迎之夕，非謂六禮皆不告廟也。」案：陳疏于此下復言「六禮皆告廟」，是也。既曰「六禮皆告廟」，則不得言「親迎不告廟」。此文「不先告廟」，指妻三月而後廟見言，非指夫言也。

不娶兩娣何博異氣也娶三國女何廣異類也

陳云：「何休公羊膏肓謂『媵不必同姓，所以博異氣』。則何氏以娶三國爲博異氣，當以何説爲正。」案：此文「博異氣」、「廣異類」，仍係同姓，非異姓，與何説不同。

外屬小功已上亦不得娶也以春秋傳曰譏娶母黨也

陳云：「孔廣森説，按喪服，外親之服皆緦，唯外祖父母以尊加，從母以名加，至小功耳。其不得娶，自不待言。則此語似爲贅設，疑『上』或『下』之誤。緦麻三月章有『從母昆弟舅之子』，注云：『内兄弟。』又有『姑之子』，注云：『外兄弟。』均不及姊妹。敖氏繼公説『從母昆弟』云：『此服從母姊妹亦在焉。』〔一〕然則姑與舅之子亦容或包有姊妹在内。」　案：上文云：「不娶同姓者，重人倫，防淫泆，恥與禽獸同也。」此云「亦不得娶」，「亦」字承上言，應作「已上」，方合詞氣。且禮言「已上」、「已下」者，皆該本身於内，與「之上」、「之下」舍除本身者不同。故無論作「上」作「下」，均該小功于内，自不待言。若謂因緦麻而及小功，則何不言「緦麻已上」，而必言「小功已下」？蓋古人之于母族，凡非尊行，得相婚娶。此言「小功以上不得娶」，則緦麻已下得娶，其詞甚明。凡爲外親服緦麻，均非尊行。若作「小功已下不得娶」，轉似大功已上得娶矣。儀禮外親之服皆緦，外祖父母以尊加至小功。〔二〕然周時爲外祖父母服亦有服大功者，（禮記檀弓「齊穀王姬之喪，魯莊公爲之大功」。下云：「或曰外祖母也。」蓋周代之時，有爲外祖母服大功者，故有此説。是其證也。）或係夏殷之禮，故此云「小功已上」係該大功而言。凡所謂「譏娶母黨」者，均指尊行言矣。　孔説非。

諸侯親迎入京師當朝天子爲禮不兼

陳云：「『爲禮』句有訛脱。」　案：公羊隱元年傳：「其言惠公仲子何？兼之，兼之非禮也。」此文「爲禮不

〔一〕「亦」下「在」字原作「存」，據白虎通疏證改。

〔二〕「以」下「尊」字原作「名」，據文義改。

兼」，蓋本于此，似無訛挩。

士一妻一妾何下卿大夫禮也喪服小記曰士妾有子而爲之緦

案此疑當作「下卿大夫也，禮喪服記曰云云」。今二字互乙。又曰：「父子不同椸，爲亂長幼之序也。」

陳云：「『又曰』有譌脱。禮曲禮、内則皆作『男女不同椸枷』。此未詳所出。」　案：「又曰」二字，上無所承，且所引與上下文「閉房」、「開房」不相屬，必係錯簡。惟曲禮言「父子不同席」，此云「不同椸」，蓋曲禮古本「席」作「椸」。（鄭云「異尊卑也」，與此文「爲亂長幼之序」義近。）「席」涉上文「同席」而訛。（上文言「姑姊妹女子子已嫁而反，兄弟弗與同席而坐」。兄弟對姊妹言，姑姪父女可以類推，此舉中以該全也。）説別見。

俛仰不同故前後乖也詡張故萌大時物亦牙萌大也收而達故前葱大者在後時物亦前葱也紼冕

陳云：「語有譌脱。」　案獨斷云：「夏曰收，前小而後大。」聶氏三禮圖引舊圖曰：「殷冔黑而微白，前小後大。收純黑，亦前小後大。」據彼所説，則收亦前小後大。「葱」蓋「總」字之叚。説文：「總，聚合也。」禮記内則「笄總」，鄭注：「束髮也。」楚詞離騷「總余轡」，王注：「結也。」則「總」爲斂聚、束結之義。故禮圖言「前小」，「總」義尤與「收」近。此節「前後乖」之下挩「時物亦□□□也」七字。「牙萌」猶「萌芽」。「物亦前葱」，言物由收斂而含放也。

布衰裳麻絰箭笄繩苴杖爲略及本句經者亦示也故總而載之示有喪也喪服

陳云：「『亦示也』疑爲『亦示誠也』。」　案：「亦」即「示」字之訛文而衍者。此文當作「經者，（上文『及本』作『反本』，從孫校別爲句。）示故也。總而載之，示有喪也」。「故」即禮曲禮「君無故」「大夫無故」「士無故」之「故」，謂事變也。故重喪亦稱大故。此言麻經所以示有故，合布衰諸制行之，所以示有喪。至「故也」乙文爲「也故」，後人以「故」字下屬，而以「示」字訛文之「亦」字併入矣。

明死復不可見痛傷之至也謂喪不得追服者也哭于墓而已

盧云：「『至也』下似有脱文。小字本、元本『復』俱作『者』。」　案：「死復不可見」當作「死者不可復見。」「至也」以下言親喪不能追服，故僅哭于墓。似無訛挩。

言其喪亡不可復得見也崩薨

案：「得」係衍文，乃「復」字訛文之併入者也。

有始死先奔者有得中來盡其哀者有得會喪奉送君者

陳云：「『有得中』疑宜爲『殯中』。」　案：兩「得」字俱「待」字之訛，「中」上挩一字。

此君哀痛于臣子也欲聞之加賻贈之禮

案：「此」疑「以」字之訛。

賻者助也賵者覆也所以相佐給不足也

盧云：「『賵者』四字舊脱。按説題詞及服虔、何休之説皆以覆釋賵。」孫云：「案一切經音義十二引『賵之爲言赴也。所以相赴佐也』。此真白虎通挩文。」　案：孫説是。惟「所以相佐給不足也」八字係承「賻者助也」言。「佐、給」即釋「助」之詞。音義所引二語當在其下，兩「所以」相對成文。盧補「賵者」四字于「助也」下，尤誤。

孔子卒以所受魯君之璜玉葬魯城北

盧云：「説題詞無『魯君之』三字。援神契以爲黄玉天所下者，長三尺。緯書之文固皆空造，即此所言亦不足信。〔一〕夫子于季平子卒，將以君之璵璠斂，猶歷階而争，豈門人未聞？其爲非實明矣。」案：赤虹化玉，固出緯書，至于魯賜璜玉，大夫所得用，與璵璠非人臣可用者不同。孔子之争，以其用君玉，非以斂不當用玉也。盧引以駁此説，未爲篤論。

故祠名之宗廟

案：「名」疑「食」之剥字。公羊何注云：「春物始生，孝子思親，繼嗣而食之。」（陳引。）其證也。

去其懷任者也田獵

案：陳疏引周禮大司馬鄭注云：「夏田爲苗，擇取不孕任者，若治苗去不秀實也。」「孕任」即「懷任」，則「去其懷任」當作「去其不懷任」。

共工氏之子曰修好遠游舟車所至足迹所達靡不窮覽故祀以爲祖神雜事

陳云：「見通典禮十一、風俗通祀典篇。」案：此疑五祀篇之挩文。彼篇以門、户、中霤、竈、井爲五

〔一〕「此」下原脱「所」字，據盧校補。

祀。然「冬祀行」之語既著于月令，彼篇必援引其文以廣異説，當有「或曰冬祀行」一節。「共工氏」云云，皆彼節之文。「祖神」，即行之神也。

夏稱后者以揖讓接命裕孚謹案：「命」字衍。于君故稱后殷稱人以行仁義人所歸往

陳云：「見禮記檀弓正義。」　案：此係號篇之脱文。